최소 저항의 법칙

최소 저항의 법칙

인생에서 원하는 결과를 만드는 방법

로버트 프리츠 지음 | **박은영** 옮김

라이팅하우스

이 책에 보내온 찬사

《최소 저항의 법칙》은 용기와 창조에 관한 책이다. 우리 모두는 과거의 습관적인 경로에서 벗어나 미래의 새로운 경로를 만들기 위해 용기를 사용하는 법에 대해 더 많이 알 필요가 있다. 로버트 프리츠의 이 책이 그 방법을 알려줄 것이다.

– **래리 윌슨**, 페코스 리버 러닝센터 회장 겸 CEO

로버트 프리츠는 '의미 있는 인생을 창조하기 위한 역량 강화'라는 주제에 대해 예술적 훈련, 지적 엄정함, 폭넓은 경험이라는 드문 조합을 펼쳐 보였다. 《최소 저항의 법칙》에 제시된 원리와 접근 방식은 지도자와 관리자가 복잡성과 변화를 생산적으로 다루도록 돕는 초석이 되고 있다.

– **피터 센게**, 《학습하는 조직》의 저자, MIT 슬론 경영대학원 교수

《최소 저항의 법칙》은 모든 창조적 활동을 위해 탄생한, 철저한 시험을 거친 도구이다. 심오한 의미를 담고 있지만 쉽게 이해되며, 삶의 전방위에 강력한 응용력을 지녔으면서도 재미있게 읽힌다.

– **윌리스 하먼**, 《글로벌 마인드 체인지》의 저자, 정신과학연구소 소장

피터 드러커의 책이 경영 실전서라면 이 책은 창조 실전서이다. 로버트 프리츠는 창조의 과정을 명확히 정리하여 모든 사람이 창조성을 이용할 수 있게 해 준다.

– **매튜 쥬터**, IRA, Inc. 회장

목차

| 2부 | 창조 프로세스

| 3부 | 초월

추천의 글

고생 중독의 삶에서 창조하는 삶으로

– **알렉스 룽구**, 《의미 있는 삶을 위하여》 저자

우리는 누구나 다음의 상황들을 경험합니다. 어떤 일을 하겠다고 간절히 마음먹었다가 막상 그 일을 실행할 순간이 오면 시작하지 못합니다. 갑자기 게을러지거나, 의욕이 사라지거나, 몸이 아프거나, 자기 의문이 들거나, 거슬리는 상황이나 사람이 생깁니다. 나는 행동하고 싶지만 어떤 투명한 힘이 내 손을 묶는 그런 경험 말입니다. 모순적이게도 이때는 목표를 이루기 위해서 행동하고 싶은데 동시에 행동하고 싶지 않은 상태 같습니다. 두 가지 내면의 욕구 사이를 오가면서 행동했다가 또 안 했다가, 막상 노력을 조금 했다고 해도 그 노력이 수포로 돌아갈 때가 비일비재합니다.

원하는 속도로 (혹은 아예) 자신의 목표를 향해 행동하지 못할 때 우리는 주로 자기 탓 또는 상황 탓을 합니다. '나는 의지가 약해서', '자존감이 낮아서', '원래 부족해서', '공부를 못해서' 혹은 '아직 효과적인 자기 계발 방법을 못 찾아서', '환경이 너무 적대적이라서', '다른 사람들이 내 성장

을 가로막아서' 등 갖은 이유로 우리가 원하는 삶을 살지 못한다고 강변합니다.

우리가 진정으로 원하는 삶을 아직 살고 있지 못하는 건 명백히 다양한 내적, 외적 문제 때문이라는 것이지요. 그래서 우리는 어릴 적부터 그 다양한 문제들을 해결해야 한다고 배웠습니다. '나 자신의 내적 문제를 고칠 수만 있다면', '사람들의 생각을 바꿀 수만 있다면', '나를 주저앉히는 이 문제를 해결할 수만 있다면', '이 썩은 사회에서 벗어날 수만 있다면' 나도 행복하고 충만한 삶을 살 수 있을 거라고 믿었습니다.

'문제 해결'은 이제 이 시대의 가장 높은 가치와 목표, 라이프스타일이 되었습니다. '비즈니스를 잘하려면 사람들의 문제를 찾아서 해결하라', '좋은 성적을 얻으려면 문제 풀기를 잘하라', '잘살려면 네 성격부터 고쳐라' 등등 우리 삶의 핵심은 늘 문제 발견과 힘든 문제 해결의 연속입니다. "내 삶의 모든 문제를 해결하면, 또는 그것으로부터 멀리 도망치면 평생 기다리던 희열이 찾아올 것이다." 끊임없이 미묘하게 주입당하는 이 메시지는 '당신이 충분히 달리고 고생하면 결국 잘살고 행복하게 될 것이다'라고 약속합니다.

그러나 문제 해결 사고방식의 지속적인 적용은 꽤나 비극적인 결과를 불러옵니다. 표면적으로 일견하면 고생하는 삶이 우리를 구원해 줄 것처럼 보이겠지만, 문제 해결 지향성을 지닌 채 장기적으로 살다 보면, 문제 해결을 위한 투쟁과 고생이 우리 삶의 자세, 근본적 구조, 되풀이되는 패턴과 전체 정체성이 되어 버립니다. 고생하지 않으면 혹은 해결할 문제가 없으면 오히려 공허하게 느껴지고, 남 앞에서 초라하게 보일까 봐 결국에 또 새로운 문제를 찾고 그것을 해결함으로써 자신의 가치를 정당화하려고 합니다. 간단히 말해, 이런 문화권에서 우리는 고생과 도피로 점철된 '문제 중독자'로서의 삶을 살아가게 됩니다. 자신은 문제로부터의 자유를 위해서 산다고 생각하겠지만, 주의가 계속 문제에 가 있기 때문에 실제 삶은 '산(고생) 넘어 산(고생)'이 되어 버립니다.

저 또한 오랫동안 문제 해결 고정관념에 매몰되어 제 삶을 해결하려고 끝없이 고생의 사이클을 헛되이 타고 있었습니다. 제 자신과 삶을 더 낫게 만들어 보려고 다양한 자기 계발, 철학, 이론, 방법론, 자격증, 스펙 등을 집어삼키고, 어떻게 하면 나의 문제를 더 효율적으로 해결할 수 있을지 널리 탐구해 보았습니다. 그럼에도 불구하고 삶의 질은 딱히 좋아지지 않았습니다. 그저 쳇바퀴를 더 빨리 뛰는 느낌일 뿐 근본적인 변화는 오지 않았습니다. 로버트 프리츠의《최소 저항의 법칙》을 발견할 때까지는 말이죠.

책을 읽으면서 머리를 망치로 맞은 듯한 충격을 받았고, 당시에는 로버트 프리츠 선생님이 제 삶의 중요한 멘토가 될 것임을 모른 채 그저 그 아이디어에 매료돼 무작정 용기를 내 그를 만나러 미국 버몬트행 비행기표를 끊었습니다. 버몬트의 아름다운 숲속에 위치한 프리츠의 목장에서 워크숍을 들으며 로버트와 그의 아내 로절린드가 얼마나 진정성 있게 그 철학을 꿰뚫고 있는지 그리고 그것을 어떻게 주위와 함께 나누고 있는지, 그 활약상을 직접 목격하고 배울 수 있었습니다. 프리츠 부부가 더할 나위 없이 완벽한 철학을 완성한 것뿐만 아니라 그 모든 지혜를 온전히 내재화했다는 것이 온몸으로 느껴졌습니다. 일주일간의 워크숍은 짧은 시간이었음에도 그 경험은 제 삶의 완전한 전환점이 되었습니다.

제가 프리츠의 책과 워크숍에서 직접 경험하고 배운 내용들은 정말 많지만 제 삶에 직접 적용하여 효과가 있었던 세 가지 정수들을 여기서 안내해드리려고 합니다.

첫 번째, 문제 해결 지향성으로 원하는 삶을 살 수 없다는 점입니다. 우리가 없애고 싶은 문제의 목록은 깁니다. 반면에 정확하게 어떤 삶을 살고 싶은지는 모릅니다. 다양한 문제와 어려움으로부터의 자유를 무엇보다 갈망하는데 정작 그 자유를 무엇을 위해서 활용할지는 생각해 본 적이 없는 것입니다.

프리츠는 이 상황을 "당신이 당신의 모든 문제를 해결해도 원하는 것은 갖고 있지 않을 것이다"로 명확하게 설명하고 있습니다. 우리는 늘 외적 현상에 반응하느라 펄쩍펄쩍 뛰어다니는 고생을 하면서 자꾸 그 다양한 외부 현상 안에 갇혀 있다고 생각합니다. 내 모든 주의를 문제 해결에만 기울이면 어쩔 수 없이 문제만 보이기 때문입니다. 이것은 우리 의식이 그야말로 '문제의 덫'에 걸려 있는 상태입니다. 원하는 삶을 직접 구축하지 않는 한, 문제를 해결한다고 해서 원하는 삶을 살 수 있는 것은 아닙니다. 그냥 새로운 문제가 나타날 때까지 기다리는 것뿐입니다. 우리는 문제로부터의 일시적 자유로 생기는 안도감을 행복이라고 혼동하지만 그런 '안도 행복'은 오래 가지 않습니다. 왜냐하면 문제가 잠깐 없어졌을 뿐 여전히 원하는 삶을 살고 있지 않기 때문입니다.

두 번째, 로버트 프리츠는 문제 해결 지향성 대신에 창조의 지향성을 제시합니다. 내 모든 의식을 문제에만 기울이는 것보다 정말 원하는 삶에 집중하는 원칙입니다. 싫어하는 삶을 없애는 것이 아니라 정말 원하는 삶을 탄생시키는 것입니다. 이는 상황이 충분히 불편할 때까지 기다리고 그것에 대적해 싸우는 게 아니라 주도적으로 원하는 삶을 정해 놓고 그것을 펼치는 접근법입니다.

우리는 지금 힘들게 생존 경쟁만 하고 있을까요, 아니면 진정 아름답고 충만하고 의미 있는 삶을 만드는 것에 집중하고 있을까요? 어떤 것을 없애려고 노력하고 있나요? 아니면 사랑, 포부, 진심에 따라 무엇을 창조하고 있나요? 코치와 컨설턴트뿐만 아니라 작곡가, 작가, 영화 제작자, 화가 등 다양한 예술 활동을 하는 로버트 프리츠는 삶을 꾸리는 것을 창조 과정에 비교합니다. 미술가가 '문제 해결'로 그림을 그리지 못하는 것처럼 우리도 진정 원하는 삶을 문제 해결로 얻을 수 없다는 점을 강조합니다. 원하는 삶의 형태를 구체적으로 설계했다면 그 삶을 예술품처럼 아름답게 만들면 됩니다.

로버트를 만나기 전, 저에게 '창조'는 모호하고 거의 신비주의처럼 와닿을 때가 많았습니다. 그런 저에게 그는 이 모호한 창조 과정을 처음으로 군더더기 없이, 논리적이고 체계적으로 설명해 주었습니다. 그는 이 과정을 만들고 싶은 최종 결과를 정해 놓고, 현실을 인정하고, 최종 결과와 현실의 간격을 체계적인 행동으로 좁혀 가는 것이라고 말합니다. 최종 결과가 현실이 될 때까지. 창조물에 사랑을 쏟으며 우리가 만들고 싶은 결과, 즉 우리 삶을 만들면 됩니다. 거기에 창조 그 이외의 것은 없습니다. 의지력, 자존감, 좋은 이미지, 동기부여, 좋은 감정, 영감, 올바른 프로세스 등은 필요하지 않습니다. 필요한 건 오직 나의 선택과 목표에 상응하는 행동뿐입니다.

저는 이 두 가지 깨달음을 갖고 한국에 돌아왔고, 배운 것을 그대로 적용하여 워크숍에서 창조의 원칙을 사람들에게 알리기 시작했습니다. 미시적 문제와 방법론에 따르는 것보다 이제 강력한 창조의 원칙에 기반을 두다 보니 자연스럽게 저와 워크숍 참가자들은 유효성이 훨씬 올라갔습니다. 창조의 원동력이 생기면서 자신이 원하는 결과를 이끌어낸 거죠.

하지만 그 기쁨은 또 다른 고민으로 이어졌습니다. 왜냐하면 항상 행동할 때마다 일어나는 내적 저항, 두려움, 게으름, 미루는 습관, 피해의식이 사라지지 않았기 때문입니다. 저는 제가 창조 과정에서 무엇을 놓치고 있는지, 왜 행동할 때마다 이런 저항들이 올라오는지 답을 찾겠다는 희망으로 프리츠의 '구조적 컨설팅 자격 프로그램(Structural Consulting Certification Program)'을 듣기로 결정하고 다시 버몬트로 떠났습니다. 프리츠와의 두 번째 만남에서 저는 그의 철학에 훨씬 더 깊이가 있다는 것을 발견했고 제가 놓치고 있던 또 하나의 강력한 핵심을 배우게 되었습니다.

그렇게 해서 세 번째로 얻은 가장 강력한 (조금 더 어려운) 배움이 바로 불필요한 자기중심적인 패턴으로부터 자유로워지고 온전해지는 과정이었습니다. 그동안 저는 제 삶의 방법이 비효율적이라서, 제 자신이 부족해서, 문제해결 능력이 약해서, 의지가 약해서, 행동에 추진력이 생기지 않는다고 확신했습니다. 그런데 사실은 제 삶의 기본자세, 즉 운영체제가 잘못되었음을 알았습니다.

로버트 프리츠는 우리 삶의 근본이 되는 기본자세를 '구조(structure)'라고 부릅니다. 물이 최소 저항의 경로대로 흐르는 것처럼 우리 삶도 딱 최소 저항의 길을 따릅니다. 그리고 최소 저항의 길은 바로 우리 삶의 구조에 의해 정해집니다. 우리는 충분히 저항하기만 하면 (의지력, 자신과의 싸움, 자책, 반항, 문제 해결 등) 궤도를 바꿀 수 있을 거라고 믿지만, 그런 시도들은 늘 실패로 이어집니다. 우리 삶의 근본이 되는 구조를 그저 가벼운 기교, 비법과 억지스러운 행동으로 이길 수는 없습니다.

구조란 우리 자신의 내적 메커니즘, 자기 이미지, 욕망, 신념, 문화적 고정관념, 가정, 외적 이상과 객관적 현실에 의해 형성됩니다. 얼마의 의지를 내서 저항하건 결국 내 삶은 늘 내 구조대로 펼쳐집니다.

슬픈 사실은 우리 대부분이 무의식적으로 실패를 불러일으키는 구조 안에 갇혀 있다는 점입니다. 가령 성공하고 싶다고 간절히 바라면서 동시에 자신이 성공할 가치가 없다고 생각하면 어떻게 될까요? 아마 3일 동안 성공하려고 노력했다가 3일 동안 부족하다고 자책하는 작심삼일로 제자리걸음만 할 것입니다. 또는 인생을 충만하게 살고 싶은데 인생은 고생을 해야 가치가 있다고 믿으면 어떻게 살아갈까요? 아마 고생으로 마음의 평화를 이루려고 헛된 몸부림만 칠 것입니다. 우리의 시도가 성공으로 이어지지 않는 이유는 이렇듯 우리 삶의 구조가 쪼개져서 그렇습니다. 서로 충돌하는 개념적 구조 안에 갇혀 있으면 우리는 늘 실패하게 마련입니다. 온전하게 통합된 구조로 삶을 사는 게 아니라 우리도 모르게 늘 목적 대 반대 목적의 분열 속에서 무기력하게 주저앉게 됩니다.

나쁜 소식은 우리가 주로 이런 구조에 얽매여 있다는 사실을 전혀 인식하지 않고 있기 때문에 자꾸 좌절하고 무너진다는 것입니다. 좋은 소식은 이제 그 구조를 알아차리고 훨씬 효과적인 구조로 바꿀 수 있다는 점입니다.

로버트는 제 삶의 그런 구조를 객관적으로 알아차리고 내려놓는 법을 보여주었습니다. 창조 과정에는 내가 무엇을 믿고 있는지, 나 자신이 누구라고 생각하는지, 내 고정관념과 세계관이 무엇인지는 중요하지 않습니다. 자기중심적인 관념들은 중립적인 창조 과정을 늘 왜곡하고 효과적이지 못한 구조들을 만들어 냅니다. 창조를 통해서 세상과 부딪치고 나 자신과 내 삶의 불필요한 구조를 돌아보고 그것으로부터 자유로워질 수 있는 가능성이 늘 있습니다. 자유로워지면 질수록 창조가 더욱더 잘 됩니다. 그의 철학을 깊게 파악해서 끝까지 내재화한다면, 쪼개진 나 자신을 우리 스스로가 다시 온전하고 강력한 인간으로 만들 수 있을 것입니다.

이 세 가지 배움으로 저는 제 자신과 싸우기를 멈추고, 내적 분열에서 더욱 자유로워지고 당당히 제가 원하는 비즈니스, 가정과 삶을 꾸려 나갈 수 있었습니다. 그뿐만 아니라 수만 명의 제 구독자와 워크숍 참가자들 덕분에 간접적으로 역량 강화를 경험할 수 있었습니다. 이런 점에서 저는 로버트와 로절린드에게 평생 빚지고 있습니다.

《최소 저항의 법칙》이 한국에서 출간된다는 소식을 듣고 저는 너무 기뻤습니다. 이 책은 제가 지난 5년 동안 힘들게 전달하고자 했던 내용들의 원형으로 한국 독자 분들께서 이 책의 내용을 잘 흡수하여 원하는 삶을 꾸려 가셨으면 하는 간절한 바람이 있습니다. 1980년대에 출간된 이 책은 '고생 문화'로 점철된 오늘날에 오히려 더욱 빛을 발하는 내용이라 생각합니다. 그 메시지는 오히려 그 어느 때보다 중요합니다. 차별, 경쟁, 학벌주의, 에고노믹스, 시기심이 조장되는 이 시대에 프리츠의 가르침은 우리 사회를 훨씬 더 조화로운 다음 단계로 안내할 것입니다. 창조 과정의 경이로움만큼이나 이 책은 그 내용이 풍부하고 꽤 심도 깊습니다. 그저 지식이나 이론으로만 이해하기보다 이론 뒤에 겹겹이 숨어 있는 핵심 원칙을 오롯이 파악하여 삶에 적용할 수 있다면, 독자 여러분들과 주변 사회 그리고 지구에 큰 전환점이 될 수 있다고 확신합니다. 결국 우리 모두의 희망은 주저 없는 창조입니다.

알렉스 룽구
2022년 봄

한국어판 서문

《최소 저항의 법칙》이 첫선을 보였을 때 이 책은 기존에 없던 완전히 새로운 것이었다. 흔히 '자조(self-help)'라고 하는 방법론의 전통에서 찾아볼 수 있는 내용이 아니었다. 이 책은 독자 스스로가 자신의 삶에서 중요한 '창조적 힘'이 될 수 있는 방법을 개략적으로 설명한다. 치유라든가 오래된 상처를 되살리는 것, 기억의 통로를 따라 걷는 것, 의식의 억압된 영역을 풀어 주는 것 등과는 다르다. 그보다는 문제 해결의 연속이라고 여겨졌던 삶을 구축하는 과정을 전혀 새롭게 볼 수 있는 시각을 독자들에게 제공했다고 해야 할 것이다. 이 새로운 시각을 제공하기 위한 원리는 예술, 특히 음악에서 비롯된다. 음악에는 함께 작동하는 두 가지 요소, 즉 창조 프로세스와 구조 역학이 깃들어 있다. 바로 이 책의 원리가 그렇다.

모든 문화에는 예술이 있다. 이것은 인류 보편의 측면이다. 국가마다 고유한 문화적 차이는 있지만 그 아래에는 공히 창조하고, 건설하고, 탐구하고, 발견하며, 발명하고자 하는 '인간 정신'이 있다. 우리의 삶을 구축하는 데 이러한 창조 프로세스와 구조 역학의 원리를 적용하기 시작하면 새롭고 멋진 세계가 우리에게 열린다.

인간의 정신에는 우리 안에서 가장 높은 곳에 도달하려는 본능을 지닌 무언가가 있다. 창조하고, 새로운 것을 만들고, 우리의 세상을 만들고, 우리의 삶을 만드는 정신이다. 그리고 그것이 이 책을 한국 독자들에게 소개하게 되어 매우 기쁜 이유이기도 하다. 자신의 삶이 이 책에 있는 원리와 일치한다는 것을 많은 이들이 경험적으로 느끼게 될 것이기 때문이다. 또한 여러분은 이 원리가 한국 문화의 가장 좋은 부분에 이미 붙박여 있음도 깨닫게 될 것이다. 환경에 반응 또는 순응하는 것에서 벗어나 '선택'하는 것으로 움직여 가면서 스스로가 자신의 인생을 조직하는 중심힘이 되어 '제자리로 돌아가는' 특별한 경험을 하시기 바란다.

이런 생각들을 여러분과 나눌 수 있어 진심으로 기쁘고 감사하다.

로버트 프리츠

2021년 5월

개정판 서문

개정 확장판 간행에 붙임

《최소 저항의 법칙》을 '조금' 수정해 보자고 일을 벌이기 시작했을 때만 해도 꽤 쉬워 보였다. 원래 계획은 몇 가지 새로운 자료를 추가해서 책의 20% 정도만 업데이트하겠다는 것이었다. 그러나 예전에 썼던 오래된 원고를 마주하자 내가 새롭게 발견한 것들을 더 많이 담아 다시 쓰고 싶다는 생각을 하게 되었다. 결국 나는 책의 약 70%를 수정했다.

이 이야기를 왜 하는가 하면 이 책이 '창조 프로세스'에 관한 책이기 때문이다. 사실 나로서는 책을 크게 바꾸어야 할 이유가 절실하지는 않았다. 나는 초판에 대해 비교적 만족해하고 있었다. 폭넓은 독자층을 확보했고, 이례적일 정도로 잘 팔렸으며, 많은 독자로부터 도움이 되었다는 피드백을 받았기 때문이다. 그러나 막상 책의 개정 작업에 들어가자 4년 전에는 할 말이 없었던 부분에 대해 이제는 말해 줄 수 있는 것이 많다는 사실을 새삼 깨닫게 되었다. 책은 그 자체의 비전을 가지고 있는데, 원래의 책을 나의 새 비전과 비교해 보니 불일치가 보였고, 새로운 비전을 충족하는 새 책을 쓰고 싶어진 것이다. '불일치'는 창조 프로세스의 정상적인 상태이다. 실제로 독자 여러분은 이 책 곳곳에서 창조의 가장 유용한 힘 중 하나인 불일치에 관해 읽게 될 것이다.

처음《최소 저항의 법칙》을 수정해 보자는 생각을 했을 때는 별다른 열의가 일지 않았다. 자리에 앉아 프로젝트를 실제로 시작하기 전까지는 수정을 한다는 것이 마치 내 인생의 다른 시대로 뒷걸음질하는 것 같은 느낌이었다. 그러다가 작업을 시작한 날, 갑자기 내 생각을 다시 표현하고 업데이트하는 것이 얼마나 놀라운 기회인가 하는 깨달음이 왔다. 이것은 창조 프로세스의 또 다른 원리를 보여 준다. 창조의 과정에 대해 아무리 미리 짐작을 많이 해 본다 해도 창조 프로세스가 실제로 어떻게 펼쳐져 나갈지는 헤아릴 수 없을 것이다. 창조의 과정에는 예측할 수 없는 기쁨과 좌절이 있으며, 이 때문에 오히려 더욱 흥미진진해진다.

창조 프로세스는 살아 있다. 또한 즉흥적이다. 그것은 형식이자 스타일이며, 흥분되기도 하고, 지루하고 고되기도 하다. 동시에 내가 아는 진짜 인생과 가장 강력하고 친밀하게 관련되어 있다.

이 책에서 다루는 많은 작업은 지난 15년 동안 '테크놀로지 포 크리에이팅®(TFC. TECHNOLOGIES FOR CREATING®)' 커리큘럼을 통해 개발되었다. 이 커리큘럼은 내가 설립한 회사 중 하나인 DMA, Inc.를 통해 기본 및 발전 과정으로 나뉘어 수업이 진행된다.

창조 프로세스의 원리를 가르치는 것은 '인생에서 원하는 결과를 창조하는 방법'을 알고 싶은 사람들을 돕는 가장 흥미롭고 중요한 방법 중 하나다. 나와 동료들은 이 TFC 과정을 통해 전 세계에서 창조 프로세스를 가르치는 일을 해 오고 있다. 과정에 참여하는 학생들의 직업은 천차만별이며, 학력도 다 다르다. 많은 TFC 과정이《포춘》500대 기업을 포함한 세계 최대의 기업들에 제공되는가 하면, 거실에 모인 일반 대중을 대상으로 한 과정도 있고, 교육 현장은 물론 심지어 최고 보안 등급의 교도소에서도 실시된다. 표준 TFC 커리큘럼은 제삼세계에 적용되고 있으며, 특별히 설계된 TFC 과정들은 아프리카의 시골 마을에서 실시되고 있다.

이 모든 경험을 바탕으로 알아낸 한 가지 사실은 이런 것이다. '창조성은 천재들에게만 부여된 자질이 아니며, 대부분의 사람들은 창조하는 방법을 배울 수 있다.'

솔직히 '창조'와 '창조성'은 하도 빈번하게 사용되다 보니 듣기에 진부한 말이 되어 버렸다. 프로페셔널 크리에이터(작곡가, 화가)로서 나는 사람들이 이 용어들을 끌어다 비창조적인 행동을 설명하는 데 유용해 왔다는 사실이 마음에 들지 않는다. 내가 이 책에서 쓰는 '창조'와 '창조성'은 예술과 과학의 전통에서 끌어온 것이며, 이 용어들은 매번 다르게, 때로는 모호한 의미로 사용되는 심리학, 잠재력 계발, 뉴에이지 사상, 경영 수업, 형이상학과는 관계가 없다.

TFC 수업 참가자들은 화가가 그림을 그릴 때, 건축가가 건물을 설계할 때, 작곡가가 곡을 쓸 때, 영화 제작자가 영화를 만들 때 쓰는 것과 똑같은 창조 프로세스를 배운다. 프로페셔널 크리에이터들이 개인적 일상과 직업적인 일상 모두에서 원하는 것들을 창조하는 데 창조의 원리를 어떻게 적용하는지 배우게 되는 것이다.

TFC 수업에서 사람들은 창조를 해 봄으로써 창조하는 방법을 배운다. 수업 참여자가 선택한 특정한 결과만이 아니라 그들의 인생에도 동시에 초점을 맞추어 창조를 진행할 수 있게 한다. 그래서 자신들의 인생을 창조 프로세스의 대상이라고 생각하지 않았던 대부분의 학생들이 수업을 통해 창조의 원리를 자신의 인생에 적용해 가면서 인생의 변화를 맞이하기 시작한다.

창조는 시간이 흐르면서 발전하는 기술이다. 다른 기술과 마찬가지로 창조 역시 몇 주, 몇 달 혹은 몇 년의 경험이 쌓여야 숙달할 수 있다. 그러므로 이 책이건 다른 어떤 책이건 할 수 있는 역할은 '문을 열어 주는 것'에 지나지 않는다. 물론 문을 여는 것이 실질적이고 지속적인 변화로 이끌어 준다면 그 영향력은 자못 심대할 수 있다. 이 책의 원리를 가지고 실험을 해 보라. 여기서 제시한 아이디어들을 당신 자신의 삶에 적용해 보라. 여러분 삶의 다양한 영역에서 창조 프로세스로 일하기 시작하라.

여러분이 이 책에서 발견하게 될 다양한 원리는 독특한 것들이지만, 독자들은 내게 비록 들어본 적 없기는 해도 한눈에 알겠더라며 직관적 파악이 가능한 원리들이었다고 말한다. 그럼에도 그것들을 한 번도 책으로 읽거나 들어본 적은 없다고 말한다. 그렇다면 이 원리들은 그냥 상식에 지나지 않는 것일까? 그렇기도 하고 아니기도 하다. 이 책에 제시된 원리들은 우리 인생에서 쉽게 관찰되는 것이다. 내가 설명해 주는 구조와 패턴들 중 많은 것이 우리 자신의 삶에서 인식되는 것들이다. 어떤 의미로는 친숙하다고도 할 수 있을 것이다. 그러나《최소 저항의 법칙》에서 내가 묘사하는 또 다른 세상이 있다. 바로 '구조의 본성'과 관련된 세상이다. 우리들 대부분은 구조에 대한, 그리고 구조가 우리 삶에 어떻게 영향을 끼치는지에 관한 주제를 접해 본 적이 없다. 많은 사람에게 이러한 통찰은 새로운 눈이 번쩍 뜨이는 것이나 마찬가지일 것이다. 구조의 영역을 탐사하면 우리 삶에서 자꾸만 반복되는 패턴의 일부가 이해되기 시작한다. 그러면서 점차 이 패턴들이 어떻게 해서 생기며, 우리는 왜 원하지 않는 패턴을 제거하지 못하는지, 우리가 원하는 환경으로 이끌어 줄 새로운 구조는 어떻게 구축할 수 있는지 차차 이해하게 될 것이다.

이 책이 처음 출간되고 나서 크리에이터와 동일한 지향성에 따라 삶을 살아가게 되었다는 사람들의 편지가 세계 곳곳에서 날아들었다. 이 편지들은 진심으로 나에게 감명을 주었다. 이 일로 많은 사람들의 인생이 바뀌었다. 정말 감사한 일이다.

로버트 프리츠
1988년 10월

들어가며

1960년대 초, 보스턴 음악대학에서 작곡을 전공하던 시절, 나는 그동안 배워온 화성, 대위법, 형식, 구조 등의 기법들을 적용하는 것 이상의 무언가가 작곡에 있다는 사실을 알게 되었다. 작곡에는 기법을 초월한, 더 높은 '메타 음악적' 차원이 있는 것 같았다. 순간 나는 그 깨달음에 매료되어 정신을 차릴 수가 없었다. 그리고 위대한 예술 작품에 깃든, 눈에 보이지 않으며 말로 다 할 수 없는 그 특별한 것을 대체 어느 음악대학에서 배울 수 있을까 하는 의문이 일었다.

그때부터 나는 음악, 그림, 조각, 무용, 연극, 영화, 시, 문학에 적용된 창조 프로세스가 사람들이 일상생활을 영위하는 방식에 어떤 식으로 적용되는지, 조금씩 둘 사이의 연관성을 관찰하기 시작했다.

그 결과 작곡가이자 음악가로서 나는 창조 프로세스가 끝없이 매혹적인 이유를 찾아냈다. 바로 인간 본성의 다층적인 차원이 그 속에 통합되어 있기 때문이었다. 지적 차원에서 영적 차원까지, 이성적 차원에서 직관적 차원까지, 주체적 차원에서 객관적 차원까지, 기술적 차원에서 형이상학적 차원까지, 과학적 차원에서 종교적 차원까지 모두.

크리에이터들은 누가 봐도 모순적인 것들을 꽤 쉽사리 포용하기 때문에 사람들에게 수수께끼 같은 존재로 보이는 경우가 많다. 그러나 크리에이터들에게는 이것들이 모순이 아니라 그저 계속해서 균형을 잡아 줄 필요가 있는 반대의 것들일 뿐이다. 마치 자전거를 탈 때 최소한의 노력으로 균형을 유지하기 위해 무게를 왼쪽, 오른쪽으로 계속 옮겨야 하는 것과 마찬가지다. 크리에이터들은 여러 우주에서 동시에 살아가는 사람들이다. 그 각각의 우주에는 저마다의 통치 원리가 있다. 그러다가 크리에이터들이 창조적인 행동에 돌입하면 별개로 흩어져 뚜렷이 구분되던 여러 우주가 갑자기 완벽하게 동조하여 가지런히 모인다.

시공간 연속체(time-space continuum: 3차원의 공간에 시간이 합쳐진 것. 4차원이라고도 함-옮긴이)를 연구하는 물리학자들은 이러한 차원들을 더 깊이 탐구하면서 초월적이고 신비로운 경험에 마음을 여는 경향이 있다. 크리에이터들도 별개의 우주들이 한데 모여 창조의 결실인 단일한 실체를 형성할 때 물리학자들과 비슷한 종류의 마음이 열리는 경험을 하곤 한다. 그러니 작곡가인 내가 음악 너머를 탐색하고, 창조 프로세스의 원리로 모든 삶을 바라보는 것은 당연한 일이었다.

창조성을 연구하면서 나는 서로 구분되어 있으면서도 연관성을 지닌 두 분야에 이끌렸다. 바로 형이상학과 자연이었다. 1960년대 초반, 나는 형이상학의 다양한 시스템들을 조사하기 시작했고, 조사에는 건강한 수준의 회의론이 동반되었다. 불행히도 당시 알아낸 것들의 많은 부분은 경직된 독단과 미신에 매몰되어 있었다. 반면에 적용했을 때 강력한 방식으로 인간의 정신을 해방시키는 몇 가지 형이상학적 원리를 발견하기도 했다. 그중 근본 원리라고 할 수 있을 한 가지는 우리의 직접적인 행동과 환경 사이의 관계이다. 형이상학의 지지자들은 어떻게 해서든지 우주를 지배하는 근본 법칙을 이해하려고 애쓰며, 그렇게 해야 각자가 자신의 인생에서 환경의 창조자 그 이상이 될 수 있다고 믿는다. 일반적인 형이상학의 사상은 이런 것이다. '우주가 어떤지를 알아내고, 그에 따라 행동하라.' 이 사상에서의 희망은 이런 행동들이 우리를 원하는 것, 그것이 정신적인 것이든, 물질적인 것이든 그 이상으로 이끌어 주리라는 것이다. 나는 수년에 걸쳐 다양한 접근법을 통해 형이상학에 몰두했으나 결국 흥미를 잃었다.

차라리 음악과 미술의 창작에 몰입하며 보낸 시간이 형이상학의 지지자들이 지향하는 것들을 이해하는 훨씬 더 직접적인 경험이 되었다. 나는 창조야말로 내가 아는 '우주를 향해 뚫린 가장 좋은 창(窓)'이라는 결론을 내렸다.

나에게 중요한 관심사였던 두 번째 영역은 물리적 자연에 관한 학습과 관련된 것이었다. 나는 숲에서 살다시피 하면서 계절의 주기라든지, 여러 힘의 역학 관계, 성장과 쇠퇴, 자연의 각 요소가 시스템의 다른 요소들에 어떻게 영향을 미치는지 등을 관찰했다. 당시에 작곡 중이던 곡의 구성에 부분적으로 쓸 수 있을 만한 자연 원리들을 발견하고 엄청나게 흥분하기도 했다. 이 관찰 덕분에 나는 새로운 음악 형식과 구성을 창안할 수 있었고 소나타-알레그로 형식 같은 전통적인 형식들을 이해할 수 있게 되었다. 그 전까지는 전혀 할 수 없던 일들이었다.

작곡으로 석사 학위를 받은 후에는 뉴욕으로 옮겨 갔다가 다시 로스앤젤레스로 가서 뮤지션으로 활동했다. 이 시기에 나는 세상에서 가장 재능 있는 사람들과 함께 일하면서 창조 프로세스에 대해 더 많은 것을 배웠다. 직업의 내부에서 바라본 창작은 음악대학에서 배운 것과는 완전히 달랐다. 나는 지속적으로 수준 높은 창조를 해야만 하는 전문가들과 그렇지 않은 학자들의 차이를 보았다. 전문 크리에이터들이 창조 프로세스에 사용하기 위해 요구하는 척도는 아예 달라서, 창작물을 현실화하는 데는 크리에이터가 훨씬 더 실용적이며 유용한 경향을 보였다.

1975년에 다시 보스턴으로 돌아가 생활할 무렵 창조에 관해 알고 있는 것을 가르쳐 달라는 청이 더러 들어왔다. 당시만 해도 매우 활발하게 전문 음악가 겸 작곡가로 활동하던 때라서 창조 프로세스의 사용법을 사람들에게 가르치기 위해 단체를 조직하는 것에 대해서는 아무런 생각이 없었다. 나는 고민을 좀 해 보고는, 자격이 있다고 여겨지는 몇몇 사람에게 전화를 걸었다. 그들로 하여금 사람들에게 원하는 인생을 창조할 수 있도록 가르치는 과정을 만들면 어떻겠느냐고 제안을 한 것이었다. 그 친구들이 이 과정을 발전시켜 다른 사람에게도 추천할 만한 것으로 만들면 좋을 것 같았다. 나중에 다시 전화를 걸어 어떤 결과가 나왔는지 물어보자 그들은 그냥 자기들끼리 만나서 근사한 이탈리아 요리로 저녁 식사를 했다고 했다. 내가 상상했던 강좌와 관련해서는 논의가 이루어지지 않았다는 것이다. 결국 내가 직접 TFC(테크놀로지 포 크리에이팅®) 과정을 창설하게 되었다.

1975년의 첫 수업에서 사람들을 가르친 후 나는 완전히 그 일에 빠져들었다. 참가자들이 스스로 창조해 낸 결과들은 대부분 기적적인 것이었다.

한 여성은 첨단 기술 업체의 '사내' 컨설턴트라는 새로운 경력을 창조해 냈다. 그녀는 뉴잉글랜드에서 가장 큰 컴퓨터 회사 중 한 곳에서 일했지만 업무 자체가 더 이상 발전성이 없는, 막다른 골목에 맞닥뜨린 것 같은 상태였다. 그녀는 그곳에서 일한 지 12년째였다. TFC 과정 동안 그녀는 다음과 같은 일을 하고 싶다고 마음먹었다. 그건 바로 여행을 즐길 여유가 있고, 효율적인 사람들과 함께 일하며, 자신이 개입했을 때 어떤 프로젝트에든 의미 있는 기여를 할 기회가 있으며, 고소득을 올릴 수 있는 흥미진진한 일이었다. 그녀는 TFC 과정 4주째에 새로운 일을 시작했다. 그녀가 원한 일은 그녀의 회사에 존재하지 않던 것이었다. 창조 프로세스의 일부로서 그녀는 자신이 하고 싶은 일과 얻고 싶은 효과, 그 일이 회사에 어떤 이득을 가져다줄 수 있을지를 정확히 인지했다. 그녀가 처음 부서장에게 자신의 아이디어를 이야기했을 때는 불가능한 일이라는 대답이 돌아왔다. 그녀는 굴하지 않고 자신의 계획과 회사의 사업 방향에 대해 연구를 계속해 나갔다. 그녀가 부서장에게 처음 이야기한 날로부터 나흘 만에 회사의 상무와 면담 약속이 잡혔다. 처음에는 상무도 이 새로운 직책을 만드는 일의 핵심을 이해하지 못했지만, 그녀는 이미 숙제를 마친 상태였다. 그녀가 창조하고 싶어하는 새 직책에 대해 확신에 찬 의견을 피력하자 결국 그는 그 일을 그녀에게 맡기기로 결정했다. 그 후 그녀는 새 직책에서 대단히 효과적으로 업무를 수행했으며, 일 년이 채 못되어 함께 일할 직원들과 큰 예산을 배정받았고, 회사로부터 감사의 인사를 듣게 되었다.

한 TFC 학생은 자동차 정비사였다. 그는 규모가 큰 수리 회사의 체인점에서 일했지만 남서부로 옮겨 직접 수리 센터를 운영하고 싶어 했다. 이것은 그에게 인생 최대의 변화가 될 것이었다. 일단 목표를 인식하고 나자 그는 TFC에서 배운 대로 욕망을 효과적인 행동으로 전환시키는 기법을 사용하기 시작했다. 그는 어찌어찌하여 재원과 필요한 연락처를 확보할 수 있었고, 6개월이 채 지나기도 전에 뉴멕시코의 산타페에서 성황리에 영업 중인 수리 센터의 동업자가 될 수 있었다.

다른 학생들도 마찬가지로 원하는 결과를 점점 더 많이 창조해 냈다. 멋진 인간관계, 중요한 프로젝트, 흥미진진한 직업, 경력을 향상시킬 기회, 더 나은 건강, 재정적 환경 개선 등등. 그러나 학생들이 창조해 내는 결과가 흥미진진하기는 해도 가장 심대한 변화는 따로 있었다. 바로 새로운 능력의 표출이었다. 이것으로 학생들은 자신에게 중요한 것들을 거의 모두 창조해 낼 수 있었다. 그들은 이 스킬을 의식의 수준에서 발전시켰다. 이것 때문에 그들은 인생 전체를 사뭇 다르게 바라볼 수 있었다. 그들은 이제 지배적인 환경에 의해 내몰리지 않고 어떤 환경에서든 원하는 것을 창조할 수 있다는 것을 알고 있다. 이것은 과장된 광고와 감정적인 열정에 의해 만들어진 허구적인 상상이 아닌 현실적인 태도다. 이 새로운 태도는 창조할 수 있는 능력에서 비롯된 것이다. 학생들은 실제로 결과를 하나하나 창조해 보는 방법으로 창조 프로세스의 스킬을 배웠다. TFC의 역사를 통틀어 보면 학생들이 자신에게 중요한 것들을 창조하기 위해 꾸준히 시도한 것들이 가장 좋은 결과를 냈다.

첫 번째 TFC 과정을 끝내고 얼마 후에 나는 창조 프로세스의 원리를 가르치는 전문 기관인 DMA, Inc.를 설립하고 테크놀로지 포 크리에이팅® 커리큘럼을 개발했다.

D, M, 그리고 A(DMA, Inc.)라는 글자를 선택한 것은 유대교 신비주의의 의미가 깃든 글자들이기 때문이다. D는 창조의 힘 또는 창조적 지력

을 나타내며, M은 집중 및 자유롭게 흐르는 의식을 나타낸다. 또한 A는 생명력 또는 프라나(prana: 힌두 철학에서 생명을 존재하게 하는 힘. 생명의 호흡 -옮긴이)를 의미한다. 따라서 창조력은 의식이라는 수단을 통해 생명력을 소환한다. 이를 달리 또는 더 잘 표현하면 창조는 인간 정신의 높은 곳을 표현한다고 할 수 있겠다.

이 기간 동안 나는 DMA 과정을 가르칠 수 있는 지도자를 양성하기 시작했고, 동시에 무엇이 개인들의 삶에서 진정성 있고 지속적인 성장과 변화를 창출해 낼 수 있는지 계속해서 탐구했다. 그 결과 현재 천 명이 넘는 테크놀로지 포 크리에이팅® 지도자들이 미국 전역, 캐나다, 잉글랜드, 스웨덴, 네덜란드, 독일, 프랑스, 그 외 여러 유럽 국가와 호주, 아프리카, 인도 등지에서 활발한 활동을 펼치고 있으며, 이 글을 쓰는 지금 프로그램의 졸업자 수는 5만 명을 넘어섰다.

1970년대 후반에는 저명한 조직 전문가인 찰리 키퍼(Charlie Kiefer)가 피터 센게(Peter Senge), 피터 스트로(Peter Stroh)와 나를 초대하여 창조 프로세스의 원리를 이용하여 조직을 설립하는 사람들을 지원하는 회사인 혁신협회(Innovation Associates)의 창립에 참여시켰다. 지금 혁신협회는 조직 개발 분야에서 가장 앞선 회사로 손꼽힌다.

1980년 나는 사람들의 삶 속에 작용하는 장기적인 구조적 패턴들을 관찰, 이해, 작동시키는 시스템을 개발했다. 이것은 내게 중요한 발견이었다. 왜냐하면 나는 이런 패턴들이 습관적으로 그리고 예측 가능하게 기능 장애적인 행동과 결과들을 만들어 낸다는 것을 알아챘기 때문이다. 나는 이 연구 분야를 '거시 구조적 패턴(Macrostructural Patterns)'이라고 명명했다.

나는 언제나 구조 연구에 매료되었다. 음악 구조, 시각 구조, 시스템 구조, 특히 자연과 자연 질서의 구조가 나의 마음을 사로잡았다. 나는 연구를 통해 알아낸 구조적 원리들을 인간의 발전에 적용해 보기 시작했다. 그러자 성장과 인간의 잠재력에 관한 전통적인 접근법들 다수가 오로지 제한적인 패턴을 강화할 뿐이며, 심지어 많은 경우 원래 그 접근법들의 의도와 정반대의 효과를 낳는 데 그친다는 것을 알게 되었다. 반면 이 새로운 구조적 훈련법은 뛰어난 결과를 내면서 심리 치료에까지 쓰이게 되었다. 많은 환자와 정신 요법 치료사의 고객들이 거시 구조적 패턴을 이용하여 이전에는 불가능해 보였던 인생의 극적 변화를 맞이했다.

1980년대 초반에 나는 비영리 과학 및 교육 기관인 '인간 진화 연구소(The Institute for Human Evolution)'를 창설했다. 심리학, 정신 요법, 교육, 조직 개발의 영역에서 인간의 성장에 대한 구조적 접근법을 심화 탐구하고 발전시키며 창조하는 것을 목적으로 삼았다.

1981년에는 구조와 창조 프로세스에 관한 나의 연구를 바탕으로 DMA의 기본 과정을 크게 수정했다. 그 즉시 DMA 지도자들에게서 학생들이 한층 더 훌륭한 결과와 인생의 변화를 창조해 내고 있다는 보고가 밀려들었다. 여기서 더욱 중요한 사실은, 이러한 변화가 창조를 수행하는 학생들에게서 보다 근본적이면서도 더 쉽게 이루어진다는 것이었다. 학생들이 인생에 접근하고 살아가는 방식에서, 즉 그들의 삶에 작용하는 근본 구조의 변화와 관련해 새로운 일이 일어나고 있었다.

1984년 나는 컨설턴트들이 고객의 인생, 고객이 몸담고 있는 조직의 근본 구조를 이해하고 변화를 이끌어 내는 데 사용할 수 있도록 컨설팅 시스템을 창안했다. 이것은 사람들이 새롭고 효과적인 구조적 패턴을 받아들일 수 있게 돕는 분야에서 지금껏 보아 온 것들 중 가장 극적인 결과들을 이끌어 냈다. 이것이 바로 '구조적 컨설팅(Structural Consulting)'이다.

이후 DMA의 사업부를 통해 TFC 트레이닝과 새로 창안한 구조적 컨설팅을 결합한 결과 여러 기업이 문제 해결이 아닌 창조의 새로운 방향성을 찾는 쪽으로 관점을 획기적으로 전환하게 되었으며, 덕분에 이것은 크고 작은 조직들이 변화를 원할 때 이용할 수 있는 최고의 기술로 손꼽히게 되었다.

우리는 여전히 창조 프로세스의 가능성들을 더 깊이 파헤치면서 발전을 계속하고 있다. 우리 문명을 정말로 바꿀 수 있는 것이 있다면 그건 바로 창조 프로세스이다. TFC의 아이디어와 실천이 점점 더 많은 사람들의 인생을 바꾸어 가고 있다. 누구든 한 번만 자신만의 창조 프로세스를 마스터하면 영구적인 변화가 표준으로 자리 잡게 된다. 읽기를 한 번 배우면 그 능력을 상실하지 않는 것처럼, 자신에게 가장 중요한 것을 창조하는 방법을 한번 익히면 그 능력 역시 없어지지 않는다.

《최소 저항의 법칙》은 인간의 발전이라는 주제에 접근하는 방법에서 전면적으로 다른 길을 제시한다. 이 새로운 접근 방식은 정신 요법 치료사나 심리학자, 온갖 인간 잠재력에 관한 워크숍에 참여하는 사람들이 기존의 훈련법으로는 결코 도달할 수 없었던 경지에 가 닿을 수 있게 만들었다. 그것은 바로 창조 프로세스의 숙달(그 자체로 혁명적인)뿐만이 아니라 완전히 독립적이며 고유한 인생의 자세, 즉 창조적 삶의 방향성으로 전환할 수 있는 능력이다.

나아가 이 책은 인생의 지배적인 요소인 구조에 대해, 그리고 자연 질서의 법칙이 어떻게 해서 항상 구조적 원리에 따라 움직이는지에 대해 새로운 이해를 전해 준다. 우리 모두가 자연에서 운동법칙을 지배하는 주요 원리를 인지하고 있지만, 그것을 의식적으로 응용하는 사람은 드물다. 그 원리란 에너지는 항상 '최소 저항의 경로'를 따라 흐르며, 이 최소 저항의 경로가 그 방향으로 이끌어 가 주지 않는 한 인생에서 시도하는 어떤 변화도 이루어지지 않는다는 것이다. 이 책을 통해 여러분은 인생에서 새로운 구조를 형성하는 방법을 배워, 진심으로 가고자 하는 곳으로 이어지는 최소 저항의 경로를 만들 수 있게 될 것이다.

| 1부 |

기본 원칙

1장

최소 저항의 경로

길을 내다

내 고향인 보스턴에 와 본 사람들은 이런 질문을 던지곤 한다. "여긴 길을 어떤 식으로 배치한 건가요?" 아마 보스턴에 딱히 이렇다 할 도시 계획이 있는 것 같지 않아 보여서 하는 질문일 텐데, 사실 그건 보스턴의 도로가 예전부터 있던 소의 이동 경로를 활용하여 만든 것이기 때문이다.

그렇다면 애초에 소의 길은 어떻게 생겨난 것일까?

소는 당장 나아가기에 가장 수월한 지형 쪽으로 움직이는 경향이 있다. 전방의 언덕을 보고 '아, 언덕이네. 주변을 살펴봐야겠어'라고 생각하는 소는 없다는 것이다. 소는 그 순간에 가장 쉽다고 여겨지는 쪽으로 한 발 한 발 내디딜 뿐이다. 바위를 비껴가고 덜 경사진 곳을 택해 가면서 말이다. 말하자면 소의 행동을 결정짓는 것은 땅의 구조이다.

소가 같은 지역을 지날 때 지난번에 갔던 길을 선택하기는 점점 더 쉬웠을 것이다. 길이 더 뚜렷하게 보였을 것이기 때문이다.

이와 같이 땅의 구조는 소가 한 곳에서 다른 곳으로 이동함에 있어서 일관된 행동양식을 만들어 냈다. 그 결과 보스턴의 도시 계획은 17세기 소의 사고방식에 이끌리게 되었다.

경로를 따라 이동하다

일단 구조가 존재하면 에너지는 최소 저항의 경로를 따라서 구조를 통과하게 된다. 달리 말하면, 에너지는 가장 쉽게 도달할 수 있는 곳을 향해 움직인다는 것이다.

이는 소에게 한정되는 사실이 아니다. 자연 전체에 해당되는 것이다. 강물은 가장 저항을 덜 받는 물길을 따라 흐르며, 맨해튼의 콘크리트 골짜기에 부는 바람도 최소 저항의 경로를 택해 분다. 전구처럼 단순한 장치에서든 정교한 컴퓨터에 설치된 복잡한 회로에서든 전류 역시 저항을 가장 덜 받는 길로 흐른다.

보행자가 많은 혼잡한 거리를 일정 시간 동안 촬영해 통행 흐름을 관찰하면 제각각 갈 길을 가는 사람들이 다른 이들을 피하며 걸을 때 일정한 패턴이 있음을 발견할 수 있다. 보행자의 최소 저항의 경로는 때로는 곧게 걷는 것이기도 하고, 때로는 오른쪽이나 왼쪽으로 움직이는 것, 또

때로는 속도를 늦추거나 잠시 기다리는 것이기도 하다.

우리도 최소 저항의 경로를 따라 움직여 온 끝에 인생에서 지금 바로 이 지점에 서 있는 것이다.

세 가지 통찰

이 책《최소 저항의 법칙》은 세 가지 중요한 통찰에 기반한다. 그 첫 번째는 '우리가 강물과 같다'는 것이다. 우리는 최소 저항의 경로를 선택하여 삶을 영위한다. 우리 모두, 즉 모든 사람과 자연 전체가 그렇게 한다. 여기서 중요한 것은 그렇다는 것을 아는 것이다. 우리는 때로 인생의 어떤 부분에서 흐름을 바꾸려고 노력할 때가 있다. 식습관, 일하는 방식, 다른 사람과 관계를 맺는 방식, 스스로를 대하는 방식, 삶을 바라보는 태도 등을 바꾸어 보려 애를 쓴다. 일정 기간 동안 변화하는 것에 성공할 때도 있다. 그러나 결국에는 원래의 행동과 태도로 돌아와 있는 스스로를 깨닫는 순간이 온다. 우리가 최소 저항의 경로를 택하는 것은 자연의 법칙이며, 인생도 이에 따를 수밖에 없기 때문이다.

두 번째 통찰도 마찬가지로 필수적인 것이다. '인생의 기본 구조가 최소 저항의 경로를 결정한다'는 것. 마치 보스턴 주변의 지형이 소가 지나가는 최소 저항 경로를 결정한 것과 같이, 강의 바닥이 제 위를 지나는 물길을 결정하는 것과 같이, 인생의 구조가 우리 삶의 최소 저항의 경로를 결정한다. 우리가 그 구조를 알아채고 있든 그렇지 않든 상관없이 그건 거기에 있다. 강의 구조는 물이 그걸 따라 흐르든 말든 변함없이 존재한다.

우리 대다수는 인생의 기본 구조가 얼마나 강력하고도 자연스럽게 삶의 방식을 결정하는지 거의 알아차리지 못한다.

많은 이들이 무력감, 좌절감을 시시때때로 느끼면서 계속 살던 대로 살아간다. 인간관계, 경력, 가족, 건강, 삶의 질에서 중요한 변화를 시도해 보기도 하지만, 얼마 지나지 않아 예전과 같은 익숙한 상황으로 되돌아가는 자신을 깨달아 가면서 말이다. 바꾸기 어렵도록 단단히 자리 잡힌 해묵은 패턴을 따르는 것이다.

우리는 삶의 표면적 변화를 실제로 이룬 경우에조차 정말 변화한 것은 없는 것 같다고 느낄 때가 많다. 또한 자신이 경험한 것 이상의 무언가가 삶에 존재한다는 걸 느끼고는 있지만, 그걸 만들어 내는 방법을 알지는 못한다. 강바닥이 변하지 않는 한 물은 자연이 택해 온 경로를 따라 늘 흐르던 대로 흘러갈 것이다. 삶의 기본 구조가 바뀌지 않고 유지되는 한, 십중팔구 우리의 삶도 지금껏 따라왔던 것과 똑같은 방향으로 따라가게 될 것이다.

세 번째 통찰은 '삶의 근본적인 기본 구조를 바꿀 수 있다'는 것이다. 엔지니어들이 강바닥의 지형을 변화시킴으로써 강물의 줄기를 휘어 원하는 방향으로 흐르게 할 수 있는 것처럼, 우리도 인생의 기본 구조 자체를 바꿈으로써 삶을 원하는 방향으로 창조해 낼 수 있다.

게다가 새로운 기본 구조가 자리 잡게 되면, 강의 굽이치는 물살처럼 삶의 전반적인 추진력이 쇄도하여 우리가 진정으로 원하는 결과를 이루어 내게 해 준다. 그 결과로 향하는 직접적인 경로가 바로 '최소 저항의 경로'가 되는 것이다.

사실 삶의 밑바탕이 되는 기본 구조에서 적절한 변화가 일어나면 최소 저항의 경로는 본인이 정말로 가고 싶은 길 외에는 그 어디로도 이끌지 않는다.

이 세 가지 통찰을 통해 얻게 되는 삶의 지침은 다음과 같다. '우리는 자신의 삶에 작용하는 구조들을 인식하고 그걸 변화시키는 것에 대해 배울 수 있다. 그럼으로써 자신이 정말로 창조하고 싶은 것을 창조할 수 있다.'

구조란 무엇일까?

구조란 사물의 근본적인 부분들 그리고 각각의 부분이 상호 관계 속에서 혹은 전체와 관련하여 어떻게 작용하는지를 가리킨다. 사람의 몸으로 치면 개별 기관들, 즉 뇌, 심장, 폐, 혈액 세포, 신경, 근육들을 이르면서 동시에 이 각각의 기관이 온전한 유기체로서의 인체에 서로 어떤 관계로 어떻게 작용하는지를 가리킨다.

에이미 에드먼드슨(Amy C. Edmondson)은 저서인 《보다 깊은 설명(A Fuller Explanation)》* 에서 버크민스터 풀러(R Buckminster Fuller: 1895~1983. 메카닉한 주택을 설계한 것으로 유명한 미국의 건축가-옮긴이)의 시너제틱 기하학(Synergetic Geometry)의 개념을 이렇게 설명하고 있다.

---

* 버크하우저 보스턴(Birkhauser Boston), 스프링거 벌락(Springer Verlag) 주식회사 간행, 175 5번가, 뉴욕, NY 10010

사고하기를 통해 사건을 분리해 내고, 그다음 '이해'를 하여 그것들을 서로 연결하는 것. 풀러는 이 '이해가 곧 구조'라고 선언한다. 왜냐하면 이해란 사건들 사이에 관계를 형성한다는 의미이기 때문이라는 것이다.

내과, 외과를 막론하고 의사들은 인체에 대해 구조적으로 생각하는 법을 배운다. 외과 의사는 병든 장기뿐만 아니라 전신의 건강과 생존 능력도 고려한다. 어디를 어떻게 수술하든 의사는 혈압, 뇌파, 산소 호흡량, 세균의 존재, 알레르기 반응을 염두에 두게 되어 있다.

컵에 물 한 잔을 따를 때도 구조적인 사고가 동반된다. 여기서 구조적 요소들은 물컵, 물, 물의 흐름을 조절하는 수도꼭지, 컵에 받고 싶은 물의 양과 이미 담겨 있던 물의 양 등이다.

컵에 물을 채울 때 우리에게는 목표가 있다. 원하는 양만큼 컵을 채우는 것이다. 우리는 또한 현재 상황에 대한 인식을 하고 있다. 즉 지금 컵에 얼마나 많은 물이 들어 있는지를 인식하고 있다. 만약 컵에 원하는 양보다 적은 양의 물이 담겨 있으면 시스템에 '불일치'가 생긴다. 불일치를 덜기 위해서는 수도꼭지를 조절해 가며 물을 더 채우면 된다. 현재 물의 양이 원하는 수준에 가까워지면 흐르는 물의 양을 서서히 줄이는 식으로 수도꼭지를 조금씩 잠그다가 딱 원하는 수준이 되었을 때 수돗물을 완전히 멈추면, 그것으로 불일치는 해소된다.

컵에 물을 채우는 데는 몇 초밖에 걸리지 않지만, 그 몇 초 동안 모든 요소가 포함된 구조적 시스템이 작동하는 것이다.

세상 모든 것이 이 기본적인 통합 구조를 지니고 있다. 교량, 건물, 터널, 경기장과 같은 물리적인 구조물이 있는가 하면 소설의 플롯, 교향곡의 형식, 영화의 극적인 전개나 소네트의 운율 같은 비(非)물리적 구조도 있다. 물리적인 것이나 그렇지 않은 것이나 모든 구조는 서로 관련된 요소들로 구성되며, 이 요소들이 상호작용할 때 경향 – 움직임을 추동하는 지향성 – 이란 것이 생긴다.

모든 구조는 움직임을 품고 있다

모든 구조의 내부에는 움직임에의 이끌림, 즉 한 상태에서 다른 상태로 변화하려는 경향성이 존재한다. 물론 움직이려는 경향을 지닌 구조들이 있는 반면 정지된 채로 있으려는 경향을 지닌 것들도 있다.

정지 상태를 고수하려는 구조들은 대개 서로 견제하는 요소들로 구성된 경우다. 바퀴는 벽돌에 비해 움직임의 경향이 대단히 크다. 자동차는 고층 건물보다 움직임이 크다. 흔들의자를 휠체어와 비교하면 휠체어의 움직임이 훨씬 크며, 소파와 비교하면 흔들의자의 움직임이 훨씬 크다.

무엇이 움직임의 경향성을 결정할까? 바로 기본 구조다.

구조가 행동을 결정한다

이 책의 가장 중요한 통찰 중 하나는 다음과 같은 원칙에 입각한 것이다.

'구조가 행동을 결정한다. 즉 어떤 식으로 구조화되는지가 그 구조 안에서의 행동을 결정짓는다.'

예를 들어 누군가 건물 내부에서 이동한다고 할 때 건물의 구조가 어떤 식으로 경로를 결정하는지 관찰해 보면 쉽게 이해할 수 있을 것이다. 목적한 지점까지 가는 방법이 다양할 수는 있지만 그 경우에도 역시 우리의 행동은 건물의 구조에 좌우될 수밖에 없다는 것. 벽을 통과할 수 없으니 복도를 따라 걸어야 하며, 방으로 들어갈 때는 창문이 아니라 문을 통과하게 될 것이다. 아래층에서 위층으로 점프해 올라가는 것이 아닌, 최소 저항의 경로를 선택하게 될 거라는 말이다. 인생에서도 마찬가지로 가장 큰 영향을 미치는 것이 구조이며, 이 구조는 원하는 것, 신념, 추론, 포부, 객관적인 현실 그 자체가 혼합되어 이루어져 있다.

인생을 구조적인 견지에서 고려한다고 하여 구조적 관점을 심리학의 그것과 혼동하면 실수하는 것이다. 심리학은 인간의 정신에 대한 학문이다. 심리학 이론을 다루려 했다면 이 책은 사람을 움직이게 하는 동인(動因)에 관한 책이 되었어야 했을 테지만 그렇지 않다. 수많은 유형의 심리학적 이론과 전제들이 공유하는 한 가지 공통점은 '인간 연구'라고 하는 주제이다.

반면에 이 책에서는 인간의 마음, 인간의 정신, 인간의 행동이 아니라, 구조의 작동을 연구한다. 그다음으로는 구조 자체가 인간의 행동에 어떤 영향을 미치는가를 헤아려 볼 것이다. 이 구조는 인간이 아닌 사물에 대해서도 똑같이 적용되어 똑같은 방식으로 기능한다.

구조에 관한 연구는 심리학 연구와 별개이며 다르다. 구조가 어떻게 작동하며, 구조적 원리를 인간의 행동에 어떻게 적용할지 이해하는 데는 두 가지의 특출한 원리가 중요하게 부각된다.

첫 번째 원리는 '인간이 자신의 삶의 기저에 있는 기본 구조에 따라 행동한다'는 것이다.

인간성이 자연의 일부이기 때문에 사람들이 자연의 법칙에 호응하여 행동한다는 것은 놀랄 일이 아니다. 그러나 이것이 우리 대다수에게는 새롭게 받아들여진다. 우리가 자라 온 문화가 자연과의 유대 관계를 무시하고, 자연을 그저 그때그때 이용하거나 취하고, 그렇지 않으면 묵과하거나 적대시하는 무대의 배경으로서만 간단히 취급해 왔기 때문이다.

그럼에도 불구하고 나는, 인간과 자연의 관계를 두고 '인류의 오만이 극치에 이르렀다'라고 표현하는 것에는 동의하지 않는다. '자연의 힘에 대적하는 인간'이라는 관념 때문에 발생한 무지의 결과일 뿐 오만 때문이라고 보지는 않기 때문이다. '시간은 위대한 스승이지만, 불행히도 자신의 학생들을 모두 죽게 한다'는 작곡가 엑토르 베를리오즈의 재치 있는 촌평에 담긴 관념을 따르는 이들은 자신의 삶을 자연과의 투쟁으로 받아들이겠지만 나는 자연을 삶의 구조와 호응하는 것으로 본다.

두 번째 원리는 어떤 구조는 다른 구조보다 원하는 결과를 이끌어 내는 데 더 유용하다'는 것이다.

구조는 근본적으로 '개인적인 것이 아니다.' 어떤 구조에 놓인 사람이 고통과 좌절, 절망으로 이끌려 간다고 해도 우주가 그 사람을 인생의 희생자로 지정해 놓은 것이 아니라는 말이다. 똑같은 구조에 다른 누구를 데려다 놔도 그는 앞서의 사람과 유사한 경험을 하게 될 것이다. 반대로 실현, 성취, 성공으로 이끄는 구조에 누군가를 데려다 놓으면 그는 예외 없이 성공의 경험을 하게 될 것이다.

흔히 사람들은 행동을 바꾸면 삶의 구조를 바꿀 수 있을 거라 믿는다. 사실, 정확히 그 반대가 진실이다.

그렇다고 해서 사람들을 기계론적(mechanistic: 자연을 물질적 재료로 보고 자연의 운동과 변화를 기계적 인과관계로 파악할 수 있다고 믿는 관점. 자연을 유기체적 생명으로 보는 관점과 대조된다-옮긴이)으로 보자는 말은 아니다. 사람은 저마다 귀하고 특별한 존재다. 그러나 각각의 사람이 구조의 강력한 영향력에 지배당하는 것도 사실이다. '근원적 구조(Mother Structure)'를 속일 수는 없다.

구조 중에는 진동(oscillation), 즉 반복적 움직임을 유발하는 것도 있고 최종 목적지로 이끌어 가는 것도 있다. 진자는 진동하게 하는 구조이며, 로켓은 최종 목적지로 유도하는 구조이다. 흔들의자는 진동 구조다. 자동차는 운전자가 선택한 최종 목적지로 이끌어 가는 구조로 되어 있다.

진동하는 삶

삶의 구조가 인생을 진동으로 이끄는 경우들이 있다. 이 사람들은 대개 전진했다가 후퇴하고, 다시 전진했다가 후퇴하는 경험을 한다. 이 패턴은 끊임없이 반복된다. 인생을 바꾸고자 하는 사람들의 시도가 구조의 작용 때문에 처음에는 효과가 있다가 곧이어 듣지 않게 되고, 다시 효과를 보이다가 또다시 작동하지 않기 때문이다. 한 바퀴를 돌아 다시 제자리로 돌아오는 경험을 하게 되는 것인데, 이러면 틀에 박혀 있는 기분이

들 수밖에 없다. 사실상 이 사람들은 변화를 경험하기는 하지만 지속적이지 않다. 개선은 오로지 일시적일 뿐이고 늘 원점으로 돌아간다.

물론 우리 모두 이런 구조에 갇힐 때가 더러 있기는 하다. 그런데 아예 이 패턴 속에서 삶을 영위하는 사람들이 있다. 전진하는 시절로 가득 찬 삶을 살다가 다시 예전의 나쁜 습관으로 되돌아가 퇴보하는 기간이 이어지면 쉽사리 낙담에 잠기면서 말이다. 브루스 스프링스틴이 '원 스텝 업, 투 스텝스 백(One Step Up, Two Steps Back)'에서 노래한 것이 이런 감정이다.

움직임을 추동하는 데 관여하는 구조의 존재를 모르는 사람이라면 인생을 변화시키려고 노력한 최선의 시도들이 왜 끝내 무위로 돌아가는지 알 수도 없었을 것이다.

많은 정신 요법 치료사가 이 현상에 대해 다양한 설명을 내놓고 있지만 대개는 적절치가 않다. 그들은 게으름, 자기 파괴, 실패 콤플렉스 같은 어휘를 만성적 진동에 대한 그럴싸한 통찰로 제시하며, 때로는 이 현상에 대한 묘사 자체를 상황의 '해결책'과 결부시키기도 한다.

"만약 당신이 자기 파괴적인 사람이라면 왜 자신을 싫어하는 거죠?" "왜 스스로를 망가뜨리려고 애쓰는 거죠?" "왜 성공을 두려워하나요?" "극복하기 위해 뭐가 필요하죠?" "변화를 방해하는 게 뭔가요?"

대중적으로 알려진 관념에 의하면 내적 상태 – 감정, 욕구, 두려움, 억눌림, 강압, 충동 등등 – 가 기능 장애적 행동을 유발한다고 한다. 어머니와의 '풀리지 않은' 유대 관계가 낭만적인 관계를 회피하게 하는 원인이라거나 어린 시절의 충격적인 경험이 권위적 인물에 대한 두려움을 갖게 만들었다는 식이다. 이에 따르면 너무 이르게 젖을 뗀 것이 알코올 중독의 원인이라고도 한다.

설명과 이론이야 끝없이 나올 수 있지만 한결같이 우리에게 뭔가 문제가 있다는 이야기를 에둘러 말하고 있다. 그중 각광받는 해법은 문제의 원인을 찾아내어 바로잡음으로써 온전한 기능을 할 수 있는 상태로 우리 자신을 회복시키는 것이다.

사람들은 이 해법대로 문제를 해결하기 위해 수년의 시간과 상당한 돈을 들인다. 하지만 그렇게 해서 한 가지 문제가 '교정' 되면, 그럼에도 불구하고 지속되는 성취의 결여를 설명해 줄 또 다른 문제가 필요해진다.

만약 그 사람이 진동을 일으키는 구조에 놓여 있다고 하면 백약이 무효하다. 이런 심리적 해법들은 구조를 다루지 않고 구조에서 비롯되는 행동에만 관심을 쏟기 때문이다.

이런 접근법들이 무조건 효과가 없다는 것은 아니다. 다만 그 효과는 일시적이며 도로 뒷걸음질하는 수순으로 되기가 십상이다. 한 걸음 나아갔다가 한 걸음 물러나고, 그다음에 또 한 걸음 물러나는 식으로 말이다.

'명백히 구조적인 현상임에도 심리학적 해법을 시도하는 것은 기본 구조를 변화시키는 데 아무런 도움이 되지 않는다.'

진동은 늦거나 빠를 수 있다. 원래의 기준점으로 되돌아가는 데 걸리는 기간도 짧거나 길 수 있다. 1주일, 6개월, 1년, 2년이 걸릴 수 있다. 그러나 시간이 얼마가 걸리든 결국 원래 '문제'의 상태로 되돌아가면 당사자는 실패했음에 충격을 받아 낙담에 빠진다.

'진동'을 극복해 내야 할 '문제'라고 생각할지 모르지만 그렇지 않다. 우리는 그저 삶에서 창조해 내고 싶은 것들을 창조해 내기에 알맞지 않은 '구조'에 처해 있는 것이다.

구조와 창조 프로세스

우리는 목표 달성에 불충분한 상황이 생기면 이것을 문제로 여기게끔 훈련되어 왔으며, 무엇인가를 문제로 인식하면 해결하기 위해 노력한다. 또 문제를 해결하는 중에는 그 문제를 멀리 떨어뜨리려는 행동을 취하게 된다. 이에 비해 '만들어 내기'를 하는 중에는 무언가를 성립시키는 행동을 하는데, 그것이 바로 창조다. 이 두 행동의 의도가 대조적인 것에 주목할 필요가 있다.

구조적 사고를 하게 되면 더 좋고 쓸모 있는 질문을 할 수 있게 된다. '원치 않는 이 상황을 사라지게 할 방법이 뭐지?'라는 질문이 아니라 '내가 만들고 싶은 결과를 창조해 내려면 어떤 구조를 채택해야 할까?'라고 묻게 되는 것이다.

DMA에서의 14년 동안 테크놀로지 포 크리에이팅®의 커리큘럼을 통해 자신들의 삶에서 기본 구조의 변화를 이루어 낸 수만 명의 사람들을 만날 수 있었다. 그 변화들은 문제 해결이 아니라 새로운 구조의 창조에서 비롯된 것들이었다. 이 사람들은 구조의 변화로 최소 저항의 경로를 바꿔 진정으로 중요한 것을 자신들의 삶 속에 불러들일 수 있었다.

문명의 가장 중요한 발전들은 죄다 창조적인 과정을 통해 이루어졌지만, 아이러니하게도 대부분의 사람들은 창조하는 법을 배우지 못했다. 창조의 과정은 우리의 전통적인 교육 체계와 사회 교육에 의해 당연히 학습하게 되는 것들과는 근본적으로 매우 다른 구조를 지니고 있다. 크리에이터들은 우리 대다수가 자라온 것과는 완전히 다른 전통에서 태어난다.

창조 프로세스에서는 진동하는 것이 아니라 확고한 최종 지점을 향해 나아가는 구조를 이용하므로 크리에이터들이 원하는 결과를 실현해 낼 수 있는 것이다.

이 책은 창조 프로세스의 전통에 대해 명확한 이해를 제공하여 창조 프로세스의 기본 구조를 익히게 하고, 저마다 원하는 결과를 창조할 수 있게 만들 것이다. 그러면 최소 저항의 경로가 당신이 진정으로 가고자 하는 방향으로 이끌어 줄 것이다.

다시 말하면 이 책은 문제 해결의 방법이 아니라 창조하고 싶은 것을 창조하는 방법에 관한 것이다. 독자 중에는 이미 충분히 성취하고 성공한 분도 많을 것이다. 그러나 삶의 구조가 그 성공을 지지해 주지 않으면 머지않아 한계에 부딪히고 만다. 우리를 진동이 아닌 완성으로 이끌어 주는 구조로 변화시키기만 한다면 우리는 더 많은 성취의 가능성뿐 아니라 추가 성취의 개연성도 모두 높일 수 있다.

예술가들은 자신이 무엇을 알고 있는지 모른다

최근에 예술 분야의 전문 크리에이터들을 대상으로 뉴욕에서 워크숍을 연 적이 있다. 영화 제작자, 소설가, 시인, 가수, 재즈 음악가, 록 음악가, 클래식 음악가, 레코딩 아티스트, 조각가, 건축가, 작곡가, 화가, 컴퓨터 아티스트, 사진가, 그래픽 디자이너, 극작가들이 그득했다.

그 워크숍의 목적은 성공한 전문가들과의 작업이었다. 이미 자신만의 창조 프로세스를 마스터한 사람들과 작업한다는 것은 크나큰 특권이었다.

그런데 워크숍이 진행될수록 한 가지 어긋난 부분이 아플 정도로 분명해졌다. 이 대단한 크리에이터들 대부분이 저마다 경지에 오른 예술적 창조 프로세스를 경력이나 개인적인 삶에 적용하지 않는다는 점이었다. 아니, 그런 생각 자체가 아예 떠오르지 않는 모양새였다.

하기는 내가 보스턴 음악대학에 다닐 때도 그곳에서 익히는 작곡이나 창조 프로세스를 삶과 결부시키는 방법을 배운 적은 한 번도 없었다. 몇 년 후 졸업을 하고 나서야 그간 배운 것들을 작곡뿐 아니라 인생에서 창조하고 싶은 것들을 창조해 내는 일에도 이용할 수 있다는 어마어마한 비밀을 깨닫게 되었으니 말이다.

창조 프로세스가 그처럼 강력하다면 왜 수많은 예술가가 인생에서는 고난을 겪게 되는지 궁금할 것이다. 그건 그들이 자신이 알고 있는 게 무엇인지를 모르기 때문이다.

테크놀로지 포 크리에이팅® 교육 과정에서 가장 우수한 참가자들은 전문 크리에이터들이다. 그들은 자신의 분야에서 숙달시켜 온 전문 기술을 곧바로 삶에 적용하는 방법을 배우기 때문이다.

예술과 과학의 풍부한 전통은 창조 프로세스를 위한 최고의 훈련장 역할을 해 왔다. 크리에이터들은 자신이 원하는 최종 창작물까지 최소 저항의 경로가 만들어지도록 기본 구조를 성형하는 방법을 아는 사람들이다. 그들에게 있어 최소 저항의 경로는 자신이 지녔던 최초의 개념이 상상했던 결과로 완성되는 것이다.

역사를 통틀어 거의 모든 문화에는 미술, 음악, 무용, 건축, 시, 서사, 도예, 조각이 깃들어 있었다. 창조의 욕망은 신앙이나 국적, 종파, 학력 또는 시대를 막론한다. 이 욕망은 우리 모두에게 내재해 있다. 그러나 정작 이러한 창조적 전통 안에서 길러진 사람은 소수에 불과하다.

삶에서 최소 저항의 경로가 어떻게 작용하는지 이해하기 시작하면 여러분은 문명 세계에 알려진 것들 중 가장 풍요롭고 중요한 전통 하나를 공유할 수 있게 될 것이다. 또한 이 창조적 전통은 예술에 국한되지 않고 일상적인 것에서부터 심오한 경지에 이르기까지 인생 전반을 아우르게 될 것이다.

2 장

반동-순응 지향성

우리의 유년기

유아기 때 우리가 받은 메시지 중 하나는 무엇인가를 하려면 그걸 하는 옳은 방법이 있다는 것이었다. 옷을 바르게 입는 방법, 음식을 먹는 바른 방법, 길을 건너는 바른 방법이 있었다. 유년기가 되자 세상에 대해 배우는 것이 우리의 할 일이 되었다. 이때쯤 우리는 한계와 경계를 알아야 할 필요가 있었으며 가족 내에서, 친구들 사이에서, 공동체에서 자신의 역할이 무엇인지 익혀야 했다.

인생을 살아가는 '옳은' 방법이 있다고 하면 그 방법을 배우는 것이 마땅한 일이기는 하다. 되돌아보면 어린 시절 세상은 미스터리였다. 일어난 일들이 왜 그렇게 된 건지 모르기 일쑤였다. 어른들은 종종 이해하지 못하는 아이들을 상대로 어떻게 행동하라고 말하곤 했다. 그런 요구를 할 때 그들의 어조에는 '내가 무슨 말을 하는지 정확히 알아들어야 해. 그렇지 않으면 넌 뭔가 문제가 있는 아이야'라는 의미가 담겨 있었다.

처음에 우리는 그들이 성숙한 어른이니까 자신이 무슨 말을 하는지 알고 있을 거라고 생각했다. 아무튼 어른들은 기적처럼 보이는 수많은 일을 할 줄 알았으니까 말이다. 차를 몰고, 망가진 장난감을 고치고, 요리를 하고, 기계를 다룰 수 있었으니까. 게다가 그들의 말은 따르지 않을 수 없을 만큼 권위적이었다.

시간이 흘러 시키는 대로만 하는 것이 마음에 들지 않게 되자 우리는 '바른' 방법에 대해 몇 가지 실험을 해 보기 시작했다. 주어진 요청에 싫다는 말을 하기 시작한 것이다. 그 첫 실험의 결과는 성공적이기도, 그렇지 않기도 했다. 결과와 상관없이 우리는 많은 관심을 받기 시작했다. 그것이 마음에 들었을 수도 있지만 우리를 향한 여러 종류의 관심이 항상 즐거운 것은 아니었다. 점차 우리는 긍정적인 관심을 유도하고, 원하는 일을 하면서도 비난받지 않을 수 있는 방법을 찾아보기 시작했다. 그러면서 한편으로는 아무리 노력해도 곤란한 상황에 빠지기만 할 뿐 어떤 일이 벌어질지 예측할 수 없다는 것을 알아채기 시작했다.

우리가 행한 실험의 초점은 세상을 배우는 것에 있었다. 이 무렵까지만 해도 우리는 세상에는 알아야 할 것들이 있으며, 그것들을 배우는 것이 좋은 거라 생각했다. 왜냐하면 우리가 세상이 돌아가는 방식에 대한 적절한 지식에 따라 행동했을 때 보상을 받거나 적어도 관심을 받지 않은 채 혼자 있을 수 있었기 때문이다.

그러다 점차 자신만의 관심사가 생기면서 어른들에 대한 의존도는 조금씩 줄어들고 자기 자신 또는 또래 집단에 대한 의존도가 커졌다. 몇몇 경험을 통해 다 큰 어른들이라도 모든 것을 다 알고 있지는 않더라는 사실도 발견하게 되었다.

어머니들은 툭하면 혀를 검사해 보면 거짓말을 하는지 아닌지 알 수 있다고 말하곤 했다. 거짓말을 하면 혀가 파랗게 변하기 때문에 대번에 알 수 있다는 것이다. 대부분의 경우 어머니의 진실 테스트는 늘 맞기 때문에 파란 혀와 거짓말의 상관관계에 대한 신뢰는 커질 수밖에 없었다. 그런데 어느 날 분명히 진실을 말했는데도 어머니가 혀를 검사하더니 파랗게 변했다고 말하는 사건이 생기게 된다. 신념에 대한 급격한 위기가 닥친다. 거짓말을 하지 않았는데 어떻게 혀가 파랗게 변할 수 있지? 어쩌면 혀가 그렇게까지 정밀한 거짓말 탐지기가 아니었을 수 있다. 혹은 어머니가 다 꾸며 낸 이야기였거나. 만약 후자라면 거짓말쟁이는 어머니였던 것이다. 이 경우 어머니가 한 다른 이야기들 역시 진실이었으리라는 보장을 할 수가 없다. 이렇게 되면 어른들에 대한 신뢰성 자체에 의문을 가질 수밖에 없다.

우리는 여전히 세상을 움직이는 오래된 법칙이 있다고는 여기지만, 권위자로 보이는 사람들이 반드시 옳은 것만은 아니라는 생각도 하게 된다. 이때부터 우리는 세상이 작동하는 방식에 대해 혼자 힘으로 알아내기 시작했다. 함께 세상을 탐사하는 동지와 친구들이 기꺼이 자신들의 생각을 공유해 주었다. 모르긴 해도 성적(性的)인 부분에 관해서는, 비록 일부 정보가 잘못된 것으로 판명 나기는 하겠지만, 부모보다 또래에게서 배운 것이 더 많았을 것이다.

우리가 일찌감치 발견한 것 중 하나는 어른들이 종잡을 수 없고 불공평하며 불공정할 뿐 아니라 옹졸하고 부정직하기 십상이라는 것이었다. 그들의 변덕에 대비하기 위해 우리는 상황을 분석하는 법을 익혔다. 우리가 하고 싶어 하는 것과 어른들이 시키고 싶어 하는 것 사이에서 조율을 하게 되었고, 시간이 흐르자 협조적인 태도를 취할 때와 비협조적으로 굴 때를 결정할 수 있게 되었다. 어른들은 협조적인 태도를 한결 마음에 들어 했다. 우리도 어른들을 좋아했으므로 '협조'하는 것을 기본 방침으로 삼았다. 그러나 협조적으로 행동하는 것이 큰 의미가 없다는 걸 알아 버리게 되는 순간이 있다. 심지어 우리가 최선을 다해 잘 지내 보려고 했을 때조차 그들의 시선이 곱지 않아 보일 때도 있다. 이 경우라면 협조를 하고 있었거나 그렇지 않았거나 결과는 달라질 것이 없다. 우리의 방침은 자연히 '비협조'로 기울었다.

학교에 가서는 세상의 특별한 방식을 배우게 되었다. 처음에 우리는 세상이 보여 주는 것을 가감 없이 받아들였다. 거기엔 인생이 어떻다고 하는 다양한 관점이 있었다. 개중에는 낙관적인 관점도 있었고, 어떤 것들은 비관적이었다.

시간이 지나면서 우리는 스스로의 생각을 발전시켜 나갔다. 인생을 보는 관점도 달라졌다. 그러나 삶이 사실에 의거한 구체적인 운영 규칙들로 구성되어 있다는 가정은 여전히 유지하고 있었는데, 이 추정이 인생을 살아가는 방법에 관한 스스로의 생각을 발전시켜 나가는 구심점이었다.

우리가 발전시켜 나간 생각 중에는 다른 사람들에게 유용한 것, 보기 좋은 것, 똑똑한 것, 강한 것, 흥겨운 것에 관련된 생각들이 있었다.

반면에 세상이 너무 위험하다거가 그러니 스스로를 보호해야 하며 골치 아픈 일에 엮이지 않아야 한다거나, 남보다 더 위협적이 되든지 아니면 최대한 자신을 통제해서 위험을 최소화해야 한다는 생각도 있었다. 혹은 다른 사람들과 얽히면 문제를 일으킬 염려가 있으니 아예 연관되지 않는 게 최선이라는 생각을 했거나.

그도 아니면 세상은 불공평하고 불공정하며, 우리가 무엇을 하든 항상 오해로 끝날 것이라는 결론을 내 버렸을지도 모른다. 그래서 이 해묵은 부당 대우에 대한 분노를 키워 왔을 수도 있다.

어느 쪽이든 세상에 관한 견해를 형성하고 나면, 다음 단계는 자신의 견해와 관련된 삶의 방침을 설계하는 것이었다. 방침을 정하기 위해 우리는 종종 우리보다 앞서 걸어간 이들을 관찰했다. 그러면서 그들의 행동이 그들의 말보다 더 큰소리를 낸다는 것을 알게 되었고, 올바른 길이 무엇인지 감지하기 시작했으며, 사람들이 우리에게 무엇을 기대하는지도 알아채기 시작했다.

어떤 사회적 관습을 받아들이는 것이 좋을지 가르쳐 주는 스승은 많았다. 부모, 교사, 친구들 그리고 지인들 등 개인적으로 가까운 사람들부터 록스타, 영화배우, 텔레비전 스타, 정치인, 종교인 등 소위 영웅이라 불리는 사람들까지. 거기에 책, 영화, 텔레비전, 패션, 시에서 얻는 영감도 스승이라 할 수 있었다.

이렇게 '실제의 삶은 어떠한가'를 공부한 결과는 우리의 삶으로 이어졌다. '삶이 어떻다'는 걸 안다는 것은 취해야 할 바른 행동이 무엇인지 알 수 있게 된다는 것이다. 세상에는 '삶이 어떻다'는 걸 정말로 알고 있는 특별한 사람들이 있을 테니 그들을 찾으면 될 터였다. 단, 자신들이 '아는 자'라고 주장할 준비가 된 사람 중에서 누가 진짜인지를 가려내야 했다.

어쩌면 우리는 해답을 가지고 있는 것처럼 보이는 사람 또는 집단을 찾아냈던 것도 같다. 그 사람들이 낙관적이었든 비관적이었든 주목해야 할 공통점은 세상을 바라보는 시각이 있으면 그 시각에 부합하는 '행동'이 반드시 뒤따른다는 점이다.

자라면서 배우는 것

어느 심리학 연구에서 3살, 4살의 어린이들에게 녹음기를 장착해서 그 아이들이 하는 말을 빠짐없이 녹음한 적이 있다. 녹음테이프를 분석한 결과 연구자들은 아이들이 한 말의 85퍼센트가 자기들이 할 수 없었던 일 또는 자기들 때문에 상황이 얼마나 나빠졌는가에 대한 내용이었다는 사실을 알게 되었다.

자라면서 우리가 배운 것들은 주로 무얼 하지 말라는 것과 무얼 피하라는 것이었다. 어린 시절 배운 행동 규칙의 대다수는 자기 자신과 주변 사람들에게 해로울지도 모르는 상황을 피하고 예방하는 것들, 가령 "길에서 놀지 마라", "아빠를 성가시게 하지 마라", "성냥을 가지고 놀면 안 된다", "늦지 마라" 같은 것이었다.

부모로서 자녀가 부정적인 결과를 피해 가기를 원하는 것은 당연하다. 그러나 문젯거리들을 피해 가는 전략을 익히다 보면 피하는 것이 평생 지고 가야 할 무의식적인 습관으로 굳어질 수 있다. 길을 건너거나 성냥을 다루는 방법을 익히고 난 후에도 부정적으로 생각하며 회피하려는 경향이 오랫동안 남을 수 있다는 것이다.

결국 우리가 어린 시절 정말로 배운 것은 외부 환경이 인생에 절대적인 힘을 미친다는 메시지나 다름없었다. 이 메시지는 다양한 방식으로 학습되어 왔다. 어떤 상황에 적절히 반응했을 때 부모에게서 주어지는 승인과 부적절한 반응에 대한 비난, 정답에 대해 교사에게서 받는 보상과 오답에 대한 불이익 등이 그런 예다.

이런 메시지는 주변에 널려 있다. 명성, 재산, 좋은 유대 관계, 멋진 가족 등은 외부 환경에 '바르게' 반응한 것에 대한 보상, 징역형, 사회적 물의, 사망 등은 외부 환경에 '잘못' 반응했을 때 주어지는 불이익이다.

어느 쪽이든지 대다수의 사람들은 선택을 요구하는 외부 환경이 인생을 구동하는 힘이라고 믿고 있다.

이렇게 상황을 삶의 중심으로 삼으면, 선택은 단 두 가지밖에 없는 것처럼 느껴진다. 상황에 순응하거나 상황에 대적해 맞대응, 즉 반동하는 것이다. '총아'가 되거나 '반항아'가 되거나.

반동하거나 순응하는 것은 단순히 인생을 어떻게 살 것인가 하는 방침이 아니다. 삶의 방식, 삶의 지향이 된다. 나는 이것을 '반동-순응 지향성(The Reactive-Responsive Orientation)'이라고 부른다. 이 지향성 안에서 우리는 상황에 맞춰 나름의 선택을 하고 자기 자신 혹은 미래의 자신을 만들어 간다.

불행히도 오늘날 대부분의 교육체계는 이 반동-순응 지향성을 촉진시키는 역할을 하고 있다. 교육의 지향점 한 가지는 사회라고 하는 구조 속에 아이들을 편입해 넣는 것이다. 사실상 거의 모든 학교 시스템은 학생들에게 순응을 가르치는 일을 자신들의 직무로 여긴다.

많은 학생이 '순응'하며 어떻게 하면 '적절하게' 응답할지를 배운다. 그러나 그들의 행동은 배움에 대한 애착이나 지식에 대한 갈증 대신에 적응하고 문젯거리를 피해 가려는 욕망이 동기가 된 것이다.

일부 젊은이들은 '바른 행동'이라는 꼬리표를 붙여 독단적인 가치와 규칙을 부과하는 상황이라고 느끼면 대놓고 거부하기도 한다. 교육 환경이나 부모의 권위에 맞대응하는 것이다. 결국 반동적인 사람들에게도 주어진 환경은 여전히 행동의 구동력이 된다. 아무튼 이들 덕분에 "제발 아이들이 '철들어서' 시키는 대로 응해 주기만 한다면 얼마나 좋을까!"라는 절규가 이 나라의 모든 학부모와 교사 회의에서 자주 튀어나오곤 한다.

순응 행동

순응적인 학생들은 대개 학교에서 괜찮은 성적을 받으며, 권위 있는 사람들이 세운 기준을 적극적으로 받아들인다.

어른이 되어서도 순응에 대한 학습은 계속된다. 예를 들어 '인간의 잠재력 개발'에 대한 대부분의 연구는 삶의 환경 혹은 세상에 보다 세련되게 순응하는 방법을 배우도록 독려하는 것과 다름없다. '뉴에이지(New Age: 현대의 서구적 가치를 배격하고 철학, 종교, 예술, 환경 등에서 영적인 발전을 추구하는 신문화 운동-옮긴이)'에는 정말 새로운 것이란 드물고, 순응의 새로운 형태만 있을 뿐이다. 이 지향성은 오히려 '올드에이지'에나 딱 들어맞는다. 비슷한 예로, 행복한 인생을 보장한다는 주장들도 수 세기 전부터 그랬던 것처럼 여전히 눈앞에서 대롱거리는 당근의 역할을 하고 있다.

문제는 이 모든 것이 함정이 될 수 있다는 데 있다! 처음에는 자유롭게 드나들 수 있는 것처럼 보이지만 끝내 구속이 되고 만다. 억눌린 의식의 해방, 긍정적인 생각, 대전환을 일으킬 수 있을 만한 경험, 사물을 있는 그대로 받아들이기, 창조적 문제 해결, 상황 관리, 행동 수정, 스트레스 낮추기, 새로운 방식으로 사고하기에 이어 특별한 형태의 명상에 이르기까지 온갖 연구, 온갖 시도가 인생 또는 세상에 대한 바른 응답을 가르친다. 마치 외부 환경이 모든 것을 지배한다는 듯이 말이다.

그러나 몇 년에 걸쳐 이런 훈련들을 하고 난 뒤에도 사람들은 자신이 진정으로 원하는 것을 창조하는 방법을 배우지 못한다. 그들이 배운 것은 성공이나 구제를 약속해 주겠다고 하는 교과서 식의 응답일 뿐 정작 그것들을 실현시켜 주지는 않는다.

왜냐하면 창조와 응답은 완전히 다른 종류이기 때문이다.

반동 지향성

개중에는 환경에 순응하지 않고, 집이나 학교에서 인생이란 이런 것이라고 묘사하는 보편적 견해에 반항하는 사람들이 있다. 그들의 반동은 노골적일 수도 있고 은밀할 수도 있다.

그러나 반동적인 사람들 역시 각자 주어진 환경이 인생의 구동력이라는 사실을 믿기는 한다. 다만 그것이 반드시 사회가 규정한 방식으로 존재할 필요는 없다고 믿는다.

반동적인 행위는 냉소주의의 형태를 취하기도 하며 예민함으로 나타나기도 한다. 또는 타인을 의심하거나 그저 성마른 기질을 드러내는 정도에 그치기도 하고, 권력자들에 대한 음모론에 경도되거나 부정과 악에 대항하는 정치적, 종교적 철학을 지지하기도 한다.

다음은 이러한 반동성을 테스트해 볼 좋은 질문들이다.

- 당신은 외부 환경에 만성적으로 대응합니까?
- 당신의 행동이나 신념 중 많은 것이 부정적인 외부 환경에 맞서 싸우기 위해 의도적으로 만들어진 것입니까?
- 당신은 단순히 살아남기 위해 어떤 세력과 맞서야 하는 상황에 자주 처할 때가 있습니까?

언젠가 하이테크 대기업의 경영진 회의에 참석한 적이 있다. 그들의 회의는 한 명이 나서서 다음과 같은 간단명료한 발표를 하는 것으로 시작되었다.

"이번 새 프로젝트의 예산에 관해 몇 가지 동의가 필요합니다."

이 말이 끝나기가 무섭게 모인 사람들 전체가 맹렬한 논쟁에 들어갔다. 참석자들은 그 몇 가지 동의가 왜 필요한지 이유를 대라고 요구했다. 발표를 한 사람은 발표한 말의 정당성을 증명해야 하는 상황으로 몰렸다. 사나운 적개심을 드러내 가며 45분간 논쟁한 끝에 마침내 그들은 '예스'라는 결론을 내렸다. 어쨌든 새 프로젝트의 예산안에 동의할 필요는 있었던 것이다.

너무 많은 에너지를 그 단순한 사실을 결정하는 데 써 버린 탓에 그들은 기진맥진해져서 어찌할 바를 모르는 상태가 되었다. 그들은 그날 아침 다른 의제는 토론도 하지 못하고 다음으로 미뤘다. 심리적 긴장감과 불안감이 너무 높아져서 만약 누군가가 또 다른 화제를 꺼냈다면 아마도 45분간의 작은 전쟁을 또 한 번 치렀을 것이다.

사실 이 사람들은 일부러 서로를 괴롭힌 것이었다. 그들은 때로는 정중함과 합리성을 가장하고, 때로는 완고하고 신경질적이며 불같은 싸움꾼 연기를 하면서 다양한 함정수사 전략을 구사했다.

깜짝 놀랄 광경이었다. 그런데 나중에 들으니 그들은 '회사에서 가장 품행이 좋은 사람' 축에 든다고 했다. 이 회사 사람들 전체가 '핫헤즈(hotheads: 성미가 급한 사람들-옮긴이)', '프리마돈나(prima donnas: 자기가 아주 중요한 인물인 줄 아는 사람-옮긴이) 등의 평판을 얻고 있다는 말을 듣고서야 그렇구나 싶었다. 이들의 만성적인 반동적 행동 덕분에 실적은 난관에 부딪혔고, 회사는 업계 우위를 빠르게 잃어 가고 있었다.

이렇듯 반동적인 사람들은 어디에나 있다. 결혼 생활, 회사 생활, 가족 관계, 기관과 단체, 수많은 사회적 상호작용들에서 반동적 행동의 무수한 사례가 발견된다.

그러나 결국 대부분의 사람들이 그렇듯 반동적인 사람들도 '적절히' 응답하는 법을 배우는 것이 사회다. 사회는 반동적인 사람들이 순응적인 사람들이 되어 '졸업'하는 순간, 교육 과정과 사회화 과정이 성공한 것으로 여긴다. 그러나 각자의 내부에서 작동하는 구조적 진동은 여전히 계속된다.

반동 – 순응 지향성 : '좋은' 사람들과 '까다로운' 사람들

'성격 좋은' 순응적 사람들조차 만성적으로 무력한 입장에 처하게 되면 차츰 분노를 쌓아 가기 마련이다. 분노가 어느 수위에 이르면 그들도 까다롭고 반동적인 사람으로 변한다. 그러나 그런 변화가 그들의 힘을 증강시켜 주지는 않을뿐더러 스스로 혼란스러움마저 느끼기 때문에 그들은 이내 성격 좋고 순응적인 사람으로 돌아가고 만다.

한편 '까다롭고' 반동적인 사람들은 분란을 너무 많이 일으키기 때문에 만성적 파괴감과 무력감 속에서 분노는 물론 죄책감까지 쌓아 간다. 그러다가 갈등이 최고조에 달하면 후회를 하면서 성격 좋고 순응적인 사람으로 바뀌는데, 대개는 얼마 지나지 않아 순응적인 사람들이 겪는 분노를 똑같이 쌓아 가다가 결국 까다롭고 반동적인 사람으로 돌아간다.

대부분의 시간을 순응 모드로 지내면서 가끔씩 반동적으로 변하는 사람들이 있고, 주로 반동적으로 지내지만 이따금 순응적으로 변하는 사람들이 있다. 많은 사람에게 인생은 순응과 반동 사이에서 왔다 갔다 움직이는 무한 루프다. 즉, 진동하는 것이다. 그리고 진동은 더 잦은 진동을 일으킨다.

순응과 반동 모드가 반복되는 내내 진동 구조는 변함없이 유지된다. 사람들이 행동, 태도, 방침, 심지어 철학까지 바꾸어도 환경에 순응하거나 반동하는 패턴은 여전히 작용한다.

무력감의 전제 조건

반동-순응 지향성은 우리가 무력하다는 것을 기본 전제로 한다.

우리가 습관적으로 환경에 반동하거나 순응한다고 할 때 상황을 그렇게 만드는 힘은 어디에 존재하는 걸까? 분명한 것은 그것이 우리의 외부, 즉 환경에 존재한다는 것이다. 그 힘이 우리 내부에 속해 있는 것이 아니기 때문에 우리는 무력하고 환경은 전능하게 되는 것이다.

남들이 대단한 성공이라고 여길 만한 것들을 이뤄 낸 사람들조차 그저 실패를 피해 보려 발버둥을 치다가 어부지리로 성공을 성취해 낸 경우가 많다. 성공 자체가 무력함이라는 전제를 바꾸는 데 아무런 도움이 되지 않는다는 의미다.

성공에 뒤따르는 원치 않는 결과들이 두려워 아예 성공을 멀리하는 사람들도 있다. 우리 주변 어디에나 있는, 좋아하지 않는 일을 계속하는 사람들이 그들이다. 그들은 새 직장에 있을지 모르는 불안과 문젯거리를 회피하기 위해 상당히 고통스러운 환경에 그냥 머무르기도 한다.

성공한 상황이든 실패한 상황이든 상관없이 반동-순응 지향성에 놓인 사람들은 언제나 삶이 불완전하고 불만족스럽다고 느낀다. 자신이 추구하던 성공을 거둔 사람과 그렇지 못한 사람의 유일한 차이는, 성공한 사람들은 자신의 성공이 진정으로 갈망했던 만족과 성취의 깊은 경험으로 이끌어 주지 않는다는 사실을 안다는 것이다. 그들의 성공은 공허한 승리다.

부모와 교사는 아이들이 가정과 사회에서 인정받고 안전할 수 있도록 해야 할 것과 하지 말아야 할 것들을 일러 준다. 아이들은 이에 협조 또는 반항을 하게 되는데, 어느 경우든 아이들에게 분명하게 전달되는 것은 어른들의 일이란 인생이 어떻게 되어야 하는지를 아는 것이구나 하는 것이다.

결국 아이들이 실제로 배우는 것은 힘에 대해서이다. 그리고 그 힘에 관해 알게 되는 것은 자신들이 무력하다는 점이다.

아이들은 인생의 목적에 관해서도 배우지만, 불행히도 그들이 알게 되는 것은 자신들이 보잘것없고, 그저 남들처럼 굴 필요가 있다는 것이다.

이런 조건에서 그들이 가질 수 있는 궁극적인 삶의 목적이나 의미는 무엇일까? 십 대 청소년의 자살이 유행하는 것은 이러한 무의미함과 무력감이 빚어낸 결과물이다.

의미를 찾는다고 시도해 보아도 존재의 위기에 대한 반동에 그치는 것으로 끝나기 쉽다. 해마다 젊은 사람들은 자신의 인생에서 경험한 의미의 결여에 대한 반동으로 이런저런 숭배에 몸을 던진다.

외부로 바라보기

얼마 전까지만 해도 인류의 진보는 각각의 개인이 아닌 외부 환경에 초점이 맞추어졌다. 정치 지도자들은 국민을 통치하는 정부를 만들었고, 과학자들은 산업 사회를 일구는 이론들을 발전시켰으며, 거대 기업의 기술자들은 도구와 가전 설비, 전자 기기와 탈것들을 설계하여 일상의 틀을 만들었다. 학식 있는 교수들은 우리의 마음에 영향을 끼치도록 기획된 책을 써냈고, 심리학자들은 우리의 정서 생활을 조직하도록 고안된 심리 치료를 시행했으며, 의료계는 우리의 건강을 회복시키도록 설계된 접근법들을 세심하게 만들어 냈다. 그 당시에는 우리의 삶을 설계하는 힘이 외부에 있는 것처럼 보였다. 외부 환경이 변하면 개인과 집단의 내적 경험 또한 바뀔 것이라는 게 일반적인 견해였다.

지금도 외부 환경이 바뀌면, 그리하여 괜찮은 집과 적절한 건강 관리, 근무 일수의 축소, 저렴하고 빠른 이동 수단, 소규모 가족 같은 조건이 확보되면 개개인이 더 행복하고, 더 건강하며, 보다 균형 잡히고, 심리적으로 안정될 거라 믿는 사람들이 있다.

그러나 사실은 많은 사람이 괜찮은 집, 적절한 건강 관리, 그 외 나머지 조건들을 다 가졌으면서도 여전히 불행하고, 건강하지 못하며, 심리적으로도 불안정하다.

20세기 초, 미국인 작곡가 찰스 아이브스는 헨리 데이비드 소로에게서 철학적, 미적으로 깊은 영감을 받았다. 그러나 아이브스는 이 철학자와 한 가지 중요한 점에서 의견이 달랐다. 소로는 사람들이 숲의 자연 환경으로 되돌아가 지내면 본연의 심원한 영적 지향성이 자동적으로 발달할 것이라고 믿었다. 반면에 아이브스는 웨스트버지니아주와 테네시주의 숲이 우거진 자연 속에서 수 세대 동안 살아온 지인들이 이 심원한 상태에 여전히 도달하지 못한 것을 눈으로 본 사람이었다. 게다가 아이브스에 따르면 그 사람들 대부분은 스스로를 두메산골 촌뜨기로 인식하고 있었다.

소로는 외부 환경을 변화시키면 사람들의 내적 경험도 변화될 것이라고 추정한 반면, 찰스 아이브스는 그렇지 않다는 것을 관찰한 것이다.

대다수 사람들의 반동과 순응은 정치적 혁명과 기술의 비약적 발전 같은 새로운 외부 환경에 따라 급격히 변화하지만, 기저에 전제되는 가정은 본질적으로 변화하지 않았다. 사람들은 여전히 창조적 원동력이 자기 자신이 아닌 외부에서 온다고 생각한다.

산업혁명이 19세기 유럽에서 엄청난 인구의 변화와 사회 구조의 재편을 야기했지만, 개인의 삶과 운명을 결정하는 지배적 요소들은 여전히 외부 환경에 있다고 여겼던 것도 마찬가지다. 봉건 시대부터 지금까지 그 믿음은 거의 변하지 않았다.

오늘날에도 농부든 공장 노동자든 혹은 관리자, 경영자, 주식 중개인이든 직업에 관계없이 우리 대다수는 인생의 힘이 온갖 외부 환경에 달려 있다고 쉽게 믿는다. 그것이 순응해야 할 것이든, 대적하여 반동할 필요가 있는 것이든 말이다.

내재적인 것을 외부로 바라보기

반동-순응 지향성에는 사람들이 마치 외부 환경인 것으로 취급하는 몇몇 내부 환경이 있는데 두려움, 분노, 불쾌감, 기질 등이 그것이다.

이것들에 대해서는, 실제로는 내부 환경들인데도 불구하고 도달하거나 제어할 수 없는 곳에 있는 것처럼 반동하거나 순응하게 되기가 쉽다. 굳이 표현하자면 내재적이지만 외부적인 것 같은 양상이라고 할 수 있다. "너무 화가 나서 방을 나가야 했어", "입사 면접을 하는 동안 두려움이 사라졌어", "아버지와의 관계가 불완전해서 남자들과는 좋은 관계를 가질 수 없을 것 같아", "뭐든 즉흥적으로 하고 싶은데 마음이 방해가 돼", "나의 자아가 나를 곤란하게 해", "난 사악한 본성을 극복해야 해", "나의 위장이 자극적인 음식을 거부해" 등등.

이 모두가 외부 환경인 것처럼 여겨지는 내적 환경의 사례들이다. 이 환경들은 기본적으로 내재적이며 자기 지시적이지만, 반동-순응적 사람에게는 마치 개인적으로 영향을 미치는 영역을 넘어선 어딘가, 본인의 제어를 넘어선 어딘가에서 비롯된 것처럼 작동한다.

반동-순응 지향성에 관해 말할 때, 사람들로 하여금 행동을 취하도록 강제하는 것 같은 외적 혹은 내적 요인을 나는 '환경 자극'이라 부른다.

환경 자극

반동-순응 지향성은 자신의 직접 통제를 벗어난 환경 자극에 뚜렷이 반동 혹은 순응하는 삶의 방식이다. 우리는 환경이 달라질 때 바뀐 것에 반동 또는 순응해야 할 필요성을 느낀다.

환경 자극은 친근하고 환대 받는 느낌을 줄 때가 있고, 적대적이며 달갑지 않아 보일 때도 있다. "그 여자가 나한테 미소를 지어 보이니까 갑자기 훨씬 편안한 느낌이 드는 거야", "그가 시선을 돌리자 불안해지기 시작했어", "아들이 접시를 떨어뜨려 깨뜨렸을 때 5분 동안 계속 소리를 지르게 되더라고", "판매원이 솔직해 보이기에 식기 세척기를 샀어", "초코바를 먹었더니 20분 동안 타이핑을 번개처럼 해치울 수 있었어."

또한 환경 자극은 즉각적 반동을 불러일으키기도 하고, 때로는 '적절한' 순응을 소환하는 것처럼 보일 때도 있다. "독감에 걸린 그녀에게 닭고기스프를 가져다준 건 좋은 생각이었어", "그 노동자들이 일을 제대로 하지 않았기 때문에 그들을 고소해야 되겠다는 생각이 들었어", "그들이 나를 너무 따뜻하게 초대해 줘서 가겠다고 말해줘야 했어", "그 남자가 너무 악질이라 이혼을 해야 했어. 너라면 어쨌겠니?"

이들 각각의 경우에서 사람들은 자신들의 반동 혹은 순응을 '야기한' 환경 자극에 개입해 있는 것처럼 보인다. 각 상황에서 사람들의 행동에 영향을 미친 힘은 어떻게든 행동을 취하도록 강제하거나 압박한 환경에서 비롯된 것이었다. 그들은 환경에 관계없이 자신이 원하는 것을 선택할 수 있으리라는 생각을 하지 않았다.

반동-순응 지향성에서는 항상 환경이 사람보다 더 강한 것처럼 보인다. 우리가 할 수 있는 일이라고는 그것들에 반동하거나 순응하는 것밖에 없는 것 같다. 여기서는 설령 우리가 사자를 제압하는 조련사처럼 압도적인 환경을 극복하는 엄청난 기술을 연마했다고 해도 인생을 궁극적으로 통제하는 것은 여전히 사자들, 즉 환경이다.

환경 회피

한번은 친구인 캐런과 함께 파티에 참석한 일이 있었다. 우리가 도착했을 때는 이미 음악이 한창이었고 손님들이 가득 차 있었다. 주최자는 캐런을 맞이하여 음식이 펼쳐져 있는 식탁으로 안내했다.

캐런은 접시에 전채를 담고 컵에 보르도 와인을 채우면서 파티장을 스캔하고 있었다. 누구를 피해 다닐지 살피는 것이었다. 나는 캐런을 오래 알고 지낸 터라서 대규모로 사람이 모이면 그녀가 언제나 그것부터 한다는 것을 알고 있었다. 둘이서 그녀의 이런 습관에 대해 농담을 주고받은 적도 있다.

강박적이라 할 만큼 수다스러운 노마가 자기 쪽으로 다가오자 캐런은 그녀를 못 본 것처럼 사람들 속으로 섞여 들어가 미소를 띤 채 여러 사람에게 인사를 건네면서 노마의 반대 방향으로 걸어갔다.

노마를 피한 것에 안도감을 느끼던 순간, 캐런은 자기가 막 세 번째 결혼 생활을 끝낸 오랜 친구 존 쪽으로 곧장 걸어가고 있다는 것을 알게 되었다. 존이 예전부터 그랬던 것처럼 자기 인생에 대해 불평해 대면서 붙들고 놔주지 않으리라는 것을 예감한 캐런은 존과 마주치기가 무섭게 인사만 건네고는 재빨리 왼쪽으로 돌았다.

그쪽에는 오랫동안 알고 지낸 또 다른 지인 그렉이 두 명의 사람을 상대로 농담을 주고받고 있었다. 캐런은 그들 사이로 슬그머니 끼어들어 마침맞게 핵심이 되는 부분을 듣고는 웃음소리에 동참했다. 그러고는 그 작은 그룹에 머물면서 그들이 흩어질 때까지 재미있는 이야기와 농담에 귀를 기울였다.

캐런이 막 주방 쪽으로 걸어가고 있을 때 늘 커다란 보석을 달고 다니는 몸집이 조그만 여성 잰이 앞을 막아섰다. 잰은 캐런을 붙들고 신선한 당근 주스의 이로운 점에 대해 길고 지루한 설명을 늘어놓았다. 캐런은 가까스로 잰에게서 벗어나 와인을 한 잔 더 마셨다.

파티의 나머지 시간 동안 캐런은 되도록 이런저런 대화에 끼지 않았다. 이국적인 휴양지와 난해한 형이상학에 관한 이야기를 나누는 유행을 달갑게 여기지 않았고, 그런 사람들과 엮이기 싫었기 때문이다. 그녀는 주로 변두리 쪽에 머물면서 거의 입을 열지 않았다. 자기도 모르게 자신에게 관심을 보이는 매력적인 남자와 대화를 시작하기는 했지만, 그 남자가 다시 만날 기약을 하기 위해 초대를 할 것같이 보일 때쯤 재빨리 화제를 바꾸었다. 이것은 그녀가 상대방과 인연을 맺을지 말지 결정하는 것을 회피하는 방식이었다.

파티에서 캐런은 달갑지 않은 상황이 발생했을 때 이리저리 움직이거나 멀리 떨어지도록 설계된 반동-순응 전략을 반복해서 사용했다. 반동-순응 지향성에서는 이런 식의 회피 전략이 일반적으로 쓰인다.

이런 전략에서는 피하고 싶은 것에 초점이 맞춰져 있기 때문에 행동방식도 피하고 싶은 그 일이 일어나지 않도록 노력하는 것이다. 예를 들어 만성적인 걱정은 당신이 걱정하는 부정적인 결과를 방지하거나 회피하기 위해 고안된 회피 전략이다. 병에 걸릴까 봐, 남들이 못마땅하게 여길까 봐, 직장에서 잘릴까 봐, 친구들에게 거부당할까 봐, 관심의 중심에 놓일까 봐 걱정하는 사람들은 원치 않는 상황에 초점이 맞춰져 있기 때문에 전략 자체가 방어적 행동을 취하는 방향으로 짜이게 된다.

여러분도 각자 자신의 삶을 돌아보고, 부정적인 결과를 회피하는 것이 삶의 방식이 되어 버린 건 아닌지 점검해 보기 바란다.

오로지 파트너가 없는 새로운 삶의 불확실성을 피하고 싶어서 계속 관계를 유지하는 사람들이 있다.

관계를 유지하는 데 뒤따를지도 모르는 분노와 적의, 낙담을 감당하고 싶지 않아서 관계를 단절하는 사람들도 있다.

어떤 사람들에게는, 관계에 머물 것인지 관계를 끊을 것인지 하는 결정이 새로운 생활의 불확실성이냐, 현재 상태로 적의를 쌓을 것이냐 중 어느 쪽이 더 많이 불편한가에 달려 있는 것이다. 어느 쪽으로 정하든, 그들이 하는 선택의 기저에는 환경에 반동하거나 혹은 순응하는 것밖에 할 수 있는 것이 없다는 전제가 깔려 있다.

선제공격

반동-순응 지향성에서는 당장의 원치 않는 상황을 회피하기 위해 고안된 전략보다 더 일반적인 것으로서, 처음부터 일이 일어나지 않도록 원치 않는 환경을 미연에 방지하는 장기 전략이 있다. 이른바 '선제공격'이라는 전략이다.

선제공격은 다양한 형태로 나타난다. 다른 사람에게 조종당하는 일을 피하기 위한 선제공격으로 독선적인 성격을 키우는 것, 회의 석상에서 다른 이들에게 비판받는 일을 피하기 위한 선제공격으로 공개적으로 자기 스스로를 비판하는 것, 자신에게 요구되는 일들을 방지하기 위한 선제공격으로 불안하고 무책임하게 행동하는 것, 친밀하거나 호의적인 관계가 되는 일을 막기 위한 선제공격으로 오만하고 불손하게 행동하는 것, 다른 사람과 맞대응하는 상황을 피하기 위한 선제공격으로 쉽사리 화를 내고 상처를 입는 것, 손해를 보지 않기 위한 선제공격으로 피해자처럼 보일 수 있는 상황을 유도하는 것, 자존감에 대해 의심받는 일을 회피하기 위한 선제공격으로 이타적인 행위에 시간과 에너지를 쏟아붓는 것 등이 다 그렇다.

일부 정교하게 안배된 선제공격은 평생의 전략이 되기도 한다. 어쩌면 우리는 일찍부터 위협이 될 수 있는 상황들을 학습해 왔기 때문에 인생에서 그런 일이 되풀이하여 일어나는 것을 방지하기 위한 전략을 꾸준히 발전시켜 온 것이 아닐까 싶다.

어떤 사람들은 이런 이야기들을 하곤 한다. "나는 운 좋은 삶을 살고 있어" 혹은 "내 인생은 충만해", "나의 삶은 만족스러울 만큼 평균적이고 균형 잡혀 있어" 등등. 그러나 이들이 자신의 인생을 '좋은'으로 묘사했다고 해도 그중 누군가의 인생은 '갈등에서 벗어난'으로 표현하는 게 더 맞을 것이다. 그들이 갈등 없는 삶을 영위하게 된 것은 원치 않는 상황에 처할 때마다 반복해서 학습한 회피 전략 덕분이다.

프랭크는 높은 연봉을 받고 있으며 스스로 재정적으로 안전하다고 생각하는 사람이다. 그러나 자랄 때는 집안 형편이 매우 안 좋아서 그의 부모는 가계의 불안정한 상태에 대해 끊임없이 걱정하며 서로 싸우곤 했다. 학교에 다니면서는 물려 입은 옷 때문에 늘 창피했고 집에 친구를 데려와 본 적도 없었다. 또한 학교에서 운영하는 과외 활동도 여유가 없어

툭하면 빠져야 했으며, 짬짬이 일해서 번 돈은 모조리 가족에게 갖다 주어야 했다.

프랭크는 늘 자신이 가난하다고 생각했다. 결혼할 무렵 이미 꽤 많은 수입을 벌어들이고 있었지만 식료품 청구서 같은 아주 작은 부분까지도 꼼꼼히 계획을 세워서 가계를 운용했다. 그리고 이후로도 수년 동안 기를 쓰고 돈을 모아서 재정적 안전을 확보해 나갔다. 일 년에 십만 달러가 넘는 돈을 벌면서 재정적으로 튼튼해진 이후에도 그는 단 1달러도 허투루 쓰지 않았다.

프랭크는 빈곤의 문제를 다루는 잡지 기사나 텔레비전 프로그램, 신문 칼럼은 무조건 멀리했다. 고등학교 시절의 친구가 결혼이나 저녁 식사 모임에 초대하면 절대로 가지 않았으며, 부유한 가정에서 자란 사람들하고만 친구 관계를 맺었다. 프랭크의 검소함에서 한 가지 예외는 자녀들에게 선물과 돈을 물 쓰듯이 쓰는 방식이었다. 그는 자녀들에게, 심지어 자녀들이 원치 않을 때도 최고급 옷만 입혔다. 자녀들의 친구들을 집으로 초대하도록 하고 당구대와 스테레오, 최신 비디오 게임을 갖춘 놀이방까지 따로 만들어 주었다.

프랭크는 자신의 인생을 '편안한' 그리고 '좋은'이라고 묘사했다. 그러나 실제로 그의 인생은 불안정의 암류(暗流)가 끊임없이 흐르고 있었다. 그가 자신의 주변에 둘러친 삶의 환경은 가난을 회피하기 위한 치밀한 선제공격 전략이었다. 프랭크의 숨은 동기는 안정된 재정 상황을 만들겠다, 즉 다시는 가난해지지 않겠다는 것이었다.

인생을 바라보는 프랭크의 지향성 내에서는 세상의 모든 돈으로도 그에게 재정적 독립을 줄 수 없을 것이다. 왜냐하면 그는 평생 동안 가난을 의식 속에 간직해 왔기 때문이다.

방어적인 태도

프랭크가 직업과 관련하여 내린 결정의 대부분은 가난을 막기 위한 선제공격이었다. 그가 자녀들을 대하는 방식은 자신이 어릴 때 겪은 것 같은 경험을 아이들이 하지 않게 하려는 선제공격이었으며, 가계 예산의 운영에 관한 그의 집착은 한 푼의 낭비도 하지 않으려는 선제공격이었다. 각종 매체에서 가난에 대해 다루는 것을 듣지도 보지도 않으려 한 회피 역시 고등학교 친구들과의 만남을 거절한 것과 더불어 과거의 환경을 상기하지 않도록 고안된 선제공격이었다.

이처럼 보통의 생활 정도보다 더 잘 즐기며 사는 사람들 중에는 행동과 태도에 배어든 회피 전략이 인생의 기저에 깔려 있는 경우가 있다. 그들은 가까스로 일정 높이의 고립된 고원에 도달하여 스스로를 '안전'하고 '확실'하게 지킨다.

이렇게 생각하는 사람들이 있을 것이다. '그래서 뭐가 문제지? 결국 프랭크 같은 사람들은 편안하고 안전하게 살아가잖아. 그렇게 사는 게 나쁠 일이 있어?'

원칙적으로는 프랭크가 풍족한 생활을 해 나가는 것이 잘못된 것은 아니다. 그러나 그가 소망하는 것들은 모두 가난을 회피하고자 하는 동기에서 비롯되었다. 어떤 의미에서는 그의 인생에서 핵심적인 것들은 선제공격 전략에 묶여 있으며, 그의 에너지는 죄다 원치 않았던 것들에 집중되어 있다고 볼 수 있다.

이런 사람들은 안전 보장 그리고 평화롭다는 느낌을 얻기 위해 진정으로 원하는 것이 무엇이든 계속해서 그것들과 타협한다. 그러면서도 결코 진정한 안전과 평화를 경험하지는 못한다. 이런 방어 전략을 통해 그들이 삶에서 얻을 수 있는 최선은 현 상태에 만족하며 안주하거나 썩 뛰어나지는 않지만 평범한 보통의 삶을 사는 것이다. 그들의 온갖 허위 안전 밑에는 본인의 직접 통제를 넘어선 환경에 대한 불만과 취약성이라는 암류가 존재한다.

이들 중 많은 수가 결국 인생에 대해 냉소적으로 변한다. 또 다른 이들은 금욕적으로 변한다. 여전히 프랭크처럼 행복을 꾸며 내는 일에 열중하는 사람들도 있다. 한 겹 아래에 존재하는 충족감의 결핍과 불만족을 억누른 채 말이다.

그러나 오랫동안의 회피 전략은 점차 힘을 훼손시킨다. 원치 않는 환경에 노출되지 않기 위해 어떤 상황들을 만들어 왔든, 결국 그는 무력해진다. 친구들에게 보이는 프랭크는 힘 있는 위치를 차지한 사람일 수 있겠지만, 정작 그가 경험하는 것은 대개 끝없는 무력감이다. 자신이 두려워하는 가난을 막아 내기 위해 악전고투하면서 끊임없이 자신의 생활 환경을 통제해야 하기 때문이다. 그는 결코 환경에서 놓여날 수 없으며, 절대로 자유롭지 못하다.

폐쇄 순환 시스템

만약 어떤 사람의 원래의 지향성이 순응 모드이면 최소 저항의 경로는 반동으로 움직여 간다. 그러나 한 번 반동한 뒤 목적한 바를 이루면 최소 저항의 경로는 다시 순응으로 되돌아가게끔 유도한다.

반대로 원래의 지향성이 반동 모드일 경우에는 최소 저항의 경로가 순응으로 움직였다가, 다시 반동 모드로 돌아가게 이끈다. 이것이 폐쇄적이고 순환적인 시스템이라고 생각했다면 잘 맞춘 것이다. 이 구조를 풀어 보거나 변화시켜 보려 하거나 돌파, 수용, 거부 또는 회피해 보겠다는 시도들은 죄다 구조를 강화시킬 뿐이다. 반동-순응 지향성 안에서는 변화를 일으켜 보겠다고 기를 써도 그 지향성에서 벗어나지 못한다.

그러므로 반동-순응 지향성을 바꾸겠다는 섣부른 시도에 대해서는 경고하지 않을 수 없다. 그런 시도조차도 반동-순응 지향성 안에서 행동할 가능성이 있기 때문이다. 결과적으로 효과가 없을 뿐 아니라 특정 지향성만 강화하게 될 수 있다.

어떻게 해서도 반동-순응 지향성을 해체하거나 변화시킬 수 없다면 우리가 할 수 있는 것은 무엇일까? 이에 대한 답은 아무것도 하지 않는 것이다. 최소한 현재 진행 중인 구조의 얼개와 그것이 어떻게 작동하는지 더 깊이 이해할 때까지는 고쳐 보겠다고 나서지 않아야 한다. 이 방식으로 우리는 최소 저항의 경로가 만들어지는 원리를 터득하고, 우리 삶을 움직이는 힘이 창조력이 되게 하는 새로운 지향성으로 성공적인 전환을 할 수 있다.

3장

문제 해결은 창조가 아니다

'문제 해결(Problem Solving)'과 '창조(Creating)' 사이에는 심대한 차이가 있다. 문제 해결이란 무언가를, 즉 문젯거리를 없애는 조치를 취하는 것이다. 이에 비해 창조는 무언가를, 즉 창조물을 만들어 내는 행위이다. 우리 대다수는 주로 문제 해결의 전통 속에서 성장해 왔으며, 창조 프로세스를 접할 기회는 거의 없다시피 했다.

그렇다 보니 많은 사람이 두 가지를 혼동한다. 전문가들이 창조적 문제 해결이라고 설명하는 것들도 별 도움이 되지 않는다. 그들조차 창조 프로세스와 문제 해결이 같은 것이라고 여기는 경우가 많기 때문이다. 하지만 둘은 완전히 다르다.

문제 해결사들은 문제를 정의하고, 대체 방안을 만들며, 최고의 해법을 구현할 수 있도록 정교한 계획을 설계한다. 만약 이 프로세스가 성공적이면 문제를 해소할 수는 있을 것이다. 그러면 우리가 갖게 되는 것은 해결할 문제가 없는 상황이다. 그러나 우리가 창조하고 싶어 하는 결과물은 여전히 존재하지 않는다.

우리 사회에서는 문제 지향의 정신적 경향이 삶의 방식이 되어 있다. 선거에 나가는 정치인들이 하는 소리를 들어보면 죄다 문제에 대한 것들이다. 적자 상황의 문제, 국제 경쟁의 문제, 산성비 문제, 빈곤 문제, 경제 문제, 방위비 문제, 건강 관리 문제, 노숙인 문제, 실업 문제, 범죄 문제, 약물 남용 문제, 부정부패의 문제, 공산주의의 문제, 교육 격차 문제, 테러리즘 문제, 정부의 무능 문제, 절체절명의 환경 문제, 복지 문제, 전염병 문제, 핵 위협의 문제, 원자력 폐기물 문제, 에너지 문제, 불법 이민의 문제, 공기 오염 문제, 교통 문제, 교도소 문제, 노인 돌봄 문제, 세금 문제, 항공 안전 문제, 교통안전 문제, 불공정 거래 관행 문제, 소비자 피해 문제, 산업 문제 등등.

대통령 후보가 유세 길에 오르면 이들은 오로지 자기가 들르는 지역의 문제들만 입에 올린다. 아이오와주에 가서는 농장 문제를 이야기하고, 미시건주에 도착하면 농장은 싹 잊어버리고서 자동차 산업의 실업 사태만 이야기한다. 또 남부에서는 선벨트 지대의 경제에 관련된 문젯거리들로 주제가 급선회했다가, 북서부로 가서는 에너지 문제에 대해 열변을 토하고, 캘리포니아주에서는 환경과 약물 문제를 다룬다.

마치 무엇이 문제인지 제일 잘 나열하는 후보자를 뽑아야 한다고 주장하는 모양새이다. 그러나 어떤 후보자가 문제를 줄줄이 읊는다고 해서 그게 그가 문제의 진짜 원인을 파헤치는 통찰을 갖고 있다는 의미가 될까? 고통받는 이들의 비극에 대해 열변을 토한다 해서 그게 그들이 힘든 사람들의 편에서 손가락 하나라도 까딱하겠다는 의미인 걸까? 만에 하나 도울 수는 있다고 해도 그다음엔 어쩔 건가? 문제가 완화되었다고 하자. 다음번에는 어떤 다른 문제가 생길지 그들이 예측할 수 있을까? 그러면 그것들도 다 효과적으로 해결할 수 있을까? 그럼 과거에는 그 문제들을 잘 해결했었나? 만약 그랬다면 왜 문제들이 여전한 걸까? 왜 우리는 후보자들에게서 문제에 대해서만 그처럼 많은 이야기를 듣고, 앞으로 만들어 나갈 사회에 대해서는 거의 한 마디도 들을 수가 없는 걸까?

역사상 가장 위대한 지도자들과 정치인들은 문제 해결사가 아니었다. 그들은 건설자이자 창조자였다. 심지어 전쟁과 대공황같이 엄청난 갈등이 촉발된 시기에도 그들은 자신들이 그리던 사회가 될 수 있도록 이끄는 행동을 취했다. 이처럼 정치가이면서 창조자이기도 했던 인물의 빛나는 사례로 윈스턴 처칠과 프랭클린 루스벨트를 들 수 있다. 그들이 한 일은 자신의 선거구로 복지를 끌어들이는 단순한 일이 아니었다. 그들은 삶의 시간을 자신들이 원하는 미래를 건설하는 토대로 썼다.

문제들, 문제들

창조 과정의 중요한 부분은 현재 존재하는 것을 인정하는 것이다. 우리는 많은 문제를 가지고 있다. 물론 그것들은 주의를 필요로 한다. 그러나 문제 해결은 우리가 원하는 문명을 창조하기에는 불안정하고 부적절한 방식이다. 또한 대부분의 경우 존재하는 어려움들을 바꾸지 못한다. 기껏해야 문제 해결은 특정 상황에서 일시적인 구제를 해 줄 수 있지만 최종 성공으로 이어지는 경우는 드물다.

에티오피아의 기아를 예로 들어 보자. 제3세계 개발에 관심을 가지고 있는 이들은 몇 년에 걸쳐 점점 커지는 그 참사를 목도했다. 그리고 결국 위기가 엄청난 규모로 확대되자 전 세계의 시선이 그곳으로 쏠렸다. 만약 문제가 굶주림이라고 하면, 확실한 해결책은 무엇일까? 식량이다. 이후 긴급 구호 식량을 구매해서 선적하는 일에 어마어마한 돈이 모금되었고, 결과적으로 수많은 생명을 구할 수 있었다. 그러나 그들의 현실에 작용하는 힘은 변하지 않았다. 에티오피아의 정치적 혼란은 여전했고, 굶주리던 사람들에게 스스로 식량을 생산할 자원도 여전히 없었다. 식량 원조의 역할은 오직 귀중한 시간을 벌어 준 것뿐이었다. 그러나 이 시간은 서민들을 위한 적절한 식량 생산을 창조하는 데 사용되지 않았다. 극심한 고통의 일시적인 구제 이후 비극은 계속되었다. 식량 원조가 잘못된 해결책이었던 걸까?

그렇지는 않다. 에티오피아에서와 같이 절박한 긴급 상황에서는 즉각적인 위기 해결을 위해 할 수 있는 모든 일을 하는 것이 당연하다. 그러나 이런 종류의 행동이 단지 시간을 버는 일에 지나지 않는다는 것을 인정할 필요가 있다. 이 시간이 성장 가능한 사회를 만드는 데 사용되지 않는다면 더 많은 비극을 미뤄 두는 것에 그친다는 것 말이다.

에티오피아의 위기는 문제 해결 구조에 내재된 결함을 보여 주는 극명한 사례다. 돈을 모으고 식량을 보내는 행동의 뒤에 있는 추동력은 무엇이었을까? 바로 문제의 심각성이었다. 텔레비전에는 굶주린 아이들의 모습이 봇물처럼 넘쳤다. 도움을 청하는 외침이 울려 퍼졌다.

전 세계 각계각층의 사람들이 나서서 난국을 타개하는 데 힘을 보탰다. 유명한 록 스타들은 역사상 가장 큰 생방송 공연인 '라이브 에이드(Live Aid)'에 자신들의 재능을 아낌없이 기부했다. 온 세상이 이 대의에 사로잡혔다. 수백만 달러가 모금되었고, 식량과 의약품을 위주로 한 구호품이 에티오피아에 쇄도했다. 에티오피아 정부와 얽힌 분배 문제가 있었지만 그것이 해결되고 나자 굶주린 사람들에게 식량이 넉넉히 전달되었다. 그러나 형편이 한결 나아진 것이 확인되자 언론의 관심은 끊어졌다. 주요 시간대의 뉴스에서 굶주리는 아이들의 사진이 자취를 감추기 시작했다. 기부의 흐름이 더뎌졌고, 뉴스는 새로운 문젯거리로 시선을 옮겨 갔다. 에티오피아에 대한 관심은 뚝 떨어졌으며, 구호 활동은 위축되었다. 그러나 오늘, 지금 이 순간에도 에티오피아의 아이들은 세계의 여러 나라에서 그렇듯이 굶어 죽어 간다.

이것들이 익숙한 패턴의 단계들이라는 데 주목하기 바란다. 바로 '진동' 구조에서 나타나는 움직임인 것이다.

문제 해결 구조에서 최소 저항의 경로는 나쁜 상태에서 조금 나은 상태로, 그리고 조금 나은 상태에서 다시 좀 더 나쁜 상태로 이동한다. 왜냐하면 취해진 행동 자체가 문제에 의해 생성되기 때문이다. 따라서 일정 조치를 통해 문제점의 심각성이 줄어들면 다음번의 추가적인 조치를 할 만한 동기도 줄어든다.

문제 해결의 구조를 정리하면 이렇다. '문제는 문젯거리를 덜기 위해 고안된 행동으로 이어진다. 문제가 축소된다. 이로 인해 추가 행동을 해야 할 필요가 줄어든다. 향후 조치가 줄어든다. 같은 문제가 여전히 남거나 다시 심해진다.'

이러한 문제 해결이라는 패턴의 단계들은 다음과 같이 요약할 수 있다.

문제는 문제를 해결하기 위한 **행동**을 유도한다.

이것이 문제의 **심각성을 축소**하는 방향으로 유도한다.

이것이 문제를 해결하기 위한 **행동을 축소**하도록 유도한다.

이것이 **문제가 잔존**하도록 유도한다

문제로 이루어진 트랙 위의 인생

문제 해결 구조의 이런 패턴은 세계적인 문제뿐만 아니라 개인적인 문제와 직업의 문제에서도 마찬가지로 나타난다.

많은 사람이 인생을 불행한 애정 관계, 마땅찮은 직업, 만성적인 건강 문제, 재정적 어려움, 스트레스가 많은 가정생활, 비협조적인 직장 동료, 경제적 결핍, 사내 정치 등 일련의 문제를 해결해 가는 과정으로 이해한다.

실제로 많은 사람들은 이런저런 문제들로 얽힌 인생을 살아간다. 사람들이 하는 행동의 대부분은 문제를 제거하는 것에 초점이 맞춰져 있으며, 그리하여 문제없이 사는 인생을 지향한다. 그러나 할 수 있는 조치를 다해도 그들에게는 여전히 문제들이 있다. 똑같은 오래된 문제들을 가진 사람도 있고, 새로운 문제들이 생겨난 경우도 있다.

'행동을 이끌어 내는 원동력은 문제의 심각성이다.' 일단 문제의 심각성이 줄어들면 행동의 동기도 줄어든다. 따라서 문제 해결을 삶의 방식으로 삼으면 문제를 해결하기는커녕 오히려 문제를 키우게 된다. 문제 해결은 대개 문제를 해결하기 위한 행동이 효과를 거둘수록 더 적은 행동으로 이어지기 때문이다.

문제 비즈니스

몇 달 전 우리 회사의 고위 관리자를 뽑는 면담을 진행한 적이 있다. 지원자들 중 다수가 자기는 문제 해결을 좋아한다고 자랑하듯 말했다. "얼른 이 회사의 문제를 해결하고 싶어 좀이 쑤실 지경입니다!"라며 과장된 표정을 지어 보이는 사람도 있었다.

그가 좀이 쑤실 일이 좀 걱정이었다. 왜냐하면 다른 사람을 뽑았기 때문이다.

지원자들 중 많은 이들이 문제 해결을 자신의 좌표로 삼고 있었다. 왜 그런 것일까? 그건 문제와 문제 해결이라는 주제가 관심을 끌기 때문이다. 그것들은 중요하다는 느낌을 준다. 중요한 사람이 아니라면 중요한 문제를 지니고 있을 리가 없다는 것이다. 그래서 관리자들은 문제 위주로 생각하도록 훈련받는다. 임원급 관리자가 많을수록 임원급 문제도 많아진다.

아이러니한 것은 문제 해결이 잘못된 안정감을 심어 줄 수 있다는 것이다. 문제 해결에서는 해야 할 일이 분명하다. '문제를 찾아서 해결하기.'

그런데 문제가 없는 상황에서는 어떤 생각을 하게 될까? 무얼 하며 시간을 보내야 할까?

문제 해결 구조에서는 초점, 행동, 시간 그리고 사고 과정을 조직하는 것이 거의 자동적으로 이루어진다. 어떤 의미에서는, 처리해야 할 까다로운 문제가 있어도 굳이 생각을 할 필요가 없다고도 할 수 있다. 그냥 문제 자체에 집착하기만 하면 된다. 잘못된 부분을 곱씹고, 마음속으로 되짚어 보는 것이다. 걱정하고 안달하다가 동료나 친구들에게 털어놓을 수도 있다. 이 과정에서 고난이 닥치면 움츠러들며 '비바람에 맞서는 일개 인간' 같은 식의 낭만적 경험을 할 수도 있다. 이처럼 문제 해결은 실제로는 매우 산만하지만, 마치 중요하고 필요한 일을 한다는 착각을 동시에 주기도 한다.

'창조적' 문제 해결

사람들이 문제 해결과 창조성을 같은 선상에 놓고 이야기할 때 대개 그들이 말하는 바는 난관을 헤쳐 나가는 특별한 방법을 찾는 것이다. 여기서의 창조성은 엄밀히 말해 스타일에 국한된 것일 뿐 본질에 관한 것이 아니다. 수 세기 동안 예술과 과학에서 이용해 온 진짜 창조 프로세스와는 아무런 상관이 없다는 말이다.

화가는 '창조적' 문제 해결 방법을 이용해서 그림을 그릴 수 없다. 화가는 문제를 해결하기 위해서가 아니라, 작품 속으로 '실제'를 불러들이기 위해 그림을 그리기 때문이다. 애초에 그림이 존재하지 않았던 것을 문제라고 볼 수 없으니 말이다(백지 상태의 캔버스로 가득 찬 세상을 문제라고 보지 않으니까).

대표적인 창조적 문제 해결 방법의 예는 브레인스토밍이다. 브레인스토밍은 기발한 자유 연상을 통해, 선입견처럼 자리 잡은 심적 경향을 기습 공격하여 타파하는 과정이다. 습관적인 사고방식을 극복하여 대체 해결책을 마련하고자 하는 것인데, 이때는 비판적 판단을 잠시 중단하여 창조성을 더 많이 발휘할 수 있도록 자신을 북돋는 것이 필요하다.

마음속 경이의 해방

이 유형의 접근 방식에서는 마음을 자유롭게 놓아주는 것에 방점이 있다. 이 개념은 심리학자가 창조성을 바라보는 관점에서 영향을 받은 것이어서, 접근 방식 자체는 문제 해결 모델을 채용하고 있다.

'창조적' 문제 해결은 사람들이 사고하는 과정에서 완고해지면서 스스로에게 제약을 가한다는 것을 전제로 하고 있다. 일반적으로 사고방식을 제약하는 것은 습관의 장벽, 신념의 장벽, 심리적 장애 등이다. 해법은 개개인이 장벽이나 장애를 뚫고 나아가 '마음을 해방'시키는 것이다. 이 생각과 저 생각을 습관적으로 연결하지 말고 새로운 연상을 하라고 스스로를 응원해 주는 것이다. 따라서 이 과정에서 중요한 것은 생각의 흐름을 방해하지 않도록 비판적인 판단을 유보하는 일이다.

또한 이 방법에서는 사람들의 내부에는 풍부한 창조성이 있지만 장애에 가로막혀 있으며, 장애가 제거되면 창조성이 물처럼 흐를 것이라고 가정한다. 인간 의식의 진화에 관한 걸출한 사상가 이븐 윌리스 하먼(Even Willis Harman)조차 이 구태의연한 덫에 빠져 있었다. 그는 그의 저서인《더 높은 창조성(Higher Creativity)》에 이렇게 썼다.

> 왜 집집마다 베토벤, 간디, 아인슈타인 같은 사람들이 없을까? 모든 사람이 더 높은 종류의 창조성을 향해 비상할 수 있는 내적 능력을 가지고 있다면, 그 열쇠를 숨긴 채 대부분의 사람들이 이 재능들을 사용하는 방법을 알아내지 못하게 막는 것은 무엇일까?

그러나 베토벤을 예로 들자면 분명히 그는 스스로를 '더 높은 종류의 창조성을 향해 비상'하는 재능의 소유자라고 생각하지 않았다. 그는 어느 날 아침, 잠에서 깨어 갑자기 음악을 작곡할 수 있게 된 것이 아니었으며, 자신이 가진 보잘것없는 '낮은 종류'의 창조성 위로 영감의 광채가 번쩍 내려앉기를 기다리며 명상을 한 것도 아니었다. 그는 여러 해 동안 작곡을 공부했고, 이후로도 계속하여 더 많은 작곡 경험을 쌓으며 고된 노력을 경주했다. 처음에 그는 고전주의 음악을 작곡했으며 그것들은 모차르트나 하이든과 다르지 않은 장르였다(하이든은 베토벤의 작곡 선생 중 한 명이었다). 그러나 시간이 지남에 따라 베토벤은 독창적인 예술적 발전을 이루어 갔다.

그의 음악이 위대한 것은 베토벤이라는 인간의 위대함과 분리될 수 없는 것이었다. 그는 어떻게든 '더 높은 창조성'으로 다가가기만 하면 그만인 무감각한 전달자가 아니었다. 그는 영적인 것에서부터 철학적인 것, 성스러운 것, 심지어 평범하고 세속적인 것에 이르기까지 경험한 삶의 모든 국면을 예술과 조화시킨 마스터 아티스트였다. 동시에 기술적인 면에서도 가장 위대한 테크니컬 마스터 중 한 명이기도 했다.

그는 인생을 성취 가능한 것들을 위한 원재료로 사용했다. 그의 인생은 '일순에 날아오르는 것'이 아니라 배움의 연속선상에 있었다. 그의 프로세스는 진화론적이었다. 진화를 통해 그는 음악 역사의 혁명을 일으켰다.

작곡가 로저 세션스(Roger Sessions)는 베토벤 작품 연구를 하던 중 영감에 관한 이슈를 다음과 같이 제기했다.

> 나는 그의 '함머클라비어 소나타(Hammerklavier Sonata)'의 마지막 악장을 가지고 있다. 초고들을 보면 그(베토벤)가 신중하게 모델링을 한 다음 체계적이면서도 명백히 냉정한 스타일로 푸가의 주제를 시험했음이 드러나 있다. 얼핏 영감이 끼어들 여지가 없어 보일 정도다. 그러나 영감이라는 단어에 일말의 의미라도 있다고 하면, 이미 주제에 존재하고 있는 압도적이며 거대한 형식의 힘을 내보이는 이 악장과 완벽히 들어맞는다.

상상 속에서 베토벤의 것보다 더 위대한 음악을 감지할 수 있는 사람들도 있을 것이다. 그러나 창조자들은 상상하거나 마음에 그리기만 하는 것이 아니라 상상을 현실로 불러오는 능력을 가지고 있다. 그런 창조자가 존재한다는 것은 진화 과정이 일어날 수 있다는 것이다. 지나간 창조들 하나하나가 다음 창조를 위한 토대를 구축하는 것이다.

누군가 창조성의 '열쇠' 운운하면서 '알맞은 열쇠'를 찾으면 창조성을 잠금 해제할 수 있다고 이야기하기 시작하면 서둘러 자리를 떠날 때가 된 것이다.

창조성의 '잠금 해제' 같은 접근법이 어떤 식으로 발전해 왔는지는 뻔하다. 창조적인 사람들은 '별난' 행동을 한다는 등의 관찰을 해 온 심리학자들에 의해서다. 창조자들 고유의 독창성은 그들을 대다수 사람들과 구별 지으며, 이 독창성을 북돋우면 독창성과 창조성이 증대된다는 이론이다.

이것은 피아노를 치는 사람들과 그렇지 않은 사람들을 관찰하는 것과 좀 비슷하다. 피아노를 칠 줄 아는 사람들은 당연히 흰 건반과 검은 건반을 누를 것이다. '잠금 해제' 이론대로라면 피아노를 칠 줄 모르는 사람을 데려다 앉혀 놓고 흰 건반과 검은 건반을 누르라고 격려해 주면 그들이 피아니스트가 되어야 한다.

창조성에 관한 심리 테스트들 중에는 대상자에게 벽돌 하나에 대해 가능한 한 많은 용도를 생각해 내게 하는 질문이 있다. 더 많은 용도를 생각해 낼수록 더 창조적이라는 개념인데, 이것은 문제 해결사들이 흔히 쓰는 기법 중 하나인 '대안 생성' 테마의 또 다른 버전이다. 이런 식이라면 현대 건축의 거장 프랭크 로이드 라이트(Frank Lloyd Wright)라도 벽돌의 용도를 건축 자재 하나만 제시했다면 그다지 창조적이지 않다는 평가가 내려지지 않았을까?

핵심 질문

이 접근법들은 창조 프로세스의 핵심 질문을 간과하고 있다. 즉 '나는 무엇을 창조하고 싶은가?' 하는 것이다. 창조 프로세스의 독창성은 대안의 생성이 아니라 원래 창조하고 싶어 했던 오리지널 콘셉트에서부터 현실에 구현된 최종 창조물까지 이르는 길을 만드는 것에서 비롯된다. 그러므로 창조성에 관한 어떤 이론이건 테스트해 볼 수 있는 좋은 질문은 이런 것이다. '그 이론으로 곡을 쓸 수 있는가?' 모차르트가 〈피가로의 결혼〉의 서곡을 브레인스토밍을 이용하여 작곡하는 것을 상상할 수 있는가? 만약 모차르트가 이 방법을 썼다면 그 곡을 결코 단 몇 시간 만에 써낼 수는 없었을 것이다.

로저 세션스가 묘사한 것처럼 베토벤의 스케치북은 곡의 주제와 변주로 가득 차 있다. 그러나 이 초고들은 자유 연상이나 대안의 생성을 나타내는 것은 아니고, 구조들이 간격을 두고 상호작용하는 방식에 초점을 맞춘 연구에 가까웠다. '모델링을 한 다음 체계적이고 명백히 냉정한 스타일로' 말이다. 베토벤은 자신의 초고들에서 비판적 판단을 유보하기는 커녕 더 강화시킨 것이다.

창조 프로세스에는 고도로 제어된 것부터 제어되지 않은 것까지 다양한 스타일이 가득하다. 그러나 이 모든 스타일은 '창조자가 염두에 둔 결과물들'이라는 맥락 내에 존재한다.

이 맥락 속에 '비판적 판단의 초점'이 들어 있다. 비판의 유보는 해당 사항이 아니다. 창조자가 자신만의 창조 프로세스를 마스터하면 할수록 대안으로 남겨지는 것은 그만큼 적어진다. 창조자는 방법의 경제를 발전시킨다. 숙련이 될수록 오리지널 콘셉트에서 최종 창조물로 더욱 빠르게 직행하게 되는 것이다.

'마음을 해방'하는 것은 '마음에 집중'하는 것과는 다른 행위이다. 집중하기 위해서는 주의를 기울일 대상이 필요하다. 창조자들에게 집중의 대상은 그(혹은 그녀)가 창조하고자 했던 최종 결과물이다.

마음을 해방하는 것은 원하는 물고기의 종류나 낚시 방법도 모르는 채로 물고기가 있으리라는 희망만 가지고 연못에서 낚시를 하는 것과 비슷하다.

반면에 창조는 실제 낚시와 닮았다. 연못에 무작정 가는 것이 아니라 잡고 싶은 물고기의 종류에 초점을 맞추는 것이다. 송어를 잡고 싶으면 플라이 낚시 장비를 가져가고, 농어를 잡고 싶으면 낚싯봉과 미끼를 가져간다.

낚시를 할 때와 마찬가지로 창조 프로세스에도 미지의 속성이 존재하기 마련이지만, 창조하고자 하는 최종 결과물을 인식하고 있으면 무작위로 하는 것이 아니라 프로세스에 집중하는 것이 가능하다.

이 문제가 관련이 있는가?

자기가 창조하고 싶어 하는 것을 만드는 방법을 모르기 때문에, 사람들은 문제들을 인생과 관련 지어 생각하거나 문제 속에 중요한 항목들이 가득 들어 있을 거라고 여긴다. 그러나 엄밀히 따져 보면 대개의 문제는 인생과 무관하다. 문제 해결을 살아가는 방식으로 삼아서 얻는 것은 얼마 되지 않는다는 것이다.

이 주제의 연구에 오랫동안 매진했던 심리학자 칼 융은 아래와 같은 식견을 내놓았다.

> 인생에서 가장 크고 중요한 문제들은 모두 근본적으로 해결이 불가능한 것들이다. … 절대로 해결될 수 없고 오로지 웃자랄 뿐이다. 이 '웃자람(outgrowth)'은 새로운 인식의 수준을 요구하는 추가 연구에서 증명되었다. 환자의 인식 범위에 더 높거나 범위가 더 넓은 흥밋거리가 나타나자 그의 시야가 확대되었고, 해결되지 않고 있던 문제가 더 이상 긴급하지 않게 되었다. 논리적으로 보면 문제 자체가 해결된 것은 아니지만 새롭고 강력한 인생의 충동과 맞닥뜨리자 쇠퇴해 버린 것이다.

결국 문제 해결이라는 주제로 행해져 온 어마어마한 양의 연구들은 실제로는 쓸모가 없다. 문제 해결이란 것이 여전히 환경 – 여기서는 문제의 환경 – 에 대한 '적절한' 반응을 찾는 또 다른 방법이기 때문에 지속적인 가치를 지니기가 어렵다는 것이다.

단정적으로 말하면, 문제 해결 기법을 받아들이려 했던 사람들 대부분이 결국은 포기하고 만다. 내 친구 한 명이 회사에 문제 해결식 접근법을 도입하는 데 수천 달러를 투자했다고 하기에 내가 물었다.

"자네 회사에서 그 기법들 중 몇 개나 이용하고 있지?"

"전혀." 그가 대답했다. "우린 한 번도 써 보지 못할 아이디어들을 만들어 내느라 엄청난 시간을 쏟아부었어. 처음에는 뭔가 다른 일을 하고 있다는 것 때문에 흥분하기도 했지. 그런데 새로운 일이 실제로 일어나지는 않았어. 그 기법들이 쓸모 있는 걸로 판명되었다면 당연히 이용했겠지. 그런데 결론은 우리가 아무도 신경 안 쓰는, 흥미롭지만 쓸모없는 잡동사니들을 잔뜩 만들어 냈다는 거야. 그럴 수밖에. 그건 비현실적이었고, 많은 경우 그냥 허섭스레기였어."

지그문트 프로이트는 의사였다

지난 백 년 동안 심리 치료와 정신분석 분야의 발전에 있어서 많은 부분은 정신분석학의 아버지 지그문트 프로이트에게서 영향을 받은 것이었다. 이 분야의 혁신가들 중 다수가 프로이트의 이론에 전적으로 찬성하지 않음에도 동일한 의료 모델을 쓰고 있다.

프로이트는 의사로서 문제 해결을 위한 트레이닝을 했다. 증상의 관찰, 원인 진단, 치료 처방이 그것이었다. 그는 환자들이 겪는 고통의 경감을 위해 매진했다. 치료 목적 자체가 고통에서 구제하기 위함이었다.

무엇이 잘못돼 있는지 찾아내어 고치는 그의 의료 모델은 지금까지도 심리 치료 분야에서 가장 널리 이용되고 있다. 아픈 사람들을 돕는 데 있어서 이것은 어마어마한 가치를 지니고 있다. 문제 해결이 중심 역할을 하는데, 무엇보다 의학에서의 활용도가 두드러진다. 영화계의 거장 존 휴스턴 감독이 80대가 되었을 때 장수의 비결에 대한 질문을 받은 일이 있었다. 그의 대답은 "수술입니다"였다.

의학은 건강을 창조해 내는 방법이 아니다. 그보다는 질병의 근절에 매진하는 학문이다. 물론 의학의 새로운 트렌드에서는 건강을 의학의 목표로 여기는 분위기지만 지금까지는 대부분의 의사가 질병 완화와 건강의 창조를 대단한 차이를 두고 구분하지 않는다.

명확한 차이

예술의 전통에서는 문제 해결이 창조가 아니라는 것을 모두가 알고 있다. 이 둘을 구별하는 것이 왜 중요한가 하면 대부분의 사람들에게 자신이 원하는 삶을 창조하는 일은 지대한 관심사이기 때문이다. 문제 해결은 우리가 원하는 대로 창조할 수 있게 해 주지 않으며, 종종 우리를 원치 않는 것들에 영원히 묶어 두기도 한다.

문제 해결과 창조가 어떻게 다른지 보여 주는 획기적인 사례를 보려면 앞선 에티오피아 위기에 대한 반응과 또 다른 제3세계의 발전을 비교하면 된다. 이 사례는 '아프리카 식량평화재단(African Food and Peace Foundation)'이 우간다에서 진행해 오고 있는 프로젝트이다.

프로젝트 창설자들의 초대로 나도 참여하게 되었는데, 그들은 창조 프로세스가 세계 발전을 위한 튼튼한 토대가 될 수 있을 것이라는 생각에 열광했다. 이 프로그램의 기본은, 인력과 자원의 외부 개입에 의존하는 구호나 개발이 아니라 우간다의 농촌 사람들이 원하는 삶을 창조할 수 있도록 트레이닝해 주는 것이다.

우간다의 역사는 압제, 부족 간 대립, 종교적 편견, 기아, 내전, 수인성 전염병, 경제적 생존 불가능, 착취, 자연재해로 점철되어 왔다. 제3세계를 괴롭히는 전형적인 상황이었다. 창조 프로세스를 발전 과정에 포함시킬 첫 번째 프로젝트로 이보다 더 나은 곳을 찾기는 쉽지 않을 터였다.

1980년대 초반에 한과 실바나 벨트캄프 부부에게 이 프로젝트에 대한 교섭을 제안받았을 때 나는 즉시 이 아이디어에 매료되었다. 이것은 개발을 문제 해결의 맥락에서 보지 않고 새로운 자극, 비전의 맥락에 배치한 첫 사례였다. 벨트캄프 부부는 유엔 개발 분야에서 함께 일했으며, 수백만 달러의 돈을 구호와 개발 프로젝트에 투입하고도 수혜 국가에서 수많은 사람의 삶이 거의 개선되지 않는 것을 지켜보았다. 두 사람은 개발 분야의 풍부한 경험을 바탕으로 해당 국가의 주민에게만 해당되는 토착 프로젝트를 일차적으로 구상했다. 자급자족할 수 있는 교육 프로그램에 주안점을 두고, 비산업화 사회에 걸맞은 진정한 개발 방식의 힘을 보여 주려 했다.

DMA에서 나와 동료들은 식량 생산, 농업 발전, 건강, 깨끗한 물 개발, 교육 등에 통합적으로 접근하기 위한 일환으로서 창조 프로세스를 활용하는 특별 프로그램을 기획했다. 이 프로젝트의 주요 혜택 중 하나는 우간다 지도자들이 미국으로 건너와 '테크놀로지 포 크리에이팅®'의 강사가 되기 위한 교육을 받을 수 있게 된 것이었다. 우간다의 젊은 남녀들은 자국으로 되돌아가 프로젝트가 시행되는 마을에 파견되었으며, 이후 몇 년이 안 돼서 중요한 변화가 일어났다. 변화들 중에는 원래 마을 사람들이 불가능하다고 여겼던 것들이 꽤 있었다.

여전히 우간다의 정치 상황은 불안하게 요동쳤고, 부족 간의 충돌은 계속되고 있었으며, 경제는 총체적 난국이었고, 여러 절망적인 문제가 동시다발적으로 발생했지만, 그 와중에도 프로젝트가 시행 중인 마을들에서는 매우 다른 이야기들이 들려왔다. 그처럼 불운한 환경에서조차 마을 사람들은 스스로가 원한 인생을 조금씩 더 창조해 낼 수 있었던 것이다.

6개의 프로젝트 마을에서 경제가 침체에서 번영으로 바뀌었다. 이것은 나라 경제와는 별개로 나타난 지역적 현상이었다. 이 변화는 마을을 자신들이 원하는 방향으로 창조하려는 사람들의 새로운 능력에서부터 자생한 것이었다.

수많은 감동적인 이야기가 이 프로젝트의 역사를 채워 나갔다. 수천 명의 인생이 변화되었다. 이 모든 일이 일반적으로 구호 및 개발 기관에서 쓰는 비용의 일부만으로 이루어졌다.

우간다 농촌 개발 및 교육 프로그램의 집행 위원장인 므왈리무 무셰셰 주니어(Mwalimu Musheshe, Jr.)는 이 프로젝트에 대해 다음과 같은 글을 썼다.

> 1981년 우간다의 상황은 엄혹했습니다. 이디 아민의 악정은 경제를 파탄시키고 인프라를 붕괴시켰으며, 더 나쁘게도 우간다인들의 정신을 황폐화시켰습니다. 정치와 국내 상황은 혼란했고, 수백만 우간다인은 모진 삶을 살아야 했습니다. 사회 서비스는 최저 수준이었으며 1979년의 '해방 전쟁'이 끝나자 비극의 목격자들은 파괴된 것들을 회복하려면 대규모의 해외 원조와 구호가 필요할 것이라고 입을 모았습니다.
>
> 희망을 잃은 사람들은 국제사회의 개입을 요청했습니다. 이것이 큰 뉴스거

리로 떠오르자 '아프리카 식량평화재단'과 '우간다 농촌 개발 및 교육 프로그램(공식 명칭은 우간다 프로젝트)'이 창설되었습니다.

1982년 11월 우간다 서부의 한 마을에서 열린 첫 공동체 워크숍은 사람들이 자신들의 문젯거리들에 대해 이야기하고 공동체의 필요 사항들을 파악할 수 있기를 간절히 바라 왔다는 것을 확인하는 자리였습니다. 가장 자주 나온 말은 "우리에게는 이것도 저것도 없어요!", "우리는 각종 질병과 전염병, 열병으로 죽어 가고 있어요"라는 것이었습니다. 사람들은 이 프로젝트가 인간과 가축의 질병을 근절하고, 부정행위를 하는 비양심적인 사업가들을 축출하며, 작물을 먹어 치우는 야생 동물들을 없애 주길 바랐습니다. 또한 아이들이 홍역, 설사, 결핵, 여러 전염병으로 죽어 가고 있는데 약품도 없고, 병원은 멀며, 버스나 택시 요금이 너무 비싸서 손 놓고 보고만 있어야 한다고 호소했습니다. 개중에는 압제적인 정치에 대한 불만을 토로하는 사람들도 있었고, 농장의 소출에 대한 대금을 받지 못했다는 사람들도 있었습니다. 모두가 절망적인 상황에 대한 온갖 증거를 가져와서 수많은 문제의 해결책을 간구했습니다.

다른 모든 곳의 사람들이 그렇듯이 우간다인들 역시 스스로를 발전시킬 수 있는 열쇠는 본인들이라는 전제하에 농촌 사람들을 대상으로 우간다 프로젝트가 시작되었습니다. 이 사람들이 삶의 질과 공동체의 질적 변화를 이끌어 내는 데 가용할 내적인 힘과 지혜를 지니고 있다는 것이 또 하나의 중요한 전제였습니다.

진행 팀은 공동체 구성원들을 위한 교육 워크숍을 조직했습니다. 이 워크숍의 한 가지 중요하고 독특한 접근 방식은 사람들이 자발적으로 참석하여 한 명 한 명 자신에 대해 충분히 표현했다는 것입니다. 세션이 진행되면서 마을 사람들은 현재 상황이 어떤지 확인해 나갔습니다[이것을 '카웅게(Kahunge: 우간다 서부의 마을 이름-옮긴이)의 상황'이라고 부릅니다]. 그런 다음에는 자신들의 삶과 집, 가족 그리고 마을 공동체가 어떤 모습이기를 바라는지에 대해 곰곰이 생각하는 시간을 가졌습니다[이것은 '드림즈 오어 비전즈(Dreams or visions)'라는 이름으로 불렸습니다].

이어 이들은 공동체가 창조하고자 하는 것들을 할 수 있도록 작업 그룹을 만들었습니다. '원치 않았던 것들'이 아닌, '원했던 것들'에 주안점을 두고서 말이지요.

이들은 인생에서 원했던 것들, 성취에 필요한 행동의 단계들에 집중했습니다. 이를테면 마을 사람들이 깨끗한 물을 원한다고 하면 함께 모여서 샘을 만들고 보호할 수 있는 곳을 찾아냈으며, 지난 8년 동안 단 두 군데만 샘이 조성되어 있던 지역에 청정 수원지 열두 곳을 새로 만들었습니다. 마을 사람들이 직접 조성하고 그 혜택이 수천 명에게 돌아간 것입니다.

개개인과 그룹들이 문제 해결에 집중하지 않고 자신들이 원하는 것들, 즉 식량 자급, 어린이의 건강, 깨끗한 환경 등에 대한 비전을 창조하는 쪽으로 방향을 돌리자 지역적 리더십도 생겨났습니다.

데이비드 아분디나보(David Abundinabo) 씨, 마거릿 느데지(Margaret Ndezi) 부인, 피터 카리요(Peter Kariyo) 씨, 데이비드 와케사(David Wakesa) 씨 같은 개인들이 나서서 스스로의 비전을 분명히 하고, 동료 주민들을 조직하고, 자발적으로 공유하며, 다양한 마을 프로그램의 수립에 앞장섰습니다.

느야카하마(Nyakahama)의 젊은이들은 마을 학교와 도로를 건설했고, 르웬쿠바(Rwenkuba)의 여자들은 남자의 영역으로 여겨졌던 일에 도전하여 울창한 덤불을 치우고 구덩이를 파서 물고기 양식을 위한 양어장을 만들었습니다. 이 일로 그들의 식생활과 가계 소득이 향상된 것은 물론입니다.

비글디(Bigldi)의 원 아모스 투리야히카요(One Amos Turyahikayo)는 우리 프로그램을 외부에 의해 진행된 프로그램과 비교하여 다음과 같은 후속 관찰을 내놓았습니다. "지금 보면 우리가 하고 있는 일을 즐기고 사랑한다는 것이 아주 분명해졌어요. 그게 바로 우리의 발전이기 때문이에요."

카웅게의 페이스 틴다마닐레(Faith Tindamanyile)는 이렇게 말했습니다. "우리는 농업, 건강, 영양에 관해 새로운 것들을 배웠어요. 그러나 무엇보다 함께 사는 법을 배웠고, 차이를 뛰어넘어 일어서는 법을 배웠습니다."

현지 관리자인 폴 느야카이루(Paul Nyakairu)는 "이 프로젝트는 우리가 누구인지를 보여 주었어요. 우리 자신을 진심으로 받아들이는 것이 우리의 의무입니다"라고 말했습니다.

이 사례들이 보여 주는 것은, 자신이 누구인지를 알고 운명을 스스로 선택할 수 있게 되면 발전할 수 있다는 것입니다. 반면에 문제 해결이라는 접근법에 의해 간섭받게 되면 지금껏 그랬던 것처럼 사람들은 무기력해지고 의존성만 생깁니다. 또한 공동의 적에 맞서 싸우기 위해 정략적으로 결탁하게 됩니다. 에너지는 감정에서 나오고 작은 부분에 초점을 맞춥니다. 사람들은 대부분 강압이나 타협, 순응에 의해 참여합니다. 그리하여 활동이 끝나면 다음 위기가 닥칠 때까지 아무것도 하지 않고 기다립니다. 그저 고인 물처럼 말이지요.

우리가 이 프로젝트에서 한 일은 사람들이 함께 일하고, 함께 살고, 함께 창조할 수 있음을 증명하는 것이며, 그것이 규제에 의해서가 아니라 우리가 꿈꾸는 미래의 건설에 헌신하는 것에서 비롯된다는 사실입니다. 우간다 마을 사람들은 건물, 도로, 우물 또는 새로운 정원을 완성해 내고, 기쁜 마음으로 다음 프로젝트를 맞이합니다. 이전과 지금을 비교하면 그 차이가 극명하지요.

여러분의 문제가 무엇이든 대부분의 경우 문제를 해결한다고 해도 실제로 해결되지는 않을 것이다. 원하는 것을 창조하는 방법을 모르면 늘 새로운 문제를 지니게 될 것이기 때문이다. 그러나 창조에는 어떤 문제도 없다.

4 장

창조

게토에서 얻은 교훈

최근에 뉴욕의 라과디아 공항에서 출발해 맨해튼까지 여행을 한 일이 있었다. 내가 탄 택시의 기사는 이스트 리버 드라이브의 혼잡한 교통 체증을 피해 가는 길을 택하여 차를 몰았다. 예전에 내가 살던 이스트 할렘 동네를 지나는 노선이었다.

그곳으로 이사한 것은 보스턴 음악대학에서 석사 학위를 받은 후였다. 문화적인 보스턴과 '문화가 박탈된' 이스트 할렘의 대조라니! 그러나 뉴욕의 음악계에 막 입성한 음악가에게는 2번가와 3번가 사이에 위치한 이스트 110번 길이 당시로서는 최선의 가격이었다.

우리들 대부분은 선택적으로 기억하는 일에 재능이 있다. 대개는 나빴던 일보다 좋았던 경험을 더 많이 지닌 것으로 과거를 기억한다(우리 할머니는 정반대로 기억하곤 하셨지만). 그래서인지 오랜만에 옛 동네의 기억을 더듬다 보니 게토(ghetto: 유대인 거주 지역. 여기서는 빈민가의 뜻으로 쓰이고 있다-옮긴이) 시절의 온갖 멋진 기억이 봇물처럼 밀려들었다. 그러다 갑자기 정신이 다시 현재로 되돌아온 것은 게토 아트의 독보적 상징이라 할 그라피티 때문이었다.

이 형식의 예술이 발전한 것은 수년 사이였다. 기원 자체는 마구잡이의 기물 파괴였다. 내가 이스트 할렘에 살 당시만 해도 그라피티는 예술의 형태로 자리 잡지 않았었다. 그냥 아이들과 스프레이 깡통, 담벼락이 합쳐진 것일 뿐이었다. 아이들은 적개심을 표출하는 방편으로 벽에다 비속어를 커다랗게 그려 넣었으며, 개중에는 낭만적 성향을 드러내느라 위대한 사랑의 선언을 하는 아이도 있었다. '호세는 주디를 사랑한다.'

세월이 흐르면서 글자들은 예술적으로 변했고 점차 복합적인 창작물로 발전했다. 젊은 아티스트들이 서로 경쟁하며 독창성과 예술성이 표준이 되었다. 젊은 에너지의 무모함이 갱들의 싸움이 아닌 그림으로 표출되었다. 과감한 디자인은 더 과감한 디자인에 길을 내주었고, 색은 강렬하고 직접적이며 원색적이었다.

도시는 캔버스가 되었다. 아티스트들은 밤에 활보하면서 찾아낸 표면 어디에든 그림을 그렸다. 그들은 빠른 속도로, 쓸 수 있을 만한 벽은 죄다 소진했고, 뒤이어 자신들의 예술을 표현해 낼 완벽한 다음번 상징을 찾았다. 바로 지하철이었다. 마침맞게도 대중적이면서도, 암울하고, 칙칙하며, 황폐하고, 생기 없고, 보호 시설 같은 느낌을 지녔던 지하철 차량은 사회에서 떨어져 나온 예술가 집단의 전유물이 되었다.

그라피티 작가들은 역구내로 침입하여 밤새도록 지하철 차량에 그림을 그렸다. 그러고 나면 교통 당국이 도시 전역의 대규모 관객들을 실어 나르며 알아서 작품들을 퍼뜨려 주었다. 서로 영향을 주고받으며, 작가들의 작품성은 날로 좋아졌다. 경각심에 불을 켠 당국은 철도역에 무장 경비원을 배치했다. 그러나 때를 맞추어 고상한 미술계에서 이들에게 관심을 보이기 시작했다. 최고의 게토 아티스트들 중 몇몇이 미술품 거래상들에게 발탁되었다. 빠른 속도로 유행이 오르락내리락했다.

갤러리로의 진출은 일시적인 것으로 그칠 수도 있었겠지만, 그것과 무관하게 아티스트들은 계속해서 그림을 그리고 성장, 발전해 나갔다. 새로운 아티스트들이 등장하여 예술 양식을 더욱 진척시켰다. 나중에는 최고의 그라피티 아티스트 한 명이 도쿄에 초청되어 그곳 지하철 차량에 긴 벽화를 그리는 일도 일어날 수 있었다.

소설이라 하기에도 너무 이상한 거짓말 같은 이야기라고 생각되는가? 나 역시 뉴욕시에서 '슬럼 상태'로 지내며 학교에도 못 다닌 어린아이들이 분연히 일어나는데, 그것이 폭력이 아니라 미술과 댄스(브레이크댄스), 시(랩)를 통한 것이라는 말을 25년 전에 들었다면 아마 그 사람이 먹은 각설탕에 LSD(마약의 일종-옮긴이) 부스러기가 들었을 거라며 검사해 보라고 했을 것이다.

그런데 그날 이스트 할렘에서 내 눈과 마음을 사로잡은 것은 그라피티 아트가 새로운 진화 단계에 들어서 있다는 사실이었다. 특히 색의 선택에서 그랬다. 파스텔이었다. 더 이상 수년 전의 그 밝고 대담하며 요란한 색이 아니었다. 부드럽고 은은하며 미묘하고도 깊었다.

도심 속 파괴적인 삶의 어딘가에서 한 젊은 아티스트가 색채에 대해 생각하고 있었다. 그는 퀴나크리돈(quinacridone: 적색계 안료-옮긴이) 바이올렛과 세룰리언(cerulean: 청색계 안료-옮긴이) 블루를 실험하고, 반대 색상을 섞고 혼합하여 공간과 차원의 환상을 창조해 냈다. 어쩐지 나는 이로 인해 우리 문명에 희망이 있다는 느낌을 받았다.

여기에는 심오한 교훈이 있다. 인간의 정신에 관한 교훈이다. 지금껏 우리는 인생을 둘러싼 환경이 우리 자신을 표현하는 능력을 결정짓는다는 믿음을 강요받아 왔다. 달리 말하면 존재의 새로운 차원을 탐구하려면 그걸 가능케 하는 좋은 조건이 선행되어야 한다는 이야기다. 그러나 이것이 사실이면 그처럼 대단한 창조성, 독창성, 생명력이 어떻게 게토와 같이 초라하고 불리한 출발 지점에서 나올 수 있었을까? 어떻게 신성한 예술 아카데미가 아닌 곳에서 인간성의 가장 높은 지점에서 탄생하는 새로운 사상이 발전하고 성장할 수 있었을까? 그건 아마 어떤 환경에서도 새로운 삶을 이끌어 낼 수 있는 창조성이 우리 모두의 진정한 본질이기 때문일 수 있다.

창조는 환경의 산물이 아니다

창조는 우리가 처해 있는 환경에 대한 반동이나 순응과는 완전히 다르다. 창조 프로세스는 자신이 처해 있음을 알게 되는 어떤 환경이 아니라 창조 그 자체에서 생성된다.

흔히들 창조성을 주변 환경, 문화 혹은 창조 프로세스를 촉진하는 여러 상황의 산물이라고 생각한다. 한 예로 불과 몇 년 전 기업들 사이에서 창조성을 북돋운다고 하여 '기술공학적 환경'이란 것이 유행한 일도 있었다. 그러나 창조성의 역사에 대해 간단히 살펴보기만 해도 사람들은 편리한 환경에서부터 어려운 환경에 이르기까지 대단히 다양한 환경에서도 창조를 계속해 왔다는 것이 분명히 드러난다.

여러분도 인생에서 창조하고 싶은 것에 대해 생각하기 시작했다면, 지금 존재하는 환경들이 자신이 창조하고자 하는 결과물의 결정적 요소가 아니라는 것을 알아야 한다. 환경에 옭매어 있다고 느낄 수는 있겠지만 그것에 의해 제약을 받지는 않는다는 말이다.

창조성은 우리가 노출되어 왔던 반동-순응 지향성과 본질적으로 다르기 때문에 인생 자체를 지금껏 경험한 것과 전혀 다르게 생각하라고 하면 말도 안 되는 소리로 들릴지 모른다. 어쩌면 어떤 사람들에게는 나의 이런 말들이 인생을 새롭게 살아 보라고 떠미는 그렇고 그런 격려사의 반복이 아닌가 의심스러울 수도 있겠다. 혹은 창조 프로세스라는 것이 미술, 음악, 영화, 시 또는 다른 예술들에 국한된 것이라고 여겨, 창조성이 아티스트들에게만 가능한 속성이라고 생각하는 사람들도 있을 것이다.

물론 창조 프로세스의 가장 분명한 표현을 예술에서 찾아볼 수 있는 것은 맞지만 절대로 예술에 국한되어 있지는 않다. 우리가 인생에서 욕망하는 거의 모든 것이 창조 프로세스의 대상이 될 수 있다. 예술을 수행할 때의 창조 프로세스와 다른 인간적 노력을 행할 때의 창조 프로세스는 똑같으며, 분리할 필요가 없다. 다만 예술은 창조의 특별한 능력과 스킬을 학습할 수 있는 완벽한 경기장이기는 하다.

따라서 창조 프로세스를 가장 잘 알고, 그 최상단의 결실을 현실로 맺어 본 적이 있는 경험자들에게 배우는 것은 현명한 선택일 수 있다. 이것은 학교나 집 혹은 직장에서 배워 온 것들과는 다른 기술이며, 인생에서 가장 중요한 기술 중 하나이기도 하다.

우리 세기의 가장 위대한 첼리스트 중 한 명인 파블로 카잘스(Pablo Casals) 역시 창조의 개념을 자신의 음악에만 국한하지 않았던 인물이다.

> 나는 늘 육체노동을 창조적인 일이라고 생각했으며, 손노동을 하는 사람들을 존경심으로, 경이롭게 바라보았다. 그들의 창조성은 바이올리니스트나 화가에 뒤지지 않는다.

심리학자인 칼 로저스(Carl Rogers)도 마찬가지였다.

> 친구들과 어울려 놀면서 새로운 게임을 만들어 내는 아이, 상대성이론 공식을 내놓은 아인슈타인, 고기를 재는 자신만의 소스를 고안해 내는 주부, 첫 소설을 쓰고 있는 젊은 작가. 이들이 하는 모든 행동이 우리가 창조적이라고 정의하는 것들이다. 이 중 어느 것이 더 창조적이고 덜 창조적인가를 점수를 매겨 순위를 정할 수는 없다.

의식 수준에서 창조의 기술을 알지 못하면, 사람들은 창조 프로세스를 무의식이나 잠재의식 또는 신비주의의 산물로 치부하려 한다. 그런 식으로 생각하면 창조 프로세스는 숨겨진 힘을 두드려 일깨우는 공식을 찾는 일이 되어 버린다. '평범한' 자아로는 그런 힘의 소유자가 되지 못할 것 같아서 그것들이 어딘가 다른 곳에 존재할 것이라고 믿어 버리는 것이다.

코끼리 덤보 이야기에서 생쥐는 '마법'의 깃털이 있으면 날 수 있다며 덤보를 설득한다. 덤보는 깃털을 시험해 보고 나서 자기가 날 수 있다는 것을 알게 된다. 어느 날 깃털을 잃어버린 덤보는 날 수 있는 능력도 사라졌을 거라고 생각하고, 생쥐는 마법의 깃털 이야기는 속임수였으며 덤보가 날 수 있는 이유는 그가 원래 가진 능력 때문이라고 털어놓는다. 결국 덤보는 깃털의 힘을 빌리지 않고도 날 수 있다는 것을 알게 된다.

이렇게 덤보의 마법 깃털과 비슷한 이론을 주장하는 사람들이 많다. 우리가 원하는 것을 창조할 수 있는 힘이 숨겨져 있던 파워를 잠금 해제 상태로 유지해 줄 마법의 부적에 달려 있다는 것이다.

현대 문명을 접한 적이 없는 정글 부족에게 머리 위로 날아가는 제트기는 마법이나 마찬가지다. 이 비행기들이 그들에게는 신처럼 보이거나 최소한 신이 타고 다니는 탈것처럼 보인다.

미지의 것에 대해 우리는 알 수 없는 것, 또는 적어도 평범한 방법으로는 이해할 수 없는 것이라고 가정하곤 한다. 창조 프로세스를 마법의 결과물처럼 보이게 하는 것은 우리의 경험 부족과 무지이다. 이것은 정글 부족이 현대의 항공기에 대해 보이는 것과 똑같은 종류의 경험 부족과 무지다. 사실 창조는 학습하여 개발할 수 있는 스킬이다. 다른 여느 기술과 마찬가지로 연습과 실습을 하면 는다. 창조를 해 보면 창조하는 법을 배울 수 있다.

단계들

창조 프로세스의 단계들은 설명하기는 간단하지만, 일정한 공식이 성립되지는 않는다. 대신에 각각의 단계가 특정한 유형의 행동들을 나타내기는 한다. 창조 프로세스는 능동적인 양상과 수동적인 양상을 다 가지고 있는데, 양상이 다를 때는 다른 스킬이 요구된다. 또한 이 스킬들 중 일부를 이미 연마했다 해도 다른 스킬을 개발하자고 들면 처음만큼 쉽지 않다는 것을 알게 되기도 한다. 왜냐하면 창조는 늘 새로운 결과를 도출하며, 우리는 매번 고유한 창조에 참여하는 것이기 때문이다. 시간이 흐르면서 경험이 쌓이면 우리의 능력은 증대되겠지만, 새로운 창조가 그것에만 해당되는 개별 프로세스로 작동한다는 사실은 바뀌지 않는다.

이번 장에서는 창조의 기본 단계들을 개략할 것이다. 그리고 다음 장부터는 이 단계들을 발전시켜 실제 인생에서 실험해 볼 수 있게 할 것이다. 그러므로 아래에 소개하는 것들은 창조 프로세스의 공식이 아니라 개요라고 생각해 주시기 바란다.

1. 창조하고자 하는 결과를 상상하라

크리에이터들은 끝에서부터 시작한다. 제일 먼저 창조하고 싶은 것에 대한 아이디어를 떠올린다. 이 아이디어는 일반적일 때도, 구체적일 때도 있다. 원하는 것을 창조할 수 있으려면 그 전에 우리 각자가 무엇을 추구하는지, 무엇을 존재 속으로 불러오고 싶은지를 아는 것이 선행되어야 한다. 우리가 지닌 원래의 콘셉트는 명확할 때도 있지만 단순한 초안의 형태일 경우도 있다. 물론 어느 것이든 좋은 결실을 맺을 수 있다. 즉흥적인 창조를 선호하는 크리에이터들은 주로 일반적인 콘셉트로 시작한다. 어떤 화가는 최종 완성 그림이 어떤 모습일지 정확히 모르지만, 창조 프로세스를 조정할 수 있을 만큼의 충분한 콘셉트를 지니고 있다. 그래서 작업이 진척되어 감에 따라 점점 더 화가가 원하는 그림에 가까워지게 만든다. 그런가 하면 최종 그림이 어떤 모습일지 정확히 알고서 붓을 드는 화가들도 있다. 조지아 오키프(Georgia O'Keeffe)가 그런 예인데, 그녀는 이렇게 말했다. "내 스스로 거의 완전히 확신하기 전에는 시작을 하지 않아요. 그렇지 않으면 시간과 물감을 버리는 거죠. 지금까지도 캔버스를 많이 허비했으니 더 확실성을 기하고 싶어요."

자신이 원하는 게 무언지를 아는 것 자체가 스킬이다. 우리의 전통적인 교육 시스템은 그렇게 하는 것을 권장하지 않는다. 그보다는 인생이 제공한 것처럼 보이는 협소한 선택지 중에서 '올바른' 반응을 선택하도록 독려한다. 그것들은 대개 진정으로 원하는 것과는 거의 관련이 없는 것들이다. 이 때문에 많은 사람이 자신이 원하는 것들에 대해 양면성을 키워 나간다. 사실 그럴 수밖에 없는 것이, 사람들이 일제히 똑같은 것(일반적으로 올바르다고 여겨지는 것)을 고르면 그것에 열정적이기는 힘들기 때문이다. 반면에 자신만의 창조 프로세스를 발전시키면서 자신이 원하는 결과들을 상상하는 것은 의미와 흥미를 모두 충족시켜 줄 수 있다.

2. 지금 가진 것을 파악하라

만약 지금 그림을 그리고 있다면 진척되어 가는 것에 따라 현재의 상황을 알아야 할 필요가 있다. 이것은 중요한 정보다. 지금까지 창조해 놓은 것들이 무엇인지를 모르고서는 붓질을 더하거나 고쳐 그리면서 원래 그리고 싶어 했던 최종 그림을 그리는 것은 불가능하기 때문이다.

현재 존재하는 것을 아는 것 역시 하나의 스킬이다. 이 말도 안 되게 단순한 논리에 의심이 들 수 있겠지만, 사실 우리들 대부분은 특정 방향으로 편향되게 현실을 보게끔 부추겨져 왔다. 그래서 현실을 실제보다 좋게 보는 이들이 있는가 하면, 더 나쁘게 보는 사람들이 있고, 실제가 얼마나 좋건 나쁘건 최소화해 버리는 사람들도 있는 것이다.

크리에이터들이 가진 가장 중요한 능력 중 하나는 자신의 창조물을 객관적으로 볼 수 있다는 것이다. 여러 대학의 철학과에서 널리 받아들여지는 관념이 있는데, 사람은 결코 현실을 객관적으로 볼 수 없다는 것이다. 그런데 바로 그 대학의 예술학부에서는 학생들에게 모델들의 초상화를 그리도록 가르친다. 이 드로잉 스킬은 학생들에게 일차적으로 보는 방법을 가르친 다음 자신들이 보고 있는 것을 표현할 수 있게 돕는 것이다. 물론 학생들마다 자신만의 초상화를 그리는 스타일이 있기는 하지만 객관적인 것은 없다고 주장하는 철학과 학생들을 데려다 놓아도 그림을 보고 누구를 그린 것인지 정도는 대번에 알 수 있을 것이다.

음악대학에서 학생들은 귀로 듣고 리듬과 화음, 음정을 구별하는 수업을 받는다. 이 스킬을 '이어 트레이닝(ear training)'이라고 한다. 학생들에게 소리를 정확히 인식하여 표현하도록 가르치는 스킬이다. 이때 연주되고 있는 곡을 듣고 받아 적는 것은 '해석'의 영역이 아니다. 학생들은 연주되는 곡을 정확히 식별하면 A학점을 받고, 정확히 식별해 내지 못하면 A학점에 못 미치는 점수를 받는다. 이로써 학생들은 음악에 대한 인식이 얼마나 실체적일 수 있는지 배운다. 현실을 객관적으로 볼 수 있는 능력을 향상시키기 위해 고안된 훈련의 또 다른 예라고 할 수 있다.

우리도 이와 비슷한 방법으로 현실을 객관적으로 보는 스킬을 개발할 필요가 있다. 많은 사람에게 현실은 습득된 취향이다. 따라서 곁눈으로라도 객관적 현실을 접하게 되면, 처음에는 불편하고 불안한 마음이 들 수 있다. 이때 문제 해결 모드에 있는 사람들은 일단 안정과 행복의 느낌을 회복하려는 행동을 취하기 마련이다. 가장 대표적인 행동이 현실의 왜곡이다. 거짓말, 합리화 또는 벌어지고 있는 일을 회피하기 등. 그러나 자신만의 창조 프로세스에 점점 숙달되면 진실을 받아들이는 힘도 커진다. 그때가 되면 좋든 나쁘든 혹은 무덤덤한 것이든 상관없이 무슨 일이 일어나고 있는지 정확히 알고 싶어 하게 될 것이다.

3. 행동하라

무엇을 원하는지, 현재 가지고 있는 것이 무엇인지를 알고 나면 다음 단계는 행동을 취하는 것이다. 그런데 무슨 행동을 말하는 걸까? 창조는 해오던 것, 즉 '관행'이 아니라 '창안'의 문제다. 그간의 교육에서는 하던 대로 할 것을 강조했기 때문에 우리에게는 창안의 경험이 거의 없다. 이 창안이 우리가 개발해야 할 또 다른 스킬이다. 창조를 현실화하기 위해 고안하고 실행한 행동은 효과가 있을 때도 있고 없을 때도 있다. 행동이 효과가 있다고 해서 그 행동을 무조건 계속하는 것은 아니다. 계속하는 것이 유용할 때도 있고, 계속해서 역효과가 날 수도 있으므로 중단해야 할 때도 있다. 어떻게 할지 정하기 위해서는 현 상태에서 변화의 흐름을 주시해야 한다. 그러나 분명한 것은 효과가 있든 없든 우리가 한 행동들은 모두 최종 결과물의 창조에 도움이 된다는 것이다. 이 때문에 창조는 그 자체로서 효과가 있을 뿐 아니라 효과가 없는 것을 학습하는 배움의 프로세스가 되는 것이다. 크리에이터가 하는 상투적인 일이 스스로의 시도를 시험하고 평가할 수 있는 능력으로 활용될 수 있다.

창안이 시행착오이기만 한 것은 아니다. 크리에이터들은 창조물들을 구현해 내기 위한 행동들을 창안해 가는 과정에서 가장 효과가 큰 행동들을 본능적으로 개발해 내기 시작한다. 방법의 경제성을 발전시켜 나가는 것이다. 이것은 대개 시간이 좀 걸려서 일어나는 일이므로, 더 많이 창조할수록 자신만의 소질을 개발할 기회도 늘어난다.

우리가 취한 행동들 중 어떤 것들은 원하는 결과로 직접 이동하는 데 도움을 주기도 하지만, '대부분은 그렇지 않을 것이다'. 창조의 기술은 지금까지 해 온 것을 조정하거나 바로잡는 능력에서 발견되는 경우가 많다. 많은 사람이 "처음부터 똑바로 해"라는 소리를 들었고 심지어 "완벽하게 해"라는 더 나쁜 부추김을 받아 왔다. 이런 방침은 조정을 해 나가는 과정에서 심대한 경험 미숙을 초래할 수 있다. 지금까지 창조를 실재하도록 하기 위해 해 온 것들을 최대한 활용하기보다는 환경이 불리해 보일 때마다 포기하고 싶은 유혹에 끌릴 수 있게 된다. 그럴 때 습관적 중단에 대한 반응으로 "그대로 버텨"라고 부추기면서 '결의와 기백'을 강조하는 사람들이 있다. 그러나 이런 식의 조련은 거의 효과가 없다. 자신의 행동을 조정하는 능력이 계속하여 증대되지 않는 한 '그대로 버티려는' 시도는 실패의 연속이 될 뿐이며, 최소 저항의 경로는 중단되고 만다. 습관적 포기를 심각한 성격 결함이라고 생각할 수 있겠으나, 아마 이 경우에는 그렇지 않을 것이다. 창조 프로세스를 계속하게 만드는 것은 기백, 의지력 또는 결의가 아니라 배우며 나아가는 것이다.

4. 창조 프로세스의 리듬을 배워라

창조 프로세스에는 발아, 동화, 완성의 세 가지 뚜렷한 단계가 있다. 각 단계에는 고유의 에너지와 행동의 등급이 있다.

'발아'는 흥분과 신선함으로 시작한다. 이 발아 에너지의 일정 부분은 새로운 활동이 주는 신기함에서 비롯된다.

'동화'는 프로세스에서 명확도가 가장 적은 단계다. 이 단계가 되면 처음의 설렘은 잦아든다. 초점이 내적 작용에서 외부의 행동으로 움직여 가며, 자신이 창조하고자 하는 것에 대한 콘셉트를 지니고 살면서 내면화해 가는 단계다. 그것이 자신의 일부가 되는 것이다. 이때 시험하고 학습하는 데 쓸 에너지를 만들어 낼 수 있게 된다. 발아의 드라마에서 솟았던 처음의 홍조는 가셨지만, 이 새롭고 조용한 동화의 에너지는 결과를 형성할 수 있게 하는 믿음직한 조력자다.

'완성'은 창조의 세 번째 단계다. 이 단계는 발아 때와 비슷한 에너지를 지니지만, 훨씬 더 구체화된 창조물에 적용된다. 이 단계에서 우리는 현재 창조하고 있는 결과를 최종 완성하는 것뿐 아니라, 스스로를 다음번 창조를 위한 지점에 위치시키는 데도 에너지를 쓴다. 달리 말해 완성이라는 단계는 다음 창조의 발아 지점으로 이어져 있는 것이다.

5. 모멘텀의 창조

최근 창조성을 설명하는 많은 이론을 보면 은근히 '초심자의 행운'을 내세우는 경우가 많다. 전문 크리에이터들의 자세는 이와는 다르다. 그들이 지닌 것은 끝없이 증대되는 모멘텀(momentum : 앞선 활동의 여세를 몰아 다음 단계로 뛰어오를 수 있게 하는 추진력 - 옮긴이)이다. 창조 프로세스는 원하는 결과를 생성하는 신뢰성 있는 방법이기만 한 것이 아니라, 그 자체로 발전 가능한 씨앗을 품고 있다. 자신이 원하는 결과를 성공적으로 창조해 낼 기회를 더 많이 가진 쪽은 어디일까? 여러 해 동안 그 일을 해 온 사람일까, 아니면 신출내기일까? 소설가들 중에서 첫 작품이 걸작이 되는 경우가 있는 것은 사실이지만, 그것은 어디까지나 예외적인 것이지 규칙이 라고는 할 수 없다. 역사상 최고의 천재였던 모차르트조차도 기술을 개발하고 성장시켰다. 덕분에 그가 삼십 대에 쓴 곡들은 이십 대나 십 대에 썼던 곡들보다 훨씬 더 발전해 있었다. 더 많이 작곡할수록 작곡하는 힘도 커진 것이다. 경험의 증대가 그에게 창조 프로세스의 전형적인 모멘텀을 부여한 것이라 할 수 있다. 그러므로 오늘 자신이 원하는 결과들을 창조하기 시작하면, 지금부터 십년 후에 원하는 결과들을 창조할 준비를 그만큼 더 할 수가 있다. 새로운 창조 하나하나가 자신만의 창조 프로세스에 경험과 지식을 축적해 주기 때문에 원하는 것을 그려 낼 수 있는 능력과 결과물들을 구현해 내는 능력이 자연스럽게 증대되는 것이다.

5장

창조의 지향성

창조 프로세스의 구조

창조 프로세스는 환경에 반동-순응하는 것과 다른 구조를 지닌다. 이 구조는 진동하지 않고 지향성이 안정적이다.

환경에 대한 반동 또는 순응이 지향성일 수 있는 것처럼 창조 역시 마찬가지로 지향성이 될 수 있다. 반동-순응 지향성에 있는 사람들도 때로 창조를 하며, 창조 지향성에 있는 사람들도 환경에 반동-순응할 때가 있다. 지향성을 결정하는 것은 우리가 시간을 주로 어디에 쓰느냐에 달려 있다. 다수의 사람들에게는 삶의 많은 부분이 그가 살아가는 환경에 맞춰 조직된다. 그러나 어떤 사람들에게는 삶의 많은 부분이 그가 만들고 싶어 하는 창조 중심으로 조직된다.

두 지향성 사이에는 극적인 차이가 존재한다. 반동-순응 지향성에서 우리는 늘 환경의 변덕에 시달린다. 창조 지향성에서는 우리 스스로가 인생에서 우위를 점하는 창조적 영향력이 되며, 환경은 창조 프로세스에서 사용하는 영향력 중 하나에 불과하다.

반동-순응 지향성에서 창조 지향성으로의 이동은 단순하면서 동시에 복잡하다. 일단 창조 영역으로 들어오면 그 속에서 살기는 쉽지만, 그런 일이 너무 드물어서 많은 사람이 과거에 배운 것들을 떨치기가 어렵다는 것만 깨닫게 되고 만다. 창조 프로세스의 경험이 도움이 될 수 있지만 자연스럽게 저절로 전환되는 것은 아니다. 지향성의 이동은 우리가 창조 지향성 안에 있을 때 명확하고 분명하게 이루어진다.

지향성

크리에이터로서 인생을 산다는 것은 정말 특별한 일이다. 반동-순응 지향성에 있는 사람에게 그게 실제로 어떤 건지 설명하기란 어렵다. 똑같은 사건들이 다르게 이해될 뿐 아니라 삶의 실현 가능성과 실상 역시 완전히 다르다. 창조 지향성은 그저 다른 맥락이기만 한 것이 아닌데 이 지향성에 있지 않은 사람들에 의해 부적절하게 묘사되어 오기 일쑤였다. 그야말로 서로 사는 우주가 다른 것이다.

반동-순응 지향성에 있는 사람은 미로에 있는 것과 같다. 환경들이 벽의 역할을 한다. 그 안에서의 인생은 미로를 지나기 위한 협상으로 점철

된다. 계속 같은 루트를 따라가면서 안전하다고 느끼는 사람들도 있고, 새로운 막다른 골목에 맞닥뜨리면 계속해서 놀라는 사람들도 있지만, 어느 쪽이든 늘 두 가지 중에서 선택해야 하는 제약이 따른다. 더 악한 것과 덜 악한 것 사이에서 말이다.

이에 비해 창조 지향성에 있는 사람들에게 인생은 시시각각으로 흥미롭고 설레며 특별하다. 이것은 크리에이터들이 무슨 일에나 흥미를 가지려고 노력하기 때문이 아니라, 이전에는 한 번도 존재하지 않았던 새롭고 멋진 일들이 일어날 수 있는 가능성의 삶에 늘 발을 담그고 있기 때문이다.

다만 창조 지향성이 영속적인 행복의 상태를 보장하지는 않는다. 크리에이터들은 희망, 기쁨, 황홀감, 재미, 정신적 고양을 경험하는 것 못지않게 좌절, 고통, 슬픔, 우울, 절망, 피로를 겪어 내야 한다.

반동-순응 지향성에 있는 사람들은 매우 부정적인 감정과 매우 긍정적인 감정 모두를 회피할 때가 많은데, 아이러니하게도 감정을 회피하는 것이 오히려 감정을 존재의 중심에 두는 결과로 이어질 때가 많다. 그들은 툭하면 감정을 자신이 처한 환경에 대한 반동 혹은 순응을 측정하는 바로미터로 사용하곤 하며, 이 때문에 새로운 환경이 다가와 현재의 갈등에서 '해방'시켜 줄지도 모른다는 근거 없는 희망을 품는 일이 종종 생긴다. 결국 어떤 환경들이 우리를 슬프게 하면 반대로 행복하게 '만들어 줄 수 있는' 환경도 있을 거라는 이야기인데, 이 생각을 진지하게 받아들이는 이들에게 인생은 '적당한' 환경을 찾아다니는 과정이 되고 만다. '적당한' 직업, '적당한' 인간관계, '적당한' 재정 상황, '적당한' 이웃, 믿을 만한 '적당한' 방식 또는 신조, '적당한' 인생의 목표, '적당한' 친구들, '적당한' 형편 등등.

반면 크리에이터들은 자신들의 감정이 꼭 환경에 의해 나타나는 것이 아니라는 사실을 이해한다. 절박한 환경에서도 기쁨을 경험할 수 있고, 환희로 가득한 환경에서도 회한이 들 수 있다는 것을 그들은 알고 있다. 그들은 감정이란 것이 좋다가도 나쁘게 바뀌며, 다시 좋은 기분으로 전환될 수도 있다는 것을 이해하는 지혜의 소유자다. 어떤 감정도 변화할 수 있음을 그들은 안다. 감정이 그들 삶의 중심축이 아니기 때문에 그들은 감정에 영합하지 않는다. 그들의 창조는 감정에 대한 반동에서 비롯되는 것이 아니므로 감정과 상관이 없다. 그들은 깊은 절망의 나날에도 창조할 수 있고, 기쁨이 절정에 이른 나날에도 창조할 수 있다.

창조의 정신

종종 반동-순응 지향성에 있는 사람들은 '알맞은' 반응을 유도하기 위해 고안된 조언을 서로 주고받는다. 이 조언들 중에는 자신들이 부딪힌 한계 상황에 대한 반작용이 섞여 있을 때가 꽤 있다. 스스로 완고하다 싶으면 상대에게도 "긴장 풀어"라고 하고, 자신이 틀에 박힌 것 같다 싶으면 상대에게 "위험을 감수할 때도 있어야지"라고 하는 것이다. 혹은 미지의 대상이 두려워지면 "용기 내"라며 스스로를 밀어붙이고, 만사무심해질 때는 "몸을 던져"라고 조언하며, 절망적인 기분이 들면 "넌 최고야!"라고 자기 확신을 북돋운다.

그렇다면 크리에이터의 동기를 자극하는 것은 무엇일까? 바로 '창조의 구현에 대한 욕망'이다. 크리에이터는 창조물을 존재하게 하기 위해 창조한다. 이는 반동-순응 지향성에 있는 사람들에게는 이해하기 어려운 감성일 수 있다. 찬사나 '투자 수익' 등 사람들이 흔히 말하는 종류의 보상이 아닌 그저 그 자체를 위한 것이기 때문이다.

시인 로버트 프로스트(Robert Frost)가 창조 지향성에 딱 들어맞는 말을 했다.

"모든 위대한 일은 스스로를 위해 이루어졌다."

아이를 가진 사람들은 벌써 이 원리를 이해하고 있을지도 모르겠다. 부모는 아이를 자신의 정체성의 연장으로서 혹은 좋은 부모 노릇을 한다는 본보기가 되고 싶어서가 아니라 아이 그 자체로 사랑한다. 아이는 자신의 인생을 살아간다. 아이는 독립적인 존재이다. 그럼에도 부모는 아이를 낳고 다 자랄 때까지 키워 줄 정도로 극진히 아이를 사랑한다.

이는 크리에이터들의 경험과 비슷하다. 그들에게 창조물은 자식과 같아서, 그것이 생명력을 지닐 수 있도록 최선을 다해 성숙시킨다. 그들은 자신의 창조물을 자신의 정체성과 혼동하지 않는다. 자기가 자신을 창조한 것이 아니듯, 창조물이 자신에게서 나왔다고 해도 창조물은 창조한 이와 별개라고 생각한다.

이렇게 스스로를 창조물과 분리하는 일은 창조 작업의 근원을 이해할 수 있게 해 준다. 바로 사랑이다. '무언가를 창조하는 이유는 그것이 존재하는 것을 지켜보기만 해도 좋을 정도로 사랑하기 때문이다.' 진부하게 들릴지 모르겠지만 이 사랑은 진짜다. “자신이 하는 일을 사랑하세요, 조건 없이!”라는 말이나 주고받는 워크숍 같은 데서는 나올 수 없는 사랑이다. 단지 존재하는 것을 지켜보고 싶어 할 정도로 사랑하지 않을 바엔 창조를 할 이유가 없지 않을까?

보스턴 음악대학의 학부 시절에 나는 뉴먼 클럽(Newman Club: 존 헨리 뉴먼 추기경의 생각에 공감하여 창설된 가톨릭 봉사 단체-옮긴이)에 가입했었다. 가톨릭 신자는 아니었지만 당시 토론을 이끌던 사제가 마음에 든 데다, 스스로의 불가지론적 성향에 자부심을 가지고 있던 터라 진심으로 신성의 존재에 대해 제대로 논쟁을 해 보고 싶었다. 그 사제는 성 토마스 아퀴나스의 저술들에 대단히 정통했으며, ‘프라임 무버(Prime mover: 시동자(始動者). 아리스토텔레스가 최초의 원인이라고 칭한 말-옮긴이)를 사례로 들어 신성에 대해 잘 설명해 주었다. 그런데 어느 날 내가 생각하기로는 논리의 비약이라고 할 만한 말을 그가 했다. “또한 신은 사랑함으로 인해 세상을 창조하셨어”라고 말한 것이다.

“잠깐만.” 내가 끼어들었다. “어떻게 이야기가 거기까지 가?”

입을 닫은 채로 20분은 족히 넘긴 끝에 그가 마침내 말했다. “그건 믿음의 문제야.”

내게는 충분치 않은 대답이었다. 믿음이라는 말은 논쟁에서 불리할 때 가져다 쓰는 변명 같았기 때문이다. 그러나 어쩐 일인지 그 생각, 즉 신이 사랑하여 세상을 창조했다는 생각은 해를 거듭하며 계속 뇌리에서 떠나지 않았다.

그러던 어느 날 무슨 곡인가를 작곡하고 있었는데 어느 순간 갑자기 그 사제가 한 말이 무슨 뜻이지 이해가 되었다. 나는 이 음악이 존재하는 것을 지켜보기만 해도 좋을 만큼 사랑했기 때문에 곡을 창조하고 있는 것이었다. 비로소 나는 창조주인 신이 다른 이유 없이 그저 사랑하기 때문에 세상을 창조하심을 상상할 수 있었다.

아쉬운 것은 나의 사제 친구가 창조 프로세스를 이해하고 있었더라면 자신의 견해에 담긴 심오함을 좀 더 쉽게 나와 공유할 수 있지 않았을까 하는 것이었다. 음악대학에서 작곡을 공부하는 사람으로서 나는 이미 창조 프로세스에 참여하고 있었다. 그가 나에게 아주 간단한 질문, 즉 "작곡을 왜 하는 거지?"라는 질문만 던졌어도 나는 그의 의중을 파악했을 것이다. 나의 사제 친구는 인생에 대해 '적절한' 반응을 해 보이도록 배워 온 것이었을 테고, 그에게 적절한 반응이란 신앙의 종교적 교리였으며, 그것을 그는 직접 경험이 아니라 학문을 통해 배웠던 것이다.

그가 잘못했다는 것이 아니다. 그의 경험과 지향성 어디에도 창조가 없었으므로 그는 자신의 지향성 내에서 할 수 있는 최선을 다하고 있었다. 더욱이 그가 한 말은 계속 내 안에 남아 있다가 나를 깨달음으로 이끌었다. 나로서는 정말 감사할 일이다.

이 이야기를 소개하는 것은 특정한 종교적 또는 영적 교리를 믿도록 유도하기 위한 것이 아니라 반동-순응의 관점에서는 창조 지향성을 설명할 수 없다는 것을 보여 주는 분명한 사례이기 때문이다.

사실은 종교와 철학, 초월적 영혼, 정치에서 비롯된 신념을 지닌 사람들은 분야가 다를 뿐 창조 프로세스의 마스터들인 경우가 많았다. 무신론자부터 기독교 신자에 이르기까지, 유대인에서 무슬림까지, 불교도에서 힌두교 신자까지, 자본주의자에서 공산주의자까지, 정치적 좌익에서 우익에 이르기까지 창조는 어느 특정 신조나 인종, 종교, 정치적 편향성 또는 사람들이 스스로에게 부여한 정체성 등 어느 것에도 귀속되거나 제한받지 않는다.

아마 반동-순응 지향성에서 성장해 온 우리들 대부분은 사랑이 우러나와서 무언가를 해 본 경험이 거의 없을 것이다. 사람들은 사랑하는 것을 하면서 인생을 보내지 않는다. 그들에게는 좋아하는 일을 하는 것은 사치일 뿐 일상을 영위하는 것과는 별개다. 게다가 많은 경우 기분 전환과 좋아하는 것을 종종 혼동하기도 한다. 취미, 유흥, 휴가 같은 것들이 기분 전환의 방편이다. 물론 취미를 사랑할 수는 있다. 그러나 취미를 일생의 업이라고 할 수 있을까? 좋아하지 않는 일들에 잠깐 거리를 두는 것뿐이 아닐까? 너무 많은 사람의 인생이, 몸을 살찌울 수는 있어도 정신을 부양해 주지는 않는 불유쾌한 필요들로 가득 차 있다.

그렇게 하여 인생에서 사랑하는 것들이 없다 보니 많은 이들이 다소 냉소적인 태도를 지니게 되었다. 사랑할 수 있는 포용력이 없어서가 아니라 아쉽게도 창조의 경험이 없었기 때문이다. 그들이 지녔을 수 있는 배려심은 위축되었다. 다른 사람들에게 쉬워 보이는 사람이 되지 않겠다는 것을 인생의 지침으로 삼고, 인생을 깊이 있게 다루는 사람들을 오히려 신뢰하지 않는다. 무엇이 중요한지 모르기 때문에 무엇에도 인생 정신(Life spirit)을 투자할 수가 없다.

그들은 평생 '무미건조한' 채로 지내야 할 수도 있다. 로버트 프로스트가 〈고용자의 죽음(The Death of the Hired Man)〉에서 '지난날을 되돌아보니 자랑할 일 없고, 희망찬 앞날을 바라볼 일 없으니 / 지금도 앞으로도 다를 게 하나 없지'라고 쓴 것과 같은 인생을 이어 나가는 것이다.

그런 사람에게는 사랑할 대상을 찾으라고 충고해도 받아들여지지 않는다. 오로지 창조 그 자체를 위한 창조를 시작할 때에만 창조 지향성에 대한 이해도 시작되기 때문이다. 거기에는 속임수, 알맞은 반응, 감춰진 동기 같은 것이 없다. 창조물에 대한 사랑이 있을 뿐이다.

의무

창조 지향성에는, 창조할 만큼 충분히 사랑해서 무언가를 창조해야 한다는 의무는 없다. 창조물을 필요로 해야 하는 것도 아니다. 아티스트들이라면 이 점을 십분 이해할 것이다. 예술에는 진정한 필요성이 존재하지 않기 때문이다.

사실상 우리에게 정말 필요한 것은 대단히 적다. 음식과 물, 몸을 덥힐 정도의 온기만 있으면 사람은 몇 년이고 살 수 있다.

그러나 반동-순응 지향성에서는 환경이 행동을 촉구하며, 우리는 어느새 이런 요구들을 충족시키고자 하는 욕망을 '필요'라는 것으로 특징지어 왔을 수 있다.

사람들은 곧잘 자신이 '원하는 것'을 '필요하다고 여기는 것'으로 번역한다. 전부 그렇다는 건 아니지만 어느 정도는 원하는 것을 정당화시키기 위한 아이디어라고 할 수 있다. 욕망을 필요처럼 보이게 만들기만 하면 그것들을 충족시키기 위해 노력하는 것 외에 '선택의 여지가 없다'고 믿는 것이다.

일단 필요라는 이름을 붙이고 나면 그중 어떤 것이 진짜 욕망이고 어떤 것이 아닌지를 확신하기란 불가능해진다. 원하는 것을 '필요'처럼 보이게 만들어 버린 후라서 어느 것을 존재하게 만들 만큼 사랑하는지를 무슨 수로 알겠느냐는 것이다.

결국, 이런 종류의 사고 과정은 자기 조작의 한 형태이다. 반동-순응적인 사람은 사랑하는 것을 위해 인생을 소비한다는 사실을 받아들일 수 없어 한다. 사랑하는 것은 환경에 매이지 않기 때문이다.

반동-순응의 진폭에 갇힌 사람들은 원하는 것을 하는 행위를 이기적이라고 생각한다. 이런 의심은 자기 이해의 부족에서 비롯된다. 그들은 자기들의 학습된 행동이 이기적인 이익의 추구를 제어해 준다고 믿으며, 원하는 것을 하는 행동과 부정행위를 연관 지어 생각하기도 한다. 또한 그들은 노골적, 파괴적 방종과 타인을 위한 욕망의 제어 사이에서 갈등하는 모습으로 내면의 환상을 만들어 내기도 한다. 그러나 이런 식의 가정들은 자유로운 선택이란 아무것도 없다는 미신을 영구화할 뿐이며, 갈등을 봉합하여 그럭저럭 지낼 수 있을 정도의 '필요'를 충족시키며 사는 것에 그치게 만든다.

테레사 수녀가 한 일들은 필요에 의한 것이 아니었다. 그분의 행적은 위에서 묘사한 것과 같은 일종의 사랑에서 비롯된 것이었다. 그분이 단순히 자신이 봉사하는 사람들의 고통을 구제하려는 목적으로만 움직였다면 어느 순간 방향을 잃고 말았을지도 모른다. 그분은 인간 존재가 어느 만큼이나 선과 악 양쪽을 향할 수 있는지에 대해 이해하고 있었다. 이것을 이해하고 있었기 때문에 그분은 깨어 있는 의식으로 선을 향한 선택을 할 수 있었다. 그것은 의무에 의한 것이 아닌 선함에 대한 사랑이었다.

지난 15년 동안 창조 프로세스를 가르치면서 내가 배운 가장 중요한 교훈 중 하나는 사람들의 진정한 본성에 관한 것이다. 즉 사람들이 자신의 진짜 힘 – 창조하고자 하는 것을 창조하는 힘 – 과 만나면 예외 없이 인간 본성의 가장 높은 곳에 자리한 것을 선택한다는 것이다. 건강, 탁월한 인간관계, 사랑, 의미 있는 인생의 목표, 평화, 인간 정신에 걸맞은 도전들이 그런 것들이다. 내가 겪은 사람들은 진실로 선한 존재들이었다. 독자들 중에는 이런 생각을 하시는 분들이 있을 것이다. 그럼 파괴 성향은 어쩌고? 전쟁, 무도함, 불필요한 잔혹 행위 등의 온갖 사례에 대해서는?

파괴적인 인생을 사는 사람들은 창조의 힘과 닿아 있지 않아서 그렇다. 오히려 역사를 통틀어 악이 발현된 것은 창조의 능력이 아니라 창조하지 못하는 무능력에 대한 반동에 의해서였다. 권력 농단, 여론 몰이, 테러리즘, 군국주의, 권세욕 등은 힘을 가진 데서 비롯된 것이 아니라 창조의 힘이 부재하는 것에서 오곤 했다.

개중에는 자신이 창조하고자 하는 것을 창조하지 못할 거라는 생각을 하고 있어서 그 일을 대수롭지 않은 것으로 치부해 온 사람들도 있었을 것이다. 결국 어떻게 해서든 가질 수 없는 것이라면 굳이 신경 쓸 일이 있을까 하고 포기해 버리는 것이다.

테크놀로지 포 크리에이팅® 과정에서 참가자들은 원하는 것을 마음에 품는 중요한 스킬을 배운다. 처음에는 자기가 무엇을 원하는지 모를 수 있지만 일단 질문에 대해 심사숙고하기 시작하면 새로운 경험을 위한 기반을 가지게 된다. 처음에는 정말 원하는 것이 무엇인지 딱 집어 이름 붙이지 못할 수 있다. 그러나 일단 선택한 것으로 실험을 해 나가다 보면 진심으로 원하는 것에 더 선명하게 집중하는 것이 가능해지며, 나아가 창조 프로세스가 어떻게 작동하는지를 배우면 원하는 결과를 창조해 낼 수 있게 된다. 또 원하는 미래의 결과를 그려 보는 것도 더 잘할 수 있다. 더욱이 일단 자신이 선택한 것을 창조해 내는 직접적인 경험을 해 본 사람들은 자신들이 원하는 것들이 이기적인 게 아니라는 것을 알게 되는데, 이것이야말로 크리에이터로서 살아가게 될 이후의 인생에서 가장 중요한 요소 중 하나다.

이따금 테크놀로지 포 크리에이팅® 과정이 고등학생들을 대상으로 실험적으로 진행될 때가 있다. 그럴 때 학생들에게 원하는 것들을 죽 나열해 보라고 하면, 대개는 졸업 후의 일자리, 남자친구나 여자친구, 기타, 오토바이, 자동차, 성적 향상, 부모 및 교사들과의 관계 개선 등의 결과를 얻고 싶어 한다.

우리 프로그램을 듣기 전의 학생들은 부모와 교사들에게 원하는 것을 창조할 수 없다는 가르침을 받아 왔으며, 창조가 불가능한 상황에 대한 직접 경험만 '풍부하게' 지니고 있다. 이들의 교실에 들어가 인생에서 원하는 것을 창조할 수 있다고 설득하려 하면, 그 말이 얼마나 잘못되었는지를 증명해 보이겠다는 듯 눈빛이 불타오르는 것이 보일 정도다. 어떤 선전 공세로도 그들의 태도나 인식은 바뀌지 않는다.

그건 그들의 인식에 충분한 근거가 있기 때문이다. 진정으로 원하는 것을 창조해 본 경험이 없는데 할 수 있다고 믿어야 할 까닭이 있을까? 더욱이 자라면서 보아 온 주변 어른들 중에서도 자신들이 인생에서 원하는 것을 창조해 내는 모습을 보지 못했으니 어떻게 보면 당연한 반응일 수 있다. 창조를 보여 주지 못할 뿐 아니라 별것 아닌 일에도 일장 연설을 한바탕 퍼부어 대던 바로 그 어른들만 보아 온 학생들이니 더 말할 나위가 없다.

그러나 테크놀로지 포 크리에이팅® 과정의 끝 무렵이 되면 이 학생들은 달라져 있다. 그들은 자신들이 직접 해 봤기 때문에 자신들에게 창조 능력이 있다는 것을 믿게 된다. 학생들을 무언가로 유인한 것이 절대로 아니다. 그들은 충분히 스스로 결론을 내릴 수 있는 사람들이다.

"일자리를 창조했나요?"

"예."

"오토바이를 창조했나요?"

"예."

"부모님과 좋은 관계를 창조했나요?"

"예."

"성적이 올랐나요?"

"예."

이런 종류의 경험을 통해 학생들은 두 가지 중요한 발견을 하게 된다. 첫째는 자신들이 선택한 것을 창조할 수 있다는 것이며, 둘째는 원하는 것이 무엇인가는 중요하지 않다는 것이다.

그들이 인류 역사에서 가장 높은 순위에 들어 있지 않았던 목표를 원한다고 해서 그게 어떻다는 건가? 그들이 창조하는 것은 그들에게 중요한 것일 뿐이다. 그걸 구현하고 싶어 할 만큼 그 대상을 충분히 사랑한다면 그것으로 된 것이다. 다른 사람이 무얼 원할지 가늠하는 것은 별개이며, 자신이 실제로 원하는 것을 존재하게 만드는 것과는 전혀 다르다.

창조의 경험은 학생들의 삶을 변화시켰다. 그들이 창조한 개개의 결과들이 세상의 기준에서 '사소한' 것이라 해도 창조 프로세스가 가진 현실성과 힘은 충분히 의미 있다 할 것이다. 이 젊은 친구들은 더 나은 것을 선택할 줄 몰라서 타협할 수밖에 없는 인생을 더 이상 살지 않을 것이다. 또한 이들의 진정한 이타주의가 이제부터 밖으로 표출될 수 있을 것이다. 세상에서 선을 행해야 한다는 의무감에 의해서가 아니라 오로지 사랑해서, 그 사랑이야말로 순수한 욕망이므로 그 이유로 선을 행할 것이기 때문이다.

창조성의 표출이 곧 창조다

자동차, 전화, 텔레비전, 태양광 반사판, 우주 왕복선 같은 것들이 존재하지 않았으며 그런 걸 상상도 못하던 시절이 있었다.

록 음악, 무조음악(atonal music, 無調音樂)은 물론, 클래식 음악조차 존재하지 않고, 아예 생각조차 않던 시절이 있었다.

200년 전만 해도 사회학, 인류학, 생화학, 고생물학, 핵물리학은 없었는데, 지금은 있다.

최근 10년 사이, 기술 혁명은 20년 전에는 상상할 수 없었던 방식으로 세상을 변화시켜 놓았다.

작곡가의 창조는 악보 용지의 빈 페이지에서 시작되며, 화가의 그림은 빈 캔버스 앞에서 시작한다. 이렇듯 이전에 존재하지 않았던 낯선 무언가를 실제로 창조해 낼 수 있다고 생각하는 것이 우리 같은 사람들에게는 어렵게 느껴질 때가 있다.

사람들은 자주 이렇게 주장한다. "정말 새로운 건 없어요" 혹은 "지금 만들어진 것은 죄다 과거에 이미 있었던 것들이라고요". 그러면 나는 그들에게 이렇게 물어본다. "베토벤의 대(大)푸가 133번은 그가 작곡하기 전에도 이미 비슷한 게 있었던가요?"

당연히 누구도 베토벤의 현악 사중주 푸가와 같은 걸 들어본 적이 없었다. 사실 당시에도 사람들은 이 곡이 불협화음이 난무하며, 높은 음역대와 낮은 음역대가 교차하는 보이스 크로싱(voice-crossings)도 극단적으로 많아서 연주하는 것은 물론, 듣는 것 자체가 불편하다고들 했었다. 그래서 베토벤은 이 곡을 철회하고, 대신에 그들에게 아주 단조로운 곡을 건넸다고 한다.

처음 〈대푸가〉를 접했을 때 음악가들은 베토벤이 나이가 들어서 정신에 문제가 생긴 것이 아닌가 하고 생각했지만 베토벤은 다른 관점에서 그 곡을 바라보았다. "나는 이 음악을 미래를 대비해 쓰는 거야"라고 그는 말했다. 오늘날 대부분의 관현악 연주에는 〈대푸가〉가 표준 레퍼토리로 포함되어 있다.

예술과 과학에는 그들이 창조하기 이전에는 일절 존재하지 않았던 새로운 창조의 사례로 가득하다.

그러나 많은 사람은 여전히 태양 아래 정말 새로운 것은 없다는 생각을 선호한다. 작가 D. H. 로런스(D. H. Lawrence)도 나이 마흔 살에 자기가 얼마나 잘못 생각했는지 깨닫기 전까지 이런 생각을 고수했다고 한다.

> 나는 자주 다음과 같이 강변했고, 글로 쓰기도 했던 것으로 기억한다. '그림으로 그릴 수 있는 모든 것이 이미 그려졌던 것들이며, 캔버스에 붓질로 표현할 수 있는 모든 것이 이미 붓질 된 것들이다. 시각 예술은 막다른 길에 다

다랐다.' 그랬는데, 마흔이 된 어느 날 갑자기 나는 초상화를 그리기 시작했고, 거기에 매료되었다.

빈 캔버스를 이용해 나 자신을 만들어 낼 수 있다는 것을 알게 된 것이다. 빈 캔버스에 그림을 그리는 것, 그것이 핵심이다. 이걸 시도해 볼 용기를 내게 된 것이 마흔 살이 되어서였다. 그때부터 정신없이 초상화를 그려 대는 나날이 시작되었다.

D. H. 로런스가 묘사하고 있는 발견은 창조 지향성에서 흔히 볼 수 있는 모습이다. 죽은 것 같던 것들이 갑자기 살아난 것같이 느껴지는 것 말이다.

창조 프로세스의 비밀

사람들이 처음 창조 지향성으로 들어갈 때 흔히 저지르는 실수는, 자신들이 원하는 무언가가 깊이 숨겨진 보물이어서 발견해 끄집어내야 한다고 여기는 것이다. 즉 '발견'하려 한다는 것이다.

이것은 잘못된 방향이다. 원하는 것을 창조하는 일은 모르던 것을 알아 가는 과정도, 무언가를 발견해 내라는 것도 아니다.

알아내는 것도, 발견해 내는 것도 아니라면 '나는 무엇을 원하는가?'라는 질문을 어떻게 이끌어 낼까?

이 질문에 대해서는 적극적으로 창조에 참여하는 사람들에 의해 이성적이거나 직관적인 경우 모두에 해당하는 답이 나와 있다.

즉 인생을 원하는 방식으로 창조하는 것에서부터 컴퓨터 과학의 최신 기술을 설계하는 것에 이르기까지, 이 질문에 대한 해답이 모든 창조적 행위에 깃들어 있다는 것이다.

우리의 교육 전통은 안타깝게도 이 해답의 힘과 의미를 과소평가하는 경향이 있었다. 그렇기는 해도, 일단 그걸 사용하기 시작하면 새로운 창조적 힘과 유연성이 생긴다.

그렇다면 '나는 무엇을 원하는가?'라는 질문에 있는 '무엇'을 어떻게 창조할까?

당신이 만든다

핵심을 잘 살펴보기 바란다. 이것은 창조 지향성의 더 깊은 본질에 대한 진실로 놀라운 통찰이다. 필요에 의해서가 아니고, 환경의 요구에 의해서도 아니며, 답을 구하는 것도 아니라면 자신이 무엇을 원하는지를 어떻게 마음에 품을 수 있을까? 간단하다. '결과물을 만들어 내는 것'이다.

몇 년 전에 첨단 기술 기업의 기술팀을 컨설팅한 적이 있었다. 그 엔지니어들에게 창조 프로세스에 관한 이 통찰을 들려주자, 그들은 알 만하다는 미소를 띠며 서로를 바라보았다. 한 엔지니어가 말했다. "그게 정확히 우리가 하는 일입니다. 우리가 창조하는 것을 우리가 만드는 거예요." 이어 한 명이 더 말을 보탰다. "물론 그다음에는 우리가 만들어 낸 것이 아닌 것처럼 그걸 만들어 낸 방법을 설명하는 기술 문서를 작성해야 하지만요!"

어떤 것을 만들다

창조적인 사람들은 크리에이터들이 창조물을 만들어 낸다는 것을 안다. 그러나 사회에는 사람들이 어떤 것을 만들어 낸다는 개념에 대한 이상한 편견이 있다. 그 한 가지 이유는, 무언가를 만드는 것이 우리 사회의 대단히 많은 부분에서 기반을 이루고 있는 반동-순응 지향성의 특징이 아니라는 것에 있다. 반동-순응 지향성은 너무 많이 근거와 정당화에 의존하기 때문에 "내가 만들었어"라는 말을 하는 것은 거의 이단시된다.

크리에이터들은 언론과 인터뷰를 할 때 거의 항상 창조물에 대한 아이디어를 어떻게 얻었는지 말해 달라는 요청을 받는다. 개중에는 "그냥 만들었다"는 것에 대해 설명을 해 보려고 몇 번 애써 보다가 리포터의 불만 때문에 결국 어떻게 "해냈는지"에 대한 이야기를 지어 내는 경우가 종종 있다.

그러나 팩트는 알베르트 아인슈타인이 상대성이론을 만들었고, 마리 퀴리가 방사선 이론을 만들었으며, 토머스 에디슨이 전구를 만들었다는 것이다. 메리 카샛(Mary Cassatt: 어머니와 아이를 주로 그린 미국 화가-옮긴이)이 〈욕조〉라는 그림을 만들었고, 안톤 베버른(Anton Webern)이 〈현악 사중주를 위한 6개의 바가텔(Bagatelle: 피아노를 위한 소품곡-옮긴이)〉을 만들었으며, 에밀리 디킨슨이 〈내가 죽음을 위해 멈추어 줄 수 없기에〉라는 시를 만들었다. 일리아 프리고진(Ilya Prigogine: 벨기에의 화학자-옮긴이)이 분산 체제 이론을 만들었고, 조니 미첼이 노래 〈코트 앤드 스파크(Court and Spark)〉를 만들었으며, 해리엇 터브먼(Harriet Tubman)이 '지하철로(underground railway: 흑인 해방 운동가들의 활동 조직-옮긴이)'를 만들었다. 그리고 미국의 건국자들이 미합중국을 만들었다.

비록 일반적으로는 창조가 어떻게 이루어졌는가 하는 이야기에만 집중하지만, 이야기의 내용이 어떻든 크리에이터들이 창조물을 만들어 내는 그 순간에 그 창조물을 마음에 떠올린다는 것을 아는 것이 중요하다. 작곡가인 아르놀트 쇤베르크(Arnold Schoenberg)는 자신의 음악이 완벽하게 연주되는 것을 들은 적이 있느냐는 질문에 이렇게 대답했다. "있죠. 곡을 처음 머릿속에 떠올렸을 때였어요."

위대한 크리에이터들이 어떻게 자신들의 창조물을 '탄생'시켰는지를 다룬 할리우드 영화가 꽤 있지만, 정작 그것들은 우리에게 잘못된 감명을 줄 수 있다. 영화로 만들어지면 우선 그 속에 드라마가 담기고, 배경 음악으로 현악기의 고음 연주, 트레몰로(tremolo: 음 또는 화음을 떨리는 듯이 되풀이하는 연주법-옮긴이), 술 폰티첼로(sul ponticello: 브리지 가까이 활을 대고 연주하는 기법-옮긴이) 등이 깔린다. 스토리에서는 온갖 징후가 미스터리의 발생을 향하고 있다. 주인공은 그가 젊은 토머스 에디슨을 연기한 젊은 미키 루니든 혹은 나이 든 토머스 에디슨을 연기한 중년의 스펜서 트레이시든 무조건 내적 갈등에 직면하게 되어 있다. 긴장이 고조되고, 카메라는 이 인물이 생각에 생각을 거듭하며 꼼짝 않는 모습을 클로즈업하며 다가간다. 유레카! 마침내 영감이 떠오르고, 갑자기 모든 것이 활동한다. 인물이 움직이고, 음악은 활기를 띤다. 관객들은 이런 식으로 극적 긴장이 최고조에 달할 때 경외심을 불러일으키는 순간을 목격할 수 있는 특권을 누려 왔다. 아, 인생이 이처럼 딱 영화와 같다면 좋으련만! 특히 1940년대의 흑백영화 같기만 하다면야 좋겠지만 실상은 그렇지가 않다.

실제 생활에서는 창조가 그렇게 극적이지 않다. 가장 뛰어난 발명들 다수가 (배경음악은 고사하고) 팡파르, 드라마 혹은 번뜩이는 영감 같은 것이 없이 잉태되었다. 드라마는 예외일 뿐 규칙이 아닌 것이다.

심지어 토머스 에디슨이 직접 만든 초기 영화들의 대본 작가들조차도 절인 소고기 샌드위치를 베어 물고 코카콜라를 홀짝거리며 원고 작업을 했다. 그들은 자신들과는 상관없는 판타지 세계를 만들어 내고 있었던 것이다.

창조 프로세스는 다양한 양상을 띨 수 있다. 최고의 창조가 가장 평범한 경험에서 비롯되기도 하며, 최악의 창조가 '신성한 계시'가 아닐까 싶은 경험에서 나오기도 한다. 결과물의 최종 가치와 창조의 과정에서 크리에이터가 겪는 일 사이에는 아무런 관계가 없어 보인다.

결과에 집중하기

창조 프로세스에서 스스로에게 할 수 있는 가장 강력한 질문은 이것이다. '내가 원하는 것은 무엇인가?' 이것은 시기와 상황에 관계없이, 즉 환경에 개의치 않고 언제나 묻고 답할 수 있는 질문이다.

'내가 원하는 것은 무엇인가?'라는 질문은, 사실은 결과에 관한 질문이다. 따라서 이를 엄밀하게 표현하면 "내가 창조하고 싶어 하는 '결과'는 무엇인가?" 정도가 될 것이다.

반면에 '내가 원하는 것을 어떻게 얻을 수 있는가?'라는 질문은 결과가 아닌 과정에 관한 것으로서, 초기에 이런 질문을 하는 것은 스스로를 상당히 제한할 수밖에 없다. '내가 창조하고 싶어 하는 결과는 무엇인가?'라는 질문보다 '내가 원하는 것을 어떻게 얻을 수 있는가?'라는 질문을 먼저 해 버리면 얻을 수 있는 결과물은 이미 방법을 알고 있거나 머릿속에 그려볼 수 있는 것들과 바로 연결되는 것들에 국한되기 때문이다.

1878년에 토머스 에디슨이 전등을 발명하기로 결심했을 무렵, 전기가 빛을 만들어 낼 수 있다는 사실은 모두가 알고 있어서 새삼스러운 것이 아니었다. 다만 타올라서 바로 소모되어 버리지 않는 물질을 찾는 것이 가장 시급한 과제였다. 그는 이 주제에 관해 쓰인 모든 문서를 읽기 시작했다. 당시 그는 공책 200권을 메모와 도표 등으로 빽빽이 채운 것으로 전해진다.

에디슨 이전의 과학자들은 모두가 특정한 과정을 밟아 오고 있었다. 한결같이 전류의 저항을 줄이는 물질을 찾고자 했지만 그중 어느 것도 전깃불을 만들어 내지 못했던 것이다. 에디슨은 '이들과 똑같은 과정을 밟고 이미 알고 있는 것에 대한 결과를 내놓으면서 스스로에게 한계를 지우'는 대신에 오히려 반대로 해 보기로 했다. 전류의 저항을 증대시키는 물질을 찾기로 한 것이다. 저항 물질들을 셀 수 없이 거듭 시험한 끝에, 그는 탄화된 성분을 이용하기로 결정하고 이것을 진공관에 넣어 지금까지 우리에게 익숙한 백열전구를 탄생시켰다.

창조하고 싶은 결과인 전등에 초점을 맞추고 집중을 유지함으로써 에디슨은 성공적인 결과로 이어지는 프로세스에 집중할 수 있었다.

프랭크 로이드 라이트는 유기적 건축의 창시자이다. 주택을 디자인할 때 맨 먼저 그가 하는 일은 창조하고자 하는 결과물을 머릿속에 그려 보는 것이었다. 그에게는 그것이 실내 '주거 공간'에 대한 감각이었다.

그의 관점에서 집은 단순히 '막힌 방들이 문과 어두운 복도에 의해서만 다른 방들로 연결되는 곳' '상자 속에 상자가 들어간 세트'가 아니라 무엇보다 사람이 사는 온전한 공간이었다.

원하는 결과를 '주거 공간'으로 설정하여 집중함으로써 라이트에게는 디자인의 새로운 가능성들이 열렸다. 여전히 건축의 전통적 프로세스에 입각하여 주택을 상자 세트의 재배치로 생각하며 디자인하고 있던 동료 건축가들 대부분에게는 절대로 일어나지 않을 일들이었다.

라이트의 주택에서 처음으로, 부엌이 매력적인 특색을 지닌 곳이 되었다. 생활 영역과 식사 영역이 하나로 결합되었고, 바닥이 생활 공간이 되었으며, 테라스와 발코니 그리고 창문은 집의 외부와 내부가 서로 흘러들 수 있게 함으로써 바깥을 안으로 들여오고, 안을 바깥으로 내놓을 수 있게 했다. 바닥에서 천장까지 난 커다란 창문들은 햇볕을 불러들여 집안을 가득 채웠으며, 널찍하게 돌출되어 낮게 경사진 지붕은 여유와 더불어 자연과 유기적으로 상호작용하는 느낌을 창조해 냈다.

라이트가 창조하고 싶은 결과에 집중하기를 계속해 나가자 결과를 얻는 '방법' 역시 유기적으로 발전했다. 그는 자신의 콘셉트 또는 프로세스를 표준 절차로 한정하지 않았다. 자신이 원하는 결과가 무엇인지를 알았기 때문에, 독특하면서 동시대의 다른 사람들과는 다른 프로세스를 창안해 낼 수 있었다.

'무엇'이라는 질문에 앞서 '어떻게'라는 질문을 해 버리면, 만들고자 하는 것에 대해 할 수 있는 것은 이미 가지고 있는 것을 변형시키는 정도다.

예술가들은 원하는 결과에 집중해야 할 필요를 분명하게 감지하는 사람들이다. 거트루드 스타인(Gertrude Stein: 미국의 시인, 소설가–옮긴이)이 젊은 작가들을 향해 이런 말을 한 적이 있다. "자기가 무엇을 얻고 싶은지 알아야 합니다. 그걸 알게 되면, 그저 그것에 이끌려 가기만 하세요. 그것이 여러분을 트랙 밖으로 데려가는 것처럼 보일 때조차 되돌아가지 마세요. 여러분이 본능적으로 거기 있고 싶어 하는 것일 수 있어요. 만약 다시 뒷걸음쳐서 예전부터 있던 곳에만 있으려 하면 재미없는 인생으로 가는 겁니다."

즉 '어떻게'라고 하는 과정이 먼저 와 버리면, 취할 수도 있었을 여러 행동을 가려내어 제약하게 되며, 창조할 수 있는 가능성들을 제한하는 결과가 될 수 있다는 것이다.

극사실주의 화가이자 판화가인 척 클로스(Chuck Close)가 말했다시피 "열 명의 요리사에게 똑같은 레시피를 주어도 그걸 살리는 사람이 있는가 하면, 밋밋한 수플레를 만들어 버리는 사람이 있다. 시스템은 아무것도 보장해 주지 않는다."

파블로 피카소 역시 완숙한 예술가의 입장에서, 젊은 화가들에게 과거의 과정을 따라가는 것이 아닌 새로운 그림을 구상하라고 독려했다.

회화에 새로운 지평을 열고 있는 일부 화가를 제외하고, 오늘날의 젊은 화가들은 이제 갈피를 잡지 못하고 있다. 우리가 남긴 연구들을 계속 이어 나가 우리에게 날카롭게 반격해 오지는 않고 과거를 되살려 내는 일에 스스로를 소비한다. 여전히 세상은 우리 앞에 열려 있고, 모든 게 다 이루어야 할 것들이며, 다시금 마무리된 것은 아무것도 없다. 왜 이미 예정대로 이행돼 버린 모든 것에 희망 없이 매달리는가? 그런 식으로 그려진 그림들은 수 킬로미터에 걸쳐 늘어서 있지만, 젊은이가 자신만의 방식으로 작업하는 모습을 보는 일은 드물다.

인간이 자기가 한 것만 반복해야 한다는 관념이 널리 퍼져 있기라도 한 건가? 반복은 앞으로 나아가도록 되어 있는 정신의 법칙에 반하는 것이다.

시기상조의 프로세스

때 이르게 과정에 집중하면 효과를 제한하고 억제하게 된다.

우리 교육 체계는 학생이 인생에서 원하는 결과가 무엇인지에 주안점을 두지 않는다. 오히려 학생이 배워야 할 것은 '결과가 아니라 과정'이라는 생각을 주입시키려 애쓴다. 학생들은 수학 문제를 푸는 법, 문법적으로 완벽한 문장을 구성하는 법을 배워야 한다. 생물 시간에는 탐구 보고서를 쓰고 실험하는 법을 배워야 하며, 그리기, 대중 앞에서 발표하기, 음표 읽기도 배워야 하며, 시도 한두 편 정도는 쓸 줄 알아야 한다. 또한 컴퓨터와 워드프로세서도 배워야 하며, 직업 교육의 일환으로 기술을, 가정 강좌에서는 가사를 배워야 한다.

여기에는 이런 것들을 능수능란하게 할 수 있게 되면 인생에서 원하는 결과들이 알아서 따라올 것이라는 생각이 깔려 있다. 그렇다 보니 학생들에게 "인생에서 원하는 게 뭐니?"라고 물어보는 교육자는 거의 없다.

사실 아이들의 인생에서 첫 10년 혹은 12년 동안에는 "커서 뭐가 되고 싶니?"라는 질문을 받기는 한다. 그러나 아이들의 대답은 대개는 대수롭지 않게 치부된다. 청소년들도 비슷한 질문을 받곤 한다. "학교를 졸업하면 무얼 하고 싶니?"

대개의 경우 이런 질문을 받아도 이들에게는 창조 프로세스의 교육적 경험이 아예 없다. 게다가 그들의 관점에서 인생 게임이란 어른들이 권해준 재미없는 대안들 중에서 무언가를 선택하는 것처럼 보이기도 한다.

교육 시스템에서는 적성이 선견지명의 역할을 하는 경우가 많다. 전통적인 진로 상담은 학생들이 스스로 잘할 수 있는 것을 찾아내고 적성을 중심으로 경력을 쌓을 수 있게 도와주기 때문에, 많은 경우 중·고등학교에서 적성 검사를 잘 수행하는 것은 어떤 의미에서는 크나큰 비극이다.

많은 사람이 그 사고방식에서 나오는 충고를 별 생각 없이 따라 의사, 변호사, 엔지니어, 회계사, 간호사, 화학자가 되었다. 그리고 20년 혹은 30년이 지난 지금 그들은 자신들이 알고 있는 유일한 분야나 직업이 무엇이었어도 사실은 전혀 상관이 없었다는 것을 알고 경악한다. 그들의 삶의 대부분은 15살 때 잠시 적성을 보인 일을 개발하는 데 소비되었다.

나는 심포니 뮤지션으로 사는 것에 싫증을 내고 있는 보스턴 심포니 오케스트라 단원들을 몇 명 안다. 그들은 평생을 지금 있는 자리 주변을 뱅뱅 돌다시피 하며 살아왔다. 그들 중 실력이 출중한 한 음악가가 내게 이런 말을 했다. "난 심포니에서 연주하는 걸 좋아하지 않지만, 할 줄 아는 것이 이것밖에 없어요."

유기적으로 형성된 프로세스

창조 지향성에서 '나는 무엇을 창조하고 싶은가?'라는 질문에 답할 때 자신이 원하는 것이 가능한지 그렇지 않은지는 분명치 않다. 그러나 전 세계 역사 내내 머릿속으로 구상할 당시에는 불가능해 보였던 수많은 결과물이 창조되었다.

마취가 생기기 전까지 의사들은 고통 없이 수술하는 것이 불가능하다고 굳게 믿었다. 1839년에 알프레드 벨포 박사(Dr. Alfred Velpeau)는 이렇게 말했다. "수술에서 고통을 없애는 것은 키메라(Chimera: 여러 동물을 합쳐 놓은 형상의 그리스 신화 속 괴물. 불가능한 생각을 의미한다-옮긴이)이다. 지금 그걸 추구하는 것은 터무니없는 일이다. '칼'과 '고통'은 수술을 받는 환자라면 반드시 받아들여야 할 두 단어이다. 우리 스스로 이 필연적인 조합에 맞추는 수밖에 없다."

비행기가 만들어지기 전에 많은 과학자가 하늘을 나는 건 불가능하다고 굳게 믿었다. 저명한 천문학자 사이먼 뉴컴(Simon Newcomb)은 자신이 이 불가능에 대해 논리적으로 입증했다고 믿었다. 그는 이렇게 썼다. "지금껏 알려진 물질이나 기계의 형태, 힘의 형태를 어떻게 결합해도 사람을 공중에서 멀리 날아가게 할 수 있는 실제 기계로 만들 수 있는 예증이 존재하지 않는다는 것은, 명백한 물리적 사실을 예증할 수 있는 것만큼이나 타협의 여지가 없이 분명해 보인다." 아이러니한 것은 뉴컴이 이 글을 쓴 것은 1903년인데, 마침 라이트 형제가 키티 호크에서 첫 비행을 한 해였다는 것이다.

많은 과학자는 원자가 더 이상 쪼개질 수 없으며, 원자폭탄도 만들어질 수 없다는 생각을 견지했다. 1945년 윌리엄 D. 레이히(William D. Leahy) 제독이 트루먼 대통령에게 미국의 원자폭탄 계획에 대해 한 말도 마찬가지였다. "그건 우리가 지금껏 해 온 일들 중 최고로 바보 같은 겁니다. 폭발에 관한 전문가로서 말씀드리지만 그 폭탄은 결코 터지지 않을 겁니다."

나폴레옹은 증기기관에 대한 아이디어가 실현 불가능한 것이라고 확신하고 그걸 발명한 로버트 풀턴에게 이렇게 소리쳤다. "갑판 아래에서 모닥불을 피워서 바람과 조류를 헤치고 배를 나아가게 만든다고? 미안하지만, 그따위 허튼소리를 들을 시간은 없어."

일단 비전이 뚜렷해지면 과정들은 유기적으로 형성되어 비전의 완성을 향해 간다. 이 말은 창조 지향성에서는 프로세스가 방향에 맞추어 만들어진다는 것이다.

공식이란 무엇인가?

인생의 경험칙에 따르면 대개 무엇을 어떻게 해야 하는가에 관한 공식이 있고, 그 공식을 배우면 무엇을 해야 할지를 알 수 있다. 반동-순응 지향성에서는 이 관념이 꽤나 매력적으로 받아들여진다. 공식만 있으면 어떤 상황에서도 적절히 반응할 준비를 할 수 있으리라고 여겨지지 때문이다. 그러나 안됐지만 이것은 기껏해야 예측 가능하고 익숙한 상황에나 해당

되는 이야기이며, 또한 그런 상황들에 숙달되는 것은 생쥐가 훈련을 통해 미로 찾기에 숙달되는 것과 비슷한 경우라 할 수 있다.

반면에 창조 프로세스에서 유일한 경험칙은 경험칙을 갖지 않는다는 것이다.

과정은 언제나 결과에 기여해야 한다. 그리고 새로운 결과가 완전히 다른 과정을 요구할 수 있기 때문에 어떤 과정이 유리할 것인지 예측하느라 스스로를 제약하면 자발성에 치명적인 영향을 미칠 수 있다.

화가인 잭 빌(Jack Beal)도 같은 말을 했다.

> 나는 의도적으로 나 자신을 색의 의미에 대해 꽤 무지한 상태로 놔두려고 노력했다. … 나는 색을 직관적으로 받아들이는 수준에 머물기 위해 노력했다. … 따뜻하고 서늘한 것이 무엇을 의미하는지 또는 원색이 무엇인지를 배우지 않으려 애썼다. … 어쩔 수 없이 배워서 알게 된 몇 가지 원칙이 있기는 하지만, 그래도 가능한 한 나의 색이 내가 그리는 대상에 대해 자발적으로 표현될 수 있게 하려 한다.

프랭크 로이드 라이트는 자신이 결코 패턴에 종속되지 않았다고 말했는데, 심지어 자신이 직접 개발한 패턴에 대해서도 마찬가지였다. 20세기 예술의 역사는 자신이 채택했던 과정들을 본질적으로 바꿔 놓은 예술가들의 사례로 가득 차 있다. 어떤 예술가들은 자신들이 받아들여 이용한 특정한 프로세스로 '추종자'들을 얻어 놓고서 어느 날 갑자기 완전히 다른 프로세스를 만들거나 채택함으로써 '진정한 신봉자'들에게 충격을 안겨 주었다.

금세기 초, 음악에서 가장 두드러진 영향을 끼친 사람들 두 명은 아르놀트 쇤베르크와 이고르 스트라빈스키이다. 쇤베르크는 무조 음악을 처음으로 작곡했으며, 스트라빈스키는 조성 음악(調性音樂)을 작곡하고 신고전주의자라는 평을 들었다.

이 두 거장을 중심으로 각각의 학파가 형성되었다. 신봉자들은 '진정한' 음악의 미래에 관해 저마다 독단적인 선언을 내놓았다. 한쪽 학파의 작곡가들이 글을 쓰면 다른 쪽 열성 추종자들이 나서서 무효라고 내쳤다. 이로 인해 우정은 깨지고, 적이 만들어졌으며, 두 반대 진영의 대치는 고착화되었다. 심지어 관점이 다르다는 이유로 서로 대화를 거부하는 사람들에 관한 유명한 에피소드들까지 있었다. 그러나 이런 어떤 행동들도 이 시대의 진정으로 위대한 두 작곡가들에게는 아무런 영향을 못 끼친 게 아닌가 싶다.

쇤베르크와 스트라빈스키는 독단주의자가 아니었다. 스트라빈스키는 결국 쇤베르크가 창안한 12음 기법을 이용하여 무조 음악을 작곡함으로써 추종자들을 충격에 빠뜨렸다. 그리고 쇤베르크는 C장조로 조성 음악을 작곡하여 마찬가지로 추종자들에게 충격을 주었다.

두 사람 모두에게 작곡의 주안점은 프로세스를 찬양하는 것이 아니라 음악적 비전을 예술적으로 표현하는 것이었다.

에이미 에드먼드슨은 저서인《보다 충분한 설명(A Fuller Explanation)》에서 R. 버크민스터 풀러가 옥텟 트러스(Octet Truss : 정사면체와 정팔면체의 배치 구조를 이용한 골조 구조-옮긴이) 공법을 발명한 것에 대해 이렇게 기술하고 있다.

우리는 IVM(Isotropic Vector Matrix: 등방성 벡터 행렬-옮긴이)에 익숙해 있어서 풀러의 '옥텟 트러스'를 눈으로 보듯이 떠올려 감상할 수가 있다. 1961년 미국 특허 번호 2,986,241을 받은 이 구조적 골조는 현대 건축에 너무 널리 퍼져 있어서 건물이 원래 그런 방식으로 지어져 온 것이라는 생각마저 든다. 그런데 소문에 의하면, 이것이 창안된 것은 1899년 버키가 유치원에서 이쑤시개와 반건조 완두콩을 받곤 했던 때로 거슬러 올라간다. 극심한 원시에다 사시까지 심해서 사실상 거의 보이지 않는 상태였기 때문에(그가 처음 안경을 쓴 것은 그로부터 일 년이나 지나서였다) 버키 풀러는 반 친구들의 시각 경험을 공유하지 못했고, 그 때문에 구조물들을 무조건 입방체로 상정하는 식의 사고방식을 갖지 않을 수 있었다. 그리하여 다른 아이들이 재빨리 조그만 입방체를 만들어 낼 때, 어린 버키는 만족할 때까지 재료를 주물럭거리며 구조물을 튼튼하게 만들었다. 그 결과 교사들이 기절초풍할 만한 것이 만들어졌는데, 바로 8면체와 4면체가 교차하는 복합 구조였다(교사 한 분은 대단히 장수하시면서 정기적으로 풀러에게 편지를 써서 그 사실을 일깨워 주었다). 이것이 그가 만든 최초의 옥텟 트러스였으며, 또한 혁명적인 방법으로 구조적 과업에 접근하는, 그의 평생에 걸친 습관의 시작이었다.

버크민스터 풀러가 첫 옥텟 트러스를 만들었을 때 그의 나이는 네 살이었다.

사방이 프로세스로 넘쳐도 그것이 명확한 비전은 아니다

학습 프로세스는 사회적으로 널리 받아들여지는 산업이 되었다. 살 빼기, 근육 키우기, 에너지 증대, 낭만적인 관계 맺기에 성공하기, 금연하기, 옷 잘 입기(딱 맞는 색상 고르기도 포함됨), 심리적 장벽 극복하기, 깨달음을 찾기, 마음의 평온을 찾기, 정력 향상하기, 꿈 분석하기, 심신과 영혼을 통합하기, 마음 열기, 과거를 종결 짓기, '좌뇌' 강화하기, '우뇌' 강화하기, 부자 되기, 기타 등등 온갖 과정이 넘쳐흐른다.

우리가 사는 이 시대는 멋진 시대다. 할 수 있는 게 너무나 많다. 그러나 사람들이 어떤 방향으로 갈지 결정하는 데 이용하는 기준은 결과에 관한 콘셉트가 아니라 과정에 치우쳐 있다.

최근에 친구와 통화를 했는데, 그녀는 '과정의 신성함'과 '과정에서 겪는 심원한 감사함'에 대해 들려주었다. 그녀의 열광적인 목소리를 듣고 있자니 부드럽게 노래하는 천사의 합창 같았다.

그런데 이것은 크리에이터에게는 대단히 낯선 관념이다. 창조를 할 때 과정은 그저 기능일 뿐이다. 받아들여야 할 신조도 아니고, 지켜 나가야 할 낭만도 아니며, 견지해야 할 철학도 아니다. 과정은 우리가 욕망하는 결과에 이용할 수 있도록 발명, 고안된 것이며, 오로지 그것만이 과정, 즉 프로세스의 목적이다.

프로세스는 결과의 비전 내에서, 그 비전으로부터 유기적으로 형성되는 것이 최선이다. 주어진 프로세스가 무엇이든 그로 말미암아 결과가 일어날 수 있는 방법을 제한하는 것은 현명하지 않다. 원하는 결과를 떠올린 시점에는 그 결과를 이끌어 낼 실제적인 방법은 예감은 할 수 있겠지만 언제나 미지의 것이다.

6장

긴장은 해소되고 싶어 한다

최소 저항의 경로는 어떤 구조에서는 진동하고 또 어떤 구조에서는 해소된다. 그중 진동 구조에서는 반복적인 패턴을 경험하게 되는데, 자신이 원하는 것을 향해 나아가다가 원하는 데서 멀어지고, 다시 원하는 쪽으로 나아가다가 또다시 원하는 데서 멀어지는 식으로 움직이는 패턴이다.

이해 비해 해소 구조에 있을 때는 최소 저항의 경로가 구조의 최종 해소 지점을 향해 움직인다. 창조 프로세스의 주요 스킬 중 하나는 창조의 편에서 해소되는 구조를 형성하는 것이다. 이런 구조들은 최종 결과물의 방향으로 움직일 수 있게 떠받쳐 주기 때문에 최고의 유용성을 지니고 있다.

이 장에서는 구조에서 이 움직임이 어떤 식으로 생성되는지 살펴볼 것이다. 그리고 다음 장에서부터는 원하는 것을 창조할 수 있게 지원하는 구조를 어떻게 하면 만들 수 있을지 그 방법을 설명할 것이다.

긴장-해소 시스템

자연 전체에서 발견되는 한 가지 기본 원리는 '긴장은 해소를 추구한다'는 것이다. 거미줄에서 인체에 이르기까지, 은하의 형성에서 대륙 이동에 이르기까지, 진자의 흔들림에서 바람개비의 움직임에 이르기까지 어디나 긴장-해소 시스템이 작용하고 있다.

우리는 자연에서, 그리고 우리의 삶에서, 변화가 일어나는 양상뿐 아니라 그러한 변화가 '어떻게 하여' 일어날지에 영향을 미치는 단순하고도 복잡한 긴장-해소 시스템들을 관찰할 수 있다.

가장 간단한 긴장-해소 시스템은 하나의 긴장을 지닌 구조이다. 이 구조가 가진 성질은 긴장을 풀어내는 것이다. 고무줄을 잡아 늘이면 고무줄의 성질은 구조의 긴장을 해소하는 방향으로 작용하여 도로 수축된다. 또한 꾹 눌러진 스프링은 원래 상태로 다시 튀어 올라 긴장을 늦추려는 성질을 보인다.

성조 음악에서는, 배음렬(overtone series: 하나의 기본음에 함께 울리는 여러 음을 모아 놓은 것-옮긴이)의 음향 현상 때문에 특정 화성 구조가 매우 특유한 다른 화성 구조를 향해 움직이는 경향이 있다. 음조에서는, 딸림칠화음(딸림화음 위에 제7음을 더한 화음-옮긴이)이 으뜸화음(으뜸음을 밑음으로 하여 구성된 3화음-옮긴이)으로 해소되는 구조적 경향성을 지니고 있다. 누구나 다 아는 노래 대목인 "면도와 이발에, 단 두 푼(Shave and a haircut, two bits)"은 이 멜로디가 연주되는 것을 듣거나 누군가 "면도와 이발에, 단"까지만 부르는 것을 들어도 우리는 마지막 음을 덧붙여 해당 악구에서 생성된 긴장을 해소하려는 경향을 보인다(물론 '두 푼'이라는 가사도 붙여서).

긴장-해소 시스템은 일상적인 대화에서도 흔히 발견된다. "안녕하세요?" 같은 질문을 할 때의 구조적 경향은 질문에 답을 하는 것이다. 왜냐하면 질문은 긴장을 형성하고 질문에 대한 답변은 그 긴장을 해소하기 때문이다. 이것을 선행-결과 구문이라고 하며, 언어에 의존하는 대화나 사고 과정에서 발견되는 가장 자연스러운 표현이라 할 수 있다. 이런 문구들은 질문-답변 또는 진술-논평의 형태를 띤다.

"마사가 너와 저녁 먹으러 같이 갔어?"(긴장)

"응."(해소)

"그 사람들의 제안을 받아들일 수 없을 것 같아."(긴장)

"내 생각도 그래."(해소)

때때로 하나의 해소가 또 다른 해소를 필요로 하는 새로운 긴장을 유발하기도 한다. 이것 역시 긴장-해소의 단순한 형태로 구성된 시스템에 속한다.

"어제 손님이 세 분 왔어."(긴장)

"누구였어?"(해소 그리고 새로운 긴장)

"존, 아이린 그리고 부치였지."(해소 그리고 새로운 긴장)

"부치가 누구지?"(긴장)

"존과 아이린의 반려견이야."(해소)

일단 긴장이 존재하면 최소 저항의 경로는 해소로 이어진다. 위의 예들은 쉽게 해소되는 성질의 것들이다. 심지어 질문에 대한 답을 "모르겠어"라고 했을 경우에도 구조상의 긴장은 해소된다.

간단한 긴장-해소 시스템은 생활 곳곳에 자리하고 있다. 배가 고플 때는 허기가 긴장을 만들고, 뭘 먹으면 긴장이 해소된다. 비슷한 예로 갈증은 긴장을 만들고, 마시는 행위는 긴장을 해소시킨다.

경향의 충돌

긴장-해소 시스템이 다른 긴장-해소 시스템과 연결되면 두 시스템 간에 경쟁이 일어날 수 있다. 그런 구조에서 우리는 상충되는 경향을 보이게 된다. 한쪽의 긴장-해소 시스템이 해소되는 쪽으로 움직이면 다른 쪽의 긴장-해소 시스템은 더 심한 긴장을 향해 가는 것이다. 그리하여 두 번째 시스템의 긴장이 첫 번째의 것보다 더 높아지는 지점에 이르면, 구조는 두 번째 시스템의 해소를 향해 움직인다. 그러나 이것은 첫 번째 시스템의 긴장을 증대시키게 되며, 결국 이 구조는 긴장-해소 시스템의 경쟁으로 인해 진동으로 이어지게 된다. 이 경우에는 충돌이 구조에서 생겨나기 때문에 이를 '구조적 충돌'이라고 부른다.

구조적 충돌

구조적 충돌은 서로 경쟁하는 두 개의 단순한 긴장-해소 시스템에서 비롯된다. 우리는 배가 고프면(긴장) 자연스럽게 먹어서(해소) 이 긴장을 해소하는 경향을 보인다.

긴장 → **해소**
배고픔 → 음식 섭취

하지만 만약 본인이 꽤 과체중인 경우라면 바람직한 체중으로 만들기 위해 고안된 다이어트를 선택할 수도 있다. 말하자면 별도의 긴장 해소 시스템을 설정하는 것이다. 만약 과체중(긴장)이라면, 음식을 섭취하는 것이 아니라 긴장을 해소하기 위해 계획한 다른 행동을 취하는 것(해소)이 본인의 경향이 된다.

긴장 → **해소**
과체중 → 음식을 섭취하지 않음

'배고픔-음식 섭취'의 단순한 긴장-해소 시스템과 '과체중-음식을 섭취하지 않음'의 긴장-해소 시스템은 한데 묶여 있지만 서로 충돌하고 있다. 양쪽의 긴장을 동시에 해소할 수는 없다. 즉 먹으면서 먹지 않는 것이 동시에 이루어질 수 없다는 것이다.

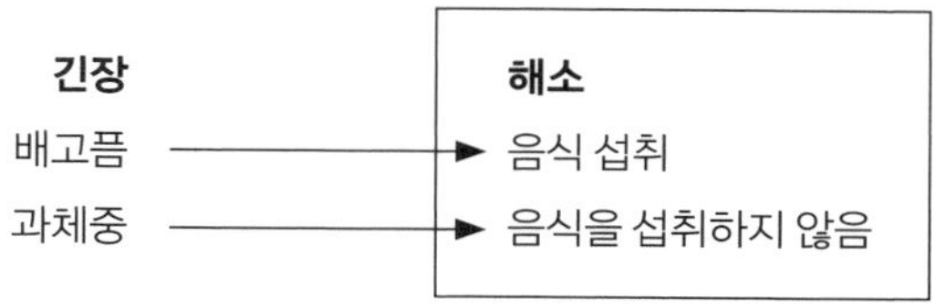

한 가지 시스템을 해결하려고 하면 다른 쪽을 거부해야 하므로 그 안의 긴장을 높이게 된다. 만약 음식을 먹지 않으면 배는 점점 더 고파질 것이고, '배고픔-음식 섭취' 시스템의 긴장이 증대된다는 것이다. 이 시스템에서 최소 저항의 경로는 먹는 것이다. 반면 음식을 먹으면 체중이 불어날 것이고 '과체중-음식을 섭취하지 않음' 시스템 내의 긴장을 높이는 결과가 된다. 그러면 그의 자연스러운 경향은 음식 조절이 된다. 그러나 그럴 경우 배는 더 고플 것이며, 그다음 수순은 '배고픔-음식 섭취' 시스템으로 되돌아가는 것이다.

이 단순한 두 가지 긴장-해소 시스템은 복잡한 관계를 형성한다. 무엇보다 해소의 두 가지 포인트가 동시에 존재할 수 없다는 것이다. 즉 먹으면서 먹지 않을 수는 없다.

게다가 이 두 가지 시스템에서의 긴장 해소는 연속적으로 이루어질 수도 없다. 한쪽의 긴장 증대를 해소하는 것이 다른 시스템의 긴장을 증대시키기 때문이다.

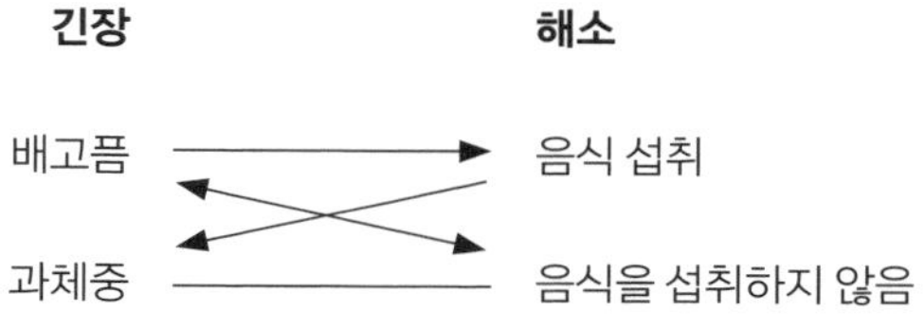

겉보기, 즉 '현상'의 수준에서는 많은 다이어터가 자신들이 궁극적으로 원하는 것, 즉 체중 감량을 성취하기 위한 행동을 취하는 것처럼 보인다. 그러나 '구조'의 수준에서 보면 그들의 행동은 구조적 충돌을 해소하기 위해 고안된 것에 불과하다. 따라서 구조가 작동하는 한, 일시적으로 체중을 줄일 수 있을지는 몰라도 최소 저항의 경로가 결국 그들을 빠진 살이 다시 찌는 지점으로 데려가고야 만다. 또한 그들이 다시 과체중이 되면 최소 저항의 경로는 또다시 다이어트로 되돌아갈 것이다.

구조적인 충돌을 흔히 볼 수 있는 또 다른 사례들은 연구 개발, 새 공장 건설, 새로운 시장 개척에 투자해야 하는 수많은 대기업에서 발생한다. 이러한 투자는 장기적인 성장을 바라보고 하는 것이다. 기업이 이런 유형의 투자에 돈을 쓸 때는, 처음에는 수익이 낮지만 최종적으로는 더 높은 수익으로 연결될 것을 기대한다. 그러나 당장의 효과는 정반대이다.

긴장		**해소**
기업의 재투자	——→	낮은 기업 이익

기업의 투자 자본은 높은 투자 자본 수익률(ROI, Return On Investment)을 바라며 주식을 산 주주들에게서 나오는 것이다. 기업의 입장에서는 역량을 확장하여 장기적인 고수익의 창출을 기하는 것이겠지만 당장의 결과는 주주들의 투자 수익이 감소하는 것이다.

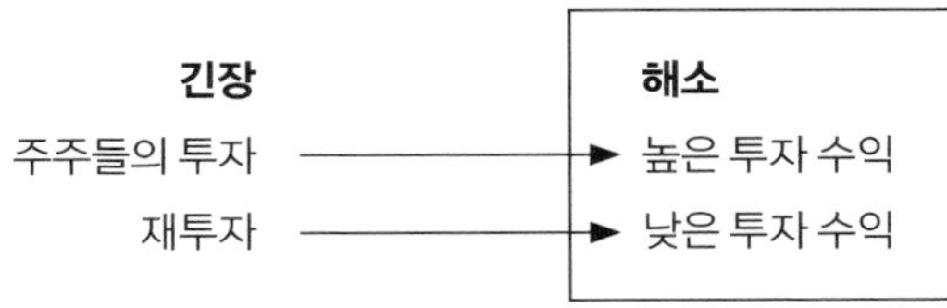

이제 다시 진동이 시작된다. 처음에 투자자들은 ROI 투자의 일환으로 그 회사의 주식을 산다. 자금이 회사로 투입된다. 자금이 장기적 성장에 투자된다. 수익이 감소된다. 그 주식에 매력을 느끼는 투자자가 적어진다. 자본 재구성을 위한 여유 자금이 줄어든다. 회사는 새 자본을 조달하는 방향으로 초점을 돌린다. 회사는 투자자들을 유인하기 위해 재투자를 축소하며, 이를 통해 높아진 수익성을 보여 줄 수 있게 된다.

실제로 이 진동 패턴은 많은 다국적 기업으로 하여금 효과적인 장기 계획을 세우기 어렵게 만들었다. 적대적 인수 합병, 연구 개발의 지연, 구조적 충돌에 놓여 있지 않은 회사들과의 경쟁 등이 수많은 기업에서 현실로 드러났다.

현상

이 구조에는 행동을 지시하는 하나의 긴장-해소 시스템에서 행동을 지시하는 또 다른 긴장-해소 시스템으로의 이동이 있다. 이것을 '지배력의 이동'이라고 한다. 지배력의 이동은 진동의 양상을 형성한다. 이때 작용하는 힘들은 명백히 드러나지 않을 수 있다. 그래서 간혹 다이어트 중에 왜 평소보다 유독 쉽게 느껴지는 때가 있는지 의아해하는 경우도 생기는 것이다. 구조적 충돌이 행동을 몰아붙이는 것을 몰랐다면 정확히 무슨 일이 진행되는지 혼란스러울 수밖에 없다. 현상의 수준에서 다이어터는 체중 감량을 위해 노력하고, 식습관을 제어하기 위해 노력하지만 결국은 실패한다. 무엇이 문제일까? 자제력이 너무 부족하고, 자기 훈련이 충분치 않으며, 정서적 콤플렉스에 자기혐오, 자기 파괴적 성향을 가져서? 의지력 빈곤, 결단력 결핍, 성생활의 불만족, 경제적인 것들이 문제였던 걸까?

그렇지 않다. 작동 중인 구조가 진동으로 이어진 것일 뿐이다. 그럴 수밖에 없다. 구조적 충돌을 해소해 보려는 행동들은 작용의 현상에 근거하는 경우가 많기 때문이다. '성공적인' 다이어트에 실패하는 것도 그런 예이다. 자신이 진동 구조에 있다는 것을 인식하지 못한 채로 어떤 행동을 취하든지 그 행동은 오로지 근본 구조를 강화하게 할 뿐이며, 최종적으로는 무기력의 경험만 하게 된다는 것이다.

다이어트가 성공하지 못하는 이유 중 하나는 식단 조절을 하는 행동 자체가 단지 작동 중인 구조적 경향을 이겨 내기 위해 고안된 전략에 지나지 않기 때문이다. 그러나 실제로 일어나는 일은 다이어트 전략에 의해 구조의 한 부분이 조작되거나 당겨지면 다른 시스템(배고파서 먹고 싶어하는 욕구)의 지배력이 증대되어 이를 상쇄하는 것이다. 즉 구조의 한 부분에 압력을 가하면 나머지 부분은 뒤로 밀쳐지는 것인데, 시스템 역학에서는 이것을 '보상 피드백'이라고 한다.

고전적 충돌 구조

구조적 충돌이 흔한 것은 모든 사람의 삶이 두 경쟁적인 긴장-해소 시스템으로 구성되어 있기 때문이다. 하나는 욕구에 기초한 것이며, 다른 하나는 자신이 스스로의 욕구를 충족시킬 수 없다는 양립할 수 없는 지배적인 믿음에 바탕을 둔 것이다.

이것은 직감적으로 이해가 안 되는 이야기일 수 있다. 애초에 왜 우리는 원하는 것을 가질 수 없다는 믿음을 갖게 된 걸까? 그건 물질계에 존재하는 일정한 한계 때문이다. 우리는 자라면서 그런 한계들에 대해 배우게 된다. 그중에서도 일부 한계들은 실제로 불가능한 것들로 구성되기도 한다. 시간을 예로 들면, 시간은 오로지 한 방향으로만 움직인다. 앞으로만 나아가는 것이다. 시간은 결코 거꾸로 가는 법이 없다. 우리가 젊어지고 더 젊어져서 결국 어머니의 자궁 속으로 되돌아 들어가는 일은 없다. 물질계가 지닌 본성의 일부인 이 불가능성을 우리는 숙지해야 한다. 누구든 이러한 시간의 본질을 몰랐다면 세계와의 타협이 쉽지 않았을 것이다. 시간을 되돌리고 싶을 수 있고, 그런 욕망 자체는 우주의 본성과 일치하는 것일 수도 있겠지만 이 욕망을 이루는 것은 우주의 본성에 어긋나며, 따라서 불가능하다는 것이다.

물질계의 또 다른 한계는, 모든 것에 시작이 있으면 결국 끝이 있다는 것이다. 이것은 천체와 사람 모두에게 해당되는 이야기다. 우리 각자의 삶 역시 그러하다. 물리적 우주에는 생사의 순환과 같은 불가항력의 양상을 띠는 일들이 있는 것이다. 한 번 태어난 세상 만물은 결국 죽음을 피할 수 없다.

어린 시절 우리는 우리의 한계가 무엇인지 배운다. 아이들이 생존에 꼭 필요한 한계들에 대해 가르침을 받는 것은 당연한 일로 여겨진다. 문제는 이러한 학습이 너무 자주 일반화된다는 것이다. 우리는 끊임없이 이것을 가질 수 없다거나 저것을 할 수 없다는 말을 들으며, 급기야 스스로 원하는 것을 가지는 일에 우리가 아예 무능한 것이 아닐까 하는 짐작을 하게 되기도 한다. 또 어쩌다가 가까스로 원하는 것을 얻게 되어도 그걸 노력의 결과로 보지 않기도 한다. 심지어 우리는 무언가를 이루는 데 실패했을 때 그런 실패 경험을 '나는 그걸 이룰 수 없어' 또는 '나는 그럴 자격이 없어'라는 식으로 받아들이도록 내버려 둔다. 이런 추정은 검증되지 않은 채 우리 삶 전반을 관통하는, 보이지 않는 방침이 될 수 있다.

필연성의 내부에는 필연적이지 않은 일들이 있다.

비록 시간이 오로지 앞으로만 간다고 해도 그 움직임 안에서 벌어질 수 있는 많은 일은 고정된 것이 아니며 결정되어 있는 것도 아니다. 우리의 선택들, 우리의 창조물들, 우리 삶의 환경들 중 많은 것은 예정되어 있지 않다. 우리가 하는 선택 중에도 더 나은 선택이 있을 수 있고, 그 중에는 대단히 중요한 선택도 있다. 창조 프로세스에는 자신에게 유리한 결과로 이끄는 선택을 할 수 있는 방법을 배우는 것도 포함되어 있다. 창조를 위해 취하는 행동은 필연적이지 않고, 고정되어 있지 않으며, 개방적인 영역에 속해 있다. 즉 우리의 행동에 따라 달라진다는 것이다.

욕망하는 것 역시 우리의 구조적 경향이다. 우리는 숨쉬기를 욕망한다. 우리는 온기와 자양분을 욕망한다. 사는 것 자체가 욕망이다. 또한 우리는 단순한 인간적 필요 이상의 것들을 욕망한다. 건설하고, 탐험하며,

개발하고, 창조하기를 욕망한다.

사람들은 자신에게 가장 중요한 것을 창조하고 싶어 하면서도 원하는 것을 가질 수는 없다고 깊이 믿는다. 이 대단히 인간적인 딜레마는 사실 구조적 충돌이다.

욕망은 긴장을 만들어 내며, 이 긴장은 원하는 것을 가지는 것으로 해소된다.

긴장		**해소**
욕망	→	욕망의 결과물을 소유함

원하는 것을 가질 수 없다는 믿음 역시 긴장을 만들어 내며, 이 긴장은 원하는 것을 가지지 않음으로써 해소된다.

긴장		**해소**
믿음	→	욕망의 결과물을 소유하지 않음

이 두 가지 긴장-해소 시스템은 함께 구조적 충돌을 만들어 낸다. 해소의 두 요점이 상호 배타적이기 때문이다.

긴장		**해소**
욕망	→	욕망의 결과물을 소유함
믿음	→	욕망의 결과물을 소유하지 않음

이 구조가 시간이 지남에 따라 어떤 식으로 작동하는지 상상을 통해 유추해 보자. 자신이 방에 있다고 상상해 보라. 당신은 방의 앞쪽 벽과 뒤

쪽 벽 사이의 중간쯤에 있다. 당신이 욕망하는 결과가 앞쪽 벽에 쓰여 있다. 앞쪽 벽으로 다가갈수록 당신은 원하는 것을 향해 움직여 가고 있다.

뒤쪽 벽에는 '나는 원하는 것을 가질 수 없다'는 믿음이 쓰여 있다. 당신이 뒤쪽 벽을 향해 점점 다가갈수록 원하는 것에서 점점 멀어진다.

당신의 허리에는 커다란 고무줄 두 개가 둘러져 있다. 고무줄 하나는 허리에서부터 앞쪽의 벽까지 늘여져 있다. 이것은 '욕망'의 긴장-해소 시스템을 나타낸다.

두 번째 고무줄은 허리에서부터 뒤쪽 벽까지 늘여져 있으며, 이것은 '원하는 것을 가질 수 없다'는 믿음의 긴장-해소 시스템을 나타낸다.

자, 이제 당신이 원하는 것을 가지는 방향으로 움직이기 시작하면 어떤 일이 벌어질지 상상해 보자. 앞쪽 벽으로 다가갈수록 고무줄은 어떻게 될까? 당연히 앞쪽 고무줄은 느슨해지고 동시에 뒤쪽 고무줄은 더 당겨질 것이다. 그런 식으로 앞쪽 벽을 향해 더 나아갔다고 하자. 이제 당신은 어디로 가는 것이 가장 쉬울까? 긴장이 더 커지는 곳은 어디일까? 최소 저항의 경로는 어디로 이어질까?

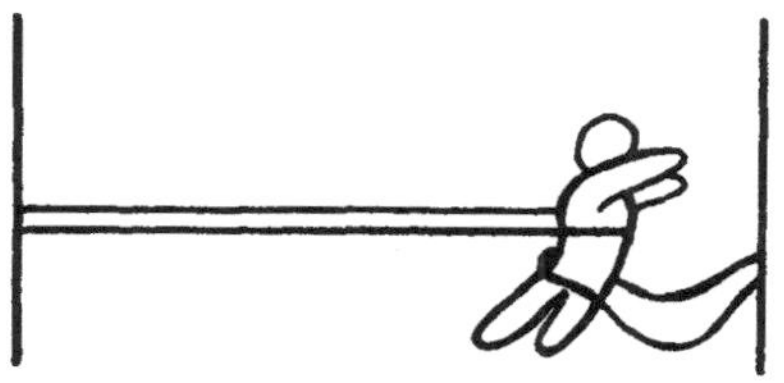

당연히, 최소 저항의 경로는 뒤쪽 벽을 향해 간다. 원하는 것을 창조하는 방향으로 나아가면 그걸 창조하는 다음 단계를 밟기가 점점 더 어려워지며, 벽에 도달하여 결과를 창조해 냈다 해도 그 결과를 지키기는 더욱더 어려워진다. 반면에 설 자리를 잃고 원하는 것을 가지지 못하는 쪽으로 후퇴하는 것은 점점 더 쉬워진다. 자연에서 에너지는 가장 가기 쉬운 곳으로 움직이며 우리 역시 자연의 일부다. 따라서 어떻게 해서든, 늦건 빠르건 당신은 반대쪽으로 되돌아가게 될 것이다. 그건 깊이 자리한 자기 파괴적 충동 때문이거나 사실은 실패를 원하고 있어서였다거나 그런 이유가 아니라, 작용하고 있는 구조에 의해 만들어진 최소 저항의 경로로 움직이는 것일 뿐이다.

이제, 뒤쪽 벽을 향해 움직이면서 긴장을 해소하기 시작하면 어떤 일이 일어날지 상상해 보자. 원하는 결과에서 멀어지면 지배력도 이동한다. 가장 팽팽했던 고무줄은 이제 느슨해지지만 느슨해졌던 고무줄은 긴장을 높이고 있다.

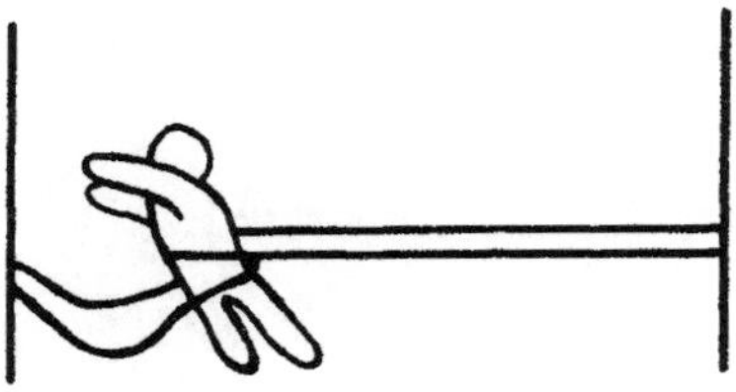

이제 분명 최소 저항의 경로는 앞쪽 벽, 즉 욕망하는 결과를 향해 되돌아간다. 시간이 흐르면 당신은 왔다 갔다, 우왕좌왕을 계속하면서 처음에는 한쪽 벽을 향해, 다음에는 반대쪽 벽을 향해 최소 저항의 경로를 바꿀 것이다. 이러한 경로 변경은 몇 분 만에 이루어지기도 하고, 몇 년이 걸리기도 한다.

대부분의 경우 진동은 상당히 오랜 기간에 걸쳐 일어나므로 처음에는 현상을 관찰하기가 어려울 수 있다.

결국 어떤 행동을 취하는가 하는 것은 사람마다 다를 수 있지만 이 구조에 있는 사람은 누구나, 그의 욕망이 무엇이건 상관없이 완전히 똑같은 방식으로 처신하게 된다. 욕망은 얼마든지 다른 욕망으로 교체될 수 있지만, 진동을 겪게 될 것이라는 사실은 변하지 않는다는 것이다.

구조적 충돌의 해결

얼핏 보기에는 긴장-해소 시스템의 두 구성 요소 중 어느 하나를 깨뜨려서 구조적 충돌을 '해결'하면 될 것같이 느껴질지도 모른다. 그러기 위한 많은 방법이 있겠지만 대표적인 '해법'은 '나는 원하는 것을 가질 수 없어'라고 하는 지배적 신념을 '나는 원하는 것을 가질 수 있어'로 바꿔 보겠다는 것이다. 그러나 신념을 바꾸고자 하는 수많은 방법을 동원해도 '이 구조에서는 모두 다 실패다.' 기껏 새로운 '긍정적' 신념, 즉 '나는 원하는 것을 가질 수 있다'(혹은 이 말을 조금씩 변형한 것들)를 앞쪽 벽에 새겨 넣으면, 변화된 신념이 새로운 욕망이 되고, 이 새로운 신념을 점차 받아들일수록(앞쪽 벽을 향해 움직여 갈수록) '원하는 것을 가질 수 없음'이라고 하는 긴장-해소 시스템이 지배력을 가지게 되기 때문이다. 아이러니하게도 아무리 절실해도 또는 스스로를 세뇌하기 위해 무진 애를 써도 원하는 것을 가질 수 있다고 믿는 것보다 원하는 것을 가질 수 없다고 믿기가 점점 더 쉬워지는 것이다.

구조적 충돌에 대한 또 다른 분명한 '해법'은 욕망을 포기하는 것이다. 이것은 주로 '욕망에 집착하기 때문에 고통스러운 것이다. 욕망을 포기하면 고통도 사라진다'는 동양 철학에 대한 오해에서 비롯된다.

그러나 실제로는 모든 욕망을 포기하려 들면, 욕망의 포기가 새로운 욕망이 된다. '무욕'에 더 다가갈수록 실패의 구조적 경향은 심해진다. '욕망'을 덜 가질수록 욕망을 가지게 되기가 더 쉽다. 그뿐만 아니라 '욕망의 포기'에는 '깨달음' 또는 '열반에 이르는 것' 또는 '현실의 덧없음' 등의 영적 목표들이 내포되어 있다. 이러한 목표들은 이 구조 내의 다른 목표들과 똑같은 작용을 한다. 여전히 '내가 원하는 것을 가질 수 없음'의 긴장-해소 시스템에 연결되어 있는 것이다.

욕망은 변화, 형성, 재형성의 경향성이다. '욕망의 포기'라는 생각 역시 또 다른 욕망이기 때문에 우리가 사는 우주의 본성과 일치한다. 우리가 사는 우주의 시공간에서는 절대로 이루어질 수 없는 욕망들이 더러 있다. 그것은 바로 '무욕'을 갖고자 하는 욕망이다. 욕망을 버리고 싶은 욕망을 갖는 것은 보편성과 일치하지만, 그것을 이루는 일은 우리 우주와는 맞지 않는다.

구조적 충돌은 해소될 수 있는 것이 아니다

구조적 충돌의 정의는 '상호 배타적인 해소 지점을 지닌 둘 이상의 긴장-해소 시스템들'이라 할 수 있다.

상호 배타적이기 때문에 이 해소 지점들은 동시에 해소되지 않으며 순차적으로 해소되지도 않는다. 구조적 충돌은 흔히 말하는 정서적 갈등과는 완전히 다른 수준에서 작동한다. 정서적 갈등은 기본적으로 감정의 수준에서 작동하며 걱정, 혼란스러움, 좌절 또는 한 사람을 사랑하면서 미워하는 것 같은 모순적인 정서 등의 형태로 경험하는 것들이다. 이에 반해 구조적 충돌은 더 깊은 삶의 지향성의 수준에서 작동한다. 그래서 앞서의 감정들은 물론 더 넓은 범위의 정서들까지 불러일으킬 수 있다. 내적 평화, 후련함, 휘몰아치는 기쁨에서부터 무관심, 중압감, 우울, 크나큰 슬픔에 이르기까지. 정서는 흔히 자신이 처한 구조에서 생성된다. 그럴 때 원치 않는 정서를 회피하기 위해 또는 원하는 정서를 북돋우기 위해 우리가 취하는 행동들은 정작 원인이라 할 구조를 바꾸는 데 아무런 도움이 되지 않는다. 따라서 그런 행동들로 성공할 수는 없다.

또한 우리는 구조적 충돌을 해소하기 위한 시도로 구조적 경향성을 발휘하기도 한다. 구조적 충돌이 해소되지는 않는다 해도 노력을 계속하는 것은 자연스러운 일이다. 계획한 것들이 늘 성취되지는 않는 법이기는 하지만 말이다.

항공술의 발달 초기에는 온갖 비행기가 고안되었지만 죄다 땅에서 한 뼘도 날아오르지 못했다. 아마 옛날 뉴스 영상들을 보았다면 겹겹으로 된 날개를 잔뜩 달고 활주로를 날듯이 달리다가 이륙 직전에 부서지는 기계들의 모습이 떠오를 것이다. 개중에는 새를 흉내 내어 기계적으로 파닥거리는 날개가 달린 것들도 있었다. 그 광경을 구경하던 구경꾼들은 격렬하게 튕겨 오르다가 날개를 파닥거리며 활주로에 멈춰 지상에 못 박힌 듯 꼼짝도 않는 기계들을 보고 놀라지 않았다. 즐거워했을지는 몰라도.

그 비행기들은 날 수 있게 고안되었지만 설계의 구조적 구성에는 비행을 불가능하게 하는 무언가가 있었다.

사람들은 종종 엄청난 기대와 낙관을 품고 구조적 충돌의 영향을 피해 보려고 하지만, 대개는 크나큰 환멸만 따를 뿐이다. 구조적 충돌을 해소하기 위해 취하는 어떠한 행동도 한계 및 그에 따른 구조 그 자체를 경험하게 되는 결과를 강화할 뿐이다. 그런 속성이 구조에 내재되어 있기 때문이다.

이 충돌의 본질이 구조적이기 때문에 기저의 구조를 변화시킬 때만 실제적이며 지속적인 변화를 만들어 낼 수 있다. 그러나 이 구조 내에 있으면서 구조를 변화시키려고 노력하는 것은 아무런 효과가 없다. 구조가 작용하고 있을 때는, 충돌을 완화시켜 보려고 고안해 냈으나 아이러니하게도 충돌을 더욱 고착화하기만 하는 헛된 행동으로 최소 저항의 경로가 이어질 것이기 때문이다. 실제로 구조적 충돌을 겪는 경우에 구조가 최종적인 해소를 지원해 주지 못하는 점을 보상하는 전략을 개발하게 된다.

창조의 본질은 이와는 완전히 다른 구조를 생성한다. 그렇다고 해서 창조가 구조적 충돌의 해결책은 아니다. 창조의 구조는 독립적이며, 구조적 충돌과 무관하다. 또한 진동하지 않는다. 이제부터 우리는 창조 프로세스를 탐구해 나가기 시작하면서, 해소하면서도 창조를 뒷받침하는 구조들을 형성하는 법을 배우게 될 것이다.

그러나 창조 지향성의 구조를 탐구하려면 그 전에 사람들이 해소 불가능한 구조적 충돌을 해결하기 위한 시도로 이용하곤 하는 보상 전략들을 좀 더 철저히 검토할 필요가 있다. 이 전략들이 우리 삶에 너무 단단히 결부되어 있어서 그것들이 무엇이며, 왜 욕망하는 결과를 창조하는 데 부적절한지를 좀 더 이해할 필요가 있기 때문이다. 그러면 구조적 충돌의 진동 구조와 창조 프로세스의 중심인 해소 구조 간의 차이가 더 명확해질 것이다.

7장

보상 전략

앞서 논의했듯이, 구조적 충돌은 진동으로 이어질 뿐 최종적으로 욕망하는 결과로는 이어지지 않는다. 그렇다 보니 사람들은 구조의 부적절함에 대응하기 위한 보상 전략을 개발하려는 경향을 보이게 되었다. 이들 보상 전략은 어떤 식으로 개발되어 왔을까? 대개는 조금씩 발전되었다고 보면 된다. 너무 복잡미묘해서 실제로 자신이 개발한 보상 전략을 자신도 확실히 인식하지 못할 정도다.

예를 들어 차의 앞바퀴가 균형을 잃고 왼쪽으로 살짝 기울어져 있다고 가정해 보자. 이럴 때 직진을 하고 싶으면 오른쪽으로 핸들을 살짝 돌리는 것이 바로 보상 전략이다. 차가 조금씩 더 왼쪽으로 쏠리는 경향을 보이면 보상적 행동도 점차적으로 강화될 것이다. 심지어 많은 경우 자동차의 구조에 대한 보상으로 자신이 오른쪽으로 조금씩 핸들을 기울인다는 사실을 깨닫지 못하면서 그렇게 하기도 한다.

그러다가 어느 순간 바퀴가 균형을 이루어 나란해지면 오른쪽으로 핸들을 돌리는 보상 전략은 더 이상 쓸모가 없어지게 된다. 구조가 바뀌었기 때문에 더 이상 보상 조치를 취할 필요가 없는 것이다. 구조의 변화가 행위의 변화로 이어지는 것이다.

이와 똑같이, 우리가 진동하는 구조에서 해소되는 구조로 옮겨 가면 자동적으로 우리 행위에 있어서도 어느 정도의 변화가 생긴다.

따라서 행위의 원인이 되는 근본 구조를 먼저 변화시키지 않고 행위부터 변화시키려는 시도는 성공할 수 없다. 구조가 행위를 결정하는 것이지 그 반대가 아니기 때문이다.

어느 날 친구와 함께 차로 어딘가를 가고 있는데 당신이 핸들을 오른쪽으로 기울이는 경향이 있다는 것을 그가 눈여겨봤다고 가정해 보자. 그 친구가 휠 얼라인먼트에 대해 아무것도 모르는 상태라면 당신의 행위를 지적하며 그러지 말라고 행위 변화를 조언할 수도 있을 것이다. "오른쪽으로 핸들을 돌리면 안 되지. 똑바로 몰아 봐"라고.

당장은 친구의 충고를 받아들여 행동을 일시적으로 바꿀 수 있겠지만, 얼마 지나지 않아 당신의 행동은 도로에서 제대로 주행하기 위해 오른쪽으로 핸들을 기울이는 것으로 되돌아갈 것이다.

사실은 사람들이 서로에게 해 주는 조언의 대부분이 이처럼 별다른 효과가 없다. 원인이 되고 있는 근본 구조에 대해 아무런 고려 없이 보상 전략을 바꾸라고 하는 것이기 때문이다.

사람은 자신이 하는 행동에 대해 이유가 될 만한 이론을 만들어 내려 애쓰는 성향을 지니고 있다. 핸들을 오른쪽으로 기울이는 행동에 대한 그럴싸한 설명을 한번 만들어 내 보자.

"당신이 오른쪽으로 핸들을 기울이는 것은 좌뇌의 기능이 과도하게 발달된 탓입니다. 이성적인 부분이 강해서 직관의 측면이 발달하지 못한 것입니다. 명상과 식습관의 변화를 통해 감성적 본성에 집중하셔야 합니다. 곡물과 채소의 섭취를 많이 늘리세요. 이렇게 하셔야 높은 단백질 섭취와 균형을 이루어 음(陰)의 기운을 도울 수 있습니다."

구조적 충돌의 본질적인 '해소되지 않음'이라는 성질을 벌충하기 위해 고안된 주요 전략이 세 가지 있다. '허용 가능한 충돌의 영역에 머물기', '충돌 조종', '의지력 조종'이 그것이다.

구조적 충돌 속에 있을 때는 일시적으로 욕망에 가 닿을 수 있을지 몰라도 계속 붙잡고 있기는 더욱더 어려워진다. 대단한 사랑도 고통스러운 관계로 변하고, 환상적인 일자리의 기회는 실망으로 변하며, 사업상의 승리는 재앙이 되고 만다.

최소 저항의 경로는 욕망하는 결과를 향해 나아가다가 멀어져 버리기 때문에, 우리는 장차 가지게 될 욕망들을 다루기 위해 이 세 가지 전략 중 하나 이상을 개발할 가능성이 있다. 그러나 그것들 모두가 진정한 창조의 방해물이다. 어느 것을 택하든 현재의 구조적 충돌을 강화하며 진동으로 이끌 뿐이다. 그런데도 그것들은 모두 우리 사회 전반과 우리의 인생 전반에 걸쳐 널리 퍼져 있다.

허용 가능한 충돌의 영역에 머물기

가장 일반적인 전략은 구조적 충돌에 의해 발생하는 진동의 진폭을 최소화하려는 것이다. 충돌을 일으키는 구조는 나름의 목적을 지니고 있다. 그 목적이란 사람들이 짐작하는 것과는 달리 우리를 패배시키려는 것이 아니다. 어떤 사람들은 그것이 우리의 진정성을 시험에 들게 하고 시련을 겪도록 강요하려는 목적을 지녔다고 지레짐작하지만, 사실 그 구조는 우리와 무관하며 일절 상관하지 않는다. 구조의 목적은 순수하게 구조 자체의 구성에서 발생하는 것이다. 그것은 바로 평형이다. 앞 장에서 했던 고무줄과 벽에 대한 유추 게임을 적용하면, 구조의 목적은 두 고무줄에 동일한 양의 긴장을 부여하는 것이다. 진동은 구조물의 각 부분에서 긴장의 양에 차이가 있으면 발생한다.

두 고무줄 사이에는 양쪽의 긴장-해소 시스템이 정확하게 일치하는 지점이 있다. 그러나 긴장-해소 시스템 내의 본질적 움직임 때문에 긴장의 평형을 유지하는 것은 불가능하다. 때로는 욕망이 시스템에 차이를 일으키기도 하고, 때로는 자신이 원하는 것을 가질 수 없다는 믿음이 시스템에 차이를 일으키기도 한다.

한쪽의 긴장-해소 시스템이 다른 쪽과 비교해 차이가 크면 진동의 폭은 커진다. 만약 진동을 억제하는 것이 가능하기만 하다면 불편은 줄어들 것이다.

구조의 진동으로 인해 정서적 경험에도 진동이 생긴다. 더러 진동 폭이 넓으면 감정의 롤러코스터를 경험하기도 한다. 많은 사람이 감정의 시소 위에 놓여 있는 것을 좋아하지 않기 때문에, 진동을 최소화하는 전략을 채택한다. 시스템 때문에 생기는 감정을 쉽게 견딜 수 있는 영역 내에만 머무는 것이다. 이러한 허용 가능한 충돌의 영역 내에서는 진동 패턴은 계속 발생하지만 진폭은 감소한다.

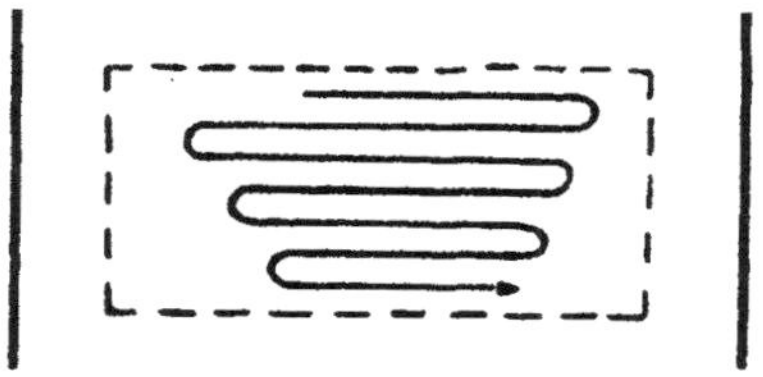

우리 주변에는 계속 '덮어 두고 살겠다'는 태도를 지닌 사람들이 꼭 있다. '고만고만한 수준을 유지'하려는 사람들도 있다. 1950년대에는 전 세대가 '소란 피우지 말라'는 메시지를 들으며 자랐다. 그 결과 이 전략을 발전시켜 가며 살아온 사람들은 변화를 회피하며 살아간다. 이 사람들은 도전에 맞닥뜨렸을 때, 일어날 수 있는 어떠한 충돌의 경험도 우회하여 무조건 변화를 최소화하려 한다.

시스템 내에서 방향 전환이 일어날 지점을 결정하는 것은 무엇일까? 그건 사람마다 다르다. 불편함을 참아낼 수 있는 정도가 사람마다 다르기 때문이다. 따라서 누군가가 방향을 전환하는 지점은 그 사람이 지닌 허용 가능한 충돌 영역의 외부 한계를 나타낸다. 그 영역 밖으로 단 한 발자국만 벗어나도 그는 눈에 띄게 불편해하게 된다. 그래서인지 허용의 외부 한계에 도달하지 않았는데도 변화가 실제로 발생하는 경우도 꽤 많다.

이 전략에서 나타나는 행위들은 열망을 제한하고 손실을 최소화하는 방안으로 고안된 것들이다. 공교육, 정부 관료, 기업 등을 포함한 대부분의 기관과 단체가 이 전략을 독려하고 있다. 조직이 클수록 이 전략이 표준이 될 가능성도 커진다. 이 전략을 채택한 조직에 들어가면 '평지풍파를 일으키지 말라'는 메시지를 은연중에 혹은 노골적으로 전달받는다.

이 조직들이 그러는 것은 의식적으로 혹은 악의적으로 창의성과 열망을 좌절시키기 위해 일부러 계획을 짜서 하는 것이 아니다. 그냥 그렇게 되는 것이다. 구조적 충돌이 허용 가능한 영역을 유지하는 전략을 야기하므로 '현실적'인 것만 손에 넣고 나머지는 위험을 최소화하는 식의 행위를 하게 되는 것일 뿐이다. 이들은 창조력과 더 큰 성취를 포기하는 대신 예측 가능성과 확실성을 높이 평가한다.

이 전략은 큰 조직뿐 아니라 개인 생활에서도 대단히 폭넓게 발견된다. 위험을 최소화하고, 열망을 자제하며, 대다수가 따르는 평범함에 맞춰 살도록 학습되어 온 사람들에게서 말이다. 이것이 바로 사회적으로 장려되는 생활 방식이기 때문이다. 때때로 이들에게 인생은 냉장고에 있는 식품과 같은 것일 수 있다. 갖다 버리기에는 아직 유통기한이 남았고, 그렇다고 먹기에 좋지도 않다.

충돌 조종

구조적 충돌이 근본적으로 해소 가망이 없자, 사람들은 실제로 자신이 원하는 것의 편에 서는 행동을 점점 더 줄여 가는 쪽으로 기울게 되었다.

그 결과 사람들은 '오로지' 압력이 있을 때만 행동을 취하게 되었으며, 스스로도 그 점을 알게 되었다. 사람들이 뒤이어 개발한 전략은 자신에게 가해지는 압박을 강화함으로써 스스로를 행동에 동원하는 것이었다. 또한 이 전략은 다른 사람들에게도 마찬가지로 적용되었다. 이 전략에서는 행동을 취하지 않을 경우 뒤따를 부정적인 결과에 대한 비전을 제시함으로써 자신이나 다른 누군가가 행동을 취하도록 '동기부여'를 하려 든다.

충돌 조종은 반드시 아래의 두 단계를 밟는다.

1. 충돌의 심화: 행동을 취하지 않을 경우 발생할 수 있는 '부정적인 비전' 혹은 원치 않는 결과를 제시하는 것이 일반적이다.

2. 압력을 감소시키도록 고안된 행동 조치: 원치 않는 결과가 일어나지 않도록 막는 것이 일반적이다.

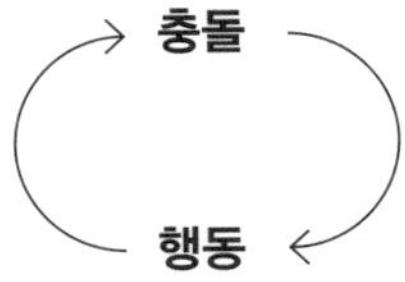

이 전략을 채택하는 이들은 자신이 원하는 것을 창조하기 위해서는 행동하지 않는다. 그들은 부정적인 결과의 비전에 의해 인위적으로 만들어진 압력을 줄이기 위해서만 행동을 취한다.

기업은 위협적인 경쟁자로 인해 시장 점유율의 잠재적 손실을 입지 않으려고 새로운 프로그램을 시작하며, 종업원은 지속적인 고용에 제동이 걸릴 수 있는 직무수행 평가 이후에 활력적인 모습을 보일 수 있다. 흡연자는 흡연과 폐암을 연관 짓는 최근의 통계를 듣고 나서 담배를 끊기로 결정할 수도 있다.

충돌 구조 내에서 충돌 조종은 일차적으로 부정적인 결과의 비전을 향해 그리고 허용 가능한 영역의 바깥을 향해 움직임을 생성한다.

충돌의 내부 경험이 임계점으로 치닫는 동안 이 방향으로의 움직임은 계속된다. 걱정이 증가하고, 우려가 격화되며, 재앙이 임박해 보인다. 현재 존재하는 문제들과 행동을 하지 않았을 때 발생할 수 있는 잠재적인 문제들에 초점이 맞춰진다. 구조적으로 긴장-해소 시스템은 점점 더 지배적이 되어 간다.

그러고 나면 구조는 이에 대한 보상 작용으로, 당사자를 반대 방향으로 밀어내어 욕망하는 것을 향해 행동하게 한다.

이 지점에서는 충돌 조종이 효과가 있는 것처럼 보인다. 욕망하는 방

향으로 행동하기도 했거니와 단기적인 결과를 만들어 내는 것도 성공적이다. 구조의 지배력이 변화되었다. 욕망하는 결과를 향한 움직임이 계속되면서 긴장-해소 시스템은 긴장을 누그러뜨린다. 그러나 다음 순간, '나는 원하는 것을 가질 수 없다'라고 하는 긴장-해소 시스템이 긴장을 증대시킨다. 곧이어 최소 저항의 경로는 욕망하는 결과에서 멀어진다.

애초에 압력을 이용해 스스로를 행동하게끔 밀어붙였던 사람은 다음 단계로 압력을 줄이기 위한 행동을 취한다. 이 행동이 성공할수록 압력의 부담은 줄어든다. 또한 압박감이 적으면 행동을 향한 동기부여도 줄어든다. 시간이 흐르면 진동에서의 극심한 움직임이 줄어든다. 행동이 무효화된다. 움직임은 허용 가능한 충돌의 영역으로 되돌아간다.

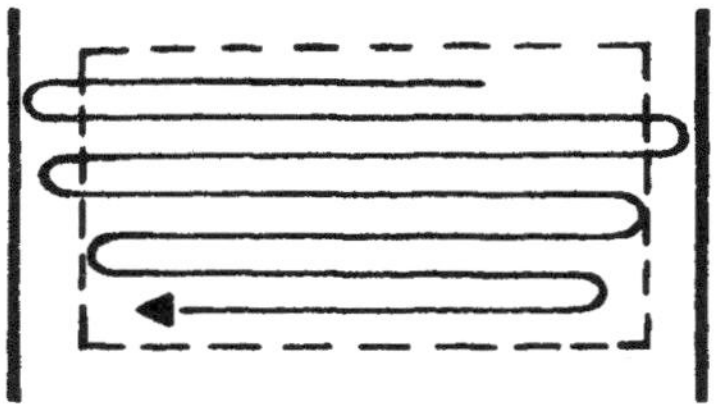

이 전략의 장기적인 효과는 두 가지 방법으로 무력감에 관한 전반적인 경험을 강화하는 것으로 나타난다. 첫째, 피하고 싶어 하는 환경 속에 힘이 상주한다는 사실을 강조하며 둘째, '최선의 노력'에도 불구하고 지속적인 성과는 아무것도 거두지 못했다는 사실을 확인해 준다.

누군가가 만성적인 근심 증세를 보이면, 그는 충돌 조종 전략을 쓰는 것이다. 스스로의 걱정 때문에 내몰리는 사람도 충돌 조종을 이용하는 것이며, 자신의 부정적인 정서에 반응하는 것 역시 충돌 조종을 이용하는 것이다.

3장의 문제 해결에 관한 내용에서 보았듯이, 문제의 긴장을 덜기 위해 취하는 행동들은 긴장을 감소시키기는 하지만 결국 미래의 행동을 위축시킨다. 이런 식의 문제 해결 역시 충돌 조종의 한 사례이다.

언젠가 '평화 창조(Creating Peace)'라는 제목의 회의에서 연설을 한 적이 있다. '사회적 책임을 위한 의사회(Physicians for Social Responsibility)'의 설립자인 헬렌 칼디코트(Helen Caldicott)도 연사 중 한 명이었다. 그 날 그녀가 연설하는 것을 처음으로 들었는데, 그녀는 회의장을 공포와 파멸, 트라우마의 분위기로 몰아가는 데 대단히 유능한 사람이었다. 그녀는 핵폭탄이 떨어지고 나면 사람들의 피부가 어떻게 변하는지를 노골적으로 설명했다. 또한 홀로코스트, 기아, 방사능 중독, 지구 대기의 변화 그리고 행성 최후의 파괴도 선명하게 묘사했다. 그녀가 단조로운 호주식 억양으로 말을 이어 가자 어느 순간부터 사람들이 울기 시작했다. 회의장이 뜨거워졌다. 두려움 그리고 더 큰 두려움이 뿌리를 내렸다. 그녀의 연설이 끝날 때쯤에는 청중들은 당장이라도 뛰쳐나가 행동을 개시할 준비가 되어 있었다. 이 행사는 임박한 핵전쟁의 무모함에 대항해 '분별'을 요구하기 위해 계획된 것이었으나, 결국은 무분별에 대적하는 '무분별'로 끝이 났다. 끔찍한 상상이 강렬할수록 이 사람들은 더 무력감을 느꼈다.

정서의 인위적 조장은 새로운 것이 아니다. 사람들을 끌어 모아 행동하게 만드는 방법으로 늘 사용되어 온 조종 방법 중 하나다. 헬렌 칼디코트가 최악의 선동 정치가들이 수 세기 동안 써 온 방법과 똑같은 충돌 조종을 이용한 것이라 해도 그녀의 진정성을 의심하는 것은 아니다. 그러나 이 방법이 '사회적 책임'에 헌신하는 사람들에게 더 큰 공포와 무력감을 안겨 준 것은 사실이다. 시간이 지날수록 그들의 행동은 위축될 것이다.

핵무기의 공포는 실재한다. 이것에 대해 눈을 닫아야 하나? 그렇지 않다. 그러나 안전해야 할 세상에 어떻게 하여 공포가 더해진 것일까? 애초에 왜 이런 무기들이 존재하게 된 걸까? 그건 철의 장막 양쪽의 군대가 똑같이 충돌 조종의 전략을 써 왔기 때문이다. 그들은 공히 상대편이 장악한 세상이 얼마나 공포스러울지를 보여 주는 것으로 충돌을 증대시키려 한다. 화력에서 우위를 차지한 적이 세력을 장악해 버리면 그 상황이 얼마나 끔찍할지에 대한 비전을 만들어 냄으로써 군비 정책에 자금을 대는 것이다. 이 사람들에게는 이 공포가 헬렌 칼디코트가 보여 주는 공포에 버금가게 리얼하다. 종류만 다른 공포일 뿐이다. 그들이 취하는 행동은 더 많은 무기력함과 더 많은 폭탄으로 이어진다.

이런 식의 사고방식이 늘어나면 세상을 구원할 수 있을까? 핵 반대파와 핵을 통한 발전을 지지하는 사람들 사이에 정말로 구조나 형태, 패턴의 차이가 있을까?

충돌 조종의 기간이 수년 동안 이어지고 나면, 이 전략을 이용하는 사람들은 대개 점점 더 기운이 떨어지고, 행동할 여력 또한 감퇴한다. 이 충돌이 구동력의 역할을 할 때 이를 줄이기 위해 취해진 행동들은 결코 장기적인 창조를 만들어 나갈 수가 없다. 만약 우리가 충돌을 기반으로 하여 문명의 미래를 건설하려고 하면, 결국 오늘날 우리가 가진 많은 안 좋은 것이 그대로 이어질 것이다.

충돌이 극단적일수록 행동도 극단적으로 된다. 테러리스트는 충돌 조종을 극단적으로 행하는 사람이다. 테러에 기반하여 가능한 한 많은 충돌을 일으킴으로써 다른 사람들로 하여금 테러리스트 자신이 원하는 행동을 하게끔 하는 것이다. 테러는 대개 고귀한 가치를 내걸고 자행된다.

그렇다 보니 극단적 충돌은 어머니가 자녀를 많이 낳아서 그들이 '대의'를 위해 죽을 수 있게 하는 등 인간적 본성에 반하는 행위까지 이끌어내기도 한다. 모성에 의한 잉태의 본질은 자녀를 살게 하는 것이지 죽게 하는 것이 아니다. 그러나 그 자연적 본성마저 높이 치솟은 충돌에 질 수도 있는 것이다. 이 비극적인 패턴은 현대 세계사의 많은 페이지를 장식하고 있다.

어떤 집단들은 명예로운 대의명분으로 출발했다가 충돌 조종으로 타락하기도 한다. 그린피스가 최근 몇 년 사이에 이 전략을 채용한 사례이다. 비밀 영업 활동, 사보타주, 극단적 선전 등의 혐의점들이 한때 효율적이며 신뢰받던 이 조직을 괴롭혔다. 그린피스가 자크 쿠스토(Jacques Cousteau: 1910~1997. 프랑스의 해양 탐험가-옮긴이)와 다른 세상에 살고 있는 걸까? 그가 만든 연구소에서도 환경에 관련된 똑같은 이슈들을 많이 다루지만 효과는 훨씬 크다. 쿠스토의 작업은 충돌에 기반하지 않고 지구의 아름다움에 대한 진정한 사랑을 기반으로 하기 때문이다.

많은 사람이 충돌 조종을 그 반대인 훌륭한 작업들과 섞어 버린다. 미래학자인 진 휴스턴(Jean Houston)은 《생명력: 자아의 역사심리학적 회복》을 쓰면서 충돌 조종에 빠져들었다.

> 너무나 많은 사람이 느끼는 현실감각 상실, 높아진 소외감의 물결 등 의식에 닥친 현재의 위기가 기술에 의한 행성의 생태 파괴와 더불어 생긴다는 것은 의미심장한 일이다. 우리는 음울한 자아를 질질 끌고 다니는 가죽 부대자루가 아니어야 한다는 자각 속으로 내몰리고 있지만, 그렇지 않

다. 인간은 오히려 생명의 많은 분야와 공생하는 유기체 환경(Organism-environment)이다.

이것은 생존을 위해 생태적, 기술적으로 약탈해 온 것들을 되돌려 놓는 것 외에는 달리 선택의 여지가 없는 인류 역사의 중대한 지점으로 우리를 데려간다. 또한 그것은 소비, 통제, 세력의 확장, 조종 같은 것들과는 다른 자각과 충족의 형태들, 인간 에너지의 형태들을 발견 또는 재발견해야 한다는 의미일 것이다. 호모 라보란스(Homo laborans: 일하는 인간-옮긴이) 또는 프로메테우스 같은 초월적 인간으로서의 역할에서 인간에게 당장 필수적이지 않은 모든 잠재력을 휴면 상태로 보관해 두었던 인류의 선반에서 이제 꺼내야 할 때다.

이 글은 충돌 조종과 뒤섞인 몇몇 흥미로운 생각의 사례라 할 수 있다. 환경과 의식 사이의 관계라니, 재미있다. 휴면 상태인 더 큰 잠재력의 발전이라니, 역시나 재미있다. 그러나 정작 휴스턴은 행동을 취하지 않으면 우리에게는 파멸뿐이라고 말한다. '인류 역사의 중대한 지점'이라는 말 속에 담긴 절박함, 위기, 약탈 등이 주는 어감은 충돌이다. 이 충돌을 줄이기 위해 고안된 행동은 '생태적, 기술적으로 약탈해 온 것들을 되돌려 놓는 것 외에는 달리 선택의 여지가 없다'는 것이다. 만약 그렇게 하지 못하면? 생존 불가능.

메시지는 명확하다. 옳은 일을 하든지, 아니면 망하든지. 이 글을 심각하게 받아들이는 사람들은 끔찍한 결과를 막는다는 명분하에 행동에 나서겠지만, 그 행동의 진짜 목적은 끔찍한 결과를 생각하는 것을 통해 충돌을 줄이는 일일 것이다. 비록 상황은 똑같이 유지되거나 심지어 더 악화될 수 있지만, 행동이 충돌의 경험을 일부 덜어 주기는 하니까. 그리하여 충돌이 줄어들면 행동도 줄어든다. 이것이 최소 저항의 경로다. 그다음은 구조가 조종을 벌충하는 것이다. 한쪽으로 극단적인 진동이 있다가 반대쪽으로 극단적인 진동이 이동하고, 시간이 흐르면 진동의 흔들림이 다시 줄어든다. 조종의 효과는 기껏해야 단기적이다.

로버트 프로스트가 이에 대해 대단히 적절한 표현을 썼다.

'나는 그 누구에게든 아는 것이 근심이 되게 해 본 적이 없다.'

이타주의에 입각해 앞날을 예견하는 선지적 입장의 많은 시도는 프로스트와 정확히 반대의 개념을 가지고 있다. '아는 것이 근심이 되게 하라'는 것이다. 이 접근법은 관심을 모을 수는 있어도 구동 중인 충돌의 세기가 아주 약간 증가했다가 다음 순간 감소하는 것으로 이어질 수 있을 뿐이다. 그러나 충돌의 세기가 오르락내리락한다고 해도 환경의 변화에는 아무런 영향이 없다. 충돌은 물론 그것들에 관련된 행동들도 새롭고 더 나은 세상을 창조하는 데 기여하지는 못한다.

그러면 무거운 죄책감은 어떨까? 더 나은 행동을 유도하기 위해 고안된 충돌로 죄책감을 이용하는 경우가 종종 있다. 심리학자인 롤로 메이(Rollo May)는 이렇게 썼다.

자신이 가진 독창적인 생각을 표현하지 않고, 자기 자신의 존재에 귀 기울이지 않는 것은 자신을 배반하는 것이다.

자신의 말을 듣지 않는 것이 배반이라고? 자신의 독창성을 표현하지 않았다고 해서 배반이라니. 우리가 지녔던 자유의지는 어디로 간 걸까? 자신을 표현하는 것을 의무로 여겨 거기에 묶여야 할 이유가 뭘까? '죄책감에 사로잡힌' 상태에서 자기 자신에게 얼마나 진실할 수 있을까? 이쯤 되면 선택이 아니라 강요라고 해야 하지 않을까 싶다.

비슷한 예로 헬렌 루크(Helen Luke)가 《여성, 지구와 정신》에 쓴 글을 보자.

> 우리가 삶을 독특한 방식으로 영위하는 일에 헌신하는 것은 오늘뿐 아니라 매일의 과제다. 그건 자기 계발 또는 세계와 사회의 구원을 위해 맡겨진 과업 같은 것이 아니다. 그저 우리가 자기 인생에 주어진 제각각의 가설에 충실하려면 달리 할 수 있는 일이 없기 때문이다.

다른 걸 할 수가 없어서 하는 것을 어떻게 헌신한다고 할 수가 있을까? 헌신은 선택이어야 하며 강요여서는 안 되지 않을까? 그러나 이런 식의 생각은 현 시대와 세대 사이에 만연하고 있다. 그만큼 진부한 이야기와 모토가 넘치는 시대에 우리가 살고 있는 것이다. 그런 이야기들 또는 모토들 중 많은 수가 사람들에게 행동을 종용하도록 설계된 것들이다.

실바노 아리에티(Silvano Arieti: 1914~1981. 조현병에 관한 최고 권위자로 평가받는 정신과 의사-옮긴이)는 저서인 《창조성》에서 이렇게 썼다.

> 창조성은 조건화된 반응뿐만 아니라 일상의 선택에 이르기까지 인간이 여러 구속에서 스스로를 해방시키는 주요 수단 중 하나다.

여기서 창조성은 조건반응과 일상적인 선택의 구속이 주는 충돌을 줄이기 위해 고안된 행동이다. 다시 말하지만 이 행동은 충돌을 다루기 위한 것이다. 창조의 개념을 치료의 방법으로 이용하려는 시도는 예전부터 있어 왔고, 아마도 다른 유형의 치료법 정도로는 유용할지도 모르겠다. 그러나 적어도, 일상의 선택과 조건화된 반응의 충돌을 물리치는 전략을 기반으로 해서는 가장 중요한 것을 창조하기는 어렵다.

인간의 성장에 관한 수많은 개념이 이런 종류의 충돌 조종으로 채워져 있다. 이것이 좋은 마케팅 기법인 것은 맞다. 고객이 될 가능성이 있는 사람들을 상대로 감지할 수 있는 필요를 창조하고, 긴박감을 조성하여, 다른 선택의 여지가 없는 것처럼 보이게 만드는 것. 그러나 충돌 조종은 성장으로는 이어지지 않고, 오로지 더 극심하게 진동하기만 하는 구조를 지니고 있다. 그리하여 진심을 다해 변화를 일으키려고 시도하는 많은 사람이 변하지도, 성장하지도 않는 경우가 종종 생기는 것이다. 충돌 조종의 구조는 변화를 북돋우지 않는다.

부정적 비전들: 두려움, 죄책감, 동정

충돌 조종은 사회, 정치, 종교 및 그 외의 수많은 커뮤니티에서 명분으로 내세워 홍보와 모금을 하는 대중적인 전략이 되었다. 두려움을 이용하느냐, 죄책감과 동정심을 이용하느냐가 다를 뿐 많은 단체가 똑같은 조종 공식을 썼다.

암에 대항하는 단체들은 암을 위협적으로 시각화하여 금연을 하게 한다거나 특정한 식품을 먹도록 사람들을 겁주려 한다.

심장 협회에서는 심근경색의 가능성으로 위협하여 사람들이 저콜레스테롤, 무염 식단을 따르게 만들려고 한다.

매일 라디오와 텔레비전에서는 수백 명의 전도사가 나와서 악의 비전을 홍보함으로써 겁을 주어 사람들을 선하게 만들겠다고 한다. 물론 선을 쌓는 것이 나쁠 일은 없어서 이 경우 더러 좋은 효과를 보기도 했다.

환경론자들은 산성비와 오염된 물에 대한 절박한 비전을 제시함으로써 사람들을 겁주어 환경 규제를 지지하도록 유도하고, 일부 기업과 정치 지도자들은 똑같은 전략을 이용하여 붕괴된 경제와 높은 실업률이 만연한 사태에 대한 절박함을 홍보함으로써 사람들을 겁주어 환경 규제의 완화를 지지하게 하려 한다.

'도덕적 다수(Moral majority: 주로 전통적인 도덕관을 주장하며 사회적으로 목소리를 높이는 대중 권력-옮긴이)'는 부도덕하고 비애국적인 공무원들의 실상을 홍보하면서 자신들이 미는 후보에 투표하도록 사람들을 겁주려 한다.

어떤 기아 구제 단체들은 죄책감과 동정의 감정을 이용하여 굶주리는 아이들의 모습을 홍보함으로써 기부를 얻어 내려 하고, 또 어떤 재난 구호 단체들은 고통받는 사람들의 모습을 내보여 지원을 얻으려 한다.

평등권 및 시민권 단체들은 종종 불의, 인종차별, 증오, 성차별, 편견의 여러 실상을 홍보하여 죄책감을 자극함으로써 사람들의 지지를 모은다.

멸종 위기종들을 보호하기 위해 조직된 단체들은 고래와 물개, 여러 야생동물을 학살하는 실상을 홍보함으로써 죄책감과 동정심의 결합을 유도하여 기금을 모으고 명분에 대한 지지를 얻는다.

정말로 아이러니한 것은, 충돌 조종을 이용하는 이들 각각의 단체가 홍보하는 비전은, 대부분의 경우 자신들이 정말로 이 행성에 창조된 모습을 보고 싶어 하는 것들의 정반대라는 것이다. 우리 시대의 비극 하나는 선의를 가진 사람들이 실제로는 일어나기를 원하지 않는 비전에 너무 많은 에너지를 쏟아붓는다는 것이다.

충돌 조종을 통한 습관의 파괴

파괴적인 습관들, 이를테면 과식, 술과 약물 남용, 도박, 흡연 등등을 바꾸려는 대중적 방법들은 주로 충돌 조종을 다양하게 변형한 것이다. 그러나 두 가지 기본 단계는 그대로 유지된다.

충돌 조종의 첫 번째 단계는 충돌을 심화시키거나 악화시키는 것이다. 나쁜 습관을 고치려고 할 때, 우선 깨뜨리려고 하는 나쁜 습관의 끔찍한 부정적인 결과를 마음에 떠올리는 단계이다.

2단계는 1단계에서 설정된 정서적 충돌을 줄이기 위해 할 수 있는 행동을 취하는 것이다. 습관을 버리려고 할 때 이 시점에서 취할 행동은 원치 않는 습관을 멈추거나 줄이는 것이다. 금주, 과식 중단, 약물 중단 등.

중독에 관한 많은 전문가가 알고 있듯이, 남용을 극복해 보려고 하는 첫 시도들은 대개 중독자가 원치 않는 습관으로 되돌아가는 것으로 끝난다. 이 전문가들도 모르고 있는 것은 그들이 충돌 조종을 이용하고 있으며, 충돌 조종은 구조 자체가 부적절하기 때문에 성공으로 이어질 수 없다는 것이다. 중독자가 2단계에서 습관을 일시적으로 중단하여 1단계에서 설정한 충돌을 줄인다 해도 최소 저항의 경로가 그들을 다시 원래의 습관으로 데려간다.

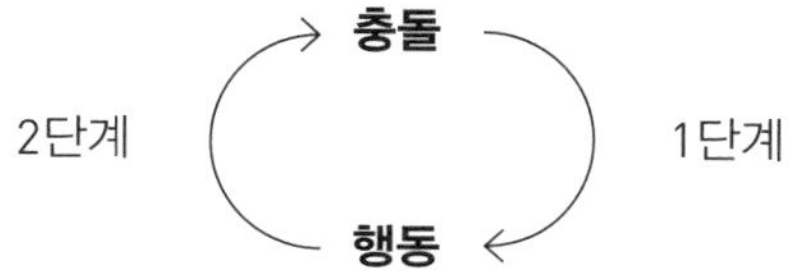

결국 충돌 조종을 이용하는 사람들 중에는 이러한 '실패들'에 대응하여, 다시는 충돌의 강도를 줄이지 않겠다는 전략으로 옮겨 가는 사람들이 꽤 있다. 그리하여 언제나 적용되는 것은 1단계다. 알코올 중독자들이 자기들끼리 계속해서 주고받는 말이 있다. 자신들은 언제까지나 알코올 중독자일 것이며, 몇 년 동안 술을 끊었든 상관없이 음주로 되돌아가는 건 순식간이라는 것이다. 이것은 과식을 중단하는 사람들을 돕기 위해 마련된 몇몇 프로그램에서도 마찬가지다. 참가자들은 계속해서, 자신들은 무력하고 제어가 되지 않으므로 어떻게 해서든 스스로를 주의 깊게 감시해야 한다고 자기 경고를 하게끔 훈련받는다. 그렇게 하지 않으면 과식하게 된다는 것이다.

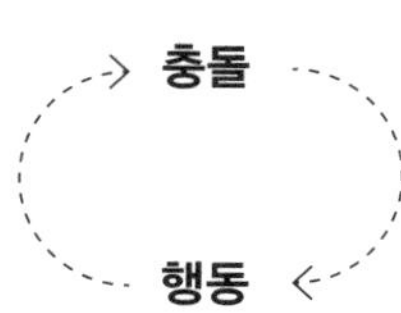

반동-순응 지향성에서는 인생의 힘이 환경에 있다고 생각한다. 마치 중독자들이 중독 상태로 있든지 끊임없이 충돌 조종에 관여하든지 둘 중에서만 선택해야 한다고 여기는 것과도 같다. 그들은 음주, 도박, 과식 등등에서 멀어지기 위해 계속해서 정서적 충돌을 악화시킨다.

만약 중독자들이 할 수 있는 선택이 이 둘뿐이라면 그중에서는 충돌 조종이 더 나은 선택일 수밖에 없다. 대부분의 중독자들은 육체적, 정서적 해로움을 직접 경험한 사람들이기 때문이다.

그러나 술을 마시건 마시지 않건, 약물을 쓰건 쓰지 않건, 과식을 하건 하지 않건 충돌 조종에 기반한 전략을 구사하는 한 중독자의 인생 기저에 자리한 기본 구조에서 진정한 변화는 일어나지 않는다. 애초에 중독자가 술을 마시거나 과식을 하거나 약물을 사용하거나 흡연을 하게 된 까닭은 무엇이었을까? 구조적으로 볼 때, 이 습관적인 행동들 자체는 중독자들이 깊은 상실, 슬픔, 두려움, 죄책감 등 인생에서 경험했던 다양한 종류의 정서적 충돌들을 줄여 보려는 시도이다. 그리고 이러한 중독적 습관을 타파하려는 전략은 해소하고자 하는 고통보다 더 지배적인 습관을 갖는 것에 대한 충돌을 만드는 것이 일반적이다.

윌리엄 글래서[William Glasser, 1925~2013. 미국의 임상 심리학자이며 정신과 의사로 현실 치료와 선택 이론을 창안함-옮긴이]는《긍정적인 중독》에서 비파괴적인 습관들, 이를테면 명상이나 조깅, 요가 그리고 다양한 운동이 부정적인 중독을 유용하게 대체할 수 있을 것이라고 했다.

여러 해 동안 알코올 중독자로 지냈던 어떤 사람이 음주 습관을 물리치고 매일 한 시간씩 명상을 하는 습관을 들였다고 했다. 그에게는 명상이 긍정적 중독이 된 것이다. 그런데 그에게 명상을 하지 않는 날에는 어떠냐고 물으니 현재의 증상이 명상 금단에서 비롯된다는 것만 다를 뿐 이전에 술을 끊으려고 했을 때 경험했던 것과 비슷한 생리적 증상이 생기더라고 대답했다. 긍정적 중독의 근본 구조는 부정적 중독과 똑같다. 긍정적 중독이 부정적 중독보다 훨씬 더 건강하기는 하지만, 두 가지 모두 역효과를 낳는다는 것이다. 중독이란 것은 긍정적이든 부정적이든 금단 증상의 부정적이며 원치 않는 결과를 회피하기 위한 전략이다. 이렇든 저렇든 중독이 된 사람은 조종의 상태에 놓인다. 그러나 꼭 그렇지만은 않다.

존경받는 중독 전문가 스탠턴 필(Stanton Peel)은 원치 않는 습관이나 중독을 멈추는 최선의 방법은 그냥 멈추는 것이라고 주장한다. 또한 대부분의 사람들이 실제로 그렇게 하고 있다고 그는 믿고 있다. 그는 중독을 끊기가 대단히 어렵다는 통념에 반대되는 사례 연구들을 인용해 들려준다.

필이 인용한 연구에 따르면, 베트남에서 헤로인에 중독된 병사들의 95퍼센트가 미국으로 돌아와서 약물 사용을 중단했다. 더욱이 그들 중 85퍼센트는 심각한 중독으로 분류됐음에도 고향으로 돌아가자 중독에서 놓여난 것이다. 약물 중독에 관한 일반적 관념에 근거하여 전문가들은 이 군인들이 미국으로 귀환함에 따라 헤로인 중독이 만연하게 될 것이라고 예측했었지만, 그런 일은 전혀 일어나지 않았다. 이유가 뭐였을까?

필의 주장은 이 군인들이－또한 보통의 사람들이－흔히 인정받는 수준보다 훨씬 더 자조적 능력치가 높다는 것이다. 나아가 많은 전문가가 중독을 다룰 때 개인의 자조 정신을 깎아내리는 접근법을 쓰는 바람에 환자들이 원치 않는 습관을 바꾸는 어려움을 덜어 주기는커녕 더 어렵게 만들곤 한다고 했다.

근본 구조에서 실질적인 변화가 일어날 때 최소 저항의 경로는 우리가 원하는 곳으로 곧장 이어질 수 있다. 이 경로를 따라가서 얻을 수 있는 자연스러운 효과가 바로 원치 않는 습관, 즉 진심으로 소망하는 바를 저해하는 습관의 변화이다. 자기 충족은 의지력이 아니라 전략의 선택에 달려 있다.

《숨겨진 중독, 그리고 자유로워지는 법》의 공동 저자인 재니스 켈러 펠프스 박사(Dr. Janice Keller Phelps)는 이렇게 말했다.

> 중독에 관한 여러 전통적인 접근법은 환자를 만성적 우울에서 벗어나게 해 주지만 생화학적 불균형은 여전히 남게 된다. 창조 프로세스는 새로운 생화학적 균형이 형성, 유지될 수 있게 해 주는 문이다.

충돌 조종과 무기력

현실에는 암, 중독, 굶주림과 기갈, 과도한 군비 확충과 전쟁, 잔혹 행위와 빈곤, 환경 불균형과 멸종 위기종, 성차별과 혐오주의, 테러리즘과 광신주의 같은 여러 심각한 문제가 존재한다.

이 상황들 중 많은 수가 사람들이 무기력을 고질적으로 경험하는 것에서부터 비롯되며, 또 어떤 것들은 무기력의 직접적인 결과는 아니지만 그것 때문에 악화되는 것들이다. 무기력을 강화하는 전략을 통해 무기력에 뿌리를 둔 상황을 바꾸려고 하는 것은 어리석은 일이다.

충돌 조종은 개인적인 인간관계, 사업과 법률 협상, 정치, 교육, 광고, 자금 조달 등에 이용된다. 또한 사회 전반에 걸쳐 '해결해야 할 문제'가 아니며 새로운 충돌의 주제가 되어서는 안 될 사안들에도 이용된다. 구조 자체에는 욕망하는 결과들로 이어질 수 없는 한계가 내장되어 있다. 구조의 개념에 대해 파악해 보려 하면, 자신의 인생에서 충돌 조종이 어느 수위에 이르러 있는지를 관찰해 볼 필요가 있다. 자신에게 들어오는 것과 자신으로부터 나오는 것 둘 다를 관찰해야 한다. 제대로 보기 시작하면 사람들이 주고받는 수많은 상호작용이 충돌 조종의 산물이라는 것이 분명히 눈에 들어올 것이다.

의지력 조종

많은 사람들이 긍정적인 사고 또는 자유의지를 높여 스스로 동기부여하지 않는 한, 자신이 거의 행동하지 않거나 아예 행동하지 않는다는 사실을 안다. 그래서 의지력을 이용하여 행동을 종용함으로써 구조적 충돌을 극복해 보려는 또 다른 전략을 구사한다. 이렇게 하여 성공하면 '강인한 사람'으로 여겨지며, 실패하면 '의지박약'이라는 딱지를 붙인다. 대부분의 사람들은 자기가 중요한 무언가를 이뤄 낼 수 있는 충분한 의지력을 지녔다고는 절대로 생각하지 않지만, 그럼에도 불구하고 의지력이나 긍정적인 사고가 성공에 필수적이라고 믿는다.

긍정적 사고의 무기력함

이 모드에서 흔히 쓰는 전략은 긍정적인 사고, 과한 확신, 동기부여가 될 만한 해결, 그리고 영감을 주는 열정을 통해 의지력을 강화하는 것이다. 이에 관련된 몇몇 이론은 긍정적인 선동으로 마음을 '프로그래밍'하여, 우리 인생의 진로를 통제하는 것으로 여겨지는 잠재의식의 협력을 얻는 것이 필수적이라고 주장한다. 말하자면 잠재의식의 '프로그램'을 변경할 수 있으면 영원히 행복하게 잘살 수 있다는 것이다.

매년 수천 권의 책과 잡지 기사들이 사람들에게 이런 식으로 의지력을 키우도록 독려한다. 수십 개의 케이블 텔레비전 프로그램도 이 접근법에 혼신을 기울인다. 서브리미널 메시지 테이프(Subliminal message tapes: 부지불식간에 잠재의식에 영향을 줄 수 있게 제작된 오디오 테이프-옮긴이), 확언, 자기 최면, 긍정의 강화, 동기부여적인 모임, 욕실 거울에 써 붙인 좌우명과 구호들, 그 외 온갖 종류의 응원들이 결단력과 '긍정적 사고의 힘'을 부풀려 구조적 충돌을 제압하려는 시도들이다.

이렇게 하여 잠재의식에 영향을 미치고 무언가를 지시할 수 있다고 하자. 이 많은 프로그래밍 기법을 이용해 우리에게 전달되는 메시지는 무엇일까? "잠재의식과 소통하기는 매우 어렵다. 그러려면 특별하고 비범한 수단이 필요하다. 옛 '프로그램'들에는 엄청난 힘이 있다. 잠재의식은 어리석고 제멋대로다. 잠재의식은 어린아이처럼 다루어야 한다"가 그것이다.

정말로 잠재의식을 프로그래밍하는 것이 인생의 열쇠라고 생각한다

해도, 굳이 영향을 끼칠 방법이 저런 메시지들이어야 할 이유는 무엇인가? 잠재의식에게 긍정적인 사고를 억지로 떠먹이려고 하면 조종 행동은 선동적인 긍정의 말보다 더 큰 목소리를 낸다.

확언들

잠재의식에게 강제로 떠먹이는 기법으로 일반적인 것은 확언의 사용이다. 즉 '긍정적인' 사고를 반복하는 것이다. 만트라(Mantra: 불교나 힌두교에서 기도나 명상에서 외는 주문-옮긴이)를 외듯이 확언 구문들을 반복해 외거나 말썽을 부린 꼬마들이 칠판에다 '다시는 선생님을 놀리지 않겠습니다'라고 쓰는 것처럼 쓰고 또 쓰기를 반복하기도 한다.

아래는 이 접근법의 지지자들이 실제로 썼던 확언들의 목록이다.

온 우주가 나를 지지한다.

내가 나를 더 많이 사랑할수록 남들도 나를 사랑한다.

돈은 내 친구다.

이제 부모를 받아들여 줘도 괜찮다.

나는 지금, 오늘 그리고 언제나 나를 사랑한다.

내가 베푸는 모든 것은 백배가 되어 되돌아온다.

나는 부유해질 자격이 있다.

지금 내가 어디에 있으며 무엇을 하고 있든 다 의미가 있으며, 그 모든 순간을 나는 사랑한다.

나는 옳은 일을 성공적으로 해낼 수 있는 알맞은 곳, 알맞은 시간에 있다.

내가 나를 대하는 대로 남들도 나를 대하기 때문에 지금 나는 나를 극진히 대하고 있다.

나의 모든 인간관계는 사랑으로 지속되며 조화롭다.

부모님이 내게 무지막지하게 대한 걸 용서한다.

나는 출생을 견뎌 냈고, 그것은 생존을 선택한 것이며 그런 이유로 나는 죽음보다 삶을 사랑한다.

나는 나를 아주 많이 즐겁게 한다.

내 심장은 사랑으로 가득해서 내가 만나는 모든 사람에게도 사랑을 불러일으킨다.

이해할 수 없을 때는 질문을 하는 것이 나로서는 안전하다.

나는 제 방식대로 흘러가는 내 인생에 기꺼이 무릎을 꿇겠다.

나에게는 사람들의 사랑을 잃지 않으면서 싫다고 말할 권리가 있다.

나는 나를 사랑하고 받아들이며, 앞으로도 늘 그럴 것이다.

사랑은 두려움을 버리는 것이다.

내 부모님은 당신들이 그 사실을 알든 모르든 나를 사랑하신다.

사랑은 모든 것을 치유한다.

나는 모든 걸 가질 수 있다.

나는 그것이 그렇게 될 것을 알고 있다.

이 중에는 기분 좋고 친근하게 느껴지는 생각들도 있다. 천진하고 달콤한 것들도 있다. 또 깊은 내면의 자기 파괴적 충동에 맞서 싸우기 위해 만들어진 대중 심리학의 송가처럼 보이는 것들도 있다. 그렇다면 이 문장들 중에 몇 가지를 골라 숨겨진 의미를 살펴보자.

• *온 우주가 나를 지지한다.* 여기서 '지지'라는 단어는 성장, 생명의 유지, 안녕 등을 가리킨다. 그런데 정말로 우주가 지지한다면 그걸 굳이 반복해서 말해야 할 이유가 있을까? 이 문장을 거듭거듭 되풀이하는 것은 사실은 그걸 믿지 않고 있다는 것이나 마찬가지다. 우주가 자신을 지지한다고 믿지 않는 사람을 제외하고는 이 생각을 받아들이도록 계속해서 마음을 다잡아야 하는 사람이 누가 있겠느냐는 것이다. 즉 이 말을 외는 사람은 실제로는 우주가 자신을 지지하지 않는다고 믿기 때문에 그러기를 바라서, 반복하다 보면 우주가 지지해 줄 수 있을지도 모른다는 마음으로 그렇게 하는 것이다.

개중에는 우주가 자신을 지지한다는 경험을 하는 사람들도 있지만, 정작 그런 경험을 하는 사람들은 대개 그 사실을 굳이 반복해서 선언해야 한다는 생각을 하지 않는다. 무언가가 사실이라고 생각한다면 왜 그걸 반복해 가며 그렇다고 생각하게끔 스스로를 세뇌하려 들까? '우주가 나를 지지한다'는 문장을 '내 심장이 뛴다'로 바꿔 보자. 이 말을 계속해서 반복해 말하는 상황을 상상할 수 있는가?

내 심장이 뛴다.
내 심장이 뛴다.
내 심장이 뛴다.
내 심장이 뛴다.

내 심장이 뛴다.
내 심장이 뛴다.

• *나의 모든 인간관계는 사랑으로 지속되며 조화롭다.* 그러나 대개 이런 식으로 확언하는 사람은 오히려 반대의 경험을 지니고 있다. 사실이 아닌 말을 하는 것을 거짓말이라고 한다. 자기 자신에게 거짓말을 하는 건 어떤 필요에 의해서일까? 진실을 받아들일 수 없는 것이 아닐까? 결국 이 말을 하는 사람이 실제로 여기서 확언하는 것은 자신에게 거짓말을 할 필요가 있다는 점일 것이다. 이 문구는 당사자가 관계를 맺고 있는 다른 사람들의 무례를 거짓으로 전달하고 있다. 즉 그 사람들이 나를 사랑하고 나와 조화로울 '필요'가 있으며, 내 주변에 머물러 주는 편이 좋을 것이라는 의미를 내포하고 있는 것이다. 그렇지 않으면 '허울 좋은 친구'에 지나지 않을 것이라는 뜻이다. 이런 말을 하는 사람들은 신이 잠깐의 다툼도 허용치 않으시며, 이 사람들이 나를 떠나거나 내가 그들을 떠나는 일을 금하셨다는 식의 생각을 하고 있기가 쉽다. 이 확언은 현실에 대한 반동으로 고안된 것으로서, 모든 인간관계가 원만하며, 영속적이고, 갈등이 없는 건 아니라는 뜻이다.

• *나는 나를 아주 많이 즐겁게 한다.* 실제로 그렇다면, 왜 자꾸 언급하고, 언급하고, 또 언급하는 걸까? 자신을 아주 많이 즐겁게 해 주지 못하는 날에는 무슨 일이 벌어지기에 항상 자기 자신을 대단히 즐겁게 해 주어야만 하는 건가? 나쁜 날이 존재하면 안 되기라도 하는 걸까? 특별히 자기 자신을 기쁘게 해 주지 못한다고 해서 무슨 문제가 있다는 건지? 이

확언에는 즐겁지 않으면 자신에게 뭔가 문제가 있다는 의미가 내포되어 있으며, 사실은 즐겁지가 않다는 의미도 들어 있다. 따라서 이 문구의 진짜 메시지는 '나, 뭔가 잘못돼 있어'라는 것이다.

- *나는 그것이 그렇게 되리라는 것을 알고 있다.* 이 문장은 주로 자신에 대한 믿음을 기르고, 자신감을 높이는 데 이용된다. 우리는 사실 '그것'이 그렇게 될지 아는 것은 아니고, 단지 그럴 가능성이 있다는 정도만을 알 뿐이다. 누구나 예측할 수 있는 사건도 일어나지 않는 경우가 허다하기 때문이다. 예를 들어 우리 중 누군가가 갑작스러운 죽음을 맞이하기라도 하면 현재로서는 대단히 예측 가능한 많은 일이 그에게는 불가능해지는 것이다. 그러나 이 확언은 이런 부분을 차치하고라도 진실에 대한 존중이 결여된 긍정적 사고의 대표적인 예다. '되리라'라는 말은 오로지 무언가가 완전히 이루어진 뒤에 온전한 자신감과 진실성을 가지고 할 수 있는 말이다.

긍정적 사고의 퇴화

긍정적 사고에 무슨 문제라도 있다는 것일까? 한 마디로, '진실'의 문제다. 창조 프로세스의 기법 중에, 진행 중인 창조의 현재 상태를 평가하는 것이 있다. 이것은 편견을 가진 사람에게는 힘들 수 있다. 현실에 대해 긍정적인 시각을 고집하려는 사람은 창조 프로세스에서 쉽사리 행동 조정을 할 수 없을 것이기 때문이다.

긍정적 사고의 옹호자들은 태도가 운명을 결정지으며, 긍정적으로 사고하면 긍정적인 결과가 생길 거라고 주장해 왔다. 이들이 쓰는 전략은 어떤 상황에서든 스스로 '최고'라고 생각하도록 자신을 몰아붙이는 것이다.

아침에 일어났는데 몸이 아프고 피곤하고 두통까지 있을 때, 긍정적 사고를 하는 한 부류의 사람들은 이런 식으로 생각하도록 부추길 것이다. '세상에, 오늘 기분이 너무 좋아. 살아 있다는 것이 멋지지 않아?'

긍정적 사고를 하는 또 다른 부류는 이런 말을 하도록 종용할 수도 있다. "정말 많이 아파. 그래도 아픈 게 좋은 거지. 좋은 일들은 늘 이런 종류의 상황들에서 나오니까 말이야. 멋진 배움의 기회지 뭐야."

긍정적 사고는 말하자면 일종의 자기 조종으로서, 자기 자신에 대해 의지를 행사할 수 있게 고안된 '의지력 전략'이라 할 수 있다.

위에서 소개한 두 부류의 긍정적 사고는 대개 겉으로 드러나지 않으며 검증되지도 않은 두 가지의 가정을 근간으로 하고 있다. 첫째는 자신에게 습관화된 부정적 성향이 있을 경우 그걸 눌러 스스로를 통제할 필요가 있다는 것이다. 둘째는 현실에 관한 객관적 진실은 다소 위험할 수 있으니 유리하게 해석할 수 있도록 사실을 속일 필요가 있다는 것이다.

이 두 가지 긍정적 사고의 가정을 창조 프로세스의 가정들과 나란히 놓고 비교해 보면 긍정적 사고와 창조 지향성의 근본적 차이를 쉽게 알아볼 수 있다.

첫째, 창조 지향성에서는 스스로를 통제할 필요가 없다. 이 지향성은 우리가 부정적으로 보는 습관이 있든 말든 상관하지 않으며, 우리 모두에게 진정으로 원하는 것을 창조하는 쪽으로 기우는 본성이 있다고 상정한다. 더욱이 우리 내부에는 극복해야 할 내적 힘이 있는 것이 아니라 오로지 창조 프로세스의 일부로서 유기적으로 조절되는 내적 힘들만 있다고 본다. 이것은 자신을 프로그래밍한다는 의미가 아니라 오히려, 우리가 그다지 좋아하지 않을 힘들을 포함하여 작용하고 있는 모든 힘과 함께 움직인다는 의미이다.

둘째, 창조 지향성에서는 조건과 환경에 관계없이 현실이 실제로 어떤지를 스스로에게 보고하는 것이 필수적이다. 현실에 대한 명료한 설명이 창조 프로세스에 꼭 필요한 입력 자료인 셈이다. 만약 자신의 현실에 장밋빛을 칠하거나 인위적인 시선을 덧씌우면 명료성은 훼손되고 모호한 현실 인식만 남게 될 것이다.

창조 지향성에서는 아침에 일어나 몸이 아프고, 피곤하며, 두통이 있으면 그걸 있는 그대로, 관찰한 대로 정확히 스스로에게 보고하게 된다. 더불어 상황의 최종 의미를 해석할 필요도 없다('좋은 일들은 늘 이런 종류의 상황들에서 나오는 거지'). 단, '몸이 안 좋아. 이런 거 정말 싫은데' 같은 상황에 대한 의견은 왜곡이 아니라 현실에 포함되는 부분이다.

의지력을 통해 구조적 충돌을 제압하려 할 때 어떤 일이 일어나는지 도식적으로 살펴보자. 처음에는, 부풀려진 결심 덕분에 욕망하는 것의 방향으로 스스로를 밀어붙여 허용 가능한 영역 밖으로 밀려 나갈 수 있다.

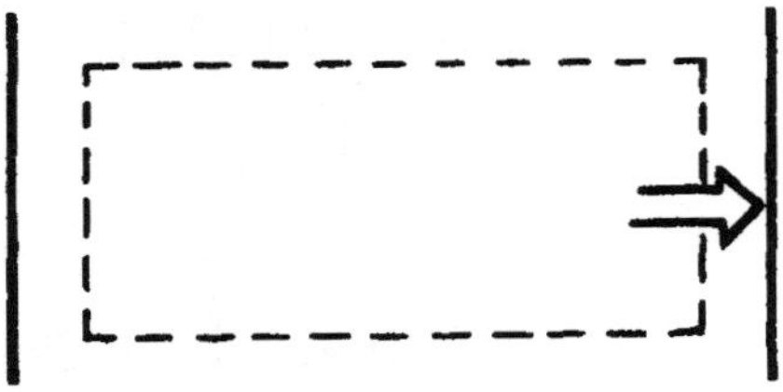

단기적으로는 마음을 굳게 먹는 것으로 돌파구를 확보할 수도 있다. 그러나 의지력 조종 역시 충돌 조종처럼 단기간은 유효할 수 있지만 장기적으로는 해로운 결과로 이어진다. 기껏 앞쪽 벽에 가 닿아도 구조가 진동 내의 부풀려진 것을 벌충하면, 결국 우리는 뒤로 물러나게 된다. 구조는 의지적인 결심을 지지해 주지 않는다. 새로운 일, 새로운 날을 맞이할 때마다 '버텨'와 '일어나'를 하기에는 지친다. 설령 그렇게 해도 보상 작용 때문에 원하는 곳에서는 멀어질 수밖에 없다. 이 '실패'는 '의지가 부족'하다거나 '내적 저항'의 일종이라거나 하는 것이 아니라 그냥 이 구조의 자연스러운 운동일 뿐이다. 구조에 의해 결정된 최소 저항의 경로는 아무리 힘들게 '신념을 지켜 가겠다'고 노력해도 욕망하는 결과에서 멀어지는 것 말고는 다른 어떤 경로로도 이어질 수 없다.

시간이 흐르면서 구조가 보상을 계속하면 진동도 계속될 것이고, 우리

는 결국 허용 가능한 충돌의 영역으로 다시 이끌려 갈 것이다.

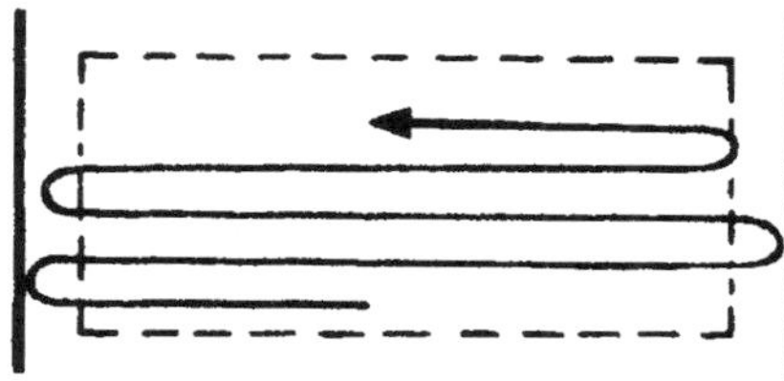

충돌 조종처럼 의지력 조종도 시간이 흐르면 무기력의 경험을 강화할 뿐이다. 처음에는 의욕과 동기를 불러일으키기 위한 바로 그 시도에 내재된 메시지를 통해 조종이 이루어진다. 우리에게 거센 타성과 저항, 부정적 사고를 통제해 줄 외부 자극이 필요하다는 메시지가 무기력으로 이어지는 것이다. 두 번째는 또다시 뭔가 시도를 하는 것 때문이다. 최선의 노력과 결심에도 불구하고 효과가 없으니 무기력으로 이어지는 것이다. 지속적인 변화는 일어나지 않는다.

몇 가지 충고

상상할 수 있듯이, 구조적 충돌에 놓이면 최선의 보상 전략들이 작동하지 않는다. 오랫동안 이 구조적 현상에 대해 설명해 오면서 관찰한 것에 따르면 사람들은 거의 예외 없이 자연스럽게 이런 반응을 보인다. "세상에, 그렇다면 도대체 어떻게 해야 여기서 빠져나갈 수 있는 건데요!"

사실 사람들이 왜 그러는지는 이해가 된다. 행동이 결국 성공으로 이어지지 못하는 실패의 과정을 똑똑히 지켜보는 경험이 좋은 소식일 리가 없다. 구조적 충돌이 해소되지 않는 성질을 지녔으며, 이 구조 안에서 무슨 행동을 해도 더 강해질 뿐이라는 것을 깨달으면 좌절감이 느껴지기도 할 것이다. 구조적 충돌의 본성 때문에 사람들이 절망과 파멸감 속에 빠지는 건 드문 일이 아니다. 구조를 더 이해하면 할수록 좌절이 더 깊어질 수도 있다.

그러나 길은 있다. 다른 구조로 옮기면 된다. 물론 이것은 구조적 충돌을 해결하려고 노력해서 되는 일은 아니다. 이 구조가 마음에 들지 않아서, 즉 불만족을 바탕으로 하여 더 유용한 구조로 옮기려고 하면 그건 소용이 없다. 그건 충돌 조종의 또 다른 형태일 뿐이기 때문이다. 구조적 충돌에서 벗어나고자 하는 행동은 본인이 느끼는 충돌의 강도가 동기를 제공한다. 그간 수천 명의 사람이 이 때문에 살짝 제정신을 잃는 것을 보아왔지만 사실이 그렇다. 원하는 결과를 창조하는 과정에서 우리를 지지해 줄 다른 구조로 옮기는 것은 분명히 가능하지만, 절대로 구조적 충돌에서 벗어나려는 동기로는 안 된다. 왜 그럴까? 창조는 해결 또는 제거와 다르기 때문이다. 이 책을 진행해 가면서 차차 이 구조에서의 변화에 대해 안내해 드리겠지만 '도움의 손길은 멀리 있지 않다'는 것을 알아 두시기 바란다. 자신의 창조 프로세스와 창조의 기법에 대해 더 많이 알게 될수록 실재하며 지속하는 성공으로 이끌어 줄 구조들을 형성하는 것이 가능해질 테니 말이다. 이 변화는 무엇에 대해서든 반동하지 않는다. 창조 프로세스는 인생의 문제를 '해결'해 주는 것이 아니다. 그것은 단지 인생에서 창조하고 싶어 하는 결과를 창조할 최선의 방법일 뿐이다.

다음 장에서 우리는 크리에이터들이 창조에 이용하는 구조를 탐구하기 시작할 것이다. 이것은 구조적 충돌과는 완전히 별개의 구조다. 이 새로운 구조는 진동 현상에 대한 해법이 아니며, 오히려 그것과 독립되어 있다. 이 새 구조를 '구조적 긴장'이라고 부른다.

8 장

구조적 긴장

구조의 변화

인생의 구조를 바꾸는 것은 가능하지만, 앞에서 본 것처럼 변화를 바라고 하는 대부분의 시도들은 구조적 충돌 내에서 작동하는 전략일 뿐이다. 구조적 충돌은 해결되거나 해소되지 않으며 우리가 그 구조 내에서 취한 행동들은 오로지 보상과 진동으로만 이어진다. 이 구조의 힘이 압도적일 때, 행위의 패턴을 바꾸려고 하는 시도들은 에너지 낭비에 그친다.

구조를 바꾸려면 작동 중인 또 다른 구조가 있어야 하며, 이 새 구조가 오래된 구조보다 우위에 있어야 최소 저항의 경로가 바뀌고 에너지가 새 경로를 따라 쉽사리 이동할 수 있다.

구조적 충돌보다 우위에 있는 상위(Senior) 구조는 아래와 같은 특성을 지닌다.

- 구조적 충돌을 내부로 자체 편입시킨다.
- 복잡한 구조를 단순한 구조로 바꾼다.

상위 구조는 구조적 충돌이 '부분적'일 때만 더 중요하고 우세해질 수 있다. 일부 움직임에서 진동이 여전히 발생하기는 하지만, 이 진동은 그저 상위 구조가 '해소를 향해 움직이는' 동안 나타나는 정상적인 변동의 특징에 지나지 않는다.

상위 구조는 해소를 향해 가는 간단한 긴장-해소 시스템의 형태여야 한다. 구조가 최선의 상태라는 것은 '완전히 해소'되는 경향성을 지닌 하나의 주된 긴장을 포함하고 있다는 것이다. 크리에이터들은 창조 프로세스에서 이런 종류의 구조를 형성하는 방법을 알고 있으며, 구조의 경향성을 조율하여 '자신들이 창조하는 결과물'에 유리하게 해소하는 방법도 안다. 이런 구조에서는 작동 중인 여러 힘이 함께 작용하여 결과물을 창조하는 프로세스들을 강화시키며, 원하는 결과에 에너지를 집중시키고, 긴장이 해소를 향해 나아가는 추진력, 즉 모멘텀을 창출하게 한다.

이 상위 구조를 나는 '구조적 긴장'이라 부른다.

구조적 긴장

구조적 긴장은 두 가지의 주요 구성 요소로 이루어진다.

1. 창조하고자 하는 결과물의 비전.
2. 현재 처한 현실에 대한 명확한 시각.

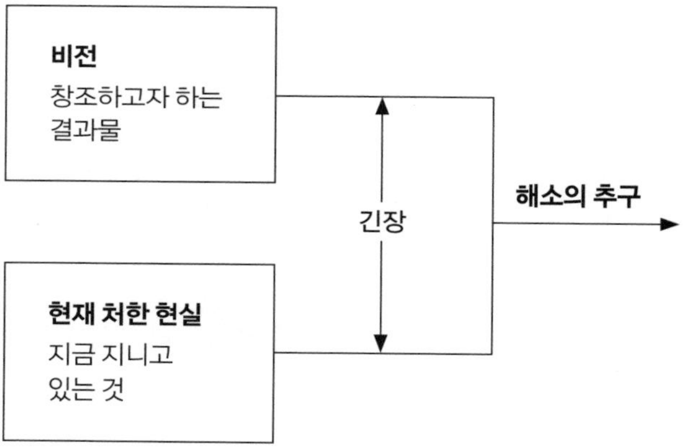

창조 프로세스의 시작 단계에서는 창조와 관련하여 창조하고자 하는 것과 현재 가진 것 사이에 불일치가 존재할 수밖에 없다. 창조를 시작할 때는 창조물이 존재하는 것이 아니라 콘셉트만 있는 단계이다. 창조 프로세스란 머릿속으로 떠올린 것을 존재하게 하는 스킬이기도 하다.

원하는 것과 가진 것 사이의 불일치는 창조 프로세스 동안 늘어나기도, 줄어들기도 한다. 창조의 최종 완성에 가까워지면 불일치는 감소할 것이며, 그로부터 멀어질수록 더 많은 불일치가 생길 것이다.

크리에이터들은 대부분의 다른 사람들보다 불일치를 받아들이는 능력치가 높다. 이것은 불일치가 크리에이터들의 일상 업무이기 때문이다. 창조를 한다는 것은 우리가 대조, 대립, 유사성, 차이, 시간, 균형 등등의 힘을 다루는 플레이어가 된다는 의미이다. 창조를 할 때 우리가 사용할 수 있는 중요한 힘 중 하나가 바로 불일치이다.

불일치에 대해 이해하지 못하면 원하는 것과 가진 것 사이의 불일치에 의기소침해하기도 하고, 불일치가 적으면 고무적이 되기도 한다. 그러나 크리에이터에게는 작용하는 모든 힘이 유용한 재료이다. 불일치가 많다는 것은 더불어 쓸 힘이 많다는 것이고, 불일치가 적으면 결과물의 최종 창조를 향해 나아가는 길에 탄력이 붙는다는 의미이다.

때때로 사람들은 불일치가 좋은 것이 아니라는 이상한 생각을 한다. 심지어 불일치를 정서적 충돌로 치환하기도 한다. 인생이 멋지고 말끔한 꾸러미로 단단히 묶여 정돈되기를 바라는 것이다. 사람들은 대개 느슨한 결말을 좋아하지 않는다. 그러나 인생에서, 또한 창조 프로세스에서 힘들은 서로 다른 방향으로 움직이고 있다. 딱 들어맞지 않는 조각들이 있기 마련이고, 불일치도 있는 것이다.

크리에이터들은 불일치를 받아들일 뿐 아니라 불일치를 인정하고 권장하기도 한다. 불일치에는 창조를 가능케 하는 에너지가 들어 있기 때문이다. 원하는 것과 현재 가진 것 사이의 불일치가 창조 프로세스에서 가장 중요한 구조, 즉 '구조적 긴장'의 구조를 형성한다.

전기자와 엔진

구조적 긴장은 창조 프로세스의 전기자(armature, 電機子 : 발전기나 전동기의 주된 요소로서 전력을 생산하는 부분-옮긴이)이다. 또한 창조 프로세스의 뼈대이며, 엔진이며, 그 엔진의 에너지원이기도 하다.

긴장은 해소를 위해 노력한다. 당겨진 고무줄의 구조적 경향은 느슨해지는 것 또는 긴장의 해소이다. 크리에이터로서 우리는 긴장을 설정하고, 긴장을 이용하며, 긴장과 놀고, 긴장을 조율하며, 우리가 선택한 방향으로 긴장을 해소한다.

구조적 긴장을 형성하는 방법은, 우선 창조하고자 하는 결과를 머릿속에 그려 본 다음, 그 결과와 관련하여 자신이 지닌 현실에서 유의미한 것을 골라 현재 상태를 관찰하는 것이다.

그런데 이것이 말로 하거나 얼핏 듣기에는 쉬워 보이지만, 달성하기가 녹록한 것은 아니다. 구조가 간결하다는 것을, 개념을 지나치게 단순화한 것과 혼동하면 안 되기 때문이다. 대부분의 사람들은 이 기법을 쉽사리 이해하지 못한다. 구조적 긴장은 발전적인 기법이기도 하지만, 동시에 후천적으로 습득한 취미 같은 것이기도 하다.

형성된 구조적 긴장은 두 가지 방법 중 하나로 해소할 수가 있다. 하나는 자신의 비전을 현실로서 완수하는 방향이며, 다른 하나는 지금 가지고 있는 현실을 지속해 가는 방향이다.

만약 불일치에 대해 과민한 사람이라면 비전을 향해 나아가기보다 현재 환경을 지속해 나가는 방향으로 긴장을 빠르게 해소해 버리려는 경향을 보일 것이다.

'현실적'이 되기

비전을 하향 조정하면 구조적 긴장은 약해진다. 즉 원하는 것을 양보하면 긴장을 형성하는 진정한 불일치는 만들어지지 않는다는 것이다. 우리 사회에서는 우리가 정말로 원하는 비전을 잘못 전달하는 일이 너무나 흔하다. 우리에게는 "현실적이 되어라", "실질적으로 굴어라", "가질 수 있는 것만 바라도록 해라" 등의 말이 훈시처럼 주어졌다. 아이러니한 것은 자기 자신에게 그걸 잘못 전달하면서도 우리는 원하는 것을 원한다는 것이다.

자신이 무엇을 성취할 수 있을지는 알 수 없는 일이다. 시작하기 전에 포기하는 것을 '현실적'이라고 해야 할까? 스스로에게 거짓말을 하는 것이 실질적인 행동일까? 역사는 불가능하다고 생각했던 결과들을 창조해 낸 사람들의 사례로 차고 넘친다.

창조 프로세스를 시작할 때는 오로지 가능할 것 같은 것들만 눈에 보인다. 실제로 무엇을 할 수 있고, 할 수 없을지는 알 수가 없다. 어떤 결과를 창조해 낼 공산은 있어 보이지만 그걸 우리가 해낼 수 있을지는 미지수다. 반대로 특정한 결과를 창조해 내는 것이 불가능해 보일 때, 그걸 해낼 수도 있다.

결과를 창조하는 것이 가능한지 아닌지를 확실히 알려면 해 보는 수밖에 없다. 그 문제로 온갖 생각을 다 해 본다 해도 그 모두는 추측일 뿐이다.

개중에는 우리가 창조를 할 수 있고 없고를 환경이 결정한다고 믿어 의심치 않는 사람들이 있다. 주로 원하는 결과를 창조하는 데 매진하지 않는 사람들이 고수하는 견해이다. 그러나 욕망하는 결과를 창조하지 못하게 방해하는 것 같은 환경이 똑같이 주어졌어도 누군가는 그걸 해낸다.

우리의 한계는 무엇일까? 답은 '모른다'이다. 너무나 많은 사람들이 추측으로 설정해 놓은 한계에 맞서 원하는 것을 창조해 왔기 때문에 상황을 살펴보고, 실험해 보고, 창조 프로세스에 참여하기도 전에 스스로에게 한계를 지우는 것은 현실적이지 않다.

그렇다고 해서 모든 게 가능할 것이라고 믿으라는 말은 아니다. 뉴에이지 운동의 바보 같은 모토 중 하나는 '너는 다 가질 수 있어'라는 것이다. 크리에이터들은 슬로건 같은 것들을 창조적인 삶의 중심에 놓지 않는다. 그들은 다 가지는 것이 불가능하다는 것을 이해한다. 물리적으로 동시에 두 공간에 있을 수 없다는 것이 그런 예다. 같은 시간에 런던과 멕시코시티에 있을 수는 없다. 시간을 되돌릴 수 없다는 것도 마찬가지다. 또한 우리는 그 무엇도 영원히 붙들 수 없다. 모든 것은 시작이 있으면 결국 끝이 있기 때문이다.

모든 것을 가지는 것이 안 된다면, 적절한 질문은 이런 게 될 것이다. '창조해 낼 정도로 중요한 것은 무엇일까?' 크리에이터들은 체계를 창조한다. 자신들이 창조한 것들에 상대적인 중요성을 부여한다. 이것은 '다 가지다'라는 것과는 다르며, 자기에게 무엇이 가장 중요한가 하는 것에 관계되어 있다.

나는 내가 보는 것을 못 본다

구조적 긴장을 약화시키는 또 다른 방법은 현재의 현실을 잘못 전달하는 것이다. 이것은 주변에서 일어나는 일을 무시한 채 '비전을 붙들고만 있는' 사람들이 종종 채용하는 전략이다. 이 게으른 몽상가들 때문에 진정한 비전의 실천자들까지 나쁜 평판을 얻기도 한다. 크리에이터와 몽상가를 혼동하지 말기 바란다. 몽상가는 꿈만 꾸지만 크리에이터는 꿈을 현실로 불러온다. 현실에 대한 정확한 인식, 비전에 대한 정확한 인식만이 창조 프로세스의 중요 부분인 구조적 긴장을 형성할 수 있다.

구조적 긴장을 형성하여 유지하면 '해소'는 창조하고자 하는 비전을 향해 움직인다. 구조적 긴장을 유지하는 것은 마법의 주문을 소환하는 것 같은 것이 아니라 작용하는 힘들을 조직하는 것이다. 우리가 형성한 불일치가 에너지를 발생시키고, 이 에너지는 비전을 위한 행동들에 곧바로 이용된다. 움직임은 더 많은 움직임을 이끌어 낸다. 심지어 우리가 잘못된 방향으로 움직여도 그렇게 하는 것이 전혀 안 움직이는 것보다는 경로를 바꾸고, 최종 결과를 향해 가기가 더 쉽다. 비전에서 멀어지면 구조적 긴장이 증대된다. 이는 더 많은 에너지가 생기게 하고 우리가 가고자 하는 방향으로 더 끌어당기는 요인이 되는데, 이때 원하는 것을 향해 움직이면 추진력이 생겨 비전을 향해 나아가기가 한층 더 쉬워진다.

일단 구조적 긴장을 형성하면 우리의 본성에 따른 경향은 긴장을 해소하기 위한 행동을 생성하게 된다. 창조 프로세스의 시작부터 결말까지 우리가 하는 행동들은 구조의 뒷받침을 받게 된다. 비전을 창조하기 위해 취하는 모든 행동이, 직접적으로는 성공하지 못한 것들까지 포함해서, 우리가 원하는 결과를 향해 나아갈 수 있게 도와준다.

창조 프로세스의 경험이 많을수록 구조적 긴장에도 더 숙달될 수 있다.

처음에는 오로지 구조적 긴장의 순간들만 있을 수 있다. 이것은 자신이 원하는 것이 무엇이며, 현재 자신이 어디에 있는지를 명확히 인식하면서 집중이 이루어지는 시간들이다. 이는 우리 자신의 발전에 있어 놀라운 첫걸음이다. 태극권의 고수가 음양의 완벽한 조화를 얻었을 때와 같이 본질적 에너지가 두 극에서 나와 하나의 힘을 이루는 순간들이라고 할 수 있다.

자신의 창조 프로세스를 계속해 나가다 보면 이런 순간들은 더 확장될 것이며, 결과적으로 우리는 구조적 긴장의 상태에서 살아가게 된다. 따라서 지속적으로 또는 자동적으로 우리가 어디에 있고 무엇을 창조하고 싶은지를 인식하는 작용도 일상적으로 일어나게 된다.

배움이라는 것이 원래 그런 것처럼 시작하자마자 숙달될 수는 없다. 시간과 경험이 쌓여야 한다. 창조의 연습을 더 많이 할수록 자신만의 창조 프로세스에 더 많이 숙달된다. 창조하고자 하는 것을 구상하고 그 개념을 비전 및 현실로 형성하는 연습을 하다 보면 창조 프로세스의 자연적인 힘들을 가지고 작업을 시작할 수 있게 된다.

그런데 자신의 창조 프로세스로 작업하다 보면 현재의 실상을 정확히 보면서 결과의 비전까지 정확히 보기가 생각보다 더 어렵다는 것을 알게 된다. 이 스킬 역시 시간이 지나면 개발이 될 것이다. 일단 우리는 무엇을 익혀야 할지를 배울 필요가 있다. 창조하고자 하는 것을 구상하는 능력을 기르려면 착상(conception) 연습을 해야 하며, 현실을 객관적으로 정확하게 파악하는 능력에 제약을 느낀다면 현실을 관찰하는 연습을 해야 한다.

현재의 실상에 구조적 긴장이 포함되어 있다면 일정한 정도의 진동을 겪을 것을 감수해야 한다. 그러나 이 진동은 원하는 결과의 창조를 막을 정도는 아니다. 이에 비해 구조적 긴장이 지배적인 구조일 때는 이 단순한 긴장-해소 시스템을 해소로 이끄는 것이 움직임의 주가 될 것이다.

구조적 충돌에서 발생하는 보상 전략들은 구조적 긴장을 조성하는 데 도움이 되지 않는다. 충돌 조종을 통해 구조적 충돌을 벌충할 때는 현실을 실제보다 더 나쁘게 규정하려는 경향이 있기 때문이다. 또한 의지력 조종을 이용할 때는 현실을 실제보다 더 좋은 상태로 규정하려 하며, 허용 가능한 충돌의 영역에 머무는 전략을 이용할 때는 현실이 좋든 나쁘든 좁은 한계 내에서 규정하려 할 것이기 때문이다. 현실을 어떤 식으로든 편향되게 바라보면 구조적 긴장을 조성하고 유지하기가 어려워진다.

또한 창조하고자 하는 것을 잘못 전달하는 것으로 구조적 충돌을 보상하려 하면 구조적 긴장을 약화시키게 된다.

테크놀로지 포 크리에이팅®을 졸업하고 혁신협회(Innovation Associates)를 창립한 조직개발 전문가 찰리 키퍼(Charlie Kiefer)는 이 문제에 대해 이렇게 논평했다.

> 유감스럽게도 조직 생활을 하다 보면 우리는 진실을 외면한 채 자기 자신은 물론 다른 사람들과도 쉽사리 결탁하게 된다. 모든 사람이 알지만 말하지 않는 규칙들, 진실에 관해 사실상 말하기가 불가능하게 만들어 버리는 규범들을 만들어 가는 것이다. 덕분에 대부분의 비즈니스 조직에서 정치적 현실, 개인적 편의, 나쁜 습관들이 모두 진실보다 우위에 있게 되었다.

창조 지향성에 동조하는 조직에서는 우선순위가 이와 반대다. 일이 실제로 어떻게 되어 가는지를 아는 것이 정치적, 개인적 편의와 나쁜 습관들보다 우선한다. 진실이 구조적 긴장의 발전에 필수적이라고 인식하는 것이다. 더욱이 진실은 학습을 바탕으로 하여 신뢰를 구축하고 문화를 개발하는 필수 요소인데, 이 두 가지 모두 창조 지향성에서 수립된 조직들의 중요한 요소다.

아폴로 컴퓨터의 공동 창립자이자 엔지니어링 부사장인 마이클 그레타(Michael Greata)는 1980년에 작은 스타트업 회사였던 아폴로를 오늘날 50억 달러 이상의 기업으로 이끈 창조 프로세스에 대해 이렇게 말했다.

> 우리는, 그렇게 되리라 믿고, 실제로 이루어질 것이 확실했던 비전을 중심으로 뭉쳤다. 우리는 비전을 믿었고, 우리 자신도 믿었다.
>
> 우리의 비전은 금세 확고해졌고, 시간의 테스트를 견뎌 냈다. 모든 스타트업은 시작할 때 이런 의문을 가진다. '잘될까?' 정말 새로운 것을 시작할 때는 이 질문에 답이 될 만한 확립된 규범은 어디에도 없다.
>
> 다만 긴장을 고조시키는 방법은 하나 있다. '비전과 현재의 실상 사이에 시간의 양을 정하는 것'이다. 이것은 포커 게임에서 판돈을 올리는 것과 같다.

크리에이터들은 구조적 긴장을 조율할 줄 안다. 이제 자신만의 창조 프로세스에 대해 더 많은 것을 배우기 시작하면 창조 프로세스를 위한 '감'이 발달할 것이다. 다음 장에서는 구조적 긴장의 두 가지 요소, 즉 '비전'과 '현재의 실상'에 대해 심층적으로 살펴볼 것이다.

9장

비전

창조 프로세스를 시작하기에 가장 좋은 지점은 끝에 있다. 내가 원하는 '최종' 결과가 무엇인가를 생각하는 것이다. 이런 식으로 생각하면 어떤 방법으로 창조하는가 하는 것과 별개로 창조하고 싶은 결과를 구상하는 데 도움이 된다. 모르긴 해도 이것은 학교에서 배운 것과는 정반대일 것이다. 우리의 교육 시스템은 절차를 정하는 방법을 가르친다. 학생들은 원하는 것을 생각해 보는 가르침을 받기 훨씬 전에 이것부터 배운다.

지식을 어디에 쓸지에 대한 아무런 개념도 없는 상태에서 뭐든 일단 하는 방법부터 배우면 무목적성의 잘못된 의식을 갖게 될 수 있다. 가장 좋은 교육은 학생이 배우고 있는 것과 그걸 숙달했을 때 나올 결과가 서로 결부되는 것이다.

아무것도 없이 시작하라

원하는 결과를 처음 구상할 때는 백지나 빈 캔버스에서 새로 시작해야 한다. 이미 생각했던 것들은 다 선입견에 불과하다. 새로운 창조를 구상하고 있으면 이전의 생각, 이전에 했던 것들, 심지어 다른 사람들이 이미 한 것들을 고려하지 않고 시작하는 것이 최선이다. 새로운 창조를 할 때마다 마음을 일신하여 시작하는 것이다. 이 테크닉을 이용하면 효과 면에서 꽤 큰 차이를 만들어 낼 수 있다.

나 역시 창조하고 싶은 결과를 구상할 때면 언제나 그 전까지는 아무것도 존재하지 않았던 것처럼 시작한다. 지나간 것들은 일절 생각하지 않는다. 존재하는 것을 눈으로 확인하고 싶은 대상에만 집중한다. 나는 무(無)에서 출발한다.

사진으로 구성하라

나는 주로 시각화하는 방식으로 사고한다. 그림으로 떠올리는 것이다. 처음에는 아무것도 떠올리지 않다가 점차로 보고 싶은 결과를 완성된 형태로 그려 보곤 한다. 심지어 작곡을 할 때도 강력한 시각적 이미지를 염두에 두는 경우가 종종 있다.

요즘 유행하는 대중 심리학 이론 중에, 사람들이 특정한 감각적 경향을 타고난다는 이론이 있다. 시각적으로 타고난 사람들, 청각적으로 타고난 사람들, 운동감각적으로 타고난 사람들 등등이 있다는 것이다. 이 관점에서는 시각화하여 생각하는 게 힘들다고 느끼는 사람은 자기가 영원히 그런 식으로 제약을 받을 것이라고 여길 수도 있다. 물론 특정 스타일을 지향하는 인식의 경향을 보이는 사람들이 있을 수는 있다. 그러나 이런 것들은 어디까지나 출발점일 뿐 끝맺음이 아니다. 다른 사람에 비해 독해력을 타고나는 사람들도 물론 있지만 대부분의 사람들이 읽고 쓰는 데 무리가 없는 정도의 능력을 지니게 된다는 것이다. 화가인 아그왐(Agwam)은 사람들이 시각적 문맹을 타고난다는 의견을 피력하면서 어린이들에게 시각적 문해력을 가르치는 과정을 만들어 자신의 이론을 증명해 보였다. 여기서도 중요한 것은 학습이었다. 실제로 대부분의 사람들이 학습을 통해 시각적으로 일정 수준에 도달할 수 있다는 것이다.

창조하고 싶은 것을 머릿속에 그려 볼 수 있다는 것에는 대단한 이점이 있다. 첫째는 창조물을 상상하면서 엄청난 양의 자료를 한꺼번에 흡수할 수가 있다는 것이다. 백문불여일견이라는 중국 속담은 틀린 말이 아니다. 어휘로 표현하기 불가능한 정보를 제공해 줄 뿐 아니라, 구조의 서로 다른 요소들 사이에 놓인 관계성들도 명확히 보이니까 말이다. 심지어 단 하나의 그림으로도 창조물의 형태, 윤곽, 디자인, 기능, 인상, 느낌, 그리고 생애 등이 구성되고 확고해진다.

이렇듯 자신의 최종 창조물을 그림으로 구성하는 능력을 지니고 있으면 추정이 아닌 지식을 활용해 작업할 수가 있게 된다. 많은 전문 크리에이터가 스스로에 대해 확신을 보이는 이유가 바로 이 때문이다. 심지어 심리적으로 가장 불안정하다고 하는 예술가들도 자신의 비전에 있어서는 엄청난 자신감을 가질 수 있다.

원하는 대상을 그림으로 형상화하는 법을 배우기 바란다. 아마 연습이 필요할지도 모르지만, 그런 식으로 그림을 형성하는 실험을 하다 보면 자신이 원하는 결과가 무엇일지 분명해질 것이다.

상상 속에서 다양한 각도로 결과물을 바라보기 바란다. 새로운 요소를 첨가해 보라. 요소들을 빼 보기도 하라. 이미지를 안에서, 밖에서, 위에서, 아래에서, 가까이에서, 멀리서 바라보라. 판단과 이해에 관한 준거의 틀을 변경하는 연습을 해 나가면 창조하고 싶은 것에 관해 점점 더 많이 알게 될 것이다.

그 과정에서 때로는 놀랄 것이고, 종종 대수롭지 않게 느껴지기도 하겠지만, 그럼에도 자신의 콘셉트에 관해 점점 더 많이 배우게 된다는 것에는 변함이 없을 것이다.

콘셉트는 얼마나 분명해야 하는가?

원하는 결과물에 대해 얼마나 분명해야 할까? '결과가 나오면 그걸 알아볼 수 있을 정도의 명확성'이면 된다. 개중에는 원래의 콘셉트와 그걸 생산해 내는 능력 간에 모종의 관계가 있다고 생각하는 사람들이 있다. 이런 관념은 창조 프로세스가 아닌 마음을 프로그래밍하는 방법을 다루는 자기계발서들에서 주로 발견되는데, 사실 둘 사이에는 심오한 차이가 있다.

마음 프로그래밍 방법들에서는 창조와 결과를 구현하는 능력이 개개인의 '어마어마한 정신력'을 통제하거나 발산시키는 방법에서 생겨나는 것이라고 여긴다. 잠재의식에 강제로 무얼 떠먹이는 기법들은 욕망하는 결과를 향한 마음의 능력에 애써 집중하도록 시도한다. 이 접근법들의 지침은 사람이 생각의 산물이며, 획득하게 될 결과를 좌우하는 것이 마음이기 때문에 원하는 결과가 얼마나 생생한가 하는 정도를 '멘탈 프로그래머'의 무기고에 있는 도구로 여긴다. 이 접근법에 따르면 욕망하는 결과가 분명해야 마음에 전달되는 메시지도 강해진다. 반면에 창조 프로세스에서는 '명확성의 정도'를 이용 가능한 측정의 기준으로 삼지 '않는다'. 창조하고서 그 결과를 인지할 수 있을 정도면 충분히 명확하다고 본다.

일부 예술가들이 예술 작품을 창조하는 방법을 생각해 보자. 화가들이 그림을 그릴 때도 최종 그림이 실제로 어떤 모습일지 작업 중에는 아예 불분명한 경우들이 있다. 그들은 즉흥적, 실험적으로 작업하는 것이다. 화가들조차 그림이 진행됨에 따라 캔버스가 어떻게 바뀌는지를 지켜볼 뿐이며, 최종 결과물에 어떤 색이 칠해져 있을지 모르기도 한다. 심지어 최종 그림이 보여 주는 형태에 본인이 깜짝 놀라기도 한다. 그렇다고 해서 이것이 '뭔가 그럴싸한 게 나타날 때까지 생각 없이 노는 것'에 불과한 일일까?

전혀 그렇지 않다. 만약 그렇다면 그 화가는 자신이 욕망하는 방향으로 그림을 전개시켜 나가는 방법을 모르는 사람인 것이다. 그래서 손질을 목적 없이 무작위로 했을 것이다.

무작위 접근법의 사례로 1960년대에 원숭이를 대상으로 한 실험 하나를 들 수 있다. 원숭이들에게 물감과 붓, 캔버스를 주었더니 가지고 놀면서 일련의 그림이라 할 것들을 그려 냈다. 연구자들은 그림 몇 개를 액자에 넣고 사인을 해서 새로운 예술적 발견이라며 전시에 내놓았다. 처음에는 전략적인 차원에서 원숭이가 그렸다는 사실을 숨긴 채였다. 이 그림들은 평단의 호평을 받았다. 나중에 원숭이가 그렸다는 사실을 밝히자 일부 현대미술 자체를 폄하하는 사람들은 추상미술이 틀렸다는 긍정적인 증거가 될 에피소드라며 환호했으며, 스캔들에 열광하는 대중에게 이 일은 최고의 가십거리가 되었다. 상아탑의 전문가들은 당황스러운 상황에 처하게 되었다. 사람들은 '전문가들'이 자신의 '전문 지식' 때문에 당황하는 걸 보면서 즐기는 경향이 있다. 특히나 그 전문가들이 스스로에 대해 유머감각이라고는 없을 때.

하지만 기다려 보라. 다시 예술적 원숭이 이야기로 되돌아가 보자. 물론 어처구니가 없기는 하지만 이 이야기에는 창조 프로세스에 관련된 몇 가지 교훈이 들어 있다. 첫 번째는 원숭이와 그림을 묶는다는 콘셉트이다. 이 콘셉트는 원숭이들에게 사용할 색을 고르게 한다는 것이었다. 어느 그림에 사인을 해서 액자에 넣을 건지, 어느 그림을 폐기할지를 결정하는 것은 결국 사람이었다. 이 결정은 미적 가치의 개념과 값어치를 바탕으로 한 것이었다. 원숭이들의 무작위 행동(나는 원숭이들이 무작위였다고 가정하고 있는데, 혹시 아니었다면 얼마든지 사과할 용의가 있다)은 이 그림들을 태어나게 한 전체 과정의 일부에 지나지 않았다. 프로세스의 많은 부분은 무작위가 아니었다. 최종 결과물의 많은 부분은 사람이 정한 콘셉트와 결정 그리고 결과물들을 생산하는 데 이용된 측정 기준의 직접적인 산물이었다.

욕망하는 결과의 본질을 결정하는 측정 기준 중에는 일반적인 것들과 구체적인 것들이 있다. 집을 짓고 싶을 때 필요한 일반적 콘셉트는 이런 것들이다. 공간은 얼마나 필요한지, 방은 몇 개로 할 건지, 위치는 어떤지, 비용은 얼마나 들지, 이웃은 어떤 사람들이면 좋을지, 동네 학교의 수준은 어떤지, 부동산의 규모는 어떤지, 각 방에 볕은 어느 만큼이나 들이면 좋을지 등등. 그러나 이런 특징들을 다 염두에 두어도 정작 집이 어떤 모습을 하게 될지는 모르는 일이다. 다만 집의 실제 외관이 분명하게 드러나지 않은 채로도 염두에 둔 결과를 알아보는 것은 쉽다. 사실, 특정한 조건에 알맞은 여러 유형의 주택이 있으니 말이다.

마찬가지로 즉흥적인 과정을 실험하는 화가는 최종 그림이 어떻게 보일지 불명확해도 자신이 표현하고자 하는 것이 무엇인지는 매우 확실히 안다. 이러한 의미에서 그들에게는 그림 그 자체가 곧 과정의 일부이며, '최종 결과는 표현의 힘'이 되는 것이다.

잭슨 폴록은 액션 페인팅으로 유명했다. 그는 주로 캔버스에 물감을 흘리는 기법을 사용했다. 어느 순간에 물감이 어느 방향으로 튈지를 그 역시 전혀 몰랐다. 그 정도로 많은 것을 우연에 맡기고서도 그는 원하는 결과가 나올 것이라는 확신이 있었을까?

사실 그는 분명한 확신을 가지고 있었다. 그의 스케치북들에는 액션 페인팅의 스타일로 작업한 것과 유사한 드로잉과 수채화가 잔뜩 그려져 있었다. 이것들을 연대기 순으로 훑어보면 그가 아이디어를 도출해 내는 과정이 들여다보인다. 시간이 흐르면서 그의 콘셉트는 계속 발전해 나갔고, 그것들을 통해 우리는 '물감 뿌리기'로 그가 성취한 것들을 온전히 이해할 수 있게 되었다.

폴록은 창조 의식(creative ritual)이라는 프로세스를 채용했다. 그는 위대한 그림에는 복잡한 구조적 관계들이 포함되어 있어야 한다고 여겼다. 그림을 그리기 전에 그는 곧잘 몇 시간씩 대수방정식을 풀곤 했는데, 그의 창조 프로세스에는 구조에 관한 매우 고강도의 수학 연구로 준비 태세를 갖추는 것도 포함되어 있었기 때문이다. 그러고 나서 그는 갑자기 한바탕, 물감으로 즉석화를 그려 내곤 했다. 이것이 바로 그의 그림이 정신과 영혼, 머리와 가슴의 양쪽 구조가 완벽하게 균형을 이룬 강력한 표현을 담아내게 된 이유 중 하나일 것이다.

언젠가 화가인 친구와 폴록에 대해 의견을 나누던 중에 그 친구가 이렇게 말한 적이 있다. "당연히 그의 작품은 강렬했겠지. 그는 훌륭한 화가였으며, 자기가 무엇을 원하는지를 알고 있었어." 핵심을 찌르는 말이었다. 폴록은 명확한 비전의 소유자였으며, 자신의 비전을 실현할 수 있는 능력을 지닌 사람이었다. 이 정도면 창조 프로세스에 대해 더 물을 일이 남아 있을까?

1952년, 어느 인터뷰에서 폴록은 그림 그리는 과정에 대한 질문을 받게 되었다. 그가 택한 과정이 예술의 필수 요소냐는 질문이었다. 폴록은 "과정은 원하는 그림을 완성해서 창조하기 위한 수단에 불과합니다"라고 대답했다. "과정 그 자체는 아무런 의미가 없어요. 과정은 결과를 창조하는 하나의 방법일 뿐이에요."

우리가 자신만의 창조 프로세스를 시작할 때도 명심할 것은 '옳은' 방법이 따로 있지 않다는 것이다. 그림을 그리는 '옳은' 방법, 음악을 작곡하는 '옳은' 방법 같은 것은 없으며, 자신의 인생을 창조하는 '옳은' 방법도 없다. 아마 누구든지 자신의 개인적 스타일, 선호하는 것, 가치관, 욕망 등에 기초하여 대부분의 일을 행할 것이다. 자신만의 경로를 실험하다 보면 자신만의 창조 프로세스에 전문가가 될 것이고, 그것만이 유일하게 자신의 삶에 직접적으로 연결된 것이다.

콘셉트에서 비전으로

콘셉트와 비전은 다르다. 콘셉트는 비전의 앞에 위치한다. 콘셉트가 일반적이라면 비전은 구체적이다. 콘셉트를 구상하는 시기는 아이디어를 실험하는 시기이면서 정신적으로 다양한 가능성을 시도해 보는 형성의 시기이다. 명상이나 사색하기, 걷기, 하늘을 바라보기, 텔레비전 시청, 온수 목욕(내가 좋아하는 것 중 하나다), 잠자기, 꿈꾸기, 친구와 대화하기 등등이 이때 할 수 있는 것들이다. 어떤 면에서 콘셉트를 구상하는 시기에는 함께 논다는 느낌이 있다. 콘셉트들을 이리저리 가지고 놀이하듯이 하는 것이다. 이렇게도 해 보고, 저렇게도 해 보고. 일정 기간 동안 상상 속에서 지닌 채 생활을 해 보는 것이다. 그러다 보면 자기가 그것들을 좋아하는지 싫어하는지에 대해 충분히 느낄 수 있을 정도로 잘 알 수 있게 된다.

일단 콘셉트가 형성되면 다음 단계는 그것을 공고하게 다지는 것이다. 즉 집중하는 것이다. 달리 말해서 콘셉트가 다양한 방법으로 나타날 수 있기 때문에 그중 '어떤 방법으로 나타나기를 원하는지' 선택하는 것이다. 콘셉트 구상의 단계에서와 똑같은 원리가 비전의 단계에도 적용된다. 비전은 자신이 그것을 창조했을 때 인식할 수 있을 만큼만 선명하면 된다. 그렇다면 콘셉트 구상과 비전의 가장 중요한 차이는 무엇일까? 그 차이는 집중에 있다. 그리고 집중은 한계를 정함으로써 가능해진다. 어느 하나의 콘셉트를 하나의 비전에 집중시킨다는 것은 '많은 방법을 단일한 방법으로 한정하는 것이다.' 따라서 모든 비전은 콘셉트이기도 하지만, 모든 콘셉트가 비전인 것은 아니다.

콘셉트 구상의 단계에서는 많은 가능성을 시도해 보지만, 비전 단계에서는 단 하나만을 결정하는 것 역시 마찬가지 이유에서이다.

일단 비전을 형성했으면 창조 프로세스에서 일반적인 것을 구체화시키는 하나의 발전 단계를 달성한 셈이다. 이 단계는 예술과 과학 전반에서 전형적인 사례들을 찾아볼 수 있다. 전자 기술의 일반 원리는 마이크로칩이나 반도체라는 구체적인 형태로 이용되며, 건축의 일반 원리는 뉴욕의 구겐하임미술관이라고 하는 구체적인 형태를 취한다. 향신료 혼합의 일반 원리는 코코뱅(Coq au vin: 포도주를 이용한 닭 요리-옮긴이)으로, 공기역학의 일반 원리는 747 제트여객기로 구체화되었다.

자기가 어떤 종류의 집이든 지을 수 있는 건축가라고 상상해 보자. 우선 필요한 것은 집에 관한 일반적인 콘셉트다. 얼마나 크게 지을 것인가? 어떤 자재를 쓸 것인가? 위치는 어디로 할 것인가? 예산은 어떻게 잡을 것인가? 이것들은 일반적인 콘셉트를 형성하는 데 도움이 되는 일반적인 질문들이지만, 이 질문들에 다 답을 한다 해도 집의 비전이 서지는 않는다. 그러나 일단 일반적인 콘셉트가 정해지면 구체화 작업을 시작하기가 쉽다. 집의 스타일은 무엇으로 할 것인가? 공간의 느낌은 어떻게 가져갈 것인가? 방은 몇 개 만들며, 각 방의 위치는 어떻게 정할 것인가? 부엌은 어디에 둘 것인가? 현대적으로 할 건가, 아르누보(Art Nouveau)로 할 건가, 전통적으로, 아니면 초현대적으로 할 건가?

콘셉트가 점점 더 명확해질수록 매우 구체적인 집이 머릿속에 자리를 잡아 가게 된다. 그런 식으로 우리는 자신이 원하는 것에 관한 최종 권위자가 된다.

테크놀로지 포 크리에이팅® 과정의 첫 수업에서 학생들은 이 원칙을 가지고 학습을 한다. 먼저 원하는 결과를 구상하고, 몇 가지 이미지를 머릿속으로 떠올려 본다. 이어 머릿속 이미지에 대해 글로 묘사하고, 완성된 콘셉트로 실험을 해 본다. 재고의 시간을 가진다. 재고한 것을 토대로 새 이미지를 형성한다. 작업이 진전될수록 콘셉트가 더 명확해지고 더 세부적이 되어 간다. 이제 콘셉트를 진정으로 '느끼기' 시작한다. 어느새 창조하고자 하는 결과의 구체적인 비전이 수립되기 시작한다. 어떤 남자 학생 한 명은 별장이라고 하는 일반적인 콘셉트로 이 과정을 시작했다. 그는 결과물을 머릿속에 그리면서 조금씩 세부 사항들을 채워 나갔다. 호수를 첨가했으며, 숲도 원하는 항목에 넣었다. 온화한 날씨도 넣어 보고, 주위에 산이 있는 것으로 설정했다. 그는 흡족해하면서 작은 상점들과 큰 매장들, 편의 서비스들의 접근성까지 첨가했다. 그는 통나무 오두막부터 시작했다가 그 후 방을 늘리기로 결정했다. 집은 이층짜리로 변했고, 점점 더 많은 세부 사항이 첨가되었다. 연습이 끝날 무렵 그는 원하는 것에 꼭 맞는 비전을 지니게 되었으며, 과정이 모두 마무리되었을 쯤에는 자신의 비전과 완벽하게 일치하는 집을 살 수 있었다. 이전에 그는 별장에 관해 백일몽을 꾸었지만, 그건 그야말로 희망 사항일 뿐이었다. 콘셉트도 형성되지 않았다. 그랬던 그가 일반적인 콘셉트를 구체적인 비전으로 형성하기 시작하면서 자신만의 창조 프로세스에 집중했다. 그는 점점 더 자신이 원하는 것을 정확하게 볼 수 있게 되었고, 이것이 TFC 과정의 다른 기법들과 합쳐지면서 그가 원하는 결과를 창조할 수 있게 도왔다.

다른 클래스의 한 여성은 자기 사업을 하겠다는 일반적인 콘셉트를 가지고 있었다. 그녀는 자기가 할 수 있을 만한 사업의 이미지를 만들기 시작했는데, 처음에는 일반적인 콘셉트를 만드는 일에 좀 곤란을 겪었다. 자신이 할 만한 일에 계속해서 이미 알고 있는 사업들을 매칭하려 했기 때문이다. 맨 처음부터 콘셉트를 형성하려 하지 않고 자신이 원하는 것과 이미 존재하는 것을 연결하려는 것은 초심자들이 흔히 하는 실수다. 몇 차례의 잘못된 출발 이후 그녀는 선입견을 배제하고 시작할 수 있었다. 그녀는 자신이 하게 될 일에 매료되어 있는 자신을 그려 보기 시작했다. 그리고 함께 일할 사람들도 상상해 보았다. 그다음에는 독립 여성 사업가로서 자신의 인생을 상상했다. 조금씩 그녀는 콘셉트를 채워 나갔으며, 자신이 그리고 있던 사업의 다른 측면들도 구상해 나갔다. 더 개념화해 나갈수록 사업은 더 구체적이 되었다. 처음에는 서비스 사업을 구상했으나 이후 제품 사업으로 전환했다가 나중에는 자신의 상점을 여는 그림을 그렸다. 그리고 다시 서비스 사업이 더 낫겠다는 결정을 내렸다. 그녀는 여행이라는 콘셉트를 가지고 놀기 시작했으며, 여행사 사업에 대해 매우 확고한 비전을 수립했다. 그녀에게 이것은 새로운 아이디어였다. 콘셉트를 구체적인 비전으로 옮기자 그녀는 매우 성공적이며, 독특하다고 손꼽히는 여행사를 창립하는 첫걸음을 내디딜 수 있었다.

이행기

자신의 비전을 형성해 나가는 것은 동시에 그것을 자신에게 가르치는 일이기도 하다. 이 시기 동안 콘셉트에서 비전으로의 이행이 이루어진다. 처음에는 아이디어들의 비중을 정하는 시도를 하게 된다. 여러 아이디어를 가지고 놀면서 자신이 좋아하는 것과 싫어하는 것에 대해 점점 더 잘 알게 된다. 사나흘 정도 특정 아이디어에 푹 빠져 지내다가 주말쯤 되면 자신이 그것에 진력났다는 것을 알게 되기도 하고, 처음에는 별생각이 없던 아이디어가 마음속에서 점점 자리를 차지하게 되고 끝내 좋아하게 된 것을 알아차리기도 한다. 즉 개념화해 나가면서 스스로 배우는 것이다. 또한 이렇게 배운 것들은 비전의 창조에 직접적으로 쓰이게 된다.

창조 프로세스의 많은 단계마다 고착화되는 경향을 보이는 사람들이 생기는데, 비전 형성 단계에서 주로 생기는 현상은 아이디어들을 가지고 놀기는 하는데 절대로 콘셉트를 비전으로 형성하지는 못하는 것이다. 이 프로세스 동안에는 반드시 일반적인 것에서 구체적인 것으로 옮아가기 위한 선택을 해야 하는데도 말이다. 구체적이고 특별한 것으로 한정 짓기 위해서는 포함과 제외가 이루어져야 한다. 이것은 크리에이터가 하는 매우 중요한 행동 중 하나다. 가장 위대한 크리에이터는 무엇을 포함하고 무엇을 제외할지를 딱 안다. 작가인 나의 친구 한 명이 언젠가 내게 이런 말을 했다. "최고로 잘 쓴 문장들을 좀 지워 버려야 사람들에게 효과가 있는 책들이 있어!"

콘셉트와 비전 사이의 이행기에는 무엇을 포함하고 무엇을 제외할지에 대한 직감이 생기기 시작한다.

비전이 실체가 되는 지점

이행기에는 비전이 온전히 스스로의 정체성을 띠는 지점이 있다. 우리와 별개의 실체가 되는 것이다. 실체는 우리의 비전이면서 동시에 별개의 삶을 영위하는 개체다.

작가들이 창조해 낸 소설 속 인물들이 독자적으로 고유의 정체성을 가지기 시작하는 순간들이 이런 예이다. 작가들은 작중 인물들이 플롯에서 무언가를 하고 싶어 한다는 느낌을 받고 놀라기도 한다고 한다. 때때로 플롯의 독창성은 자신만의 성격과 가치관, 동기 등을 지닌 개성 강한 캐릭터들의 혼합에서 비롯된다. 작가는 스토리에서 등장 인물들을 인도해 나아가는 역할을 하지만 이따금 그들의 행위에 독자들 못지않게 깜짝 놀란다는 것이다.

비전을 형성하다 보면 종종 그것이 구체적인 실체가 되는 순간이 있다. 이것이 '결정화 프로세스(Crystallization process)'이다. 월트 디즈니가 생쥐의 콘셉트를 가지고 노는 모습을 상상해 보자. 그는 이 생쥐를 중심으로 하나의 아이디어를 형성하기 시작한다. 생쥐에게 성격이 생긴다. 디즈니는 생쥐에게 스팀보트 윌리라는 이름을 지어 준다. 그는 이 생쥐를 만화 주인공으로 삼는다. 디즈니는 이 조그만 캐릭터를 마음에 들어 했지만 이름이 어딘지 캐릭터의 성격과 맞지 않는 느낌을 받는다. 그가 캐릭터의 이름을 미키로 바꾸면서 디즈니 제국이 건설된다.

미키는 모습과 성숙도에도 변화가 있었다. 〈스팀보트 윌리〉에서 처음 맡은 역할에서는 마른 체격에 코가 길었다. 1930년대에서 1940년대 사이에는 코가 점점 짧아지고 단추처럼 납작해져 갔다. 반면에 배는 점점 볼록해졌다. 목소리도 변했고, 점점 더 귀여워졌다. 몸집은 점점 작아져서 정말 생쥐처럼 보이기 시작했다. 미키가 등장하는 만화 속 세상은 〈환타지아〉 중 「마법사의 제자」에서 보듯이 흑백에서 컬러로, 단순한 형태에서 정교한 애니메이션으로 변했다.

미키의 유대 관계도 변했다. 반려견이 생겼고, 여자 친구를 사귀게 되었으며, 좀 어수룩하지만 매력적인 친구들도 생겼다. 1950년대에는 재능 있는 어린이 제자들과 함께 일일 텔레비전 프로그램에 출연했으며, 나중에는 그가 중심 역할을 하는 거대한 테마파크가 만들어졌다. 온 세상 사람이 이 작은 생쥐를 점점 더 사랑하게 되었다.

미키가 성숙해 가는 모습은 사람이 어린아이에서 청소년기를 거쳐 성인이 되는 발달 과정과 다르지 않았다. 다만 자신을 창조한 사람보다 더 오래 살 뿐.

우리의 비전이 독립적인 실체가 되면 우리는 그것과 복잡한 유대 관계를 발전시킬 수가 있다. 우리는 부모이고 그것은 자식이다. 우리는 그 독립적인 실체를 위해 싸우는 챔피언이며, 동시에 비판자이다. 우리는 그것에 대해 열정적이면서 동시에 냉정하기도 하다.

창조물로서의 인생

자신의 인생을 창조물이라고 생각하는 사람은 거의 없다. 크리에이터가 인생에서 자신의 비전과 어떤 식으로든 관계를 맺는 것은 권장 사항이 아니기 때문이다. 그러나 사실 인생은 창조물이 맞다. 환경에 반동할 때와 순응할 때의 인생이 천양지차인 것을 보면 알 수 있다. 자신만의 인생은 별개의 실체가 될 수 있다. 그렇다면 우리는 자신이 원하는 방식대로 인생을 만들고, 성형하고, 변경할 수 있다. 이렇게 하는 것이 가능해지면, 우리는 원래의 정체성이 무엇이든 인생을 자유롭게 전개해 나갈 수 있게 된다. 정체성이 위기에 처할 걱정을 하지 않고 성공도, 실패도 할 수 있는 것이다.

자신의 비전이 별개의 정체성을 지니기 시작하면 처음에는 낯설어 보일 수 있다. 그러나 이것은 사람을 사귀는 과정과 다르지 않다. 상대에 대한 첫인상이 생기고, 시간이 지나면 그에 대해 더 많이 알게 되는 것이다. 심지어 비전을 안 지 몇 년이 지난 뒤에도 새로운 특질들을 발견하고 놀라는 것도 똑같다.

비전은 '자신이 원하는 것'에 관한 것이다

너무 자주 사람들은 스스로에게 어떤 결과를 원하는가가 아니라 과정이나 문젯거리 그리고 그 해결책에 대해서만 질문한다. 조직이나 기관에 컨설팅을 해 줄 때 '어떤 결과를 원하는가?'라는 질문을 하면 많은 관리자가 난처함을 감추지 못한다. 그러면서 정말로 원하는 것을 포착하지 않은 채 모호하고 에두른 대답들을 내놓곤 한다. 때로는 무엇이라고 불러 본 적도 없는 문제에 대해 자신들이 생각하는 해결책에 이름까지 붙여서 내놓기도 하고, 필요하다고 생각하는 과정들을 제시하기도 한다. 예를 들면 이런 것들이다.

고객이 도움이 된다고 생각할 만한 것을 산정하는 평가 방식을 개발하기 위한 시스템을 원합니다.

비전통적인 미디어에서 새로운 방법으로 사용자들을 지원하며, 추가적인 참여를 위한 테스트 사례들을 제공해 줄 마케팅을 원합니다.

부서를 재정비하고 시장에서 경쟁력을 가질 수 있는 전략 목표를 만들고 싶습니다.

이는 오늘날 가장 큰 회사에서부터 가장 작은 회사까지 모든 회사에서 흔히 볼 수 있는 진술 유형이다. 조직의 목적 또는 미션을 규정하는 것이 경영관리 기법의 유행이 된 덕분이다. 표현이 모호한 경우가 꽤 있는데도 조직 내의 많은 그룹은 단지 기업 활동의 관행이 되었다는 이유만으로 사명 선언문(Mission statement)을 계속한다. 미션으로 정해진 진술에서 목표가 창출되고, 전술이 설계되며, 역할이 분담되고, 회의 일정이 정해진다. 그러나 정작 많은 일이 일어나지는 않는다. 왜 그럴까? 이 사람들이 여전히 '자신들이 원하는 것이 무엇인지를 모르기 때문이다.' 그래서 나는 기업의 임원들이 자신들이 원하는 결과를 자세히 설명할 수 있게 돕는 일에 많은 시간을 할애한다.

몇 시간이나 걸릴 만큼 힘든 일이어서일까? 그렇지 않다. 다만 기업 임원들이 가능하다고 생각하는 것에서 원하는 것을 분리해 내는 습관이 없어서 그럴 뿐이다. 또한 그들이 모호한 언어 표현, 불명확한 콘셉트들, 심리적 영향을 받는 독단적인 경영 신조, 그리고 반동-순응 지향성 등을 사용하는 경영 훈련상의 추가적인 부담을 지니고 있기 때문이기도 하다.

찰리 키퍼는 조직의 상황을 이런 식으로 묘사했다.

> 이 문제의 안타까운 부분은 현대 미국의 비즈니스에서 대부분의 계획이 반동-순응 지향성으로 수립된다는 것이다. 조직은 정교한 방법론을 통해 직면하고 있는 상황들의 현재 상태를 확정하려 한다. 이를 통해 현재의 재정 상황, 직원들의 역량, 현재 창출 가능한 상품 등을 계획하고, 경쟁사의 능력과 대응 가능한 방법, 만약의 경우에 취할 수 있는 법적 조치 등을 검토하는 것이다.
>
> 또한 이런 요소들을 철저하고 완전하게 분석한 후, 대개는 현재 상황들에 비추어 성과를 최적화하기 위한 과정을 도표로 작성하는 비극적 단계를 밟는다. 본질적으로 조직이 내는 목소리는 이런 것이다. '이런 환경들을 감안할 때 우리가 바랄 수 있는 최선은 무엇인가?'
>
> 이번에는 창조 모드로 운영되는 조직의 사람들을 떠올려 보자. 그들은 가장 먼저, 정말 창조하고 싶은 것이 무엇인지 결정하는 것으로 계획에 접근하는데, 이 점에서 본질적으로 자신들에게 충실해진다. 현재의 실상을 분석하는 것은 그다음이다(아마 방식에서는 앞서와 정확히 일치할 것이다). 그러나 이번에는

분석한 것들이 오로지 그들이 정말 원하는 것으로 가는 다리를 건설하기 위한 기초로만 사용된다. 그런 조직의 앞길에는 탄탄대로가 펼쳐진다.

원하는 것을 알기

아래의 원칙들은 창조하고 싶은 것을 구상하는 실험에 도움이 될 것이다.

1. 스스로에게 '나는 무엇을 원하는가?'라고 질문하라

너무 뻔한 이 질문을 사람들이 스스로 해 보지 않는 것이 놀라울 정도다. 이 질문을 묻고 답하는 것은 언제든지 가능하다. 그러나 문제를 해결하려 하거나 과정을 결정하려 하지 않을 때, 이 질문은 더 효과적으로 작용한다.

여러 유형의 상황에서 스스로에게 이 질문을 하는 연습을 하라. 대단히 중요한 때에만 하겠다면서 아껴 두지 말기 바란다. 일하면서 수시로 이 질문을 해 보는 습관을 들이면 원하는 것을 알아차리는 직관력을 기를 수 있게 된다. 이전에는 우유부단했을지라도 시간이 흐르면서 경험이 쌓이면 점점 단호해질 것이다.

자신이 원하는 것을 알면 두 가지 중요한 이득이 생긴다. 주의를 빠르게 집중시킬 수 있고, 스스로에게 진실을 정확하게 설명하게 된다.

언제든 혼란스럽다 싶으면 이 질문을 던지고 그에 답함으로써 더 분명한 길을 모색할 수 있다. 혼란은 대개 과정 또는 해법에 집중하여 자신이 정작 어디로 가는지를 알 수 없을 때 온다. 원하는 것을 염두에 두면 욕망하는 결과를 향한 주의를 집중시키는 능력이 발휘되어 혼란을 없애 줄 것이다. 혼란은 대개 어디로 가고 싶은가에 관한 것이 아니라, 어떻게 갈 것인가에 관한 것이기 때문이다. 가고 싶은 곳이 어디인지를 알기도 전에 가는 길을 찾겠다고 노력해 봤자 그 탐색에 혼란이 따르리라는 예상은 당연한 것이다.

혼란 때문에 압도되면 한 번에 처리할 수 있는 것보다 더 많은 사건이 밀려들게 된다. 다른 방향으로 끌려가는 경험을 하게 되는 것이다. 이는 자신의 미래를 창조하는 데 있어서 무기력을 경험하는 것이다. 이것은 일어나는 일들을 따라잡을 능력의 부재를 경험하는 것이다. 그러나 원하는 결과에 집중하면 포화처럼 밀려드는 사건들이 스스로 필요한 순서로 정렬된다.

사실과 추측 사이에는 엄청난 차이가 있다. 원하는 결과가 무엇인지 결정하면 우리가 그 결과를 원한다는 것은 사실이 된다. 때때로 사람들이 과정을 선택해 놓고 원하는 것을 결정했다고 착각할 때가 있는데, 이것은 틀린 가정이다. 과정은 주로 원하는 것에 관한 추측에 이용될 뿐, 원하는 것을 창조하는 데는 사용되지 않는다.

'나는 무엇을 원하는가?'라는 질문을 하고 그에 답하는 것은 단지 막연한 추측을 하는 것이 아니라 하나의 사실을 창조하는 것이다.

2. 과정을 고려하는 것과 별개로 자신이 원하는 것을 숙고해 보라

과정을 고려함으로써 원하는 것을 결정하려고 하면 이미 방법을 알고 있는 것으로 정해 버려 원하는 결과를 구상하는 스스로의 능력을 제한하게 된다. 그러나 창조 프로세스는 미지의 것들에 대한 발견으로 가득 차 있다. 과정에 의존하여 결과를 만들어 내려 하는 사람들은 스스로를 심각하게 제한하고 있다. 이것은 역사를 반복하기에는 좋은 방법이겠으나 새로운 것을 존재하게 하는 방법으로는 좋지 않다.

창조를 할 때 과정을 고려할 필요는 있다. 그러나 이것은 원하는 결과가 무엇인지 안 다음에 일어나야 할 일이다. 현재의 현실과 비전 사이에 경로를 만드는 데는 대단히 영리한 방법이 많고 많으니 말이다.

때로는 원하는 결과가 실제로는 과정의 한 단계일 뿐일 때도 있다. 많은 사람에게 돈은 결과라기보다는 원하는 다른 결과들을 향해 가는 과정이다. 또 어떤 사람들에게 개인적 유대 관계는 결과가 아니라 소원의 실현 또는 만족을 향해 가는 단계다. 자신이 원하는 결과가 다른 최종 결과로 가는 단계에 지나지 않는다는 것을 알게 되면 그 단계가 어디로 이어질 것인지를 알아내야 한다. 돈으로 무엇을 할 것인지, 유대 관계에서 무엇을 끌어내고 싶은지. 최종 결과는 그 자체로 존재한다. 최종 결과가 더러 다른 결과로 이어질 때도 없지는 않지만, 그 목적은 우리를 다른 결과로 이끌어 가는 것이 아니라는 것이다.

3. 자신이 원하는 것과, 가능성에 관한 질문을 구분하라

진정으로 창조하고 싶은 것을 구상하려면 가능하다고 생각하는 것과 원하는 것을 분리해야 한다. 1903년에 오빌과 윌버 라이트(Orville and Wilbur Wright) 형제가 처음으로 비행기를 만들고 있었을 때, 과학계와 기술계에서는 일제히 공기보다 무거운 기계가 비행하면서 스스로를 떠받

치는 것은 불가능하다는 주장을 펼쳤다. 라이트 형제가 원한 것은 누가 봐도 가능할 것 같은 것에 기초하고 있지는 않았다. 그러나 그들은 자신들의 비전이 무엇인지 알고 있었다.

가능해 보이는 것에 근거하느라 자신이 원하는 것을 스스로 제한하고 있다면 그건 자신의 비전을 검열하고 억제하는 것이다. 단순히 가질 수 없을 것 같다는 이유만으로 원하는 것을 스스로 용인하지 않는 것은, 실제로는 자신에게 진실을 잘못 전달하는 것이다.

거짓말탐지기는 생리적인 스트레스를 측정한다. 자신에게 거짓말을 하거나 어떤 식으로든 진실을 잘못 전하면 몸에 대한 스트레스를 증가시키게 되며, 그런 식으로 여러 해에 걸쳐 정말 원하는 것을 잘못 전달하다 보면 스트레스 증가가 건강 문제로 이어질 수 있다. 자신에게 하는 거짓말은 반드시 자신과의 유대 관계를 무너뜨리고, 스트레스를 유발하며, 진실을 잠재적인 위험과 위협인 것처럼 느끼게 한다.

언젠가 부활절 실 재단(Easter Seal Foundation)의 워크숍을 지도한 적이 있는데, 재단의 특성상 함께 일했던 사람들은 모두 폐기종, 폐암, 천식 등의 폐질환을 앓고 있었다. 당시 워크숍 프로그램 중에 참가자들에게 가능하다고 생각하는 것들과 진정으로 원하는 것들을 분리하는 연습을 목적으로 하는 섹션이 있었다.

연세 지긋한 여성 한 분이 이 연습을 유난히 힘들어했다.

'기억하셔야 할 것은, 이것이 가능하다고 생각하는 것과 원하는 것을 분리하기 위한 연습이라는 점이에요'라고 나는 말해 주었다. "그런 의미에서, 원하시는 게 뭡니까?"

"말할 수가 없어요." 그녀는 대답했다. "정말로 그게 가능할 리가 없으니까요."

"글쎄요. 원하는 게 가능한지 아닌지는 잠시 접어 둡시다. 당신은 무얼 원하세요?"

"절대로 가질 수 없는 것이라서 말할 수가 없어요." 그녀가 말했다.

"당신이 원하는 게 무언지 제가 말씀해 드릴 수 있습니다." 내가 말했다.

"당신이 말할 수 있다고요?"

"물론입니다." 내가 대답했다. "당신이 원하는 것은 건강입니다."

"그렇다 해도 결코 가질 수 없는 것이기는 하죠."

"그러나 그게 당신이 원하는 것 아닌가요?"

"그렇다 해도 절대로 가질 수 없는 것이죠." 그녀는 같은 말을 되풀이했다.

"자, 제가 마법의 요정이고 지팡이를 흔들어 당신께 완벽한 건강을 드릴 수 있다고 합시다. 그럼 그걸 받으시겠습니까?"

그녀는 잠시 멈칫하더니 조용히 "네"라고 답했다.

"그걸 받으시겠다는 것은…" 하고 내가 덧붙였다. "그걸 원하셔야 하는 겁니다. 게다가 그게 전혀 가능해 보이지 않아도, 심지어 정말 불가능할 때도 진정한 진실은 당신이 완벽한 건강을 원한다는 겁니다."

"네" 하더니 그녀는 또 말했다. "그렇지요."

"그럼, 이제 원하는 것에 관한 진실을 스스로에게 말씀하세요." 나는 이어서 말했다. "비록 그걸 갖는 게 불가능하다고 생각할 때조차 원하는 것에 관한 진실을 자신에게 말하는 건 절대로 잘못된 게 아닙니다."

그녀는 잠깐 가만히 있다가 바닥을 내려다보며 조용히 말했다. "진실은, 내가 건강해지고 싶다는 거야."

"그 말을 한 순간 어떤 일이 일어났나요?" 내가 물었다.

"이해가 안 되네요." 그녀가 그 전과는 아주 달라진 표정으로 대답했다. "어깨에서 무게를 덜어 낸 것처럼 몸이 가볍게 느껴져요. 머릿속이 더 맑아졌고요. 지금 어떤 에너지가 내 몸속을 흐르고 있는 것 같아요."

그녀가 병으로 오래 앓았든 그렇지 않든 그녀의 진실은 건강하고 싶다는 욕망이었으며, 이로써 스스로에게 진실을 부정해야 한다고 느끼는 추가적인 부담을 더 이상은 견딜 필요가 없어졌다. 분명한 것은 그동안 원하는 것을 부정함으로써 가중된 스트레스가 그녀에게 아무런 도움이 되지 않았다는 것이다.

세상에는 원하는 결과의 명확한 비전으로 커다란 건강상의 장애를 극복한 사람들에 관해 누구나 알 법한 사례가 얼마든지 있다. 결국 기적적인 치료는 불가능하다고 말하는 것이 얼마나 주제 넘는 일인지 느끼게 하는 사례들이다. 베이브 디드릭슨 자하리아스("Babe" Didrikson Zaharias)는 올림픽 스포츠 스타이면서 프로 골퍼였는데 병으로 장애인이 되었고 다시는 걷지도, 골프를 칠 수도 없다는 선고를 받았다. 그러나 그녀는 프로로서 골프를 하는 자신의 비전을 창조했고 오랫동안 토너먼트 골프 경기를 하며 살 수 있었다. 유아기에 병으로 눈과 귀가 먼 헬렌 켈러의 경우 어엿한 사회의 일원으로 살아갈 수 있으리라는 희망을 품지 않았지만, 교사였던 앤 설리번은 헬렌이 자신만의 방식으로 의사소통하고, 책임을 지며, 교육 받고, 사회에 봉사할 수 있을 것이라는 비전을 놓지 않았다.

즉 우리가 진정으로 원하는 것에 관한 진실을 스스로에게 거짓말하거나 왜곡하여 전달하는 것은 이런 놀라운 변화들이 일어날 가능성을 현저히 줄이는 결과가 될 것이라는 이야기다.

앞에서 나와 대화한 여성이 묘사한 것처럼 몸이 가벼워지고 에너지가 몸속에 흐르는 느낌은 원하는 것에 관한 진실을 자신에게 털어놓기 시작하면 흔히 겪게 되는 현상이다.

뉴욕에서 테크놀로지 포 크리에이팅® 과정을 수강한 한 학생은 공연 대행사에서 9년 동안 조수 생활을 했다. 그러나 그녀에게 약속되었던 사업상의 지분은 주어지지 않았다. 그러는 사이 그녀는 임신을 하여 일을 계속할 수가 없게 되었다. TFC 과정을 이수하는 동안 그녀는 또다시 공연 대행사의 조수 자리를 제의받게 되었다. 아기를 키우면서 업무를 수행할 수 있을지 의구심이 일었지만 그녀는 일단 인터뷰에 응했다. 이 대행사에서는 의외로 재택근무를 하겠다는 그녀의 아이디어를 좋게 받아들여 그녀를 채용했다. 그뿐만 아니라 파트타임으로 일할 수 있는 사무실을 제공해 주고 이전에 비해 급여를 세 배 올려 주었다. 몇 개월 후 그 새 직장에서는 그녀에게 완전한 동업자로서 일해 보자는 제의를 해 왔다. 만약 그녀가 가능하다고 생각한 것과 원하는 것을 분리하지 않았다면 결코 성취해 내지 못했을 결과들이었다.

애틀랜타의 한 가구 제조업자는 자신이 매장을 확장하고 장비를 최신화하고 다른 사람들과 함께 일하기를 원한다고 결정을 내렸다. 사실 이것들을 다 성취하기는 불가능해 보였지만 원하는 것은 원하는 것이었다. 그런데 TFC 과정을 수료하는 5개월 동안 그는 거의 100만 달러에 달하는 커다란 계약을 따냈다. 그는 곧 설비를 전면 교체하고 인력을 확충했다. 수년에 걸친 악전고투 끝에 그에게 일어난 일이었다. 그가 가능할 것 같은 소원에 맞춰 자신의 포부를 다스렸다면 결코 창조해 낼 수 없었을 일이었다.

원하는 결과가 무엇인지 알고 그것에 정확히 이름을 붙일 수 있는 기술은 가능성에 대한 질문을 이로부터 분리해 내는 것에서부터 시작된다.

비전은 조직화 원리다

화가들과의 대화에서 피카소는 그림에서 처음의 비전이 최종 결과에 어떻게 영향을 미치는지 이렇게 묘사했다.

> 그림을 그려 가면서 단계별로 변화하는 모습을 사진으로 기록하는 것은 대단히 흥미로울 것이다. 아마도 꿈이 구체화되는 지점을 향해 마음이 어떤 경로로 움직여 가는지를 보여줄 것이므로. 그러나 정작 중요한 것은 그림이 근본적으로 변하지 않는다는 것을 알게 되는 일이다. 겉으로 보기에 어떻든지 처음의 비전은 거의 온전히 유지되기 때문이다.

비전에는 힘이 있다. 비전을 통해 우리는 쉽사리 평범 너머의 비범에 도달할 수 있다. 비전은 행동을 조직하고, 가치에 집중하며, 현재의 현실에 무엇이 연관되어 있는지 뚜렷이 볼 수 있게 도와준다.

로저 세션스는 베토벤의 음악적 비전이 작곡 과정에 어떻게 영향을 끼쳤는지에 대해 이렇게 썼다. '이 완벽한 깨달음에 이르렀을 때 망설임은 없었다. 오히려 정확히 그가 원한 것이 이것이었다는 것을 알아차리는 찰나의 빛이 있었을 뿐.'

세션스는 이어서 이렇게도 썼다. '이 전체적인 비전의 역할은 늘 중차대하며, 나아가 점점 더 핵심적인 창조 행동으로 발현된다.'

비전에는 마술의 속성도 있다. 내게 마술이란 결과를 도출해 낸 전 과정을 보지 않은 채 결과만을 보는 것인데, 로저 세션스도 베토벤의 작곡에 관해 비슷한 의견을 피력한다. 작곡가의 창조가 아이디어와 과정을 별로 의식하지 않은 채 비전에 의해 주도된다는 것이다. '심사숙고하여 작업을 하면서도 매우 자주 그는 끝까지 자신의 정확한 사고 과정을 인식하지는 않았으며, 작업을 마치고 난 직후 완성된 자신의 작품을 이해할 수 없어 하는 일이 다반사였다.'

이 작곡가가 비전의 내적 시선에 이끌려 결과에 이르게 된 게 아닌가 하는 생각을 해 볼 수밖에 없는 대목이다. 실제로 많은 크리에이터가 자신의 창작물에 곧잘 이런 식의 놀라움과 경외감을 표하곤 한다.

비전의 내적 시선은 아직 존재하지 않는 것을 볼 수 있고, 현재의 환경 너머에까지 다다르며, 한 번도 가 본 적 없는 곳까지 볼 수 있다. 현재와 과거를 뛰어넘는 곳까지 시야가 미치며, 미지의 것에서부터 지금껏 존재하지 않았던 무언가를 구상하는 것까지, 이는 그야말로 놀라운 인간의 능력이 아닐 수 없다.

위대한 20세기 작곡가 카를하인츠 슈토크하우젠(Karlheinz Stockhausen)은 이런 글을 썼다. '잠시 눈을 감고 귀 기울여 볼 필요가 있다. 공기 속에는 들어 본 적 없는 소리가 반드시 들어 있다.'

10장

지금의 현실

현실은 적이 아니다

어느 날 아침, 잠에서 깨어 갑자기 자기가 좀비라고 믿게 된 남자가 있었다. 그가 아내에게 이 말을 하자 그녀는 남편을 이 얼토당토않은 생각에서 벗어나게 하려고 애를 썼다.

"당신은 좀비가 아니라고요!" 그녀가 말했다.

"나 좀비 맞아요." 그가 대답했다.

"무엇이 당신을 좀비라고 생각하게 하는 걸까요?" 그녀가 표현을 바꾸어 다시 물었다.

"좀비가 자신이 좀비라는 걸 모를 거라고 생각해요?" 그는 대단히 성실하게 대답했다.

그의 아내는 아무래도 소용이 없다는 걸 알고, 시어머니를 불러 일이 어떻게 된 건지 들려주었다. 그의 어머니는 아들을 돕기 위해 노력했다.

"난 네 엄마야. 엄마가 좀비를 낳았는지 아닌지를 모르겠니?"

"물론 아니죠. 난 나중에 좀비가 된 거니까요." 그가 설명했다.

"난 내 아들을 좀비로 키우지 않았어. 더구나 자기가 좀비라고 생각하도록 키우지는 않았단다." 그의 어머니는 애원하다시피 했다.

"그래도 저는 좀비예요." 어머니가 아들의 정체성과 죄책감을 향해 호소했지만 그는 흔들리지 않았다.

그날 늦게, 아내는 담임 목사에게 청하여 남편과 이야기를 좀 나눠 봐 달라고 했다.

"당신은 좀비가 아닙니다. 그저 중년의 위기를 겪는 게 아닐까 싶군요." 목사는 평소 해 보고 싶었던 심리학자의 태도로 말했다.

"좀비에게는 중년의 위기가 없어요." 남편은 짧게 대답하고 입을 다물었다.

목사는 정신과 의사에게 가 보라고 충고하고 물러났다. 아내는 응급 진료 예약을 잡았고, 한 시간도 채 못 되어 남편과 정신과 진료실에 찾아갔다.

"그래서, 자신이 좀비라고 생각하신다고요?" 정신과 의사가 물었다.

"내가 좀비인 걸 나는 알아요." 남편이 말했다.

"말해 보시죠. 좀비는 피를 흘립니까?" 정신과 의사가 물었다.

"당연히 그렇지 않습니다. 좀비는 살아 있는 시체예요. 피를 흘리지 않습니다." 남편은 정신과 의사가 잘난 체하는 질문을 한다고 여겨 약간 짜증스러운 태도가 되었다.

"그럼 여기를 보세요"라고 말하며 정신과 의사는 핀을 집어 들었다. 그는 남편의 손가락을 잡고 핀으로 찔러 작은 상처를 냈다. 남편은 몹시 놀라 자기 손가락을 바라보더니 삼사 분 정도 아무 말도 하지 않았다.

"이게 뭐야." 이윽고 그가 말했다. "좀비가 피를 흘리잖아!"

옛날에 사자 한 마리가 있었는데 우연히 원숭이와 마주쳤다. 사자는 이것이 정글에서 자신의 위세를 확인해 볼 좋은 기회라고 생각했다.

"야, 원숭이!" 사자가 으르렁거렸다.

"예, 폐하." 원숭이가 떨리는 목소리로 대답했다.

"누가 정글의 왕이지?" 사자는 더 큰 소리로 으르렁댔다.

"물론 당신이지요. 폐하이십니다!"

"그걸 잊지 말도록 해!" 사자는 내심 기뻐하며 말했다.

얼마 후 사자는 얼룩말을 만났다.

"야, 너…… 얼룩말!" 사자가 으르렁거렸다.

"예, 폐하." 얼룩말이 콧소리를 내며 대답했다.

"누가 정글의 왕이지?" 사자는 더 크게 소리쳤다.

"당신이지요. 폐하이십니다!" 얼룩말은 소심하게, 억지로 열정을 끌어올려 말했다.

"그걸 잊지 말도록 해!" 사자는 으르렁거리며 말했다.

얼마 후 사자는 코끼리를 만났다. "야, 너, 코끼리! 누가 정글의 왕이지?"

사자는 이번에는 할 수 있는 한 가장 맹렬하게 고함치고 으르렁대며 물었다.

한 마디 말도 없이 코끼리는 기다란 코로 사자를 들어 올려 나무에 던져 버렸다. 이어 코끼리는 사자 쪽으로 걸어가 사자의 꼬리를 밟고 그 위에 섰다가 다시 사자를 들어 올려 바닥에 거세게 내동댕이쳤다.

코끼리가 멀어지자 심하게 얻어맞은 사자는 머리를 들고 외쳤다.

"야, 답을 모른다고 화를 내면 안 되지!"

현실과의 마찰 때문에 힘들어하는 사람들이 더러 있다. 어떻게 보면 복잡할 일이 하나도 없다. '현실을 직시'하면 되는 것이다. 그러나 어릴 때 우리 모두는 누가 봐도 맞는 말을 했다가 어른들에게서 '쉿' 하며 입을 다물린 경험을 해 본 적이 있다.

"할머니 집에서 이상한 냄새가 나요."

"조용히 해. 그런 말 하면 못써!"

아이들은 자기보다 몸집과 몸무게가 몇 배나 되는 권위적인 인물들에 맞설 유일한 방어책으로서 거짓말을 배운다.

"내 옷장에 들어갔니?"

"음, 아뇨."

"그럼 왜 네가 씹은 껌 종이가 내 옷장에서 나왔을까?"

"음, 저…… 몰라요."

"숙제는 했어?"

"음, 네, 했어요. 그런데 버스에 놓고 내렸어요."

"네가 숙제를 가져오지 않은 게 이번 주에만 세 번째인데, 넌 항상 어설픈 변명을 하는구나."
"음…… 글쎄요. 내 숙제에 이상한 일이 많이 일어나네요. 어쩔 수가 없어요."

"어젯밤에 몇 시에 들어왔어?"
"별로 안 늦었어요."
"그래? 새벽 두 시 반에 들어온 걸 알고 있는데!"
"에이, 그렇게 늦은 줄 몰랐어요. 아무튼 타이어 펑크 때문에 그랬어요. 그건 그렇고 시간을 알고 있었으면 굳이 왜 물어보신 거예요?"
"네가 알고 있는지 알아보려고!"
"음, 저는…… 아…… 그게 그렇게 늦은 거라고 생각 안 했어요……. 시계가 고장 나서."
"시계 좀 보자."
"저는, 아…… 잃어버렸어요."
"그럼 네 손목에 그건 뭐지?"
"아…… 이건…… 다른 시계예요."

성인이 된 뒤.
"지금 당신이 얼마나 빨리 차를 모는지 아십니까?"
"아뇨. 내가 제한속도보다 더 빨리 몰았나요?"
"레이더 측정으로 시속 120킬로미터가 나왔어요."
"정말이지, 그렇게 빠르다고 생각 안 했어요. 내 차 속도계가 망가진 거네요."

알맞은 이유를 말해 봐

현실을 정확히 설명하지 않는 게 자기 합리화에 도움이 될 때가 있다. 약속 시간에 늦으면 가는 도중에 가장 타당할 듯한 변명을 생각해 내는 것도 그런 경우다. 도착할 때쯤이면 변명을 줄줄 읊을 준비가 된 것은 물론 자기도 진짜로 믿을 정도가 되어 있는 것이다. 이처럼 현실을 정확하게 설명하는 일을 회피하는 것은 자신이 한 행동의 부정적인 결과를 극복하기 위한 전략인 셈이다.

우리 사회는 이유와 변명에 높은 프리미엄을 붙인다. 성공을 못해도 충분한 이유를 댈 수만 있으면 부정적인 결과를 피할 수 있다는 사실을 누구나 터득한다. 그리하여 많은 사람이 자신과 다른 이들을 진실에서 떨어뜨려 놓기 위해 계획한 그럴싸한 이유들로 연막을 피워 현실을 왜곡한다. 아프다고 하면 다른 이들의 압박을 덜 수 있다는 것도 누구나 습득하는 전략이다. 그리하여 많은 사람이 타인의 기대에 부응하지 못할 때 아프다는 것을 정당한 핑계로 대곤 한다.

또 자신이 감정적으로 격변 상태에 있다는 것을 핑계 삼는 사람들도 있다. "나 지금 화나 있어. 책임 못 져."

'상황의 희생자'인 척하는 것도 자신의 행동을 이해시키려는 사람들이 흔히 사용하는 핑곗거리다. "봐봐, 나도 사라의 생일 파티에 가려고 했다고. 그런데 집을 나서는 순간 하필 상사한테서 전화가 온 거야. 그 사람 얼마나 말 많은지 너도 알잖아. 전화기에 한참을 매달려 있어야 했다고. 내가 어떻게 하기를 바라? 직장을 관둘까?"

샌프란시스코의 시의원 하비 밀크와 시장인 조지 모스콘을 저격한 댄 화이트의 변명은 그날 혈당이 떨어졌다는 것이었다. 덕분에 이 사건은 '트윙키(Twinkie: 초콜릿을 주재료로 한 미국의 대표적인 간식거리-옮긴이) 변호'라는 이름으로 유명해졌다. 실제로 이 변호는 진지하게 받아들여져 그는 비교적 가벼운 형벌을 받았다(살인 사건에 대해 과실치사 평결이 내려져 화제가 되었음-옮긴이).

무책임하거나 파괴적인 행동에 대한 이유와 변명을 조장하는 사회는 일정 수준을 넘어서는 사회로 나아가기가 힘들다. 인간성의 가장 높은 지점에 도달하는 기준이 예술의 전통에 있다고 할 때, 예술에서 변명이 타당하거나 필요한 것으로 받아들여질 여지가 있을까? '그럴 만한 이유가 있어'라고 하는 변명은 예술에서는 통하지 않는다. 질 낮은 공연과 영화, 그림, 기록물, 연극, 소설, 시를 설명하려 드는 시도를 좀체 찾아보기 어려운 것은 그런 이유다.

개중에는 자신이 원하는 것을 가질 수 없는 이유에 대해 극적인 설명을 지어내 늘어놓는 것을 즐기는 것처럼 보이는 사람들도 있다. '왜 할 수 없는지'에 대한 이유를 사랑한 나머지 정말 원하는 것과 거창한 변명을 맞바꿀 수 있을 정도다.

이유들

때로는 실패의 이유를 아는 것이 최종 창조물을 형성하기 위해 취하는 행동을 조정하는 데 도움이 될 수 있다. 그러나 이것은 실패를 정당화하기 위해 이유를 대는 것과는 사뭇 다르다. 자신이 취한 행동이 어떤 효과를 일으키는지 아는 것은 성공하지 못한 것에 대한 정당화라기보다는 학습 경험으로 삼기 위한 계획의 일부이다.

예를 들어 탑승 우주인들의 목숨을 앗아간 챌린저 우주왕복선 폭발의 원인을 아는 것은 중요한 일이다. 이 경우 원인을 파악하는 일은 최소 두 가지 역할을 한다. 하나는 미래에 일어날 수 있는 오류를 바로잡아 다음 번에 우주로 모험을 떠나는 사람들의 안전을 우리가 관리할 수 있는 한 보장하는 것이다. 또한 무슨 일이 일어났는지 아는 것은 현실에서 유발되는 고통을 더는 데 도움이 되기도 한다. 특히 챌린저호 탑승 우주인들처럼 매우 특별한 사람들이 텔레비전에서 손을 흔들어 주고 난 직후에 폭발로 인해 우리 눈앞에서 사라진 것 같은 일들은 받아들이기가 어렵다. 우리 세대 최고의 인물들이 그렇게 빠르고 극적으로 산화하는 것을 목격하기란 고통스러운 일이다.

그러나 누군가가 설명을 해 주면 진실을 받아들이는 데 도움이 된다. 그들이 고인이 되었으며, 이번 생에 다시 그들을 볼 수는 없다는 것, 그들의 삶이 미래에 가져다줄 수 있었을 모든 약속이 지켜질 수 없게 되었다는 것.

대개 우리는 사랑하는 사람을 잃으면 그에 관해 세세한 것들을 추억한다. 마지막 나날들 동안 그가 무엇을 했던가? 마지막 순간 그가 한 행동이나 말은 무엇이었나? 임종을 함께한 사람은 누구였나? 의사가 들려준 사망에 대한 소견은 무엇이었나? 혹여 그를 구할 다른 방법이 있었던 건 아닐까?

그런데 이런 질문들에 답한다고 해서 달라지는 것이 있을까? 현실에서 달라지는 것은 없다. 누군가의 죽음을 둘러싼 상황들에 대해 세세한 것들을 아무리 모아도 그 사람을 되살릴 수는 없다. 그렇다면 알고 싶어 하는 목적은 무엇인가?

'어떻게 그런 일이 일어났는지' 자세히 알면, 받아들이기 힘든 현실을 배우는 데 도움이 되기 때문이다. 애도의 기간은 누군가 또는 무언가가 사라진 현실을 스스로에게 가르치는 시간이다. 사랑하는 사람의 죽음을 슬퍼하다 보면 감정의 격변에 이어 정리와 평온의 단계가 더러 찾아오는데, 그러다가도 불쑥 감정적 격변이 다시 시작된다. 이런 일이 일어날 때마다 슬픔에 빠진 사람은 또 다른 양상의 상실이라는 현실과 맞닥뜨리게 된다.

이 모든 현실들을 받아들이기 전까지, 애도하는 사람의 인생은 온전히 앞으로 나아가지 못한다. 과거에 붙들려 고인이 살아 있을 때의 시간에 집착할 뿐이다.

아버지가 돌아가셨을 때 어머니는 아버지가 사라진 현실을 받아들이지 못했다. 아버지가 돌아가신 날에 놓였던 그대로 아버지의 물건들을 건드리지 않고 보관하셨고, 아버지의 장롱과 서랍장, 침실용 탁자 어느 하나도 옮기거나 바꾸지 못하게 하셨다. 아버지가 취미로 만드시던 스테인드글라스 작업대조차 돌아가신 날의 상태로 두셨다. 아마 어머니는 남편이 생전에 지니던 형태대로 물건들을 유지하는 것이 그에게 충실한 일이라고 생각하셨을 것이다. 마치 그렇게라도 해야 남편이 다시 올 수 있다고 생각하시는 것 같았다.

외가 친척들과 친구 분들이 어머니를 슬픔에서 헤어 나올 수 있게 도

우려고 애썼지만 별 소용이 없었다. 어머니는 아버지를 마음속에 살려두려 하셨고, 그 대가로 당신 자신의 인생에서 현실의 일정 부분을 부정하셨다. 그러나 과거에 집착하여 현재의 현실을 받아들이려 하지 않으면 고통이 경감되는 것이 아니라 오히려 연장된다.

어머니는 다른 사람들이 결혼기념일을 축하하는 것을 볼 때마다 당신과 아버지가 결혼한 지 몇 년이 되었고, 올해는 어떤 식으로 축하를 했을 것이라는 이야기를 그 자리에 있는 사람들에게 어떻게든 주지시키려 애쓰셨다. 그러고는 아버지와 함께했던 지난날들을 몇 시간이고 끝도 없이 회상하셨다. 두 분의 해묵은 언쟁이 아직도 진행 중인 것처럼, 아버지가 그 자리에서 화난 얼굴을 하고 있거나, 소리 내어 웃거나, 함께 계획을 짜고 있기라도 한 것처럼.

어머니는 아버지 없이 살아가려는 노력을 하셨지만 아버지가 사라진 현실을 완전히 받아들이지는 않으셨고, 결국 한정적으로만 자신의 인생을 사실 수 있었다. 물론 시간이 지남에 따라 그때그때 새로운 현재의 순간으로 나아가는 부분과 과거에 고착된 부분 사이의 간격이 넓어지기는 했다.

어머니는 아버지가 돌아가시고 삼 년 만에 세상을 뜨셨다. 그 삼 년 동안 어머니에게 진정한 기쁨의 순간이 있었으리라고는 생각하지 않는다. 어머니는 아버지의 죽음을 받아들이지 않으셨기 때문에 당신 자신의 삶도 받아들일 수 없었다. 마치 아버지처럼 어머니도 갑작스럽게, 예고 없이 가셨다.

과거에 매달리지 않고 현실을 깨우치는 법을 배우는 사람들은 인생을 진실로 살아갈 가장 좋은 위치를 차지할 수 있다. 이것은 기억상실 같은 것이 아니다. 과거를 잊는 게 아니라 지나간 것은 가고 없다는 것을 기억하는 것이다. 과거는 현재가 아니다. 과거가 상실과 실패로 점철되었든, 성공과 승리의 나날이었든, 과거는 현재가 아니다. 또한 현재는 과거가 아니다.

두 가지 경향성

사느라고 어쩔 수 없이 떠밀려서 현실을 수동적으로 배우는 것과 자발적, 능동적으로 현실을 배우는 것은 다르다. 현실을 알고자 하고, 무엇을 배워야 할지를 찾아내는 사람들은 자신에게 정말 중요한 것을 최선의 형태로 창조할 수 있다. 왜 그런가 하는 질문은 의미가 없다. 예술이 예술 그 자체로서 존재하듯이, 이것 역시 진리를 위한 진리이기 때문이다. 즉 다른 무엇 때문이 아니라 현실을 알고자 하는 욕구 자체가 현실이라는 것이다.

현실의 토대만이 창조 프로세스를 시작할 수 있는 유일한 곳이다. 여기에는 속임수가 있을 수 없다. 다만 현실을 배우는 것은 숙달해야 하는 중요한 능력이지만 인간적으로 회피하게 되는 것 또한 사실이다.

여기에 경향성의 충돌이 있다. 첫 번째 경향성은 현실을 선택적으로 보려는 것이다. 고통과 괴로움에 대한 본질적인 반감 때문에 새로운 고통이나 괴로움을 또다시 겪지 않으려고 회피하는 것이다. 무엇을 발견하게 될지 두려워하여 현실을 똑바로 보지 않는 전략을 세워 두고 나쁜 소식이라면 아예 듣지 않는 편이 낫다고 생각하는 것이다.

두 번째 경향성은 창조하고자 하는 인간의 열망이다. 우리는 시공간 속을 움직여 가며 끝없는 변화의 상태에서 살아간다. 그러면서 변화의 흐름을 결정하고 싶어 하는 자연스러운 경향성을 지니게 되었다. 긍정적일 것인가, 부정적일 것인가? 순조로울 것인가, 갑작스러울 것인가? 등등.

더욱이 우리에게는 깊은 염원이 있다. 우리는 타고난 건설자로서, 문명을 건설하고, 자신의 인생을 건설하고 싶은 욕망을 지니고 있다.

이 경향성을 충족하기 위해서라도 우리는 현실을 알아야 한다. 알아낸 것이 마음에 들든 그렇지 않든, 그것으로 인해 기분이 좋아지든 나빠지든, 그것 때문에 좌절하든 만족하든.

이 두 가지 경향성은 각기 다른 행동들로 이어진다. 현실 인식의 회피와 현실의 인식이 그것이다. 둘 사이의 충돌은 대개는 확연하지 않지만 때로 현저하게 나타날 때가 있다. 무언가를 창조 중인 채로 고통을 회피하려 애쓰면 반드시 선택의 기로에 설 수밖에 없다. 하나를 선택하는 것 외에 다른 대안이 없을 때 어떻게 할 것인가? 잠재적인 고통을 회피하고 현실을 왜곡할 것인가? 아니면 스스로 비전을 창조하고, 기다리고 있는 것이 무엇이든 부딪쳐 느끼며 현실을 정확히 대변할 것인가?

이것은 가치관의 문제다. 더 가치 있다고 여기는 것을 붙잡으면 그에 따라 행동을 취하게 된다. 고통의 회피가 원하는 것의 창조보다 더 높은 가치를 지니면 문제가 있어 보이는 현실에서 등을 돌리는 선택을 하게 될 것이고, 창조의 가치가 더 높다고 여기면 현실을 정확히 대변하는 쪽을 추구하면서 감정의 부스러기들이 저마다 내려앉는 것을 감수할 것이다.

현실의 콘셉트는 현실이 아닐 수 있다

화가이자 교사인 아서 스턴(Arthur Stern)은 학생 몇 명과 함께 뉴욕의 리버사이드 공원에 갔다. 그는 허드슨강 건너의 구조물 세 개를 손가락으로 가리켰다. 아파트와 저장 탱크, 공장 건물이었다. 스턴은 학생들에게 건물의 색이 어떻게 보이는지 말해 보라고 했다. 학생들은 일제히 아파트는 빨강, 저장 탱크는 흰색, 공장은 오렌지색이라는 일치된 대답을 했다. 이어서 스턴은 작은 회색 카드를 학생들에게 건네주었다. 카드에는 각각 작은 구멍이 뚫려 있었다[스턴은 이 카드를 스폿 스크린(spot screen)이라고 부른다]. 그는 학생들에게 카드를 팔 길이로 잡고 세 개의 구조물을 각각 구멍을 통해 보게 한 뒤 다시 어떤 색깔로 보이는지 물었다. 학생들은 한참 동안 말이 없다가 마침내 입을 열었다. "카드 구멍을 통해서 보니까 건너편 다른 풍경들과 똑같이 셋 다 파란색으로 보입니다." 다른 학생들도 똑같이 말했다. '빨간색' 아파트도, '흰색' 저장 탱크도, '오렌지색' 공장도 파란색이라는 것이었다. 스턴의 학생들은 놀라운 것을 깨닫게 된 것이다. 그들이 처음에 보았던 것은 강 표면에서 반사된 푸른빛에 잠긴현실이 아니라 현실의 콘셉트였던 것이다.

전통적으로, 예술을 공부하는 학생들은 자신들이 보고 있는 것은 눈앞의 대상이 아니라 마음속에 있는 대상의 개념, 즉 콘셉트라는 것을 터득하는 과정을 거친다. 특히 화가들에게는 자신들이 보고 있는 것의 콘셉트가 아닌 정말 보고 있는 것을 보는 스킬이 필수적이며, 그래야 나무든 사람의 얼굴이든 닮게 제작할 수 있다. 화가가 자신이 보고 있는 것을 그리거나 칠할 수 없다면 대상을 정확하게 표현하는 것은 불가능할 것이다.

아서 스턴은 저서《색을 보고 그리는 법(How to See Color and Paint It)》에 이렇게 썼다.

> 학생들은 물이 푸르다고 생각해서 호수를 푸르게 칠한다. 그러나 실제의 호수는 빨강, 오렌지색, 노랑, 갈색으로 보일 수 있다. 호숫가에 늘어선 가을철 나무들이 잔뜩 물에 비치기 때문이다. 구름을 희게 칠하는 것도 마찬가지다. 학생들은 으레 구름이 희다고 생각하지만, 구름에 비치는 햇빛은 하루 종일 시시각각 변하기 때문에 사실 구름은 노랑, 빨강, 보라색 등을 띠며, 거기에다 아래쪽 땅의 색깔도 구름에 반영된다.
>
> 수 세기 동안 화가들이 고안한 수많은 다른 장치와 마찬가지로 스폿 스크린의 목적도 마음이 미리 기대하는 것들을 그리지 않을 수 있게 정신적 필터를 걷어 내는 것이다. 스폿 스크린의 구멍을 통해서 보는 것으로, 학생들은 자신들이 늦은 오후의 그늘 속에서 빨강, 흰색, 오렌지색 건물을 보고 있다는 사실을 무시할 수 있게 되었다. 비로소 그들은 건물들이 강 표면에서 반사된 푸른빛에 잠겨 있는 것을 볼 수 있었다.

현실은 콘셉트가 아니다

현실을 관찰할 때 사람들은 종종 눈앞에 있는 것을 보지 않는다. 대신에 현실이 어떠해야 한다고 여기는 자신들의 콘셉트를 본다. 눈앞에 있는 것을 보지 않고, 보게 될 것으로 예상되는 것을 본다.

콘셉트 자체는 창조에서 비전을 구축하는 데는 유용하지만, 현실의 콘셉트는 정말 현실을 보는 데 방해가 될 수 있다.

우리는 현실의 객관적 관찰보다 현실의 콘셉트에 더 의존하도록 학습되어 왔다. 그것이 훨씬 편하기 때문이다. 눈앞에 놓인 대상을 새롭게 관찰하는 것보다 현실이 이미 형성되어 있는 사상과 비슷하다고 추정해 버리는 것이 더 편리하다는 것이다. 우리는 일반화에 대단히 능하며, 이 능력은 여러모로 도움이 된다. 행위의 패턴을 학습하는 것, 트렌드를 익히는 것, 행동의 경향성을 파악하는 것 등은 복잡할 수 있을 일들을 단순하게 만들어 준다.

그러나 미술과 학생들이 거기 정말 있는 것을 보는 방법을 배워야 하는 것처럼, 크리에이터라면 현실의 콘셉트 앞에 놓인 필터를 제거하고 현실 자체를 보는 방법을 배워야 한다.

유사점과 차이점

우리가 현실을 확인하는 방법 중 하나는 지금 보고 있는 것과 이미 알고 있는 것을 비교하는 것이다. 우리는 정보를 유형별로 분류하곤 하는데, 이 능력 덕분에 경험하는 것을 학습으로 전환할 수 있다. 택시를 눈으로 보거나 들어 본 적이 없는 사람이 처음 택시를 타면, 그 경험은 '택시'라는 새로운 범주를 형성한다는 의미가 된다. 그러면 다음번에는 택시를 알아볼 수가 있게 될 것이며, 두 번째로 택시를 탈 때도 첫 번째 때와 같은 식으로 택시를 관찰하게 될 것이다. 아마도 둘 다 노란색일 것이고, 차체에 글자가 쓰여 있을 것이며, 내부의 운전석 옆에는 미터기가 있을 것이다. 이런 유사점들은 두 번째 차량을 첫 번째의 것과 동일한 범주로 묶어 분류하는 데 도움이 된다.

이 과정을 통해 우리는 택시에 관한 이전의 모든 경험을 활용할 수 있게 된다. 만약 택시의 아이덴티티에 대한 분류 체계를 만들 수 없어서 택시를 볼 때마다 매번 처음부터 배워야 한다고 상상해 보라. 항상 '처음부터 다시 시작'이라니 얼마나 불편할지! 지식의 기초를 세우는 것은 매일의 일상을 쉽게 헤쳐 나갈 수 있게 해 준다. 정말 놀라운 인간의 능력이 아닐 수 없다. 유사점들을 확인함으로써 우리는 경험을 통해 성장한다. 우리는 세상에 대해 배우고, 그 지식을 이용해 길을 걷고, 식당에서 음식을 주문하며, 전화를 건다.

한번은 외국에 나갔다가 내가 그동안 썼던 어떤 방법과도 완전히 다른 전화 시스템과 맞닥뜨린 일이 있었다. 원래 나는 익숙한 세계에서 낯선 세계로 옮겨 가는 경험을 아주 즐기는 사람이라서 다이얼 음을 어떻게 해야 들을 수 있는지, 전화박스에 돈을 얼마나 집어넣어야 하는지를 모르게 되었다는 것이 대단히 신기하고 놀라웠다. 어찌어찌 교환원과 통화가 되었는데, 이번에는 그녀가 우리말을 못하고 나도 그녀의 언어를 못한다는 것을 알게 되었다. 이런 때가 되면 우리는 당연하게 여겼던 다양한 학습에 감사하는 마음을 가지게 된다. 만약 인생을 살면서 내내 전화 체계가 어떻게 작동하는지, 텔레비전을 어떻게 켜고 끄는지, 문을 어떻게 열어야 하는지 모른다고 상상해 보자. 이따금씩 방향을 잃어버리는 것도 나쁘지 않다고 여겼던 생각은 곧 사라지고, 진정한 방향감각의 상실이 그 자리를 차지하게 될 것이다.

언어는 개별 사물 및 생각을 식별하여 분류함으로써 조직화하는 우리의 능력으로 가능해진다. '나무'라는 단어를 쓸 때 우리는 그것을 식물의 종류로 인지한다. 나무도 한 그루 한 그루가 다 다르지만 모든 나무를 일정 집단의 구성원으로 분류하는 것이다. 이렇게 함으로써 나무에 대해 일반적으로 알고 있는 모든 것을 소환하여 고려 대상인 특정한 나무에 적용할 수가 있게 된다.

일단 유사점들을 확인하여 유형으로 분류하고 나면 다음 단계는, 유형의 일반적인 특질에서부터 해당 항목의 특유한 점에 이르기까지 차이점을 관찰하는 것이다.

예를 들어 우리가 위스콘신주 레이크 밀스 플레전트가 331번지 앞마당에 있는 나무에 대해 이야기하는 중이라고 하면, 우선 거론되는 것은 이 나무와 다른 나무들이 비슷하게 지니고 있는 일반적인 속성에 대한 것들이 될 것이며, 그런 다음 이 특정한 나무가 지닌 남다른 특징을 살펴보게 될 것이다. 가지의 수는 얼마나 되며, 크기는 어떤지? 잎은 무슨 색을 띠고 있으며, 몸통은 어떤 모양을 하고 있는지? 또 나무껍질의 질감은 어떤지? 등등.

대부분의 경우 유사점에 근거하여 우리가 현실에 대해 받아들이는 인식들을 분류하는 일은 현재 환경을 빠르게 이해하는 데 도움이 된다. 일단 분류가 설정되면 문제가 되는 대상이 무엇이든 그것이 지닌 일반적인 특성과 특유성 사이의 차이점에 주목할 수가 있기 때문이다. 그런데 이 시스템이 제대로 작동하지 않을 때가 있다. 우리가 예상되는 것을 이미 알고 있다는 추정하에 현실을 관찰할 때이다. 이 추정은 현실을 편견을 가지고 바라보게 하는 경향이 있다. 현실에 대해 미리 형성된 콘셉트가 현실에 얹히면 관찰은 끝나고 관념의 고정화가 시작된다.

현실의 콘셉트로 이루어진 틀 안에서 강한 신념을 형성해 버린 사람들은 현실을 자기 식으로 해석하는 경우가 꽤 있다. 정치적 견해가 강한 사람들은 현실조차 세상에 대한 자신의 정치적 설명을 보강하는 방향으로 해석한다. 공산주의자에게 현실은 '인민'과 '인민의 착취자'로 나뉜다. 이것이 계급투쟁이라고 하는 콘셉트이다. 붙박인 편향성 때문에 공산주의자는 권력을 가진 자는 누구든 권력이 없는 사람들을 착취하려 한다고 상정할 수밖에 없다(단, 권력자가 공산주의자일 경우만 예외이다). 한쪽은 '선한' 집단, 반대쪽은 '악한' 집단으로 간주되는 강력한 계급 정체성이 형성되는 것이다. 선한 쪽은 악한 쪽을 물리쳐야 하며, 이것이 정의 구현이다. 권력을 가진 사람들은 아무리 이타주의를 행해도 무시해야 하며, 억압받는 사람들이 아무리 기회주의적으로 행동해도 역시 못 본 척 지나가야 한다. 한쪽 집단의 부적절한 행위는 대단히 심각하지 않으면 부풀리기를 해서라도 문제 삼고, 반대쪽의 장점은 대단치 않아도 크게 미화시켜야 한다.

현실의 콘셉트에 따른 시각이 현실을 편향적으로 보게 만들면, 일어나고 있는 일들을 알기가 어려워진다. 회의론자, 근본주의자, 낭만주의자, 극단주의자, 인종주의자, 이상주의자 등은 자신들의 세계관을 강화하기 위해 사실을 오독하거나 잘못 이해하기가 쉽다. 자신들의 이론에 모순되면 명백한 사실조차 인식 속에 들여놓지 않으려 들기도 한다.

무엇을 발견하게 될지 알겠다는 선입견을 가지고 현실을 검토하면 특별히 자신의 콘셉트를 강화할 수 있는 사실들에만 주의를 기울이게 된다.

현실에 대해 사람들이 지닌 콘셉트는 저마다 극단적이기도 하고 애매모호하기도 한데, 애매모호한 콘셉트를 지녔을 때는 콘셉트가 현실을 누르고 있다는 것을 알기가 더 어렵다. 극단적으로 규정된 원칙을 보면 애매모호함의 정체를 파악하는 데 도움이 된다.

15년 전쯤에 친구 집에서 열린 파티에 참석한 일이 있었다. 손님 중에 중년으로 보이는 한 여자가 토성의 모양을 닮은 핀을 꽂고 있기에 이유를 물어보았다.

"아, 이거 토성 아니에요." 그녀는 아무도 듣고 있지 않다는 걸 확인하듯 방을 둘러보며 대답했다. "우주선이거든요."

"그렇군요." 나는 다시 물었다. "그럼 왜 우주선 핀을 꽂고 계신 거죠?" 그녀는 방을 좀 더 둘러보며 목소리를 낮춰 말했다. "있잖아요. 3년 안에 우주선들이 착륙해서 세계 정부를 수립하게 되어 있답니다."

나는 그녀의 말이 충분한 설명이 되었다는 듯이 이어서 물었다. "알겠습니다. 그 우주인들은 누구인가요?" 그녀는 심각한 표정을 짓기 시작했다. "그분들은 하늘에 오르신 성인들이세요."

'승천한 성인들'에 관해 나름대로 형이상학적 지식도 있고, 또 장난기가 발동하기도 해서 나는 이렇게 물었다. "그들이 승천한 성인들이라면 그냥 지상에 현신하면 되는 것 아닌가요? 굳이 우주선이 왜 필요할까요?"

그녀는 대단히 진지하게 말했다. "사람들을 기겁하게 하고 싶지 않으신 거죠."

그녀의 말과 달리 우리의 우주 친구 분들은 아직 도착하지 않고 있다.

15년 전의 그 우주선 핀 숙녀 분을 지금 만나면 성인들의 도착에 대해 뭐라고 이야기할지 궁금하다. 우리가 기회를 날려 버렸다고? 아니면 우리가 덜 진화되어서 우주인들의 관심을 받기에 부족하다고? 그것도 아니면 그들의 발전된 문명이 시계의 개발에서만 뒤처져서 정확한 시간을 몰라서 그런 거라고?

요즘 같은 시대에 '독실한 신자'가 되는 것이 위로는 될 수 있다. 그러나 기껏 시간을 들여 현실을 정확하게 관찰하는 기술을 연습해도 현실에 대한 믿음, 이론, 추측, 예상, 추정, 콘셉트 등을 현실에 얹어 버릴 태세를 갖추고 있으면 발전을 기대하기는 어렵다.

현실을 관찰할 때는 아무것도 모른다는 관념으로 새롭게 시작해야 한다. 원래 가지고 있던 생각들을 관찰과 분리해야 한다. 이렇게 하는 것이 녹록하지는 않을 것이다. 그러나 진심으로 현실이 어떤지를 알고 싶으면 자신의 관찰에 스스로의 선입견이 부담으로 작용하지 않게 해야 한다. 사전에 형성된 콘셉트들을 치워 내고 정말로 무엇이 진행되고 있는지를 관찰하기 위해서는 연습이 필요하다. 이 연습에 숙달이 되면 인생에서 가장 중요한 것들을 창조하는 데 이용할 수 있는 강력한 도구를 가지게 될 것이다.

| 2부 |

창조 프로세스

11 장

창조사이클

창조의 세 가지 단계

생명이 성장하고 생애를 구축하는 과정에는 세 가지의 주요 단계가 있다. '발아, 동화, 완성'이 그것이다. 제대로 이루어지는 창조 프로세스라면 모두 반드시 이 주기를 거치며, 순서 역시 일정하다.

이러한 창조 사이클은 아래에 설명하는 인간의 탄생 사이클에서 보듯이 똑같이 자연스럽고 유기적이며, 세 단계를 거친다.

발아는 수정할 때 일어나며, 전체 프로세스가 태동하는 주된 시작 행동이다.

동화는 두 번째 뚜렷한 단계로서, 태아가 발달하고 성장하는 잉태의 기간이다.

완성은 마지막 단계로서, 새로운 인간이 태어나는 탄생의 순간에 일어난다.

발아

우리가 원하는 결과를 창조하는 과정 중에서 발아(germination)는 매우 특별한 에너지, 즉 모든 시작의 특징적인 에너지를 지니고 있다. 우리가 새로운 프로젝트를 시작할 때 느끼는 에너지의 분출이 바로 발아의 에너지이다. 새로운 다이어트를 처음으로 시작할 때, 새로운 일을 시작할 때, 자신이 속한 부서에서 신제품을 만들기로 결정했을 때, 새로운 법률 사례와 씨름할 때, 새로운 기술 도구를 연구하여 디자인하기 시작할 때, 자신이 속한 관리 부서에서 새로운 목표를 설정할 때, 새로 나온 스테레오 장비를 처음으로 집에 들여놓을 때, 마음이 잘 맞는 사람을 우연히 만날 때, 새 강좌나 워크숍을 시작할 때, 처음으로 중요한 연구 논문을 쓰기 시작할 때, 처음으로 집을 살 때 등이 그런 예이다.

그래서 작곡가인 로저 세션스는 발아를 '창조를 움직이는 충동'이라고 묘사하기도 했다.

영화 제작자 알프레드 히치콕은 영화를 구상하고 기획하는 데서 큰 기쁨을 찾았다. 그는 실제로 촬영에 들어가기 몇 달 전에 이미 촬영기사, 배우, 배경, 의상 또는 다른 세부 사항들을 포함하여 영화 전반에 관한 스케치들을 기다란 콘티 노트에 한 컷 한 컷 빼곡히 그려 놓곤 했다. 이것이 그가 발아 에너지를 폭발시키는 방법이었다. 그는 영화를 찍는 일 자체는 구상하고, 쓰고, 기획하는 것보다 훨씬 덜 흥분된다고 자주 말하곤 했다. 물론 히치콕만이 창조 프로세스의 발아 단계에서 특별한 기쁨을 누리는 것은 아니었으며, 많은 사람이 발아의 스릴에 열광했다.

초기 단계 동안에는 흥분, 강렬한 흥미, 신선함이 넘치며, 이때는 행동을 일으키기 위한 시간이다. 위대한 통찰, 깨달음, 열정, 변화, 기운이 자주 일어난다. 그러나 모두가 알고 있듯이 발아 에너지를 이런 식으로 경험하는 일은 시간이 지남에 따라 보통 짧은 시간 안에 사라진다.

안타까운 것은, 인간의 성장과 잠재성에 관한 대부분의 접근법이 발아에만 초점을 맞춘다는 것이다. 발아 단계가 창조 프로세스에서 중요하고 강력한 단계인 것은 맞지만, 그 자체만으로는 실질적이며 지속적인 결과를 만들어 내기에 부족하다. 왜냐하면 이것은 단지 첫 단계일 뿐이기 때문이다. 엄청나게 멋진 발아의 경험을 했다고 해도 창조 프로세스의 다른 단계를 이어 가지 않으면 그 경험은 멀리 가지 못한다. 좋은 추억이 될 수는 있겠지만 그 위에 인생을 구축할 수는 없다는 것이다. 발아 에너지의 경험에 푹 빠진 나머지 '워크숍 중독자'가 되어 버린 사람들이 주변에 있을 것이다. 하지만 그들은 이 발아 에너지를 어떻게 다음 단계로 끌고 갈지는 알지 못한다. 그들은 이번에는 지속되겠지 하는 바람으로 더 많은 발아의 경험을 찾아다닌다. 그러나 절대로 그렇게 되지 않으며, 될 수도 없다. 발아는 시작에 불과하다. 발아만으로 전체 창조 사이클을 대체할 수는 없다. 발아의 경험에 중독된 사람들은 선상 로맨스만 해 온 사람들과 같다. 배가 항구에 도착하자마자 로맨스는 끝이 난다.

알프레드 히치콕은 창조의 발아 단계를 사랑했지만, 다른 단계에서도 마찬가지로 대가의 모습을 보였다. 그가 워크숍 중독자의 수준에 머물렀다면 그는 단 한 편의 영화도 제작하지 못했을 것이다.

크리에이터들은 발아를 사이클의 다음 단계로 끌어가는 사람들이다. 심지어 발아 단계가 끝나기도 전부터 크리에이터들은 예측을 시작하고 미리 동화 단계로 이행해 가기도 한다.

동화

동화(assimilation)는 창조에서 결정적인 단계이다. 인간의 탄생 주기에서 잉태 기간이 이에 해당하는데, 그런 만큼 성장 과정 중 가장 덜 두드러지는 단계이며, 특히 시작 지점에서는 더욱 그렇다.

이 내면화 단계 동안 창조 중인 결과물은 유기적으로 성장하고, 안으로부터 발전하며, 내적 자원을 흡수하고 끌어올린다. 그러는 사이 우리는 다양한 내적, 외적 행동을 취한다.

유수의 금융기관 한 곳의 부사장이 수백만 달러를 투입하는 새 프로젝트의 제안서를 작성하기 시작했다. 그녀는 자료를 어떻게 정리할지 딱 정하지 못하고 고민했다. 필요한 정보는 모두 확보한 상태였지만 그것을 명쾌하고 통찰력 있게 표현할 방법을 찾지 못했기 때문이다. 결국 그녀는 표현하고 싶은 모든 것을 두서없이 제안서에 다 욱여넣었다. 그런 다음 페이지 상단에 혼자만 볼 수 있게 제안서를 통해 자신이 얻고자 하는 결과에 대한 설명을 메모 형태로 적어 넣었다.

그런 뒤 그녀는 기분 전환을 하려고 산책을 다녀왔다. 다시 책상에 앉아, 그녀는 자신이 쓴 메모를 쭉 읽어 보고 책상 한쪽에 내려놓았다. 그녀는 새 종이를 꺼내 이전에는 생각해 보지 않았던 방식으로 일련의 카테고리들을 정하여 자료를 정리하기 시작했다. 그런 다음에는 워드프로세서로 제안서의 초안 작성에 돌입했다. 하나의 섹션이 형태를 갖추기 시작했다. 곧 또 하나의 섹션이 자리를 잡았다. 가속도가 붙기 시작했고, 타이핑하는 속도를 앞지를 만큼 신속히 제안서의 나머지 부분들이 합쳐져 전체가 완성되었다. 물론 이것은 초안이었기 때문에 당연히 편집과 수정이 가해졌지만 그녀가 원했던 결과물은 발아 단계에서 동화 단계로 나아가는 그녀의 능력 덕분에 더 높은 수준으로 올라갔다.

이보다 기간이 더 길 수도, 짧을 수도 있지만 새로운 춤, 관리 기법, 컴퓨터 프로그램, 외국어, 신기술을 배울 때도 이와 비슷한 동화 단계가 이루어진다.

발아의 에너지는 비전을 구상할 때 발생하는데, 동화 단계는 이 비전을 자기 자신에게 가르치는 기간이다. 즉 비전을 내면화하여 자신의 일부로 만드는 것이다. 어느덧 비전은 새로 얻은 것이 아니라 오래 사귄 친구처럼 될 뿐 아니라, 어떤 의미에서 자기 자신과 하나가 된다. 의식과 무의식의 양쪽에서 창조물이 점점 성장, 발달한다. 다만 이 발달의 많은 부분은 일절 겉으로 드러나 보이지 않는다. 동화의 숨겨진 속성 때문이다. 크리에이터는 통찰과 아이디어, 연관성을 확보하고, 모멘텀을 구축하기 시작한다. 창조물이 형태를 갖추기 시작하며, 점점 더 실감할 수 있는 상태로 변한다. 이제 창조물을 구체적인 실체로서 경험하기 시작한다. 창조물이 스스로의 생애를 영위하기 시작한다.

예술가들은 비록 동화가 무엇인지 설명하라고 하면 어려워하지만, 동화 자체를 인식하고 있으며 창조 프로세스에서 동화가 본질적인 기여를 한다는 것을 자각하고 있다. 이들은 동화의 단계에서 자신이 하는 활동들의 내적이며 숨겨진 속성에 자연스럽게 가 닿는다.

로저 세션스는 작곡가로서 경험하는 이 두 번째 단계에 대한 설명에서 '동화 실행'이라는 표현을 쓰고 있다.

> 실행의 과정에서 최우선으로 할 일은 음악이 스스로 형태를 잡아 갈 때, 그것이 성장하도록 놔두면서 영감과 착상 양쪽에서 이끄는 대로 따라가며 마음속으로 음악을 듣는 것이다. 작곡가의 상상 속에 존재하는 악구, 주제, 리듬, 심지어 화음까지 에너지를 담고 있어서, 이것들이 움직임을 생성해 낼 수 있기 때문이다. 이 에너지 자체의 추진력 또는 긴장의 힘을 통해 작곡가는 또 다른 악구와 주제, 화음으로 나아갈 수 있다.

모차르트가 친구에게 보낸 편지 중에 작곡이 어떤 식으로 이루어지는지에 대해 설명한 대목이 있다. 이 대목에서 모차르트는 음악적 아이디어가 내부 어딘가에서 스스로 형성되며, 준비가 되면 나타나고, 때가 이르기 전에는 강제로 드러나게 할 수 없다고 하는 동화의 숨겨진 속성을 강조했다.

> 이를테면, 완전히 나 자신으로서 존재할 때, 전적으로 홀로 있을 때, 기분 좋게 마차 여행을 할 때, 또는 훌륭한 식사 후의 산책에서, 잠들지 못하는 밤에, 이런 때에 아이디어들이 최고조로 가장 풍부하게 흐른다네. 그것들이 어디

서 어떻게 오는지는 모르겠어. 내가 어떻게 할 수 있는 것도 아니라네. 그저 나를 기쁘게 하는 그 아이디어들을 기억에 간직하고, 귀에 들린 대로 혼자서 흥얼거리는 습관이 들었을 뿐이야. 그렇게 계속하다 보면 머지않아 이것저것 조금씩 모은 아이디어들로 훌륭한 요리 하나를 만들 수 있는 방법이 떠오르지. 대위법의 규칙에 잘 맞게, 다시 말해서 여러 가지 악기의 특성에 맞게 말일세.

거트루드 스타인은 예술가들과 대화를 나누는 중에 동화에 대해 아주 생생하게 묘사한 일이 있었다.

아이를 만들기 위해 자궁 속으로 들어갈 수는 없는 일이죠. 아이는 거기 존재하면서 스스로를 빚고 온전한 존재로 태어납니다. 당신 자신이 만들었고 느끼기도 했겠지만, 아이는 자연히 생겨나는 거예요.

동화의 단계는 성장 동력을 발생시켜 우리가 창조 사이클을 지나는 동안 구조적 긴장에서 뻗어 나온 최소 저항의 경로가 형태를 취하고, 스스로 실체가 되는 결과로 향할 수 있게 한다.

수학자 겸 물리학자 쥘 앙리 푸앵카레는 동화를 '보이지 않는 수준에서 행해진 작업'으로 보았다. 그에게 창조의 결과는 '오래전부터 잠재의식에서 사전 작업이 이루어져 왔다는 분명한 표시'였다. 푸앵카레는 수학적 창조에 관한 저술에서 이 내면의 작업이 얼마나 중요한지, 그리고 여기에서 생겨난 모멘텀이 결국 그것을 어떻게 의식 가능한 형태로 변화시켰는지를 묘사했다.

이 잠재의식의 작업이 수학적 발명에서 담당하는 역할은 불을 보듯 분명하며, 그보다는 덜 분명한 다른 사례들에서도 그 흔적들이 발견된다. 어려운 문제를 푸는 데 몰두해 있을 때, 첫 착수에서 좋은 성과를 거두는 법은 거의 없다. 그럴 때는 길거나 짧게 휴식을 취한 다음 자리에 앉아 다시 작업을 시작해 본다. 처음 30분 동안은 앞서와 마찬가지로 발견되는 것이 없을 수 있지만 어느 순간 갑자기 결정적인 아이디어가 마음에 떠오른다.
더러는 이것에 대해, 의식적인 작업을 중단하고 휴식한 덕분에 힘과 신선함이 회복되어 정신이 더 풍요로워진 결과라고 말할 수 있을 것이다. 그러나 사실 이 휴식은 잠재의식의 작업으로 채워졌고, 그 작업의 결과가, 앞서 내가 인용한 사례에서와 마찬가지로 나중에 기하학 문제에서 드러난 것일 가능성이 더 크다. 단지 그 드러나는 것이 산책이나 여행 중이 아니라 의식적인 작업 중에 일어났을 뿐. 이 경우와는 다르지만 대개 의식적 작업은 기껏해야 자극제의 역할을 하는 것에 그친다. 대부분은 여전히 잠재의식에 존재하며, 그중 일부가 휴식하는 동안 이미 도달한 일부 결과물들을 건드려 의식할 수 있는 형태로 드러내 주는 것이다.

이어서 푸앵카레는 동화 과정의 도움을 얻어 전혀 연관성이 없어 보이는 수학의 두 분야에 연결 고리를 만들 수 있었던 자신의 사례를 소개했다. '절대로 성공 못 할 것 같은' 힘든 작업이 계속되던 때였다고 한다.

나는 거듭된 실패에 넌더리가 나 바닷가로 가서 며칠을 보내며 일부러 다른 생각을 했다. 그러던 어느 날 아침, 절벽 위를 걷고 있을 때 간결성, 갑작스러움, 즉각적 확실성과 똑같은 느낌으로, 불규칙한 3원 2차 방정식의 산술 변환이 비(非)유클리드기하학의 그것과 동일하다는 생각이 떠올랐다.

이날 푸앵카레의 머리에 떠오른 이 연관성은 엄청난 결과로 이어졌으며, 수학 분야 연구의 새 지평을 여는 단초가 되었다.

완성

창조의 세 번째 단계로서 앞선 단계들과 뚜렷이 구분되는 양상을 보이는 것이 완성(completion)이다. 완성에는 결실을 맺는 것, 전체를 드러내 보이는 것, 끝맺음, 후속 마무리, 그리고 자신의 창조와 함께 살아가는 법을 배우는 것 등이 포함된다.

자신이 창조하고 있는 것을 실현해 내어 완성하는 일은 명백히 중요한 일인데도 이 단계를 마스터한 사람은 거의 없다.

우리 주변에도 창조적 행동을 완성하지 않는 사람들은 꼭 있다. 박사 학위를 받기 위해 최종 논문을 쓰는 것만 남겨 놓고 쓰지 않는 대학원생, 사업을 시작해 놓고 재정적인 문제는 나 몰라라 하는 사업가, 최종 결정 몇 가지만 하면 프로젝트를 출시할 수 있는데 세부 사항의 무한 지옥에 매달리는 엔지니어, 몇 가지 조정 사항만 해결하면 중요한 계약을 완료할 수 있는데 허둥거리다가 판로를 잃는 세일즈맨, 차고에서 직접 요트를 만들고도 마지막 틈새 메우기를 하지 않아서 끝내 항해를 해 보지 못하는 아마추어 요트 건조인, 무술 강좌의 수강을 시작하고서 기술이 어느 정도 숙달되었다 싶으면 중단해 버리는 사람들이 그들이다.

말하자면 이들은 승리의 문턱에서 패배를 움켜쥐는 사람들인 셈이다.

간혹 원하는 것을 가지는 것이 불편하다고 느끼는 사람들이 있지만, 자신의 창조를 받아들이는 것 또는 그것과 함께 사는 방법을 배우는 것은 완성에서 가장 중요한 부분이며, 따라서 창조 프로세스의 가장 중요한 부분이기도 하다는 것을 명심할 필요가 있다. 이것은 자신이 노력한 결실을 수용하는 능력인 것이다.

단, 작곡가가 새로운 곡을 대중에게 공개하는 것처럼 다른 영역에서 창조를 하는 사람들도 자신의 작품을 일단 세상에 '풀어놓는' 경우가 있다. 그 경우 창조의 결과물은 크리에이터에게서 해방되었다가, 다시 크리에이터에 의해 수용되는 형태를 띠게 된다.

콜 포터(Cole Porter: 1891~1964, 가장 미국적이라는 평을 듣는 미국의 작곡가-옮긴이)는 자신이 작곡한 뮤지컬이 개막할 때마다 풀어놓기와 수용하기의 두 단계를 매번 경험했다. 일단 막이 오르면 그는 작품을 외부의 것, 자신과는 완전히 별개의 것으로 치부했다. 그에게는 완성된 결과물이 크리에이터의 의도를 넘어선 자율성을 지닌 그 무엇이었다. 어찌 보면 대부분의 예술가에게 작품의 창조는 아이를 낳는 것과 같다. 마치 아이와 같이 작품 역시 태어날 때 이미 고유의 생애와 정체성을 지니는 것으로 상정된다.

텔레비전 방송 진행자이며 수상 경력을 지닌 영화 제작자이기도 한 필리스 헤인즈(Phyllis Haynes)는 영화 프로젝트를 완성하고 나면 다른 관객들과 똑같은 입장에서 자신의 영화를 본다.

나는 프로젝트에 임할 때 작품의 요소들이 한 단계에서 다음 단계로 차차 드러나는 것을 따라가며 이 요소들에 전적으로 관여합니다. 이 단계들은 영화의 비전과 관련되어 있으니까요.

프로젝트가 다 완성되고 나서는 나는 다른 사람이 만든 것처럼 영화를 봐요. 그러면 펀치라인(Punch-lines: 핵심이 되는 결정적 대목. 주로 농담에 쓴다-옮긴이)에서 처음 듣는 이야기인 것처럼 소리 내어 웃을 수가 있어요. 처음 보는 영화인 것처럼 감동을 받기도 하고요. 나는 아티스트로서의 자신과 관객으로서의 자신을 분리시킬 수 있기 때문에 그 영화에 개입할 수가 있는 겁니다. 이게 왜 유용하냐면 다음번 프로젝트를 준비할 때 지난번 프로젝트의 관객 중 한 명이 되어 보았다는 장점을 가지고 있는 거거든요.

나아가기

우리는 창조 사이클의 세 단계를 거치면서 그때마다 고유의 에너지를 생성하며, 이 에너지의 도움을 받아 현재 단계에서 다음 단계로 이동한다.

발아 에너지는 동화로 나아갈 수 있게 돕고, 동화의 에너지는 완성으로 나아갈 수 있게 도우며, 완성 에너지는 새로운 발아로 나아갈 수 있게 돕는다.

콜 포터가 완성한 뮤지컬은 다른 작품을 쓸 수 있도록 그에게 영감을 불어넣었고, 푸앵카레가 바닷가에서 떠올린 수학적 발견은 그를 집으로 돌려보내 새로운 수학적 연관성과 발견을 창안하게 했다. 화가가 작업을 끝낸 캔버스는 그 또는 그녀에게 미래의 그림을 위한 새로운 아이디어들을 발아하도록 이끈다.

작년에 나는 두 장의 음악 앨범을 공개했다. 첫 번째 앨범인 〈하이웨이의 비 오는 밤(Rainy Night on the Highway)〉은 곡을 쓰고 제작하는 데 5개월이 걸렸다. 이 앨범을 끝낸 직후에 바로 〈에어 사인즈(Air Signs)〉의 작업에 들어갔는데, 이 두 번째 앨범은 작곡과 제작에 일주일밖에 걸리지 않았다. 첫 번째 앨범을 창조하면서 너무나 많은 모멘텀을 성장시킨 덕분에 이 에너지가 넘쳐서 두 번째 작업으로 흘러 들어간 것이다. 만약 〈하이웨이의 비 오는 밤〉을 만들면서 5개월이라는 시간을 보내지 않았다면 결코 〈에어 사인즈〉를 그처럼 짧은 시간에 완성할 수는 없었을 것이다.

창조 에너지의 본성은 쇠퇴하는 것이 아니라 스스로 증가시키고 증식하는 것이다.

한번 성공적으로 고급 음식을 만들고 나면 다음에도 다른 음식을 만들기가 더 쉬워지며, 한번 정원 가꾸기에 성공하고 나면 이듬해에도 정원 식물을 심고 기르기가 더 쉬워진다.

완성은 우리를 앞으로 나아가게 충동한다.

특별한 에너지가 창조 사이클의 세 단계 각각에 존재한다, 이제 각 단계를 차례로 자세히 살펴보자.

12장

발아와 선택

선택하기

발아는 단지 원하는 것을 구상하고 가고자 하는 방향을 설정하는 것만이 아니다. 사실 발아에서 가장 중요한 것은 창조의 씨앗을 활성화시키는 것이다.

그리고 그 방법은 '창조하고 싶은 결과에 관한 선택'이다.

선택을 할 때는 평소라면 손도 대 보지 않았을 어마어마한 에너지와 자원을 동원한다.

그런데 사람들은 너무 자주 결과에 선택의 초점을 맞추는 데 실패한다. 이것이 그들의 선택이 효과적이지 않은 이유이다.

선택하는 법 배우기

종종 함께 점심을 먹는 동료가 있다. 나는 대개 메뉴를 펼쳐 15초에서 20초 정도 보고는 주문할 준비를 마치고 메뉴판을 닫는다. 반면에 친구는 학구적인 예수회 수사들이나 할 법한 맹렬함으로 메뉴를 심각하게 연구하곤 한다. 덕분에 웨이트리스가 우리 테이블의 주문을 받으려면 보통 두 번 정도는 왔다 갔다 해야 한다. 어느 날 그 친구가 먹고 싶은 음식을 어떻게 그렇게 빨리 결정하느냐고 내게 물었다. 나는 기꺼이 비밀을 털어놓았다.

몇 년 전에 식당에서 메뉴 결정하기 연습을 했었다고 말이다. 그건 메뉴를 열자마자 재빨리 음식 한 가지를 고르는 연습이었다. 첫 번째 실험 기간 동안에는 만족과 실망이 교차했다. 그러다 시간이 흐르면서 나는 알맞은 음식에 눈길을 멈추고 곧장 선택할 수 있는 방법을 익히게 되었다. 어느덧 나는 선택을 한 뒤 메뉴를 꼼꼼히 살펴보았을 때 내가 한 선택이 거의 항상 옳다는 것을 확인하게 되는 수준까지 이르렀다. 원하는 것에 빠르게 이끌리고 확신을 가지고 곧바로 주문하는 것을 배운 덕분에 내가 선택한 결과를 즐길 수 있게 된 것이다.

나는 친구에게 어떤 식으로 음식을 선택하는지 물어보았다.

그는 각각의 음식 설명에 적힌 것들을 신중히 검토하고 다른 음식의 내용들과도 일일이 대조해 본다고 했다. 그러니 메뉴에 다양한 옵션이 있기라도 하면 일이 커지는 것이었다. 그는 원하는 것 중에 하나라도 빠뜨리는 것이 생길까 봐 확인하느라 메뉴에 있는 것들을 한 자도 빠뜨리지 않고 읽어야 했다.

이야기를 나누는 중에 그는 자신이 인생의 다른 많은 선택에서도 이것과 같은 방식을 적용한다는 데 생각이 미치게 되었다. 자신이 원하는 것을 똑바로 바라보기보다는 가능한 모든 선택지를 저울질해 보는 것이었다.

이득이 될 가능성이 보이는 것을 놓치지 않으려다가 '우유부단함'을 배우게 된다.

친구는 식당에서 음식을 고르는 나의 방법, 즉 복잡한 것에 접근하는 나만의 방법에 매료되었다. 그는 그 방법으로 실험해 보고는 그것이 의외로 자신에게도 효과적이라는 사실을 알게 되었다. 자신의 시선이 먹고 싶은 음식에 빠른 속도로 가서 꽂힌다는 것을 알게 되었으며, 그 선택을 시험해 보기 위해 메뉴의 나머지를 읽어 보았을 때 선택에 성공했다는 것을 확인할 수 있었다. 나중에 그는 내게 자기가 한참을 기다리며 주문을 받아야 했을 많은 사람들을 구제하기까지 했노라고 말했다. 이제 그는 여유 있게 식사를 할 수 있게 되었다.

이것은 작은 승리다. 맞다. 그러나 작은 승리는 더 큰 승리를 준비하는 밑거름인 법이다.

선택은 연습이 필요하다

20세기의 위대한 작곡가 카를하인츠 슈토크하우젠은 작곡의 본질에 대해 이렇게 논평한 적이 있다. '작곡의 놀라운 점은 수천 개의 임의적인 선택을 하게 된다는 것이다. 음표의 머리를 얼마나 크게 만들지, 음자리표는 얼마나 크게 그릴지, 음표의 기둥은 얼마나 길게 그릴지 등. 이런 결정들은 사실 음악의 소리를 변화시키지는 않지만 이런 선택들을 함으로써 우리는 결단력을 배운다.'

선택하는 연습을 하면서 우리는 옳은 선택을 하는 본능을 개발하기 시작한다. 바로 자신이 창조하고자 하는 것을 가장 성공적으로 실현할 수 있는 본능이다. 선택하지 않기 위해 회피를 반복한 사람과 수만 번의 선택을 해 보았고 그 덕분에 선택의 옳고 그름에 대한 감을 익힐 기회를 누린 사람 중 누가 더 성공 가능성이 높을까?

선택은 연습이 필요하다. 선택은 개발 가능한 능력이다. 더 많이 선택하면 더 나은 것을 선택할 수 있게 된다.

우선 결과의 위험 요소가 낮은, 작고 빠른 선택들로 연습해 보기를 추천한다. 다음번에 식당에 갔을 때 무엇을 주문할지 빠르게 결정하는 것부터 시작해 보자. 그래봤자 최악의 결과는 완두콩을 너무 먹고 싶었는데 강낭콩을 주문하는 정도로 끝날 테니까.

원하는 것의 선택과 창조

선택하는 법을 배우는 것은 우리의 전통적인 교육에서 가장 간과되고 과소평가된 측면들 중 하나이다. 교육자들은 학생들에게 선택권을 주면,

부모나 교사들이 권장하는 것들을 학생들이 선택하지 않을 거라며 의심의 눈초리를 거두지 않는다. 학생들이 과연 학교에 다니는 것을 선택할까? 숙제하기를 선택할까? 어떻게 행동하고 무얼 하며 시간을 보낼지 지시받는 것을 선택할까?

일부 교사들은 학생들에게 선택의 폭이 제한적이라는 것을 가르치는 것이야말로 그들에게 인생을 준비시켜 주는 것이라고 생각한다. 그리하여 그들이 가르치는 진짜 교훈은 타협이다. 그들은 학생들에게 그다지 좋아하지 않는 것을 품고 사는 방법을 배워야 한다고 가르친다. 왜냐하면 살다 보면 그래야 할 때가 많을 것이기 때문이다.

이런 교육을 받다 보면 당연히, 누구든 정말로 원하는 것을 창조할 수 없다는 생각을 할 수밖에 없다.

선택은 창조 프로세스에서 필수적인 부분이다. 창조하고 싶은 것을 선택하는 것만이 아니라 그 과정에서 일련의 전략적 선택, 그러니까 행동, 실험, 가치, 우선순위, 위계, 자신이 하는 모든 노력들을 얼마나 더 뒷받침할 것인가에 대한 선택도 한다.

창조는 예술이기 때문에 근사치를 다룬다. 따라야 할 공식도 없고, 적용해야 할 어려운 규칙도 없다. 창조는 근본적으로 즉흥적이다. 과정 중에 그때그때 지어 가는 것이다. 창조를 하면서 우리는 기초를 다지는 법을 배우고, 성공뿐 아니라 실패에서 배우는 방법을 익힌다. 시간이 지남에 따라 자신만의 독특한 창조 프로세스가 개발되며, 자신에게 가장 이익이 되는 선택을 하는 본능이 증대된다.

학교나 집에서 선택의 기술에 대한 관심이 얼마나 빈약한지를 감안하면 우리 아이들이 약물 남용, 십 대 임신, 자살, 사회로부터의 소외, 미래에 대한 혼란과 양가감정에 시달리는 것은 하등 이상할 일이 아니다. 선택에 제약을 받는 경험이 쌓이다 보면 욕망하는 결과들은 당장의 필요에 질 수밖에 없다. 숙제하는 것보다는 텔레비전을 보는 것이 더 쉽고, 복잡한 인생에 맞서는 것보다 마약을 하는 것이 쉽다. 오래 건강하게 사는 목표를 설정하여 노력하는 것보다 안전하지 않은 성관계를 택하며 순간의 욕정에 반응하는 편이 훨씬 쉽다.

인생에는 반드시 더 나은 선택들이 있다. 선택을 교육의 중심에 둘 때 비로소 우리는 우리 아이들이 환경에 반동 또는 순응하는 것에 따라 정해지는 미래가 아니라 스스로 창조하는 미래를 맞이할 수 있게 준비시켜 줄 수가 있다.

배우는 일에 너무 늦은 때란 없다. 지금껏 인생을 되는 대로만 선택하며 지내온 사람이라 해도 이제부터 선택을 전략적으로 조정하는 방법을 배우면 된다. 결국 우리는 어쨌든 선택을 하게 되며, 굳이 자신에게 덜 효과적인 것을 지지할 타당한 이유를 찾기는 어렵다.

효과적인 선택의 회피

반동-순응 지향성에서는 사람들이 효과적인 선택을 회피하거나 평가절하하는 여덟 가지의 일반적인 방법이 있다. 바로 선택의 잠재력을 상실시키는 요인들이다.

1. 제한적 선택: 가능하거나 타당해 보이는 것들만 선택한다

조지는 의사가 되고 싶었다. 그러나 그의 부모는 재정적인 곤란 등을 이유로 의과대학 진학을 계속 만류했다. 의학을 전공할 만한 지적 능력은 갖췄지만 혼자 힘으로 의대를 다니는 것은 아무래도 불가능해 보였기 때문에, 결국 그는 자신의 미래에 대한 계획에서 의사가 될 가능성을 삭제했다. 그는 '합리적'으로 보이는 진로만을 고려했으며 결국 타협책으로 약사가 되었다.

조지가 한 것처럼 가능하거나 타당해 보이는 것으로만 선택지를 제한하면 자신이 정말로 원하는 길을 스스로 차단하는 꼴이 되며 결국 타협만이 남는다. 조지는 의학에 품었던 것과 똑같은 열정을 약학에서는 발휘하지 못했다. 왜 그런 것일까? 인간의 정신은 타협에는 투자하지 않기 때문이다.

어느 조직이든 연구, 경영, 영업, 마케팅, 제조를 막론한 여러 직책을 차지한 사람들 중에는 제한적인 선택 때문에 그 자리에 있는, 열의 없고 활기도 없는 사람이 적지 않다. 자신들도 타협 속에서 매일을 영위한다는 것을 알지만, 그들 나름으로는 스스로 창조한 인생에서 '합리적'으로 살기 위해 노력하는 것이다. 그들은 인생에 내재된 한계라고 여겨지는 범위 안에서 기대할 수 있는 최선의 선택을 한 셈이다.

2. 우회적인 선택: 결과가 아닌 과정을 선택한다

'교육'이 아닌 '대학'을 선택하는 사람들이 있다. '건강'이 아니라 '건강식품 섭취'를 선택하는 사람들도 마찬가지다. 이런 식의 선택은 과도한 힘을 과정에 투여하게 되므로 결과 역시 과정과 불가피하게 묶이게 되며,

욕망하는 결과가 일어날 수 있는 길을 제한하게 된다.

해리엇은 자신의 대인 관계 문제가 아버지와의 나쁜 유대 관계에서 비롯되었다고 확신했다.

그녀는 수년에 걸쳐, 아버지에게 표출하지 못한 분노를 해소하는 데 도움을 줄 수 있을 책들을 읽었다. 분노의 해소 과정에 초점을 맞춘 워크숍을 찾아다녔고, 다양한 심리 치료도 받았다. 각각의 세션 동안 그녀는 때로 목청이 터져라 비명을 지르거나, 눈이 퉁퉁 붓도록 울거나, 아버지를 향한 원망의 목록을 작성하거나, 아버지와 상상 속 대화를 하거나, 아버지와의 관계에 관한 이야기를 그룹 구성원들과 공유하는 활동을 하곤 했다.

해리엇이 정말로 원한 것은 온전한 사람이 되는 것이었다.

그녀가 선택한 온갖 과정들은 정작 자신이 원하던 결과와는 무관했다. 해리엇은 다양한 과정들을 좇아다니면서 자신이 선택한 프로세스가 '온전함'으로 이끌어 줄 것이라고 믿고 싶어 했다. 그러나 그녀는 한 번도 '온전함의 창조' 자체를 선택하지 않았다.

회사의 수익이 감소하면 고위 임원들은 고민의 타개책으로 새로운 프로세스에 희망을 거는 경우가 많다. "이번 워크숍을 통해 영업력을 탁월하게 끌어올리는 걸로 하고 효과를 두고 봅시다."

이처럼 과정에 너무 집중하다 보면 정말로 창조하고 싶어 하는 결과는 흐려지거나 아예 잊히는 경우가 생긴다. 결과의 선명한 비전이 없이는 욕망하는 것을 창조할 기회도 거의 없다고 봐야 한다. 심지어 자신들이 추구하는 결과가 무엇인지를 알지 못하는 경우도 많다.

3. 제거에 의한 선택: 다른 가능성들을 모두 제거하고 단 하나의 선택만 남긴다

이것은 일반적으로 양쪽의 차이를 해소할 수 없는 지점까지 양극화시킴으로써 충돌을 증폭시킬 때 발생하며, 결국 이 상황에서 우리는 유일하게 남은 대안을 선택할 수밖에 없다.

사람들은 종종 이런 식의 제거에 의한 선택을 함으로써 한쪽 삶의 상황을 떠나 다른 쪽 삶으로 옮겨 간다. 사실 우리 대부분은 상황이 견디기 힘들어 떠날 수밖에 없겠다는 생각이 들 때까지 문제를 점점 더 악화시켜 본 경험이 있다. 어떤 사람들에게는 이것이 아예 삶의 방식으로 굳어지기도 한다. 충돌이 고조되어 격렬해지면 떠나는 식으로 살아가는 것이다.

제리의 경우가 그랬다. 그는 아내와의 불화를 키우다 전면적인 싸움까지 하게 되자 술집에서 친구들을 만나 이렇게 말했다. "상황이 너무 나빠져서 내가 집을 나올 수밖에 없었어. 선택의 여지가 없었어." 결국 제리가 결혼 생활을 그만하기로 한 무렵 그들 부부의 관계는 3~4일에 한 번씩 교전을 치르는 냉전 상태로 악화되어 있었다. 제리는 즐거웠던 순간들은 모두 건너뛰고 안 좋았던 시간은 실제보다 훨씬 나쁘게 추억했다. 그의 마음속 갈등이 위험 수위로까지 고조되었다. 그에게는 떠나는 것 외에 다른 선택이란 없어 보였다.

많은 사람이 이런 식으로 직장을 그만둔다. 그런 사람들의 경우 근거 없는 확신 때문에 동료나 상사와의 관계가 경직되고 오해가 쌓인다. 별것 아닌 말을 비판으로 받아들이다 보니 심지어 가만히 있는 벽도 공모자로 보이기 시작한다. 하루하루가 전날보다 더 깜깜해 보인다. 아침에 깨어 또 혼란스러운 하루를 맞이해야 한다는 것이 점점 더 힘들어진다.

친구들에게 불평을 털어놓는데, 그 친구들은 주로 다른 직장을 알아보라고 권하는 성향의 사람들이다. 회사에 만족하는 것처럼 보이는 동료들에게도 분한 마음이 쌓인다. 이것이 불에 기름을 끼얹는 격이 되어 회사의 청렴성에도 의문이 생기기 시작한다. 이쯤 되면 대개 업무는 뒤로 팽개쳐지고 종일 갈등에만 사로잡히는 상황이 된다. 그리하여 결국 회사를 그만두면서 그는 마치 자기가 도덕적 대의에서 고결한 행동을 한 것처럼 우월해 보이기도 한다. "선택의 여지가 없었어. 떠날 수밖에 없었지. 뭘 어떻게 할 수 있었겠어?"

현대사회의 경향 하나는 정치적 좌와 우의 양극화이며, 그로 인해 두 가지의 바람직하지 않은 양극단만이 존재하게 되었다는 사실이다. 우파 독재 또는 좌파 독재이다. 그렇다 보니 스스로를 환경에 의해 통제되는 존재로 보는 사람들은 두 개의 바람직하지 않은 선택에 직면할 수밖에 없고, 둘 중 어느 쪽이 덜 사악한가를 기준으로 선택을 해야 하는 입장에 처한다. 제거에 의한 선택의 결과를 확연히 보여 준 사례들이 바로 중앙아메리카, 북아일랜드, 중동, 아프리카에서 일어난 비극적 사건의 결과들이다.

4. 기본값에 의한 선택: 선택을 하지 않는 '선택'을 함으로써 어떤 결과가 생기든 선택에 의한 것이 아닌 것처럼 보이게 한다

기한을 넘겨 서명 없이도 계약이 진행되는 경우가 이에 속한다. 선거에서 투표를 하지 않은 경우도 이에 속한다.

선택을 할 수 없거나 내키지 않을 때 이 모드에 있는 사람들은 상황에 힘을 맡기고 자신의 힘을 거둬들인다. 선택에 대한 이런 식의 거부는 앞서 해 놓은 어떤 효과적인 행동도 제 기능을 못하게 만들어 버린다. 남은 것은 오로지 결정된 상황에 대한 반동뿐이다.

5. 조건부 선택: 선택에 미리 조건을 전제해 둔다

조건부 선택에는 전형적인 공식이 따른다. "~할 때 이걸 선택하겠어" 또는 "만약 ~하면 이걸 선택할게" 같은 것들이다.

"월급이 오르면 이 프로젝트를 시작하겠어", "잰과 칼이 우리 팀에 들어오면 새로운 접근법을 구상해 볼게", "시어머니가 이사해 나가시면 새 집을 알아볼 거야."

이처럼 원하는 결과를 직접적으로 선택하기보다는 결과에 일정한 조건이나 상황을 부여하는 사람들이 있다. "완벽한 관계를 맺게 되면 행복해질 거야." 이 말에 담긴 뜻은 자신이 완벽한 관계를 맺기 전까지는 행복하지 않을 것이며, 행복해지기 위해 하는 선택이 완벽한 관계를 가지느냐 그렇지 못하느냐에 달려 있다는 것이다. 이 사람들은 자신의 인생을 편성할 수 있는 힘을 특정한 임의적 외부 조건에 맡겨 두고, 마치 그 조건들이 만족을 가져다 주는 환경을 조성할 수 있는 신비로운 힘을 가지기라도 한 것처럼 여긴다.

6. 반동에 의한 선택: 충돌을 극복하기 위해 고안된 선택을 한다

창조 프로세스를 시작하지는 않고 단지 불편함을 줄이거나 압력을 제거하는 선택을 하는 것을 말한다.

어느 컴퓨터 회사의 임원이 직원회의에서 이런 발표를 한다. "가능한 한 빨리 랩톱컴퓨터를 만듭시다. 주요 경쟁사는 이미 생산에 들어갔어요."

수석 엔지니어는, 공학에는 별 관심이 없어진 지 오래인 상사와의 열띤 논의 끝에 팀원들에게 이런 제안을 내놓았다. "외국 디자이너들이 하는 것처럼 자동차의 차체를 설계해서 시장 점유율의 손실을 만회해 봅시다."

상황이 주는 자극에 의한 불편함이 심각한 수준에 이르면 이 모드에 있는 사람은 불편함을 완화하기 위한 선택을 한다. 이 모드에서 힘은 그게 뭐가 됐든 불편함을 유발하는 모든 것에 있으며, 오로지 그 불편함을 없애기 위한 선택만을 한다.

사회는 대부분의 사람들이 반응(reaction)에 의한 선택을 한다고 믿는다. 그래서 사람들이 특정한 방식으로 행동하는 것을 사회가 원치 않을 때, 사회는 만약 그렇게 행동하면 삶을 불편하게 만들 거라는 위협을 가한다. 그 수단으로 벌금, 징역, 퇴거, 굴욕, 사회적 매장, 심지어 사형까지 동원한다. 덕분에 반응에 의한 선택은 운전자들이 경찰을 발견하면 알아서 속도를 줄이는 것처럼 자동 반사적으로 이루어질 때가 많다.

7. 의견 일치에 의한 선택: 다른 이들이 추천할 만한 것을 찾아내어 그 투표의 결과에 따라 선택한다

이 모드에 있는 사람은 성공적인 사전 홍보로 의견 합일을 이루어 놓은 상태이므로 여론 조사의 투표 결과 역시 대개는 그가 실제로 하고 싶어 하는 것과 일치하는 것으로 나타난다. 그러나 이 과정에서 다른 사람들의 조언이나 충고가 개입되기 때문에 그의 선택은 본인의 욕망에 따른 것이 아니라 조사에 응한 집단의 의지에 좌우되기가 쉽다.

한 여성이 새로운 직장을 찾기 위한 자신의 선택에 대해 이렇게 묘사했다.

내 상사는 대화하기가 힘든 사람이라, 요즘은 출근해 시간을 보내는 것이 너무 지루해요. 나머지 동료들에게서도 전혀 지지를 받는 느낌이 없고요. 솔직히 말하면, 한 명도 빠짐없이 완전히 피상적이고 중요하지 않은 것들에만 신경 쓰는 것처럼 보여요. 그러던 중에 마침 흥미로운 회사에서 새로운 일자리를 제안받았어요. 도전적이고, 참여적이며 중요한 자리인 것 같아요. 함께 일하게 될 사람들은 조직의 변화에 대한 나의 진정한 관심을 공유하고 있고요. 그러니 내가 어떻게 해야 한다고 생각하세요? 지금의 직장을 그만두고 새 일자리 제안을 받아들여야 할까요?

이런 상황에서 그녀에게 옛 직장에 남아 있으라고 충고하는 건 누구라도 상상하기가 어렵다. 이 사례에서는 여성의 사전 홍보가 유독 공공연하지만, 대개는 이보다는 좀 더 미묘한 수준에서 이루어진다. 물론 의견 일치에 의한 선택이라는 일반적인 전략은 같다.

나는 이 전략을 변형시켜 적용한 어느 기업의 임원을 알고 있다. 회사 차원의 결정을 할 순간이 되자 그는 자기가 아는 사람들 몇 명에게서 조언과 의견을 수집했다. 그리고 그중 자기가 원하는 것과 일치하는 사람들의 충고를 골라 그에 따랐다. 모르긴 해도 나중에 이 선택이 성공적이지 못한 것으로 판명되면 그는 자기가 수용한 조언의 주인공들을 찾아가 실패의 책임을 물을 것이다.

8. 취득시효에 의한 선택: 우주의 본성에 관한 모호하고 철학적인 관념에

근거하여 선택한다.

이 이론은 우리가 현재의 현실에서 지니고 있는 것이 무엇이든, 이미 어떻게든 선택해 버렸다는 것이다. 이번 인생에서가 아니라면 다른 인생에서라도 선택은 끝난 상태이다. "나는 치질에 걸렸어. 그러니까 내가 그걸 선택했던 게 틀림없지."

이 관념을 진실로 받아들이면 우리 의식의 외부에 있는 '우리의 일부'가, 원하지 않는 상황들까지 포함하여 인생에 작용하는 모든 환경을 선택하고 점유했다는 결론밖에 나오지 않는다. 그렇게 되면 인생의 힘은 우리가 모르는 우리의 일부가 불법적으로 차지하게 되며, 결국 우리가 닿을 수 있는 영역의 밖으로 가 버린다.

사실 우리가 지금 지니고 있는 삶의 경험들은, 어느 정도는 지금까지 인생에서 수립했던 구조들의 자연스러운 결과이다. 최소 저항의 경로가 원치 않는 결과를 생산해 낸다면 그 원인을 찾아야 할 곳도 과거에 했던 비뚤어진 선택 혹은 부지불식간에 했을 수 있는 선택이 아니라, 자신이 수립한 구조이다. 어떤 상황에 처했다고 해서 그게 꼭 우리가 선택한 것은 아니며, 원해서 그렇게 된 것이 아닐 때가 많다는 것이다.

선택과 힘

사람들이 선택하는 방식을 보면 그들이 처한 상황에서 힘을 어디에서 찾는지, 그 힘이 어떻게 활성화되고 이용되는지를 알 수 있다. 앞서 소개한 여덟 가지의 비효과적인 선택 방식은 반동-순응 지향성에서의 선택의 특징들로서, 각각의 경우 상황 속의 힘은 당사자의 외부에 있는 무엇 또는 누군가에게 떠넘겨지거나 건네진다.

그러나 창조의 힘은 이와는 다르다. 창조의 힘은 상황이나 환경이 아닌 우리 자신에게서 비롯된다. 원하는 것을 창조할 때 어떤 것도 선택을 강요하지 않으며, 무엇도 창조의 힘을 앗아갈 수 없다.

창조 지향성에서의 선택

창조 지향성에서는 실현되기를 원하는 결과를 의식적으로 선택한다.

선택은 믿을 수 없을 정도로 간단하지만 제대로 하려면 연습이 필요하다. 앞서도 말했듯이 잘못된 선택을 하는 한 가지 방법은 원하는 결과가 아니라 과정에 몸을 던지는 것이다. 특정한 결과를 위해 만들어진 과정에 몰두하는 많은 사람은 공식적으로든 비공식적으로든 실제로는 결코 결과를 선택한 것이 아니다. 특별한 건강식품을 먹고, 비타민 보충제를 다량 섭취하고, 부지런히 운동하고, 술과 커피, 담배, 초콜릿, 흰 밀가루, 육류, 정제당을 먹지 않는 것은 건강 자체를 선택한 것이 아니다. 건강한 행동을 한다고 해서 건강해지는 선택을 한 것은 아니라는 이야기다.

회사의 고위 경영진 중에는 비즈니스 세미나에 참석하여 새로운 마케팅과 관리, 생산 기법을 배우면 이것들이 '회사에 유익'할 것이라고 믿어버리는 사람들이 있다. 그들은 곧장 직원들을 훈련의 바다로 내몰고서는 그 훈련이 회사 조직에 긍정적인 변화를 일으키기를 기대해 마지않는다. 이런 유형의 관리자들은 자신들이 채택한 과정을 맹신하지만 그에 따른 행동 조치는 정작 창조 프로세스에 초점을 맞추지 못한다. 결국 이 훈련은 적절한 '반응'을 추구하는 또 다른 사례에 그칠 뿐이다.

위 사례의 관리자들과 건강식품을 먹는 사람들 모두 '이로운' 행동을 하는 과정을 선택했지만, 결과적으로는 욕망하는 결과를 가져다줄 것이라는 기대하에 자신들이 가진 에너지를 과정에 다 쏟아붓는 형국이 되었다. 이들 모두가 과정에 몰두하다가 결과는 도외시하게 된 셈이다.

정식으로 건강해지는 것을 선택하면 몸과 마음, 정신의 내적 자원을 동원할 수 있다. 또한 구조적 긴장의 요소 중 하나인 비전을 수립할 수 있게 된다. 이 선택을 통해 에너지를 집중하고 방출할 수 있으며, 가장 건강하고 도움이 될 프로세스를 향해 이끌려 갈 수 있게 된다.

개인뿐 아니라 조직도 마찬가지다. 과정이 아닌 결과의 선택을 통해 구성원들은 조직의 자원을 더 쉽게 끌어낼 수 있으며, 결과의 직접적인 생성에 도움이 될 프로세스도 더 쉽게 발견되고 발명되며 실행된다.

그저 과정을 선택하는 것으로는 구조적 긴장을 수립할 수도 없고, 창조 프로세스를 완성하는 데 사용할 수 있는 에너지를 만들어 낼 수도 없다.

부정적 결과를 선택하는 것

'원하는 것의 창조'를 선택하지 않고 '원하지 않는 것을 회피'하는 선택만

하는 사람들이 있다. 건강을 택하는 것이 아니라 질병이 없기를 바라는 것이다. 그러나 단순히 원치 않는 것을 회피하는 선택을 하는 것으로는 구조적 긴장을 수립할 수 없고, 오히려 충돌 구조만 생성될 뿐이다.

엄격한 다이어트와 체계적인 운동에 몰입하는 사람들 중에는 건강에 대한 분명한 비전은 없지만 병에 걸리지 않겠다는 것에 대해서는 분명한 의지를 내보이는 이들이 있다. 이들이 공포의 대상으로 삼는 질병은 감기 정도가 아니라 심장마비, 암, 궤양, 고혈압, 당뇨 등과 여러 위협적인 질병이다. 이들은 원하는 것(활력과 생명)이 아니라 원치 않는 것(심각한 질병 또는 죽음)을 강조하면서 회피 전략에 몸을 던진다.

이런 행위는 최소 저항의 경로의 구조적 충돌에서 비롯되는 것이다. 최소 저항의 경로가 해소 '불가능'한 충돌을 해소하기 위한 행동을 하게 만드는 것이다.

불편한 감정의 주변을 맴도는 이 구조적 충돌은 생과 사를 가르는 충돌이다. 그들은 자신들이 살아남는 것, 즉 심각한 질병이나 죽음과 맞닥뜨리지 않는 것을 확실히 보장받고 싶어서 오히려 부정적인 비전-언제라도 암에 걸리거나 심장마비를 일으켜 쓰러질 수 있다는 비전-을 늘 염두에 둔다. 그리고 이것은 충돌을 더 악화시킨다. 그들은 질병에 다시 걸릴까 봐 신경 쓰느라 스스로에게 고강도의 압박감을 부여하고 언제나 그것을 유지한다.

그들의 전략은 충돌 상태를 지속하는 것이다. 그들의 생각은 이런 것이다. "설탕과 흰 밀가루를 먹으면 암에 걸려서 얼마 못 살 거야. 이런 식품은 딱 끊어 버리는 게 좋아. 방심은 금물이야." 유기농 음식을 먹고 운동을 하는 것과 같은 그들이 취하는 행동들은 건강에 초점을 맞춘 것이 아니다. 그런 행동은 실제로는 정서적인 위안이라는 경험을 되찾기 위해 고안된 것이다. 즉 스스로 만들어 낸 두려움과 걱정을 줄이기 위해서다.

점차 그들은 자신이 무력하다는 믿음을 강화한다. 인생의 힘이 스스로가 아니라 식품이나 운동에 있으며, 특정 식품을 먹거나 운동을 하지 않는 것 때문에 삶이 위협받고 있다고 생각하는 것이다. 그들의 생각에는 그냥 내버려 두는 것은 무책임한 일이므로, 매일의 실천에서 느슨해질 우려, 실천 사항들을 지켜나가는 것에 관해 무책임해질 우려 양쪽에 대한 경각심을 유지함으로써 스스로를 통제할 필요가 있다고 믿는다.

나는 지금 건강한 식품을 섭취하고 운동을 많이 하는 것이 근본적으로 잘못됐다고 말하는 것이 아니다. 만약 창조 지향성에서라면, 일단 건강해지는 것을 의식적으로 선택하고 나서 특정 식품을 먹고 일정한 형태의 운동을 하는 것에 끌리면 그는 바야흐로 유기적 프로세스에 발을 들여놓은 것이다. 이 유기적 프로세스의 구조적 경향이 바로 건강에 특별히 유익한 여러 과정에 끌리는 것이기 때문이다. 이 과정들에는 일반적으로 우리가 흔히 예상하는 건강식품, 운동 같은 것들은 물론 예상치 못한 것들이 포함될 수도 있다.

예상치 못한 것들이 포함될 수 있는 이유는 사람마다 고유한 삶의 리듬이 있고, 그 리듬이 변화하기 때문이다. 삶의 리듬은 변화에 따라 매우 다른 유형의 활동을 요구할 수 있는데, 문제는 과정을 정해서 실천하다 보면 자신만의 자연스러운 삶의 리듬과의 연결이 끊어질 우려가 있다는 것이다.

예를 들어 당신은 매일 고정된 식단으로 식사하는 것을 방침으로 정해 놓았을지도 모른다. 하지만 당신의 삶의 리듬은 평소보다 더 많은 단백질을 요구할 수 있다. 그런데 스스로 부과한 식단 때문에 삶의 리듬을 무시하게 되면, 어느 날 건강 상태를 증진시키기 위해 몸에서 음식이나 영양을 유난히 필요로 할 때 그걸 놓칠 수 있다는 것이다.

원하지 않는 것

세계 어느 곳의 기업에나, 비협조적인 직원, 부실 경영, 과도한 재고, 손실, 반품, 제품의 결함, 신용 거부, 소송, 파산, 적대적 인수 등등 원하지 않는 일을 회피하는 것에 엄청난 시간과 노력을 쏟아 붓는 사람들이 많이 있다.

그러나 창조 프로세스에서는 원치 않는 것은 선택하지 않아도 된다. 정말 원하는 것을 선택하면 된다. 물론 자신이 지금 원치 않는 것을 가지고 있다는 것을 알면 도움이 될 때가 있다. 원하지 않는 것의 반대를 살펴보면 그것이 바로 원하는 것일 때가 있기 때문이다.

차가 계속해서 고장 나는 것을 원치 않는다는 것은 꾸준히 잘 달리는 차를 원하는 것일 수 있다. 지루한 환경에서 일하는 것을 원치 않는다는 것은 흥미롭고 도전적인 일자리를 원하는 것일 수 있으며, 미적지근하고 우유부단한 직원과 일하기 싫다는 것은 열정적이고 과단성 있는 직원을 원하는 것일 수 있다. 마찬가지로, 배우자와 말다툼하고 싸우는 것을 원치 않는다는 것은 그 반대인 사랑하고 서로 지지하며 조화로운 유대 관계를 맺고 싶어 한다는 것일 수 있다는 것이다.

인생의 온갖 문제에 너무 많은 에너지를 집중해 버리면 그 문제들에 고착되어 버리기가 쉽다. 그럴 때 우리가 해야 할 가장 중요한 단 한 가지는 문제를 더 이상 문제일 수 없게 멈추거나 보내 버리는 것이다.

문제가 더 깊이 뿌리 내릴수록 원하지 않는 것 또는 가능하다고 생각하는 것과 원하는 것을 구별하기가 더 어려워진다.

나는 15분 내지 그보다 더 오랜 시간을 들여서 딱 한 가지 질문만 하는 때가 많다. "무엇을 창조하고 싶습니까?" 상대방에게 계속해서 답을 하게 만들기 위해서이다. "이건 싫습니다", "저것은 원치 않습니다", "이것과 씨름하고 싶지 않아요", "저걸 없애고 싶어요."

벨라 바르톡(Béla Bartók: 1881~1945. 헝가리의 작곡가-옮긴이)이 원치 않는 것들의 목록만 가지고 현악사중주곡을 만들려고 한다고 상상해 보라. "내 곡이 관현악곡으로 쓰이게 되는 건 싫어. 피아노곡이 되는 것도 원치 않아. 그동안 내가 썼던 다른 작품들처럼 되는 것도 싫고, 감정이 실려 있지 않은 듯한 느낌을 주는 것도 싫어." 이처럼 원치 않는 것에 초점을 맞추면 비전을 만들기도 어렵거니와 어떤 발아 에너지도 생성되지 않는다.

원하지 않는 것에 관한 선택들이 지배력을 가지게 되면 원하는 것은 혼란에 묻혀 보지 못하게 된다.

공식적인 선택

선택에는 두 단계가 있다.

첫째, 원하는 결과의 구상, 즉 창조하고 싶은 것의 선명한 비전을 가진다.

둘째, "나는 ~을 선택한다"라는 말을 실제로 입 밖으로 소리를 내면서 선택을 공식화한다.

이때 큰 목소리를 내는 것은 중요치 않다. 그러나 자신에게 들리게 분명히, 그리고 속으로 다짐함으로써 결과를 얻기 위한 진실한 선택을 해야 한다. 선택을 말로 하는 것은 신비한 마법의 힘이 담긴 주문을 외는 것과는 다르며, 반복해서 외는 구호 같은 것도 아니다. 그보다는 선택을 언어적 형태로 구체화함으로써 비전에 좀 더 집중할 수 있게 하는 것이다.

공식적인 선택을 하는 것은 발아의 씨앗을 활성화시키는 것이다. 모든 에너지를 원하는 대로 배치하여 선택을 향해 나아가게 할 때가 되었다는 선언이다. 바야흐로 창조 사이클의 첫 단계를 시작하는 것이다.

많은 사람에게 이 공식적인 선택은 미지의 세계로 순간 도약하는 것처럼 느껴질 수 있다. 특히 이전에는 한 번도 선택해 보지 않은 중요한 무언가를 포함하고 있는 경우라면 더욱 그럴 것이다. 그러나 불확실의 순간이 지나고 나면 선명함, 에너지, 육체적인 가벼움 등의 경험이 찾아온다. 사람에 따라 경험은 다양한 형태를 띨 수 있지만, 중요한 것은 창조 지향성에서 선택을 했으므로 에너지를 원하는 방향으로 적극적으로 움직일 수 있다는 것이다. 이것이 결과의 선택에 내재된 힘이다.

13장

일차 선택, 부차적 선택, 근본적 선택

창조 프로세스에서는 세 가지 별개의 선택들이 전략적인 요소로 작용한다. 일차 선택, 부차적 선택, 근본적 선택이 그것이다.

일차 선택

일차 선택은 주요 결과들에 관한 선택이다.

우리는 삶의 거의 모든 영역에서 일차 선택을 한다. 직장에서는 회사 내에서 가장 능력 있는 관리자가 되는 것, 유해 물질을 운송할 안전한 수단을 개발하는 것, 복잡한 검색 시스템을 인공지능과 통합하는 것, 싱가포르에 제조 공장을 설립하는 것 등등이 일차 선택이 될 수 있다. 또한 개인적으로는 최고의 인간관계, 의미 있는 직업, 정말 편안하게 느껴지는 집 또는 멋진 휴가를 갖는 것이 일차 선택이 될 수 있다. 아니면 예술 작품의 창작, 환상적인 요리, 훌륭한 워크숍이나 회의를 주관하는 것 등도 일차 선택으로 가능한 것들이다. '일차 선택은 우리가 원하는 어느 정도의 결과 그 자체에 관한 것이며, 그 자체를 위해 하는 것이다.' 일차 선택은 우리를 다른 무언가로 이끌어 줄 수 있지만 그 때문에 그것을 원하는 것은 아니다. 대개 일차 선택은 거쳐 가는 어느 하나의 단계로서가 아니라 궁극적인 목적으로서 기능한다.

즉 일차 선택은 다른 결과를 도출하거나 미래의 결과를 위한 토대의 역할도 하지만 선택으로서의 주된 목적은 선택의 본연을 성취하는 것이다. 화가가 그림을 그릴 때 그의 일차 선택은 그림을 완성하여 존재하게 하는 것이며, 그림을 경력의 디딤돌로 삼거나 정서적 만족을 가져다주는 방편으로 삼거나 혹은 돈을 벌기 위한 수단으로 삼는 것이 아니라는 것이다. 마찬가지로 발명가가 발명을 할 때도 일차적인 목적은 발명품이 존재하는 것을 보고 싶은 것이지 특허를 얻기 위함이 아니다.

메리 디트리히 스파에스(Mary Dietrich Spaeth)는 1966년에 처음으로 가변 염료 레이저를 발명했으며 이후로 레이저 동위체 분리 과정을 개발하는 데 매진했다. 발명가들이 그렇듯이 그녀의 일차 목표는 경제적 보상이나 특허 소유가 아니라 자신의 발명이 제 역할을 하는 것을 눈으로 보는 것이었다.

한번은 그녀가, 당시 그녀를 고용하고 있던 휴즈 항공사에서 자신의 발명품인 부품을 이용하여 거리 측정기를 만드는 데 성공하지 못한 까닭을 설명한 적이 있다. 그녀는 그 부품이 효과가 있을 것이라고 자신했지만 휴즈 측은 그녀에게 다른 일을 맡기면서 그 일에서 손을 떼게 했다.

> 나는 그 일을 그만하라는 직접적인 지시를 받았지만 어떻게든 계속해 나갔으며, 그 덕분에 여러 해 동안 회사의 경비를 대폭 절감해 주었다. 그러나 그 기간 동안 내가 작업한 콘셉트의 대부분은 특허를 받을 수가 없었다. 솔직히 말하면 나는 특허에 별 관심이 있지도 않았다. 내 관심은 여러 가지가 어울려 작동하는 것에 쏠려 있었다. 나로서는 특허를 획득하는 것이 고역이었다. 나는 한 장짜리 서류보다는 사물이 제대로 작동하는 것에 훨씬 더 관심이 있었다.

만약 자신이 원하는 결과가 그것 자체인지 다른 결과를 얻기 위한 목적을 지닌 과정의 일부인지 확인해 보고 싶으면 이렇게 자문해 보라. "이 선택은 무엇을 하도록 설계된 것인가?"

질문의 답이 그것 자체를 넘어서는 무언가를 획득하는 데 도움이 되는 것이라고 나오면 그 선택은 과정의 일부이다. 따라서 일차 선택이 아니며 기껏해야 부차적 선택 정도가 될 것이다.

반면 선택이 추가적인 결과를 불러오도록 설계된 것이 아닐 때는 그것 자체가 결과이며, 따라서 일차 선택이라 할 수 있다.

내 친구 중에 피아노를 치는 사람이 있는데, 왜 피아노를 치느냐고 물었을 때 그녀의 대답은 "피아노 치는 것이 너무 좋아서"였다. 이런 것이 일차 선택이다.

많은 예술가에게 일차 선택은 창작의 기쁨 그 자체일 경우가 많다. 조각가 헨리 무어는 언젠가 이런 말을 했다. "가끔은 오로지 그리는 것이 즐겁기 때문에 그림을 그릴 때가 있다."

미식가 요리사인 친구 하나는 나를 대접하겠다고 요리를 하던 중 이렇게 말했다. "나는 부엌에서 즉흥적으로 요리할 때가 좋아. 오늘 밤처럼 말이지. 저녁 메뉴로 내가 뭘 생각하는지 나도 정확히는 몰라. 재료를 가지고 별생각 없이 어떻게 하다 보면 뭔가가 나오는데 그걸 확인하는 순간이 좋아."

사실 그 친구는 적어도 두 가지의 결과를 도출해 낸 일차 선택을 한 것이다. 첫 번째는 훌륭한 음식이었다. 그날 저녁 그는 그 특별한 음식이 어떤 모양과 맛을 지니게 될지 정확히 알지는 못했을지 몰라도 품질이 어떨지는 알고 있었다. 자신이 창조한 첫 번째 결과인 최상의 저녁 식사가 훌륭한 음식의 심미적, 미각적 기준에 성공적으로 부합하리라는 것을 확신했다.

두 번째 결과는 그의 마음에 깃든, 요리의 순전한 즐거움이었다. 피아니스트인 친구가 피아노를 치면서 느끼는, 등반가가 산에 오르며 느끼는, 혹은 햇살이 비치는 바닷가에 누운 휴가객이 느끼는 희열이 모두 같은 종류이다. 이 친구에게는 요리의 경험이 그 음식을 즐기는 저녁 식사와는 별개로 그 자체로 완결적인 것이었다.

반동-순응 지향성에 있는 사람이 일차 선택을 하기가 어려운 것은 이런 결과들(최종적으로 도달하고 싶은 곳)보다 과정(원하는 곳에 어떻게 갈 것인지)에 중점을 두기 때문이다.

심지어 과정에 너무 빠진 나머지 자신이 원하는 결과를 생각해 내지도 못하는 사람들도 있다. 그들이 생각할 수 있는 것은 온통 과정의 단계들인데, 그 단계를 밟아서 갈 수 있는 것은 또 다른 과정의 단계일 뿐이다.

"원하시는 게 뭔가요?" 워크숍 중에 한 남자에게 내가 물었다.

"나 자신과의 소통입니다." 그가 말했다.

"자신의 내면에 가 닿으면 무엇을 지니게 될까요?" 나는 그가 원하는 결과에 초점을 맞출 수 있게 도와주려고 이렇게 질문했다.

"그러면 나를 억누르고 있는 게 뭔지를 알 수 있죠." 그가 대답했다.

"당신을 억누르는 게 뭔지를 알면 어떤 일이 일어날까요?"

"그러면 나 자신을 가로막는 것들을 극복할 수 있게 되겠죠."

"그래서 그런 것들을 다 알고 나서는요?" 내가 다시 물었다.

"스스로를 가로막는 행동을 그만할 수 있겠죠."

"그만할 수 있게 된 뒤에는 어떤 일이 일어납니까?"

"글쎄요, 그것까지는 모르겠네요." 이것이 그의 대답이었다.

과정에 집중하는 사람들에게 그 과정의 끝이 어디냐고 물으면 자신도 모르는 경우가 많다. 심지어 대여섯 가지의 과정을 거쳐 온 사람들조차도 말이다.

일차 선택 연습하기

일차로 정한 결과가 무엇인지를 아는 것은 엄청난 힘을 발휘한다. 이 결과들을 창조하기 위한 일차 선택을 하고 나면 인생 자체가 이것들을 현실화하는 데 도움이 되는 방향으로 효과적으로, 자연스럽게 재정비하고 재편성되는 것이다.

일차 선택을 공식화하면 발아 에너지가 생성되고, 새로운 전략으로서 일차 선택을 지원하는 부차적 선택들이 선명하게 부각되기 시작한다. 이 전략적인 부차적 선택들은 우리가 하는 행동과 창조하고 싶어 하는 결과를 연결해 주어 각각의 단계에서 일차 선택의 완전한 실현을 향한 기반을 만들고 모멘텀을 구축할 수 있게 해 준다. 아래는 시작하기에 알맞은 방법들이다.

1단계. 지금부터 시작하여 앞으로 평생 동안 원하는 것들 모두의 리스트를 작성하라. 개인적인 바람과 직업적인 목표도 모두 포함시킨다. 세상이 어떻게 되었으면 좋겠다는 일반적인 소망도 포함시킨다. 다만 바라는 것에 대해 솔직해야 한다. 이 리스트를 작성하는 동안 자신이 할 수 있는지 없는지, 이루어질 가망이 있는지 없는지는 전혀 고려하지 않는다.

다른 사람들과의 관계에서 원하는 부분은 포함시키되, 특정한 사람들이 어떻게 행동하기를 바라는지는 포함시키지 않는다. "해리가 이렇게 저렇게 해줬으면 좋겠어"라는 식의 말은 해리에게 부담을 지우려는 것이다. 그보다는 원하는 관계의 본질과 속성에 초점을 맞추는 것이 좋다. "나는 유대 관계가 다음과 같기를 원해"라고 써 보기 바란다. 우리가 궁극적으로 창조하는 유대 관계의 대상은 해리일 수도 있고 해리가 아닐 수도 있다.

또한, 정말 원하는 항목들만 리스트에 넣어야 한다. 자신이 원하지도 않는 '전쟁은 그만', '부장님과의 언쟁은 그만', '궤양은 그만' 같은 항목은 포함시키면 안 된다.

마찬가지로, 포함을 안 시키는 것이 이기적인 일이 될까 봐 '원해야 할 것 같아서' 하는 것들도 포함시키면 안 된다.

여기까지 하면 리스트의 초안이 작성된 것이다.

2단계. 리스트를 다시 읽어 보고 인생에서 원하는 중요한 항목들이 빠짐없이 포함되어 있는지 확인하라. 원래의 리스트에서 잊은 것들은 추가하고, 정말로 원하는 것이 아닌 항목들은 삭제한다.

3단계. 리스트의 항목들을 테스트하라. 테스트 방법은 다음의 질문을 대입해 보는 것이다. '이것을 가질 수 있다고 하면, 정말 받을 것인가?'

답이 '아니오'이면 리스트에서 역시 삭제하거나, 원하는 것이 되도록 수정한다. 테스트를 해 나가다 보면 자신이 내내 정말로 중요하다고 생각했던 결과가, 사실은 진정으로 원하는 것은 아니었다는 사실을 발견하는 경우도 꽤 있다.

테스트의 답이 '예'이면 '나는 이 결과(원하는 것을 써 넣는다)를 선택한다'라고 말함으로써 항목을 선택한다는 것을 공식화한다.

4단계. 리스트에서 정말로 원하는 항목을 모두 선택할 때까지 이 과정을 계속한다.

이렇게 선택 항목들을 정하고 나면 창조 프로세스의 첫 단계를 완수한 것이다. 자신이 원하는 것을 구상하고 선택하는 것이 바로 발아의 행동이다. 이제, 원하는 것을 선택하면서 뿜어 나온 발아 에너지가 우리가 가고자 하는 방향으로 움직여 갈 수 있게 해 줄 것이다.

부차적 선택

일차 결과를 향해 한 발을 내디딜 수 있도록 도와주는 선택을 부차적 선택이라고 한다.

우리는 대접하고 싶은 음식의 재료를 사기 위해(일차 선택) 쇼핑을 하러 가거나(부차적 선택), 저술하고 싶은 도서를 마무리하기 위해(일차 선택) 워드프로세서를 구매(부차적 선택)한다.

이처럼 부차적 선택은 일차 선택을 뒷받침하는 역할을 한다.

수개월 전에 나는 근육을 좀 키워 보려고 결심했다. 이것이 나의 일차 선택이었던 셈이다. 주요 부차적 선택 중에는 3개월간의 피트니스 프로그램이 포함되었고, 그 외에도 일차 선택을 뒷받침할 수 있는 여러 프로그램이, 심지어 매일 새로 시작되었다.

프로그램을 해 나가는 동안 나는 툭하면 아침에 깨어 이런 생각을 하곤 했다. '오늘 아침에는 더 누워 있어도 돼. 아무튼 지난 며칠 동안 운동을 했잖아. 나는 꽤 잘하고 있는 거라고. 그러니 오늘 아침에 꼭 운동을 해야 하는 건 아니야.'

그러면서도 나는 잠옷과 슬리퍼 차림으로 아래층으로 내려갔다.

아래층에서 나는 또 이런 생각을 하곤 했다. '이제 일어나기는 했어. 그렇지만 그냥 화장실만 다녀와서 바로 침대로 돌아가면 돼. 결국 운동이 꼭 필요한 건 아니니까.'

그러면서도 나는 운동복으로 갈아입었다.

일단 나갈 준비를 끝내고 나면 이런 생각이 들었다. '일어나서 옷을 입었으니까 이제부터는 그냥 빈둥거려도 되고, 좋아하는 책을 좀 더 읽어도 되고, 아주 기분 좋은 아침을 보낼 수 있겠어.'

그렇지만 이때쯤이면 나는 외투를 걸치고 현관문을 나서는 중이었다.

잠시 후 차에 타서 내가 한 생각은 주로 이런 것이었다. '자, 차에 탔어. 이거 정말 굉장하잖아! 이참에 크루아상 샌드위치나 사러 갔다 오면 되겠어.'

그러나 나는 결국 체육관으로 차를 몰곤 했다.

보통 이때쯤이면 운동을 회피해 보려는 생각은 일시적으로 사라졌을 것이다. 그러나 하루치 운동 프로그램을 마치기까지 두세 가지 운동을 남겨 두었을 때쯤이 되면 이런 생각이 꼭 떠오르곤 했다. '잘했어! 누가 뭐래도 이 정도면 운동은 충분히 한 거야. 꼭 프로그램을 끝까지 하란 법은 없어.'

그러면서도 나는 남은 두세 가지 운동을 끝까지 해냈다.

이것이 일차 선택을 뒷받침하기 위해 하는 일련의 부차적 선택의 예이다. 나는 침대에 더 누워 있는 편한 선택 대신에 일어나는 선택을 했으며, 침대로 되돌아간다는 더 편한 선택이 아닌 옷을 입는 선택을 했고, 집에 있겠다는 더 편한 선택이 아닌 밖으로 나가는 선택을 했으며, 빵집에 가는 더 편한 선택이 아닌 체육관으로 가는 선택을 했고, 운동을 중간에 끝내는 편한 선택이 아닌 프로그램대로 끝까지 하는 선택을 했다.

각 단계마다 비교적 쉽게 이런 부차적 선택을 할 수 있었던 것은 일차 선택이 명확했기 때문이다. 도중에 상실감을 경험하거나 포기하겠다는 생각이 든 적은 한 번도 없었다. 중간중간 든 생각들은 가능한 대체 행동들을 풀어서 설명한 것들인데, 실제로 나는 침대에 누워 있었을 수 있었고, 집에서 책을 읽을 수도 있었으며, 크루아상을 사러 갈 수도, 운동을 중도에 끝냈을 수도 있었다. 이 역시 내가 할 수 있는 선택들이었다.

다만 매번 결정해야 하는 지점에서 더 중요한 것이 무엇인지가 뚜렷이 보였을 뿐이었다. 어느 지점에서도 나는 나 자신과 다툴 필요가 없었다. 내게 더 중요한 것은 근육질의 몸을 만들겠다는 일차 선택이었기 때문이다. 각각의 부차적인 선택－기상하기, 체육관 가기, 운동을 끝까지 다하기 등－은 한결같이 나의 일차 선택을 직접적으로 뒷받침하는 것들이어서 망설임 없이 쉽게 이루어졌다.

물론 모든 부차적 선택들이 침대에서 빠져나오는 것이나 옷 입는 것처럼 쉽지는 않다. 전문 음악가나 운동선수가 되는 것을 선택한 사람들에게는 부차적 선택이 몇 년에 걸쳐 연습을 해야 하는 것이 될 수도 있다.

그렇기는 해도 창조 지향성에서 일단 일차 선택을 알게 되면, 일차 선택을 달성하기 위해 필요한 부차적 선택들은 그게 무엇이든 점점 더 명확해지고 선택하기 쉬워진다. 그것들이 가장 뚜렷한 행동 방침이 되어주는 것이다.

부차적 선택은 언제나 일차 선택에 종속되어 있다. 따라서 일차 선택의 맥락과 상관없는 것은 선택할 필요가 없다.

운동선수나 음악가들은 오랫동안 연습하는 게 즐겁지 않을 때도 연습을 그만두지 않는다. 그것은 의무나 강요 또는 자기 조종의 어떤 형태에서 비롯된 것이 아니라 연주하고 스포츠 현장에서 뛰게 할 수 있는 일차 선택에 딸린 부차적 선택을 한 것이기 때문이다. 심지어 부차적 선택에 완전히 매료되는 사람들도 있는데, 그때도 그 이유는 이 선택들이 자신들의 최종 비전을 강력히 지지해 주기 때문이다.

위대한 재즈 색소폰 연주자인 제리 버곤지(Jerry Bergonzi)는 자신의 음반 제작 과정에 대해 이렇게 말했다.

비전은 내가 만드는 레코드의 창조를 위한 차량이며, 부차적인 선택들은 엔진이다. 게다가 모두 대가를 바라지 않는다.

일차 및 부차적 선택을 하는 리더들

조직의 리더는 크리에이터로서 일차 선택(결과, 목표, 목적 등)과 부차적 선택(직제, 근무 시간, 시기, 트레이닝, 일정, 조사, 회의 등의 전략적 선택들)의 관계를 이해하는 사람들이다.

리더들에게는 조직의 여러 구성 요소에 대해 가치를 매기고 각각이 담당하는 기능을 살펴 직급을 부여해야 하는 일이 자주 주어진다. 또 창조될 결과에 기한을 정해야 하는 일도 잦다. 다른 사람들에게는 여러 가지 결과가 같은 가치를 지닌 것으로 보일 수도 있지만 리더는 그중 더 중요한 한 가지를 정해야 한다.

일단 프로젝트에 대해 작업 팀이 꾸려지고 팀원들이 일차 선택에 대해 인지하고 나면 부차적인 선택들은 언제나 명확하다. 무조건 일차 선택을 뒷받침하는 것들이기 때문이다.

특정 제품의 개발이 간단한 일차 선택의 예가 될 수 있을 것이다. 이 경우 부차적인 선택은 다양한 형태의 연구 개발, 사용 가능한 관리 시간의 창출, 재정적 자원의 투입, 프로젝트 팀 내 엔지니어 팀의 구성 등을 포함하게 된다.

상호 배타적인 바람들

평일에 아침에 일어나려니 너무 피곤해서 좀 더 누워 있고 싶은데, 하필 업무상 회사에 꼭 나가야 한다면 침대에 더 머무르는 것과 일어나서 일하러 가는 것 중 어떤 식으로 하나를 선택할 것인가?

이런 상황에서 우리가 원하는 것은 두 가지이지만 하나가 다른 하나를 못하게 막는다. 침대에 머물면서 동시에 회사에 나가는 것은 불가능하기 때문이다.

이럴 때 자신의 일차 선택이 무엇인지를 알면 무엇을 해야 할지 쉽게 알 수 있다.

업무가 일차 선택이면 일차 선택을 뒷받침하는 부차적 선택은 침대에서 나와 옷을 입고 회사에 가는 것이다.

사실 원하는 것이 상호 배타적일 때 한쪽을 선택하기는 쉽지 않다. 선택을 못해서 궁지에 몰린 기분으로 끝내 진짜 선택을 하지 못하고 마는 경우도 꽤 있다. 그냥 로봇처럼 기계적으로 또는 죄책감 때문에 마지못해서, 불이익이나 상실감에 대한 두려움 때문에 일어나서 일하러 가는 것이다.

그렇게 진짜 선택을 하지 않은 채로는, 어느 쪽을 선택했든지 상관없이 싫은 느낌이나 심지어 억울한 기분이 따라다닌다. 몸은 회사에서 일하고 있지만 마음은 시시때때로 혹은 내내 침대에 놔두고 온 것과 같은 상태가 되며, 업무 일정이 그렇게 내려온 것에 대한 원망으로 하루를 보내는 것이다.

반동-순응 지향성에서는 이런 종류의 충돌을 대개 해소 불가능한 딜레마의 형태로 경험하게 된다. 두 가지 대안이 가치나 중요성 면에서 똑같아 보이는 것이다. 반동-순응적인 사람들은 둘 중 어느 것을 선택해도 상실감과 어느 정도의 무력감을 피할 수가 없다. 이 사람들의 관점에서는 환경의 강요로 원하는 것 한 가지를 포기해야 하는 것이기 때문이다.

그러나 창조 지향성에 있는 크리에이터들은 결과들을 중요성의 정도에 따라 계층화한 다음 일차적인 것을 선택해 두기 때문에 더 가치 있는 (일차로 선택한) 결과를 가장 효과적으로 뒷받침하는 행동을 해야 할 때 언제든지 힘 있는 위치에 설 수 있다. 원하지만 갖지 못하는 것들에 관해 상실감과 무력감을 경험하는 것이 아니라 매번 가장 원하는 것을 선택할 수 있는 것이다. 또한 원하는 정도가 상대적으로 약한 것은 자연히 더 중요한 것들에 종속된다.

게다가 일차 선택을 뒷받침할 수 있도록 정확히 부차적 선택들을 하면 일차 선택이 중요한 결과로서 훨씬 더 선명하게 정의되기 때문에 창조 자체도 훨씬 더 쉬워진다.

나의 경우에도 몸을 근육질로 만든다는 목표에 맞추어 다양한 부차적 선택을 해 나가기가 쉬웠던 것은 매번 부차적 선택을 할 때마다 몸만들기라는 일차 선택이 명확히 정의되었기 때문이다.

부차적 선택을 하는 것은 결코 무엇을 포기하는 것이 아니라 일차 선택을 뒷받침하기 위한 실질적 선택이므로 그 자체로서 진정으로 원하는 것을 하는 경험을 제공해 준다. 전략적으로 부차적 선택을 하는 것이 매우 강력한 힘이 된다는 뜻이다.

장기 목표와 단기 요구

일차 선택 중에는 장기적인 목표가 많은데, 장기 목표들을 추구하는 동안 단기적인 요구들 – 당장 주의를 기울여야 할 것들 – 이 발생하는 경우들이 있다.

장기 목표와 단기 요구는 각각 다른 지점을 향하며 다른 결과들을 산출해 내므로 역할이 사뭇 다르다.

우리 모두에게는 장기 목표들이 있다. 아이들을 교육시키는 것, 롱아일랜드의 야생화에 관한 책을 쓰는 것, 근무하는 회사의 최고 경영자가 되는 것, 자격을 갖춘 임상심리학자가 되는 것, 세계 일주를 하는 것 등. 각자 자신에게 걸맞은 리스트를 작성할 수 있을 것이다.

물론 우리 모두에게는 수많은 단기 요구도 있다. 단기 요구는 주로 누구에게나 익숙한 것들로 이루어진다. "배고파", "심야영화를 보고 싶어", "공부하기 싫어", "저 옷 없이는 못 살아", "이번 마감을 지켜야 해", "난 휴식이 필요해."

단기 요구는 반드시 행동을 동반한다. 단기 요구에서 가장 자주 하게 되는 행동은 위안이다. 즉 대개는 기분을 푸는 데 도움이 될 수 있게 고안된 행동들이다. 먹고, 마시고, 약을 복용하고, 한바탕 쇼핑을 하러 가고, 몇 시간씩 텔레비전을 보고, 온갖 유흥거리를 찾아다닌다.

심지어 위안거리들이 추동력으로 작용하면 사람들은 종종 자신의 이익에 반하는 행동을 취하기도 한다. 그러나 이런 행동들이 기분을 풀어 주는 효과는 오래가지 않는다. 이런 행동들은 장기 목표를 창조하는 데 도움을 주지 않을 뿐 아니라 단기 요구의 원인이 되는 충돌을 가시게 하지도 못하기 때문이다. 사실 어떤 사람들은 하나의 단기 요구에서 또 다른 단기 요구로, 또다시 다른 단기 요구로 옮겨 가는 일을 반복하기도 한다.

단기 요구에 사로잡히지 않고 장기 목표를 향해 꾸준히 나아가는 방법은 간단하다. '내 인생에서 창조하고 싶은 결과가 무엇인가?'라는 질문을 스스로에게 던지는 것이다. 그러면 장기 목표들에 필요한 행동을 선택하기가 더 쉬워지고, 부차적 선택이 더 선명해지며, 일시적인 충돌이 개입해도 인생의 방향에서 멀어지지 않을 수 있다.

일차 선택을 정하고, 일차 선택을 뒷받침하는 부차적 선택을 형성하고 나면 장기 목표와 '목표를 흐트러뜨릴 수 있는' 단기 요구를 구별하는 능력을 개발할 수 있게 된다.

그레고리는 목수였다. 그가 일거리를 맡을 때마다 의뢰인은 시간이 얼마나 걸릴지를 물어보았다. 당연히 그는 목공에 필요한 시간이 어느 정도일지를 기준으로 전체 시간을 산정하곤 했다. 그런데 문제는 일단 프로젝트를 시작하면 그가 자꾸만 다른 데로 눈을 돌리는 것이었다. 라디오에서 들리는 뉴스, 바깥에서 사람들이 주고받는 대화, 집에서 걸려 오는 전화 등등. 각종 방해 요소 때문에 그는 툭하면 원래 예정했던 것보다 두 배나 오래 걸려서 일을 했고, 의뢰인들의 원성을 샀다. 결국 그레고리는 테크놀로지 포 크리에이팅® 과정에 참여하게 되었고, 이후 늘 일정을 꼬이게 만들었던 단기 요구들에 넘어가지 않고 장기 목표의 편에서 선택하는 습관을 들일 수 있었다. 더 이상은 사람들의 대화에 끼거나 가정 문제를 고민하지 않고 목공 프로젝트에 집중할 수 있게 되었으며, 이제 어떤 임무라도 원래 산정한 시간 안에 완수할 수 있게 된 것이다. 그는 방해 요소들 때문에 산만해지려고 할 때마다 프로젝트를 계속 수행하는 전략적인 부차적 선택을 하고 있다.

토대가 되는 근본적 선택

초기의 성공은 최종적인 성공과 직접적인 관련이 없는 것처럼 보인다. 역사상 가장 성공적인 인물들 중 많은 수가 어린 시절에는 미래를 약속할 것 같은 명백한 조짐을 보이지 않았던 것도 마찬가지이다.

파블로 피카소는 중등학교 입학 준비를 도와줄 가정교사가 필요한 아이였으며, 결국 이 소년을 가르치는 데 실패한 가정교사는 좌절하며 손을 들었다.

아인슈타인의 교사들은 어린 알베르트를 '게으르고 둔한 아이'라고 생각했다. 말을 시켜 보면 언제나 떠듬거렸고, 언어 학습에 어려움을 겪었으며, 학교생활 전반이 원활하지 못했던 것이다. 마음이 편치 못했던 친척들이 나서서 취리히에 있는 폴리테크닉대학으로 유학을 보낼 비용을 내주기로 했는데, 알베르트는 여기서도 입학시험에 떨어졌으며, 부족한 부분의 보충 학습을 위해 중등학교로 되돌아가야 했다.

위대한 인도주의자 엘리너 루스벨트는 어린 시절, 인생에서 해낼 수 있는 게 거의 없는 아이로 보였다. 그녀의 어머니는 딸이 헛된 공상을 하는 버릇 때문에 '아무것도 못하는 아이'가 되어 버렸다고 생각했다. 친척들은 엘리너가 거짓말을 하고, 사탕을 훔치며, 산수, 철자, 문법 어느 것이고 형편없다고 대놓고 말했다. 게다가 그녀는 손톱을 물어뜯고, 도둑과 어둠이 무섭다고 떨었으며, 부끄럼을 탔고 어색해했다.

젊은 시절의 마르셀 프루스트는 교사들로부터 작문에 질서가 없다고 지청구를 듣는 대상이었다. 스티븐 크레인(Stephen Crane : 1871~1900. 미국의 소설가, 시인-옮긴이), 유진 오닐, 윌리엄 포크너, 스콧 피츠제럴드는 대학에서 낙방하거나 낙제를 한 적이 있었고, 작곡가인 자코모 푸치니는 계속해서 시험에 떨어졌다.

그러나 이들은 성장해서 모두 세상에서 내로라하는 성공적이며 걸출한 크리에이터가 되었다. 이유가 뭘까?

DMA의 초창기에 처음으로 인간의 노력과 창조성 분야에서 일하기 시작했을 때 나는 적잖은 충격을 받았다. 내가 진행한 테크놀로지 포 크리에이팅® 과정을 들은 사람들 중 일부는 원하는 결과를 쉽사리 창조해냈지만 다른 일부의 사람들은 똑같은 수업을 듣고도 창조를 더 힘들어하게 되었던 것이다.

나는 무엇 때문에 두 그룹 간에 본질적인 차이가 생겼는지 몇 달을 두고 고심했다. 더구나 가장 성공적인 크리에이터들이 원래부터 성공 가능성이 엿보이는 사람들이 아니었다는 것도 나를 혼란스럽게 했다.

그러다가 '근본적 선택(Fundamental choice)'을 발견했다. 근본적 선택은 존재의 상태 또는 기본적인 삶의 지향성에 관한 선택으로서, 일차 선택이 그 자체로서 구체적인 결과와 관련되어 있고 부차적 선택이 이 결과들을 뒷받침하는 것과 구별된다.

근본적 선택은 기본적인 삶의 지향이나 기본적인 존재의 상태를 결정하는 선택이다.

앞에서 예로 든 훌륭한 인물들은 인생에서 근본적인 선택을 한 사람들이다. 그 때문에 어린 시절의 경험만으로 인생의 방향이 결정되지 않았던 것이다. 한번 근본적인 선택을 하고 나자 그들은 정말 중요한 것들을 창조하는 쪽으로 방향을 바꿀 수 있었다.

근본적 선택은 일차와 부차적 선택이 의지하는 토대이다.

비흡연자가 되겠다는 근본적인 선택을 하지 않고서는 담배를 끊을 수 있게 도와주는 어떤 제도적 장치를 가져와도 성공할 수가 없다. 최면요법, 혐오요법, 금연 프로그램, 점진적 절연, 즉각적 금연 등을 시도해 볼 수 있겠지만 이 과정들 중 어느 것도 비흡연자가 될 수 있게 해 주지는 못한다. 비흡연자가 되겠다는 근본적 선택을 하지 않고서는 말이다.

반면에 비흡연자가 되겠다는 근본적인 선택을 하면 금연을 도와주는 시스템 모두가 효과를 발휘하게 된다. 더욱이 근본적 선택을 하고 난 이후에는 여러 시스템 중에서 자신에게 가장 잘 맞는 것에 유달리 끌리는 현상도 생기는데, 근본적 선택의 특성상 그 시스템을 통해 가장 쉽게 목적을 달성할 수가 있기 때문이다.

비흡연자가 되는 것은 존재의 기본적 상태에 해당하며, 흡연자가 담배를 끊기 위해 하는 노력과는 많이 다르다.

테크놀로지 포 크리에이팅®의 초창기에도 이미, 창조하고 싶은 것들을 창조하기 위해 근본적인 선택을 한 학생들이 가장 성공적이었다.

근본적인 선택을 하지 않은 학생들은 자신의 성장과 발전에 관해 이들과 매우 다른 지향성을 지니고 있었다. 원하는 인생을 이루는 데 성공하는 일을 필생의 사업으로 삼기보다는 어떤 일이 생길지를 환경에 맡기는 수동적인 태도를 보였다. 그들은 수강하는 강좌나 신봉하는 접근법들 등의 환경이 어떻게 해서든 자신들을 변화시켜 주기를 기대했다.

반면에 원하는 인생을 가지기 위한 근본적 선택을 한 사람들은 성공에 관해 전혀 수동적이지 않았다. 그들은 자신에게 유용한 것은 무엇이든 찾아내어 실행에 옮겼다.

나는 근본적 선택을 발견한 이후로 모든 테크놀로지 포 크리에이팅® 학생에게 근본적 선택의 중요성과 근본적 선택과 이 선택들을 효과적으로 운용하는 방법을 가르쳤다. 그랬더니 이 수업을 들었던 학생들 대부분이 창조 프로세스를 익혀 나가는 속도가 엄청나게 향상되었다.

학생들 중 여덟 살 이래로 폐소공포증에 시달려 온 한 여성이 있었다. 그녀가 그렇게 된 것은 우연히 낡은 여행 가방에 들어갔다가 이틀 동안 갇혀 있었던 경험 때문이었다. 그녀는 기차와 비행기로 여행하는 것은 꿈도 꾸지 못하고 살았는데, 테크놀로지 포 크리에이팅® 수업을 들으면서 스페인으로 여행하고 싶다는 결심을 하게 되었다. 한 번도 비행기를 타 본 적이 없는 그녀로서는 불가능해 보이는 선택이었다. 그 전까지는 비행기를 탄다는 생각만으로도 바싹 긴장했지만 그녀는 자신의 인생에서 지배적인 창조적 힘이 되겠다는 근본적 선택을 했다. 스페인으로 비행기 여행을 하겠다는 선택은 그녀가 지녀 온 폐소공포증과 충돌을 일으킬 수 있었다. 그러나 그녀는 근본적인 선택을 하고 나자 갑자기 두려움이 사라졌다는 것을 깨달았다. 그녀는 비행기표를 예매하고 여행길에 올랐다. 그녀는 자신의 인생을 결정하는 힘을 가지겠다는 근본적 선택을 했기 때문에, 과거의 환경을 딛고 스스로의 선택이 인생에 더 큰 영향을 미칠 수 있는 새로운 지향성으로 나아갈 수 있게 된 것이다. 거의 기적적으로, 그녀의 폐소공포증은 자취를 감추었고 다시는 그녀를 괴롭히지 않았다.

이것은 근본적 선택을 함으로써 일어날 수 있는 방향성 전환의 전형적인 사례이다. 일차 선택과 부차적 선택은 근본적 선택과 일치되게 조정하는 것이 가능하다. 그리하여 자신에게 최고의 가치를 지닌 것에 충실하기 위해, 또 인생의 목적을 달성하기 위해 근본적 선택을 하면 지금껏 일어날 수 없는 일이거나 불가능하다고 생각했던 많은 변화가 쉽게 이루어질 수 있다.

시간이 흐르고 환경이 변하면 가장 중요하게 여겨서 했던 선택들에 소홀해지는 일이 없지는 않을 테지만, 진심으로 선택한 것들이라면 새롭게 되살리는 것은 어려운 일이 아니다.

영혼의 선택과 방향

오페라 작곡가 자코모 푸치니는 이런 말을 했다. "자신이 지닌 영혼의 힘을 뚜렷한 목적의식을 가지고 행사하는 것이야말로 최고의 비결이다. (중략) 그러고 나면 가치 있는 무언가를 창조하고 싶은 불타는 욕망과 강렬한 결의가 느껴진다."

마르틴 부버(Martin Buber: 1878~1965. 독일의 유대인 사상가-옮긴이)는 근본적 선택을 '방향'이라는 말로 설명했다. 저서인《대니얼: 실현에 관한 대화(Daniel: Conversations About Realizations)》에는 이렇게 쓰여 있다.

> 방향은 인간의 영혼에 깃든 원시적 긴장으로서, 때때로 가능성의 무한에서 영혼을 움직여 다른 어떤 것도 아닌 이것 하나만을 선택하고 행동을 통해 실현하게 한다.

문명의 미래에 관해 깊은 관심을 가졌던 부버는 근본적 선택을 의식하며 살라는 충고를 우리에게 남겼다. 근본적 선택을 부버 식의 용어로 바꾸면 '방향에 맞추어 행동하는 것' 정도가 될 것이다.

대부분의 사람들에게 근본적 선택은 자유롭고, 건강하며, 자신에게 충실하기 위한 선택이다.

여기서 자유는 내적, 외적 모두를 추구하는 것으로서, 외적 자유에는 인생의 환경을 선택하고 창조하는 능력이 포함되며, 내적 자유에는 무제한의 경험이 포함된다.

건강은 신체적, 정신적, 정서적, 영혼의 측면을 제각각 그리고 집합적으로 모두 포함하는 의미이며, 자신에게 충실하다는 것은 스스로의 본질적인 본성과 도덕성에 따라, 또한 인생의 개별적이면서 고유한 목적에 따라 살아가는 선택을 한다는 것이다.

근본적 선택의 성질

근본적 선택은 내부나 외부 환경의 변화에 영향을 받지 않는다. 자신에게 충실하기 위한 근본적 선택을 하면 기분이 고무되거나 가라앉거나, 성취감을 느끼거나 좌절하거나, 집에 있거나 직장에 있거나, 친구와 함께 있거나 적과 마주하거나 상관없이 자신에게 충실한 방식으로 행동하게 되어 있다.

이에 반해 특정한 상황에서 번거롭거나 불편한 마음이 들까 봐 자신에게 충실하지 않아도 괜찮다는 식의 결정을 내리는 일이 생긴다면, 그것은 자신에게 충실하겠다는 근본적 선택을 애초에 하지 않았다는 뜻이다.

그런 경우, 조건이나 환경에 맞추어 몸을 던지는 것이 일반적이다. 근본적 선택을 하면 그렇지 않다. 용이함과 편리함은 아예 문제가 되지 않고, 언제나 근본적 선택에 호응하는 것을 기반으로 행동하게 된다.

한번 근본적 선택을 하고 나면 현실을 대하는 태도에 있어서 완전히 새로운 바탕이 마련된다. 근본적 선택에 따라 환경의 의미가 달라지는 것은 흔한 일이다. 환경이 무엇인가는 상관이 없고, 그 환경이 근본적 선택을 만족시키는 방향으로 어떻게 작용하는지에 관심을 둔다.

근본적 선택이 '나에게 충실하겠다'이면 환경을 파악하고 그 정보를 이용하여 자신에게 충실할 수 있도록 필요한 환경으로 조정하는 것이 가능해진다는 것이다.

지인 중에 큰 투자회사에서 일하는 증권 중개인이 한 명 있는데, 종종 자신의 직업과 회사의 힘든 환경에 대해 불만을 토로하곤 했다. 그랬던 그가 자신에게 충실하겠다는 근본적 선택을 하고 난 이후로 직장의 환경과 다른 식으로 관계를 맺을 수가 있게 되었다. 환경의 피해자인 것처럼 행동하는 것이 아니라 환경을 요긴한 피드백으로 활용하게 된 것이다.

그동안의 최대 불만 사항은 상사가 아무런 도움이 되지 않는다는 것이었는데, 근본적 선택을 한 이후 그는 최선을 다해 힘껏 상사를 보조했다. 그 결과 업무에 관한 경험이 밑바닥에서부터 변화를 일으켰다. 개인적으로는 고객에게 더 효율적인 증권 거래인이 된 것은 물론이고 불만족스러웠던 업무는 만족스러운 것으로 바뀌었다. 업무가 만족스럽기를 기대하기보다는 스스로 업무에 만족감을 부여했기 때문이다.

반동-순응 지향성에서 사람들은 환경이 만족감을 제공해 줄 것을 기대하는데, 이 경우 어쩔 수 없이 실망할 수밖에 없다. 환경은 원래 만족감을 제공하지 않기 때문이다.

그러나 창조 지향성에서는 환경과 별개로 자신의 만족을 창조해 내는 것이 가능하므로, 오히려 주변 환경으로 만족을 불러올 수 있다. 마찬가지로 자신이 관여하고 있는 프로젝트들에 대해서도 어느 것이 만족을 가져다줄지 추측하거나 어림해 볼 필요가 전혀 없다.

무엇을 하든 그 일이 자신에게 알맞은 수준의 만족을 가져다줄 것이기 때문에, 고려할 것은 오로지 각각의 프로젝트에 관해 어느 정도나 관여할지 결정하는 것이다. 이때 누가 어떤 프로젝트를 선택하든 숨은 동기 같은 것은 없다. 거기에는 프로젝트에서 무얼 얻을 수 있는지 분석하는 것이 아니라 결과가 실현되는 것을 보고 싶어 하는 열정과 헌신만 있을 뿐이다.

어떤 것이 됐든, 이를테면 자신에게 충실하겠다는 것으로 일단 근본적 선택을 했으면 이는 곧 인생의 새로운 구조를 창조한 것이다. 또한 최소 저항의 경로는 새 구조에 맞추어 근본적 선택을 채우는 방향으로 이어진다. 이 새 구조에서는 자기가 원치 않는 타협을 쉽게 놔 버릴 수 있는 사람이 되어 있다는 것을 하루아침에 알게 되기도 하며, 뒤에서 쑤군거리거나 옹졸하게 구는 것, 불평을 늘어놓거나 다른 사람들을 비난하는 일 또는 동정을 구걸하는 일 같은 예전의 버릇들이 일시에 사라지는 경험을 하기도 한다. 이것들은 근본적 선택에 헌신하면서 얻어진 기운과 힘이 이루어 낸 결과일 뿐 스스로에게 포기를 종용하는 자기 조종에 의한 것이 아니다.

나는 심리 치료사들을 트레이닝 할 때도 '선택의 효용'을 방법론으로 채택한다. 먼저, 고객이 치료를 통해 얻고 싶어 하는 것(일차 선택)이 무엇인지를 고객 스스로 아는 것이 선행되어야 한다고 치료사들에게 일러 주고, 부차적 선택의 역학에 대해 고객들에게 설명해 줄 것도 권고한다. 그런 다음에는 고객들이 온전하며, 건강하고, 자유로우며, 자신에게 충실하겠다는 근본적 선택을 할 수 있게 독려해 주는 것이 치료사들의 중차대한 역할임을 알려 준다. 대부분의 사람들에게는 근본적 선택을 하는 것이 인생의 새로운 방향성을 창조하는 것이며, 지향성을 선택하지 않은 채로는 효과적이거나 지속적인 치료 효과를 기대하기가 어렵기 때문이다.

일차 선택과 근본적 선택

일차 선택은 구체적 결과에 관한 것인데 비해 근본적 선택은 삶의 방향성 또는 존재의 상태에 관한 것이다.

우리는 자신의 가장 높은 가능성에 부응하는 근본적 선택을 하지 않고도 교향곡 작곡가가 되겠다는 일차 선택을 하고 그것을 성공적으로 이루기 위한 모든 부차적 선택을 할 수 있다.

또는 페인트칠이 잘된 집, 정돈된 옷장 또는 흥미로운 경력을 소유하겠다는 일차적 선택만 하고, 자신의 인생에서 지배적인 창조적 힘이 되겠다는 근본적 선택을 하지 않을 수도 있다.

실제로 많은 사람이 가장 높은 영적 진리에 따라 살겠다는 근본적 선택을 하지 않은 채 종교의 길(일차 선택)을 선택해 살아가고 있다.

또한 많은 사람이 헌신적인 관계 안에서 살아가겠다는 근본적인 선택을 하지 않고도 결혼하는 것(일차 선택)을 택했다.

근본적 선택과 반동-순응 지향성

반동-순응 지향성에 있는 사람들은 인생에 대해 한 번도 진정한 의미의 근본적 선택을 해 보지 못했다.

여기서 유의할 것은 근본적 선택이 꼭 공식적으로 이루어질 필요는 없다는 것이다. 공식적인 선택을 하지 않고도 자신에게 충실한 사람들은 분명히 있다. 그러나 공식적이지 않을 뿐 사실상 그들은 본질에 있어서는 자신에게 충실하겠다는 근본적 선택을 한 것이다. 다만 선택을 공식화하는 이유는 그 선택의 힘을 확장할 수 있기 때문이다.

근본적 선택은 반동-순응 지향성에서 창조 지향성으로 성공적으로 전환하는 데 있어서 결정적인 차이를 만들 수 있다. 자신의 인생에서 지배적인 창조력이 되겠다는 근본적 선택을 하지 않은 경우, 스스로에게 이익이 되거나 삶을 향상시킬 수 있다고 생각하는 어떤 노력도 무위로 돌아가며, 환경에 더 기교적으로 반응하는 방법만 알게 될 뿐이다. 그럴 경우 오히려 반동-순응 지향성은 더 공고해진다. 더 나쁜 것은, 반동-순응 지향성 안에서 더 나아지겠다고 한 시도들이 변화와 움직임의 조짐만 보일 뿐 중요한 변화로 이어지지는 않는다는 점이다. 여러 시도가 일시적으로 효과가 있는 것처럼 보일 수 있지만 가장 진실한 욕망을 채워주지는 못하리라는 것이다.

반면에 자신의 인생에서 지배적인 창조력이 되겠다는 근본적 선택을 한 경우에는 자신의 성장과 발전을 위해 선택한 어떤 방법도 나름의 효과를 거두게 된다. 그뿐 아니라 자신에게 특별히 유리한 방법들에 유난히 끌리는 효과도 누릴 수 있다.

인생의 지배적인 창조력

자신의 인생에서 지배적인 창조력이 되겠다는 이 하나의 근본적 선택은 창조의 전체 지향성을 결정하는 토대이다. 일단 이 선택을 하고 나면 지금의 현실이 지닌 의미부터 바뀐다. 외부에서 떠넘겨진 환경들 중 하나가 아니라 창조 프로세스의 적절하고 필요한 피드백으로서 현실을 바라보는 삶의 시각을 가지게 되는 것이다. 인생의 지배적인 창조력이 되겠다는 선택은 현실을 다르게 보도록 자기 강요를 한다는 뜻이 아니며, 의지력을 동원한 자기 조종, '태도'의 변화, 좌우명을 반복적으로 외우기, 확언하기, 그런 척하기 같은 것도 아니다. 그야말로 선택이다. 이 선택은 자신의 인생에서 지배적인 창조력이 되겠다는 욕망에서 우러나온 것이다. 필요에 의해서나 충돌에서, 더구나 환경에서 비롯된 것이 아니다. 이 선택은 내가 원하는 것, 바로 그것이기 때문이다.

이 선택에서 '욕망'이라는 단어의 의미는 '나태한 바람과 희망'에서 '인간의 열망과 비전에서 가장 높은 것에 대한 진정한 비전'으로 바뀐다. '인간적 노력'이라는 말의 의미는 '정서적 안정을 되찾기 위한 행동'에서 '자신이 견지하는 비전의 완전한 실현을 세상으로 불러오기 위한 행동'으로 바뀐다.

그뿐 아니라 삶의 질 전체가 극적으로 바뀐다. 반동-순응 지향성의 인생에서 너무나 흔하게 발견되는 특징인 비극성, 고역, 고통, 인내, 고투, 단조로움, 지루함 등이 창조 지향성 인생의 특징인 설렘과 모험으로 바뀌는 것이다. 이 근본적 선택 때문에 인생의 모든 순간에는 인간 정신의 진정한 표현을 위한 잠재력이 깃들게 되었다. 그리하여 삶의 매 순간 훌륭하고 멋진 어떤 일이라도 일어날 수 있게 되었다. 그러나 이 선택은 고통이나 투쟁을 완화해 보려는 동기로는 될 수 없다. 사실 이 선택을 했다는 것은 인생의 모든 국면에 더 깊이 관여하게 되었다는 의미이기도 하다. 좋은 부분 못지않게 나쁜 부분까지 두루두루.

감정, 태도, 행동

창조 지향성으로 전환해 가더라도 우리가 지닌 태도들 중 많은 것이 바뀌지 않고 남아 있을 수 있다. 싫은 사람은 여전히 싫고, 사무실에서는 사소한 것에도 짜증을 내며, 경제적 여유가 없는 것 때문에 낙담할 수 있다. 정치나 종교적 신념도 변함이 없으며, 살고 싶은 도시와 지역을 꼽으라고 하면 똑같은 곳을 생각 없이 고를 수도 있다. 우리는 늘 그랬던 것처럼 부정적이고, 비판적이며, 짜증을 잘 내는 사람 그대로일 수 있다는 것이다. 지향성의 근본적 전환은 태도, 스타일 또는 삶의 방식을 위주로 하여 이루어지는 것이 아니기 때문이다.

그러나 변화는 분명히 있다. 이 변화에는 크리에이터 – 자신에게 중요한 창조를 실현하는 데 인생을 바치는 사람 – 로서의 삶을 뒷받침해 주기 위해 필요한 것들이 모두 포함된다.

그중 많은 부분을 차지하는 것은 인생을 완전히 재배치시키는 변화들이다. 자신에게 충실하겠다는 근본적 선택을 한 이후 직업 상황, 인간관계, 행동, 중요한 방향을 향해 꾸준히 나아가는 능력에서 변화를 일으킨 경우들이 이에 속한다. 이 사람들은 자신에게 충실하겠다는 원칙에 맞지 않는 행동은 좀처럼 하지 않는다.

이에 관해서는 TFC를 이수한 사람들의 수많은 사례가 있다. 《포춘》지 선정 500대 기업에 속하는 회사의 상무인 어느 남성은 자신이 CEO가 되겠다는 일념 하나로만 회사 생활을 해 왔다는 사실을 자각하게 되었다. 그러나 자신에게 충실하겠다는 근본적 선택을 한 뒤 그는, 사실은 자신이 CEO라는 자리에 대해 진정으로 신경 써 본 적이 한 번도 없다는 생각을 하게 되었다. 그가 정말로 염려한 것은 몸담고 있는 회사 자체였다. 자신에게 정말 중요한 것이 무엇인가를 되짚어 보다가 정말로 원하는 것이 이미 책임을 맡고 있는 부서를 이끄는 것이었다는 점도 알게 되었다. 그는 현재의 직업을 유지해 나가기로 마음을 굳혔다. 그의 근본적 선택은 그가 회사와 맺고 있는 관계에 새로운 열정과 설렘을 가져다주었다. 나중에 CEO 자리를 제안받았을 때 그는 거절했다. 그는 지금 그 어느 때보다 업무를 효율적으로 처리하면서 자신의 일을 사랑하고 있다. 이미 그는 '높은 직책'을 맹목적으로 추구하면서 느꼈던 부담을 벗었다.

성공적인 컨설턴트였던 여성 한 분은 자신에게 충실하겠다는 근본적 선택을 한 후 직업을 바꾼 경우였다. 그녀는 컨설턴트라는 직업에 만족했지만, 자신이 정말 좋아하는 것은 좁은 비즈니스 환경에서 사람들이 상호작용하는 방식이 아니라 그들 한 명 한 명과 함께 일하는 것이라는 것을 깨달았다. 컨설팅이 자신이 정말 원하는 것을 성취하기 위한 수단에 지나지 않았다는 것을 알게 되자, 그녀는 36세의 나이에 유수의 대학에서 심리학을 공부하기 시작했으며, 지금은 성공적인 임상심리학자로 활약하고 있다.

오랫동안 골초였던 한 남성은 40대 초반에 건강해지겠다는 근본적인 선택을 하게 되었다. 그는 여러 번 금연을 시도했으나 늘 실패했었는데, 건강해지겠다는 근본적인 선택을 하고나자 담배를 완전히 끊고, 식단을 바꾸고, 규칙적인 운동을 시작할 수 있었다. 건강을 위한 근본적인 선택을 하지 않고도 이 모든 행동을 할 수는 있었겠지만 성공을 향해 가는 경향성은 크지 않았을 것이다. 그래서 이전에 시도했던 똑같은 행동들은 결코 삶의 방식이 되지 못했던 것이다.

근본적 선택을 할 때는 행위보다는 자신의 성격에서 특징적인 것들을 활성화시키기 때문에 그것들을 삶 속에서 더 온전하게 표현할 수가 있게 된다. 또한 그것들 각각이 현재의 현실을 구성하는 요소들이 되어 창조 프로세스의 일부가 된다.

게다가 지향성의 전환이라는 것 역시 주로 행위에 관해서가 아니라 지금 작동하는 근본 구조에 관한 것이다. 행위도 당연히 변화하겠지만 그것은 다름 아닌 구조의 변화에서 자연스럽게 우러나오는 결과가 될 것이다. 창조 지향성에서는 최소 저항의 경로가 자신이 창조하고 싶어 하는 것의 창조와 호응하는 행위로 이끌어갈 것이기 때문이다.

그렇다면 행위, 감정, 태도 또는 생활 스타일의 변화가 모두 아니라고 했으니, 내가 지금 묘사하고 있는 이 변화는 무엇에 관한 것일까?

바로 우리라고 하는 존재의 구조, 그곳에서의 변화이다. 우리 안의 가장 높은 곳에 위치한 세상, 그곳에서 발현되는 능력을 결정짓는 바로 구조적 수준에서의 변화이다.

근본적 선택을 하는 방법

근본적 선택을 하는 방법은 본질적으로 일차 선택을 하는 방법과 똑같다.

무엇보다도, 무엇이 됐든 자신이 선택하는 것을 '진심으로 소망'해야 한다. 이 부분이 가장 중요한데, 만에 하나라도 자신의 인생에서 지배적인 창조력이 되기를 진심으로 원하지 않으면 근본적 선택을 할 수가 없기 때문이다.

욕망하는 것을 명확히 하지 않고 선택을 위한 선택을 한다면 그것은 근본적 선택으로서는 실격이다. 예를 들어 단지 자유롭지 못한 것 같아서 자유롭겠다는 선택을 하는 것은 부자유한 상태에 대한 반동을 선택한 것이다. 자신은 여전히 자유를 원하는 것이 아니라 부자유를 원치 않는 것일 뿐이므로 근본적 선택을 한 것이 아니다. 이런 환경에서는 '자유로워지는 것을 선택'한다고 해도 구조적 수준에서 자유에 중요한 영향을 미칠 가능성이 없기 때문에 근본적 선택으로서의 의미가 없다는 것이다.

자유로워지고 싶다는 근본적 선택을 제대로 하려면 먼저 진정한 자유가 무엇인지 알고 자신이 원하는 것이 자유라는 것을 인식해야 한다. '자유를 가질 수 있다면 가질 것인가?'라는 질문을 해 보아서 답이 '예'이면 자유를 원하는 것이 맞다. 이 근본적 선택을 할 때는 자신이 과거, 현재, 미래의 환경과 무관하게 자유를 원하는 것을 아는 것만으로도 자유로워지겠다는 근본적 선택을 쉽고 명확히 할 수가 있다.

자유로워지겠다는 근본적 선택은 반동-순응 지향성에서 창조 지향성으로 완전히 전환하는 데 있어서 필수적인 선택들 중 하나다. 아래는 전체적이고 완전한 지향성의 전환을 실현하기 위한 단계들이다.

1단계는 자신이 원하는 것을 아는 것이다. 이를 위해 아래의 항목들을 제각각 원하는지 그렇지 않은지 살펴보자. 무의식적으로 원하는 것이겠거니 추정하지 말기 바란다. 사실은 어떤 추정도 금물이다. 어떤 선입견도 가지지 말고 시작하라. 각 항목에 대해 생각하는 시간은 최소한 2분 정도면 적당하며, 5분을 넘기지 않도록 한다.

1. 당신은 자신의 인생에서 지배적인 창조력이 되기를 원합니까?
2. 당신은 자신에게 충실하기를 원합니까?
3. 당신은 (신체적, 정서적, 정신적, 영적) 건강을 원합니까?
4. 당신은 자유를 원합니까?

2단계는 원하는 것을 선택하는 것이다. 만약 자유, 건강, 자신에게 충실해지는 것, 인생에서 지배적인 창조력이 되는 것을 원한다고 하면, 다음은 마음속에서 이것들을 차례대로 하나하나씩 공식적으로 선택하면 된다. 스스로에게 다음과 같이 말해 보자.

1. 나는 내 인생에서 지배적인 창조력이 되는 것을 선택한다.
2. 나는 내 자신에게 충실해지는 것을 선택한다.
3. 나는 건강해지는 것을 선택한다.
4. 나는 자유로워지는 것을 선택한다.

네 가지 근본적 선택의 효과들

우리가 만약 이 선택들을 했다면 시간이 지남에 따라 인생을 살아가는 방식에 자연스러운 변화와 전환이 이루어지는 모습을 볼 수 있게 될 것이다. 자신이 얼마나 자유로운지, 얼마나 건강하며, 스스로에게 충실한지, 또한 원하는 결과들을 얼마나 온전하고도 효과적으로 창조해 내는지 그 변화를 알 수 있을 것이다. 이 변화들은 우리 자신의 새로운 지향성과 그 구조의 내부에서 발전되어 나오므로, 우리의 자연스러운 경향성은 이 네 가지의 근본적 선택과 조응하도록 인생을 재편성하는 방향으로 기울 것이다. 환경의 변화는 느릴 수도, 빠를 수도 있다. 그러나 한번 이런 선택들을 하고 나면 시간이 우리 편에 서게 된다. 이제부터는 인생의 구조적 경향성이 이 선택들을 충족시키도록 설계되기 때문이다.

이제, 이 전환이 사람의 인생에서 어떤 식으로 드러나 보이는지 예를 들어 달라는 요구가 자연스럽게 나올 법한 지점이다. 그러나 창조 지향성에서는 전환이 어떤 모습일지를 예측할 수가 없다. 경우마다 양상이 다 다르기 때문이다. 게다가 예시된 그림에 자신의 현실을 맞추고 싶은 유혹이 생길 것이기 때문에 전환이 어떻게 보이는지를 묘사하는 모델이나 그림을 아예 가지지 않는 편이 더 나을 수 있다.

베토벤과 모차르트는 모두 위대한 작곡가였지만 베토벤의 길고 건조한 창조 프로세스와 모차르트의 빠르고 눈부신 창조 프로세스는 사뭇 달랐다. 우리가 원하는 인생을 창조하는 방식 역시 다른 누구의 것과도 다르게 전개될 것이다.

여러분이 네 가지 근본적 선택을 하지 않은 채 여기까지 책을 읽었다면, 앞으로 되돌아가 네 가지 선택들에 대해 다시 생각해 볼 것을 권해드린다. 그리고 그것들을 원하면 선택하시라. 바닐라 아이스크림의 맛을 설명할 수는 있지만 여러분이 직접 바닐라 아이스크림을 먹어 보기 전까지는 내 설명이 무엇을 말하는지 알 수 없지 않겠는가. 네 가지 근본적 선택을 실제로 하는 것은 그것들에 관한 글을 읽는 것과는 많이 다르다. 근본적 선택의 힘을 경험해 볼 가장 좋은 방법은 근본적 선택을 하는 것이다.

14장

동화

자연스럽고 정상적인 단계

발아의 뒤를 잇는 단계인 동화는 성장과 발전의 가장 자연스럽고 정상적인 현상 중 하나다.

동화는 우리 모두에게 익숙하다. 어릴 때 걸음마를 배우면서 우리는 균형, 조정, 움직임의 기술들을 통합하는 경험을 하게 된다. 말하는 것을 배울 때는 모국어의 어휘와 구문을 동화시켜 흡수·통합하며, 쓰기를 배울 때는 글자와 단어의 형태에다 연필이나 펜으로 글씨를 쓸 때 필요한 근육의 움직임을 동화시킨다. 또한 자전거 타기를 배울 때는 자전거가 나아가도록 페달을 밟으면서 균형을 잡는 기술을 동화시킨다.

어른이 되어서도 마찬가지다. 우리는 스포츠, 직업, 인간관계, 일상 등

삶 전반에 걸쳐 계속해서 동화를 이용한다.

동화가 성장과 발전의 중요한 단계인 이유는 복잡한 신체적, 정신적 기술을 우리 자신의 자연스러운 일부로서 통합하는 기간이기 때문이다.

그러나 동화를 제대로 이해하는 일은 여전히 어렵다.

동화의 시작

동화의 단계에 대한 이해의 폭이 지극히 좁은 이유 중 하나는 이 단계 동안 성장과 발전의 진전이 한동안 보이지 않는 상태로 남아 있기 때문이다. 단계가 시작된 지 한참이 지나도 의미 있는 무언가가 일어나거나 학습되는 기미가 전혀 보이지 않을 수 있다. 동화의 초기에 대다수가 공통적으로 경험하는 것은 뭘 해도 변화가 없다는 것이다.

발아 단계의 첫 흥분이 가시고 창조의 새로운 발전이 아직 뚜렷하지 않은 시점에서 많은 사람들이 욕망하는 결과의 추구를 포기하는 경우가 많은 것은 이런 이유 때문이다.

음악을 배우기 시작한 학생들이 악기 공부를 포기하게 되는 것도 이 지점이다. 이 시점에서 운동이나 피트니스 프로그램에 참여한 많은 사람들이 체육관에 가는 것을 중단해 버린다. 성인들 중 외국어를 배워 보려고 했던 많은 이들이 흥미를 잃거나 '너무 바빠서 계속할 수 없게 되는' 시점도 마찬가지다.

창조 사이클의 중요한 단계인 이 시기에 사람들이 공통적으로 겪는 감정은 불편함, 불만스러움, 실망감이다. "아무 일도 일어나지 않는 것 같아.", "진전의 징후가 안 보여."

반동-순응 지향성에서는 최소 저항의 경로가 여기서 포기하는 쪽으로 이끌어간다. 포기는 감정적인 좌절, 실망, 시간 낭비를 회피하려는 시도이다.

그러나 창조 지향성에는, 동화 단계의 시작에서 아무 일도 일어나지 않는 것처럼 보이는 이 결정적인 순간이 두 가지의 주요한 이유로 위협이 되지 않는다.

첫 번째 이유는 창조 지향성에 있는 사람들은 창조 프로세스에서 아무 일도 일어나지 않는 것처럼 느껴지는 시기가 있는 것을 이해한다. 나아가 그들은 이러한 기간들이 창조되고 있는 결과의 발전을 저해하지 않으며, 실제로는 강화해 주는 역할을 한다는 것도 이해한다. 그들의 이러한 이해는 경험에서 나오는 것이다.

자전거 타는 법을 배우는 사람은 하루 혹은 일주일 정도는 툭하면 균형을 잃고 넘어지는 시간을 지나야 한다. 윈드서핑을 처음 배우는 사람들 중 많은 수는 초보 기간에 자기가 세일보드 위에 있는 시간보다 물에 빠져 있는 시간이 더 많다는 걸 알게 된다. 컴퓨터 사용법을 처음 배울 때 컴퓨터로 계산하거나 메모하면 손으로 하는 것보다 오히려 시간이 더 걸리는 것도 마찬가지이다.

동화 기간에는 원래부터 많은 시행착오와 실험이 내포되어 있다. 그러나 이러한 실험을 통해 우리는 원하는 결과를 얻기 위해 무엇을 배워야 하는지 알 수 있게 된다. 균형을 잃고 자전거나 세일보드에서 떨어지는 것은 실패가 아니라 배우는 것이다. 우리는 이 배움을 몸에 익혀 자동적으로 발현될 수 있는 지식과 능력의 일부로서 흡수하고 내재화시킨다.

즉, '동화는 단순히 배우는 것을 넘어서는 단계이다. 동화에서는 학습한 것을 자신에게로 통합시키기 때문이다.' 창조 프로세스는 부단한 학습의 영역이다. 게다가 익혀야 할 것은 구체적인 기술뿐만이 아니다. 아래의 것들도 포함한다.

1. 우리는 배울 수 있다.
2. 우리는 어떤 창조 프로세스에서든 알아야 할 것이 있으면 그것이 무엇이든 동화할 수 있다.

배우는 것들을 동화시킬 때마다 동화의 경험은 점점 더 깊은 토대를 쌓게 되며, 장차 배워나갈 것들도 내면화할 수 있게 된다. 전문 배우들은 자신이 맡은 대사를 점점 더 빨리 외우게 되며, 음악가들은 어려운 악절에서 전보다 술술 넘어가게 된다. 택시 기사들은 새로운 노선을 더 쉽게 익히며, 자동차 정비사들은 고장을 더 즉각적으로 알아내고 새로 나온 엔진의 설계를 더 빨리 파악하는 법을 배운다.

동화와 구조적 긴장

동화의 초기 순간들이 창조 지향성에서 위협으로 느껴지지 않는 두 번째 이유는, 비록 아무런 변화가 없거나 원하는 결과를 얻기 위한 실질적인 진전이 없어 보일지라도, 그런 현상을 관찰하는 것만으로도 현재 처한 현실에 대해 어느 정도 설명을 해 주는 역할을 한다는 것이다. 이 관찰을 통해 현실을 파악함으로써 현재 가지고 있는 것과 원하는 결과의 불일치를 부각시켜 구조적 긴장을 강화할 수가 있다.

동화의 심화

동화는 비전의 실현을 향해 나아갈수록 심화된다.

나는 보스턴 음악대학에 처음으로 출석하던 날 클라리넷 연주자인 아틸리오 포토(Attilio Poto)를 스승으로 만나게 되었다. 그분이 내준 첫 레슨 과제는 기술면에서 내 실력으로는 다소 어려운 수준이었다. 그 후 일주일 동안 열심히 연습을 했지만 여전히 제대로 연주하기는 힘들었다. 두 번째 레슨에 가면서, 나는 포토 선생님이 적어도 일주일은 더 같은 곡을 연습할 수 있게 시간을 주지 않겠느냐는 기대를 했다. 웬걸, 그분은 책을 펼쳐 다음 곡을 과제로 내주었다. 심지어 이 곡은 지난주 내내 붙들고 씨름했던 그 전 곡보다도 훨씬 더 어렵기까지 했다.

나는 새로운 연습곡을 연주하려고 애를 쓰면서 그 주를 보냈으며, 다음 레슨에서 역시나 제대로 연주해 내지 못했다. 나는 포토 선생님께 한 주만 더 그 곡을 집중적으로 연습하면 테크닉을 완벽하게 구사할 수 있을 것 같다고 말씀 드렸지만, 그분은 그저 빙그레 웃으며 책장을 넘길 뿐이었다. 다음 쪽에 있는 것은 더더욱 어려운 곡이었다.

이후 3주 동안 점점 더 연주하기 어려운 연습곡들이 과제로 주어졌다. 그 곡들 모두 한 주간의 연습으로는 연주할 수 있는 것들이 아니었다.

6주차 레슨 시간이 되자 포토 선생님은 책장을 맨 앞으로 넘겼다. 그리고는 첫 번째 레슨의 과제였으며, 첫 일주일 동안 내가 연습했던 곡을 연주해 보라고 하셨다. 첫 주 이후로 5주 동안 그 곡을 쳐다본 적도 없었는데, 나는 연주를 꽤 잘 해냈다. 선생님은 2주차 곡도 연주해 보라고 했고, 나는 또다시 연주를 잘 해냈다.

아마 내가 1주차와 2주차의 곡들을 완벽하게 연주하겠다고 6주를 다 그 연습으로만 보냈다면 그 날 한 것처럼 연주를 잘할 수는 없었을 것이다.

포토 선생님은 내가 겨우 입문 중이던 동화에 관해 뭔가를 아는 분이었던 것이다. 이처럼, 현 단계의 동화를 위한 강력한 방법 중 하나는 준비가 덜 되었다는 느낌을 무릅쓰고라도 다음 단계로 나아가는 것이다. 다음 단계로 넘어가면 자신의 현 단계에 관해 스스로 알고 있는 것보다 더 많은 것들을 어떻게든 통합하는 것이 가능해진다.

내적 프로세스로서의 동화

비전을 동화시키기 시작하면 우리의 창조 프로세스의 안쪽 부분에서 내부적인 전환과 정렬, 연결이 이루어지며 관계성이 형성된다. 또한 우리의 존재 전체가 자동으로 집중 프로세스로 기능한다. 이때부터 우리는 비전을 통해 숨을 쉬기 시작하며, 비전과 함께 움직이며, 비전과 동일선상에서 살아가게 된다. 창조 프로세스의 이 단계에서는 종종 의식적인 사고 과정과 내면의 자동적 사고 과정 사이에 상호작용이 일어난다. 이것이 창조가 스스로의 생애를 영위하기 시작하는 지점이다. 이때부터 창조는 스스로의 정체성과 본능, 발달의 규칙, 리듬, 에너지, 정신을 갖기 시작한다.

미국 시인 댄 섀너핸(Dan Shanahan)은 크리에이터와 창조가 상호작용하기 시작하는 창조 프로세스의 아름다움을 다음과 같이 묘사했다.

> 시를 쓰고 20년이 지난 후, 내가 시를 쓰는 과정과 접근법이 어떻게 변해 왔는지 돌아보는 시간을 가졌다. 10대 후반에 처음 시를 쓰기 시작했을 때는 단어들이 가장 중요했다. 그때는 단어 하나에도 한껏 흥분하여 그 단어를 위주로 시 한 편을 짓기도 했다.
> 그 후 20대 초반에는 언어 그 자체가 내 주변에서 온통 살아 움직이는 것이 보이기 시작했다. 돌멩이와 하늘, 사람들의 시선에 깃든 강렬함 등 모든 것이 말하고 노래하고 흘러 다녔으며, 시를 위해 필요한 모든 것들이 따야 할 과실들처럼 공중에 매달려 있었다. 이것이 당시 내게 일어난 중요한 변화였다.
> 지금은 의식을 소환하거나, 그걸 어느 장소 또는 이미지의 무리 속으로 이동시키는 내면의 목소리가 들린다. 나는 내부에 있는 기억과 성찰의 언어들을 나를 둘러싼 세상과 결합시키려고 노력한다. 이런 작용들을 더 신뢰하게 되면서, 이제 나는 시가 어떠해야 한다는 생각에 덜 의존하게 되었다. 소리와 감각의 전통적인 구조가 여전히 존재하기는 해도 오랫동안 시와 함께 살

아온 세월은 지금껏 알려지지 않은 표현들을 계속하여 발견하고 창조해 온 나날이었다.

몇 년 전부터는 커다란 플립차트(flip chart: 종이를 한 장씩 넘겨가며 설명하는 차트-옮긴이)를 이용해 시를 쓰고 있다. 넓은 종이는 떠오르는 이미지들을 그림을 대하듯이 할 수 있게 해준다. 마치 풍경을 가까이 또는 멀리서 바라보듯 시에게 다가갔다가 멀어졌다가 할 수가 있다. 그러면 시가 확장되어 내게 기대지 않고 좀 더 홀로설 수 있게 되며, 나는 생명을 지닌 시와 더불어 서로 묻고 대답하며 이런저런 이야기를 나눈다.

새로 심은 씨앗이 뿌리를 내려 흙 속에서 자리를 잡듯이, 우리가 발아시킨 비전 역시 우리가 형성한 구조적 긴장 속에 뿌리를 내리기 시작했다.

일단 식물의 기본 뿌리 체계가 단단히 자리를 잡으면 구조에 있는 최소 저항의 경로가 식물이 땅 위로 싹을 틔우도록 이끌어 가시화시킨다. 그러면 성장은 내부적으로 더 깊어지고 외부적으로는 더 분명해진다.

마찬가지로 동화의 단계 동안 비전이 뿌리를 내려감에 따라 움직임은 점진적으로 더 깊어지고, 창조의 전개에 따라 점점 더 명확해진다.

유기적 프로세스로서의 동화

1970~71년에 나는 자연의 변화와 순환에 대해 관찰하면서 숲에서 많은 시간을 보냈다. 작곡가로서 곡에 사용할 수 있는 구조의 원리를 분리

해 내는 일에 관심이 있었던 내게 숲의 환경은 자연의 질서와 유기적인 힘의 상호작용에 관해 배울 것들이 넘치는 곳이었다.

그 기간 동안 나는 오래된 형태가 해체되면 거기서 새로운 형태가 나온다는 – 죽은 나뭇등걸에서 이끼가 자라고, 죽은 잎 사이로 묘목이 싹을 틔우는 – 원리를 더욱 깊이 인식하기 시작했다. 성장과 부패는 숲 전체를 유기적 체계로 움직이게 하는 올바른 변화였다.

창조 프로세스, 특히 창조 사이클의 동화 단계에도 이와 비슷한 종류의 올바름이 존재한다. 동화가 행동을 발생시키고, 그중 일부가 자연스럽게 새롭고 유용한 구조를 만들고, 다른 일부는 자연스럽게 뒤떨어지고 덜 유용한 구조를 폐기하는 것이 유기적 프로세스로 이루어지는 것이다.

뉴잉글랜드는 세계에서 가장 아름다운 단풍 시즌을 보유한 곳으로 손꼽힌다. 짙은 빨강, 연노랑, 푸르스름한 자줏빛, 밝은 오렌지색들이, 상록수의 푸른색 그리고 아직 단풍이 들지 않은 짙은 녹색, 은색, 회색 잎들과 한데 어우러져 조화를 이룬다. 잎사귀들이 반쯤 투명해지고, 그 사이로 햇빛이 쏟아지는 것을 보면 숨이 멎을 정도다. 이어서 잎이 떨어져 땅을 덮으면 교외는 위쪽도 아래쪽도 모두 색으로 물든다. 뉴잉글랜드는 9월 말, 10월 그리고 11월 첫 주까지 내내 다른 모습으로 살아 숨 쉰다.

어느덧 나무는 '마지막 잎새'를 떨어뜨린다. 떨어진 나뭇잎들은 갈색, 회색으로 변하다가 칙칙해진다. 가을비가 내린다. 땅은 척박하고 공기는 차다. 관광객들이 떠나고 나면 뉴잉글랜드 사람들은 시즌을 갈무리한다. 이들에게 겨울은 단순한 계절이 아니라 끝없는 밤처럼 느껴지기도 하므로, 길고 힘든 겨울을 대비하는 것이다. 뉴잉글랜드 사람은 결코 단풍철을 아쉬워하며 매달리지 않는다. 아직 색이 남은 잎들도 남겨두지 않고 모아서 작은 모닥불을 피워 태운다. 사다리를 타고 올라가 나뭇잎을 스테이플러로 가지에 고정시키는 일 따위는 누구도 하지 않는다.

그러나 우리가 이 같은 자연의 힘에 대한 지혜와 존경을 남은 인생에서도 언제나 실천하는 것은 아니다. 우리는 지나간 계절과 인생의 순환을 붙들려고 하는 인간적 특성을 지니고 있다. 그러나 우리는 아름다운 순간이 얼마나 소중한지 몰라서 놓치고, 때로는 너무 늦게 깨달아서 놓친다. 우리는 종말을 두려워한다. 변화에 억울해한다. 인생의 계절과 순환을 무시한다.

이러한 순환은 단순히 무시된다고 해서 사라지는 것이 아니다. 작용 중인 힘들은 최소 저항의 경로를 따른다. 그 힘은 성장의 과정 중 형성 단계에 있기도 하고, 때로는 성숙 단계에 있기도 하며, 때로는 해체 단계에 있다. 해체되고 있을 때 현재 상황을 유지하려고 하면 성공할 수가 없다. 새로운 형성이 필요할 때 현재 상황을 유지하려고 해도 성공하지 못한다.

만물은 합쳐질 때가 있고, 무너질 때도 있다. 이것이 유기적 프로세스이다. 유기적 프로세스를 인위적으로 조종하려 들면 실패하는 것은 물론이고 생명의 유기적 본성에 대해 점점 더 무감각해지게 된다. 그렇게 되면 순환의 움직임을 알 수 없게 되며, 시절을 느끼지도 못하게 된다.

가령 우리가 무너지기를 원하는 관계를 고집스레 붙들고 있다고 하자. 그럴 때 무너지는 방향으로 움직임이 나아가고 있다면 우리가 할 수 있는 것은 기껏 종말을 미뤄 보려는 노력 정도다. 그러나 그러모아 억지로 붙잡고 있는 것들이 허물어지려 한다면, 전보다 더 강한 힘과 강도로 허물어지고 말 것이다. 구조가 인위적인 개입을 보상하기 때문이다.

반대로 우리가 이전보다 훨씬 더 단단한 결속을 원하는 관계에 놓여 있다고 하면, 현재 상황을 유지하려고 노력함으로써 관계의 결속을 할 수 있는 데까지는 막을 수 있을 것이다.

혹시 여러분은 지금 직장에서 혹은 가족 관계에서 해체되고자 하는 상황에 처해 있을지도 모르겠다. 그렇더라도 자신이 처해 있는 순환의 자연스러운 움직임을 무시하면 다가올 변화들을 인생에 수용하기가 더 어려워질 뿐이다. 변화를 동화시킬 수 있는 능력이 줄어드는 것이다.

창조 프로세스에서는 변화가 표준이다. 오래된 삶은 새로운 삶에 길을 내준다. 낡은 형태는 새로운 형태에 자리를 내준다. 낡은 사상과 가치는 새로운 사상과 가치에 자리를 내준다. 인생은 움직이고, 변화하고, 나이 들어가고, 젊어진다. 화석화되는 것은 없다. 창조 프로세스는 불사조처럼 영원히 불타고 되살아난다. 새로운 생명은 지나간 것들, 종말을 고한 것들의 재와 먼지로부터 나온다.

댄 섀너핸은 연작시인 '알래스카의 시' 중에서 실화를 바탕으로 한 '아니아크 여인의 이야기(Story of the Woman of Aniak)'라는 시에 이 원리를 절묘하게 담아냈다.

해마다 열매가 익으면 그녀는 떠나곤 했어.
마을 밖 툰드라로 혼자서 나갔지.
침묵 속에서 베리만 먹으며 단식하여 영혼을 정화하러.
대략 이레가 지나면 그녀는 돌아올 것이었으므로
아무도 현명한 그녀를 걱정하지 않았지.
나이 든 에스키모 여인은 자신을 돌볼 줄 아니까.

어느 해 아니아크의 모두는 그녀가 돌아오지 않을 것이라는 것을 알았어.

나이 든 여인은 늘 그랬던 것처럼 환하게 빛나고 있었지.

그건 그녀의 눈에 깃든 오랜 세월의 침묵의 빛이었어.

마을 사람들은 그녀가 떠난다는 걸 알았고, 그녀는

슬픔과 받아들임이 담긴 걸음으로 사람들 사이를 지나갔어.

이레가 지나고 누군가

그녀의 자취를 좇아

이틀을 갔고, 그녀를 찾았지. 그녀는 마치

잠이 든 모습이었어.

평화로운 하늘이 얼굴에 어려 있었지. 그녀는 움직이고 움직여

지치고 늙은 몸을 할 수 있는 한 멀리 데려다 놓고서 떠났던 거야.

그 몸을 툰드라에 남긴 채.

시간의 흐름을 따라 움직이는 지혜를 가진다는 것은 드문 일이다. 그러나 이것이야말로 어떻게든 시간을 붙들려는 인간적 경향성에 맞서는 인간의 지혜이다. 로버트 프로스트의 시 '망설임'에 이것이 아름답게 표현되어 있다.

아, 인간의 마음속에서

사물의 흐름에 따라 흘러가고,

이치에 감사하며 한발 물러서고,

사랑 혹은 계절의 종말을

고개 숙여 받아들이는 일은

언제나 반역이지 않았던가?

구조적 긴장이 만들어질 때 최소 저항의 경로에는 오래된 형태에서 생성되어 나온 새로운 형태가 포함될 수 있다. 이에 따라 몇몇 생각과 사건, 배열, 연관성 및 표현의 형태가 바뀔 수 있다. 그러나 이 변화는 창조 프로세스의 유기적 특성의 일부분일 뿐이다.

물론 이는 우리가 지닌 사회적 관념과는 너무나 다르다. 오로지 변하고 또 변할 뿐인 우주에서 영속성을 바라니 말이다.

미국의 비즈니스를 들여다보면 그 어느 곳에서보다 이 원칙이 분명히 드러난다. 60년대 내내 미국의 사업은 호황을 누렸다. 기업에서 일하는 많은 사람들은 자신들이 치러내야 할 유일한 도전은 계속 늘어나는 이윤의 규모를 늘리는 것뿐이라고 생각했다. 그야말로 경제적 안정, 꾸준한 성장, 전반적인 팽창의 시기였다. 기업들은 '해냈다'고 생각했다. 바야흐로 위대한 혁신이 필요한 시기였지만, 사업은 자기만족 속에 안주했다. 그러나 시대는 변하고 있었다. 세상은 앞서가고 있었다. 아시아의 산업 역량이 증대되자 놀랍게도 미국의 소비 생활에 엄청난 변화가 일어났다. 미국의 자동차 제조업체들은 질이 더 나쁘고 값은 더 비싼 자사의 차를 사 달라고 편협한 애국심에 호소하는 것 외에 할 수 있는 것이 없었다.

갑자기 공황 상태에 빠졌다. 새로운 상황에 대한 반응으로 산업화 같은 용어들이 시대의 캐치프레이즈가 되었다. 미국 기업들은 우르르 일본의 경영 방식을 채택하기 시작했다. 분임별 품질 관리, 노사 협력, 근로자의 자사주 소유 등의 관행이 들불처럼 번졌다. 그러나 미국의 기업들이

하는 것은 따라잡기 게임이었다. 로봇공학은 고용 안정을 위협했고, 혁신은 제자리걸음을 했다. 결국 새로운 전문가들이 서부 시대에 고용된 총잡이들이 그랬던 것처럼 미국 기업들을 누비고 다녔다. 기업의 성격이 변했다. 이사회실에 앉아 안전과 안정, 형식을 추구하던 '올드보이 네트워크(old boy network: 학연을 위주로 사교와 업무에 도움을 받는 인맥 관리-옮긴이)'의 방식을 밀어 버리고 맹렬하고, 요령 있고, 역동적이면서 최신의 유행에 정통한, 젊은 관리자들이 치고 올라왔다. 느슨하고 창의적인 것이 스타일이 되었다. 하이테크 분야를 필두로, 이어 금융과 월스트리트에서, 오래된 청바지와 디자이너 브랜드의 청바지가 새로운 기업 내 지위의 상징이 되었다. 직원들이 60년대 후반의 히피처럼 하고 다녀도 괜찮은 회사들도 생겼다. 세상 물정에 밝고 돌아가는 사정에 정통한 관리자들은 조직의 고위직으로 올라갔고, 창립 멤버들은 밀려났다.

그러나 정작 중요한 것은 이런 것이 아니다. 미국 비즈니스가 변화하는 시대에 기민하게 대처하는 것이 아니라 그저 유행을 따르는 것에 그친다면, 귀고리를 끼고 록 음악을 듣고 최신 패션 트렌드에 정통한 사람들을 관리 팀으로 두는 것이 진보라고 생각하는 간부들만 남게 된다. 유행을 좇으면 반드시 시대에 뒤쳐질 수밖에 없다. 무엇인가 유행한다는 것은 혁신이 끝났다는 뜻이기 때문이다. 그러면 과거를 붙잡는 것은 고사하고 현재도 붙잡을 수 없다.

그렇다면 이런 경험들로부터 미국 비즈니스가 교훈을 얻을 수는 있는 걸까? 답은 예스다. 미국인들은 태생적으로 관료주의를 싫어하며, 미국은 성취에 대한 인간적 동력을 내포하고 있는 위대한 국가이므로, 이것을 유럽인들이 흔히 말하는 것처럼 별 생각 없이 야망만 큰 것으로 치부

할 수 있을까? 유럽에서는 혁신이 멈춰 버렸다고들 한다. 정말로 알렉산드르 솔제니친이 선포한 것처럼 서구는 정신적으로 파산한 것일까?

물론 그 정도는 아닐 것이다. 그러나 시대는 바뀌고 또 바뀔 것이다. 미국에게 다행인 것은 아시아의 도전이다. 이것은 미국으로서는 최고의 사건이 아닐 수 없는 것이, 미국의 정신과 전통에 깃든 혁명성을 이끌어 내줄 수 있기 때문이다. 여기서의 혁명은 단순히 옛 질서를 물리치기 위한 것이 아니라 더 높은 가치를 위해 봉사한다는 의미이다.

나는 미합중국의 역사에 꽤 정통하다. 또한 나는 누구 못지않게 우리의 실수와 악행에 비판적이다. 나는 미국이 순수하거나, 정의롭거나 혹은 용감하고, 깨끗하며, 겸허하다고 생각하지 않는다. 가장 불편하고 섬뜩한 행위들이 대서양에서 태평양에 이르는 이 땅의 풍경들을 가득 채울 정도라는 것도 잘 안다. 그러나 미국은 한 가지 중요한 장점을 지니고 있다. 그것은 배울 줄 안다는 것이다. 아시아의 경제 신흥 강국들이 훌륭한 교사가 되어 줄 것이다.

구현 : 동화의 핵심

'구현해 낸 것은 창조되는 경향이 있다.' 이것은 동화의 핵심을 열어 주는 원리이다.

구현하는 것은 행동하는 것과 다르다.

구현은 행위와 구별된다. 사랑을 구현하는 것은 사랑하는 방식의 행위를 하는 것과 같지 않다. 평화를 구현하는 것은 평온하게 행동하는 것과 같지 않다. 사업, 외교, 종교, 정치, 개인적 관계에서는 아주 평온한 태도로 증오와 폭력을 행사하기도 한다.

'평화를 위해 싸우는' 사람들은 평화를 구현하는 것이 아니라 오히려 싸움을 구현한다. 건강을 염려하는 사람은 건강이 아닌 두려움을 구현하며, 권력과 재산을 갈구하는 사람은 둘 중 어느 것도 구현하지 못한다.

우리 세기의 인물 중 도덕적으로 우뚝 선 사람으로 마틴 루터 킹 주니어 박사를 꼽을 수 있다. 그는 수재였다. 그러나 그의 리더십은 지적 능력에서 나온 것이 아니었다. 그는 20세기의 가장 걸출한 웅변가로 손꼽혔지만 그의 리더십은 연설에서 나온 것이 아니었다. 그가 역사상 가장 담대한 인물이었던 것은 두말할 나위가 없지만 그의 리더십은 용기에서 우러난 것도 아니었다. 또한 그는 사회적인 지평에서도 가장 독창적인 영혼의 소유자 중 한 명이었지만 그의 리더십의 근원은 독창성과도 관련이 없었다. 즉, 그가 이 모든 특징을 다 가지고도 세상에 아무런 영향을 못 끼쳤을 수 있었다는 것이다. 그가 자유와 정의의 역사에 사라지지 않는 흔적을 남길 수 있었던 이유는 바로 자신이 옹호하는 가치들을 구현하는 능력에 있었다.

킹은 평화를 설파했을 뿐만 아니라 평화를 지니고 있었다. 또한 이해심을 설파하면서 자신을 적으로 삼는 사람들에게까지 이해심을 보여 주었고, 측은지심을 설파하면서 스스로 사람에 대한 연민을 체현해 보였다. 마찬가지로 자유를 설파한 그는 자유로운 사람이었다.

킹은 또한 구조적 긴장의 달인이기도 했다. 저 유명한 '나에게는 꿈이 있습니다'라는 연설에서 그는 1963년 당대의 현실을 이야기하면서 자유와 정의의 비전을 함께 묘사했다. 그 이미지들에 깃든 힘이 세계인들의 의식 속으로 들어갔고, 그때부터 모든 사람들이 저마다 희망의 이미지를 가질 수 있게 되었다. 눈앞의 현실이 바뀌어도 우리는 여전히 꿈을 가지고 있다. 자유와 정의에 대한 우리의 비전을 현재의 세계 상황과 비교하면서 이상을 향해 나아가고 싶은 욕구가 우리 안에 있다. 이 꿈은 사라지지 않고 시간이 지날수록 강해진다. 이것이 우리가 다음 세대들에게 물려줄 유산이다. 우리는 있는 그대로의 현실과 맞닥뜨리면서도 변치 않는 꿈과도 마주한다. 때에 따라 더 가까워지기도, 멀어지기도 하겠지만 이루어갈 꿈은 여전히 있다.

온두라스에 세워진 엘살바도르인들의 난민캠프에서 한 젊은 난민 여성이 일어서서 즉흥 기도를 한 것을 들었다. 그녀의 기도에는 구현하고자 하는 소망이 이렇게 표현되어 있었다.

억압받을 때에도 저는 억압하지 않을 것을 약속합니다.
다른 이들에게 착취를 당해도 저는 착취하지 않을 것을 약속합니다.
수많은 고통을 겪고 있지만 저는 고통을 일으키지 않을 것을 약속합니다.
거짓말이 가득한 세상에 살고 있지만 저는 거짓말을 하지 않을 것을 약속합니다.
오, 아버지. 제가 이 약속을 지키며 살 수 있게 도와주시고, 제 심장에서 남을 누르고 싶어 하는 마음을 없애 주시며, 정의와 진리를 실천하여, 제 삶 속에서 당신의 존재를 알아볼 수 있게 도와주소서.

창조 프로세스를 구현하면, 삶이 움직이고 변화하면서 우리의 동맹이 된다. 마치 고대의 선가(禪家)에서 '내가 손가락을 들자 온 우주가 함께했다'고 하는 것처럼, 우리가 우리 인생의 적이 아닌 공공연한 지지자가 되는 것과 같다.

구현은 단순히 올바른 행위를 채택하거나 새로운 반응 방식을 찾는 것이 아니다. 우리가 구현할 것은 구조적 긴장이다. 비전을 구현하고 현재의 현실을 구현하는 것이다.

《미즈》와 《뉴욕》 매거진의 부편집장이었으며, 지금은 《USA 투데이》의 발행인인 캐슬린 블랙(Cathleen Black)은 구현에 대해 간단명료한 설명을 내놓았다. "나는 믿음이 가는 출판사에서만 일합니다. 이전 직장에서는 누구를 대하든 내가 《미즈》였고, 지금 나는 《USA 투데이》 자체예요."

우리가 구현해 낸 것은 우리가 하는 행위보다 더 큰 목소리를 낸다. 말보다 행동이 전하는 게 더 큰 것과 똑같다.

게다가 우리는 구현한 것을 동화시킨다. 구현한 것을 내면화하면 그 구현에 호응하는 내적 발전이 일어나며, 우리의 의식은 전방위적으로 우리가 구현하는 것에 동조한다.

동화의 2단계

동화에도 구현과 마찬가지로 내재화 단계와 외현화 단계가 있다. 결국 우리가 창조한 것이 우리 내부에서 성장하여 최종적으로 탄생과 함께 밖으로 자신을 드러낸다는 것이다.

동화 프로세스 동안 우리는 내적, 외적 행동을 동원한다. 이 에너지는 저절로 축적되어 최소 저항의 경로가 내적 표현에서 외적 표현으로 나아가게 한다.

새로운 언어를 배울 때를 예로 들면, 이때도 동화의 두 단계가 모두 사용된다. 누구든지 처음에 새 언어를 접하면 '낯설다.' 그러다가 조금씩 연습을 해나가면서 자신의 것으로 받아들이기 시작하는데, 더 많이 포용할수록 더 많은 부분들이 자기 것이 된다. 이것이 동화의 내재화 단계이다. 새 언어를 내재화할수록 그 언어로 말하는 것이 유창해진다. 문장을 구성할 수 있게 되고 점차 개념적으로 정교한 어휘와 구문을 배우는 것도 가능해진다. 결국 그 언어가 완전히 내재화되면 그 언어로 사고하고, 그 언어로 상상하며, 심지어 그 언어로 꿈도 꿀 수 있게 된다.

동화의 외현화 단계는 그 언어로 부지불식간에 다른 사람들과 대화하고 소통하기 시작할 때 일어난다. 이때쯤엔 새로운 어휘를 쉽게 습득하고, 자연스럽게 사용하는 수준이 되어 있다. 나아가 이 새로운 언어로 그때까지 전혀 배운 적이 없던 것들을 말하고, 쓰고, 창조할 수도 있다.

인생에서 동화를 이용하기

내적 동화는 외부로 표출되려는 경향이 있다. 마찬가지로 내적 변화도 겉으로 드러나려는 경향을 띤다.

우리가 온갖 외부 환경에 일일이 변화를 일으킬 수는 없다. 그러나 내부 영역에서는 분명히, 변화를 일으키는 것이 가능하다. 여기에는 누구의 허락이나 동의가 필요치 않다. 동력을 공급해 줄 외부 자원을 기다릴 필요가 없이 단지 자신만의 창조 프로세스에서 경험을 쌓기 시작하면 새로운 창조들 하나하나를 동화시킬 수가 있다. 또한 이것들 각각은 미래의 창조들을 더더욱 가능성 있게 만들어 줄 것이다. 이제 우리는 자신만의 창조프로세스를 구현하여 모멘텀을 만들 수도 있다.

15 장

모멘텀

동화가 모멘텀을 구축하는 법

동화는 졸업을 하는 것과 같은 프로세스를 지니고 있다. 한 단계 한 단계 쌓아간다. 그것들이 유기적으로 구축되면서 프로세스에서 에너지가 발생하며, 이 에너지가 스스로 축적되면 프로세스는 모멘텀(추진력)을 얻는다.

성장 또는 학습 – 수학, 경영, 스포츠, 요리, 바느질, 회계, 컴퓨터 과학, 외국어 등을 배우는 – 과정의 초기 단계에서 더 많이 동화하면 다음 단계의 동화를 더 잘할 수 있게 된다. 그리고 이 단계들을 동화하고 나면 모멘텀이 구축되어 훨씬 더 진전된 단계들의 동화가 가능해진다. 사실, 동화는 점점 더 쉬워진다.

이미 외국어를 말할 줄 알면 새로운 외국어를 배우는 것이 더 쉽다. 외국어를 배우는 것은 그 언어를 동화할 뿐 아니라 다른 언어를 배우는 능력도 동화하는 것이다. 따라서 2개 국어를 할 줄 알면 세 번째 외국어도 쉽게 익힐 수 있다.

이처럼 동화는 기하급수적인 성장을 이루어 낸다. 한 가지를 동화하면 점점 더 많은 것들을 동화하는 것이 쉬워진다. 사실 창조 지향성에서는 일단 자신의 창조 프로세스를 동화시키면 전반적으로 삶의 숙달성이 높아지기 때문에 보다 자연스럽고 쉽게 자신에게 가장 중요한 것을 창조할 수 있게 된다.

이렇게 성장 프로세스를 진행하다 보면 자신의 창조 가능성을 확신할 만큼 수준 높은 역량을 달성하는 순간이 온다. 이것은 믿음이나 확언, 자기최면에 의해서가 아니라 성취의 실제 경험에 의해서 일어난다. 우리가 창조하는 것들이 스스로를 대변할 뿐 아니라 우리에게 말을 걸어오는 순간이 오는 것이다. "너는 창조할 수 있어"라고. 그런 식으로 발아, 동화, 완성의 창조 사이클을 완수하는 경험을 몇 차례 하고 나면 자신이 크리에이터라는 것을 저절로 알게 된다. 그때까지는 아무리 스스로를 독려해도 아직 사실이 아닌 것을 납득하기는 어려울 수 있다. "난 할 수 있어!", "나는 내가 원하는 무엇이든 될 수 있어!" 같은 선언이 오히려 현실적이지 않고 타당성도 없어 보이는 과장 광고 같은 느낌을 주기가 쉽다. 그런 왜곡을 바탕으로 자신감을 만들어 내려고 하면 현실을 정확하게 평가하기도 어렵다.

어떤 경우에도, 원하는 것을 창조할 수 있는가 그렇지 않은가는 반드시 '사실 이후'의 현실에 의거하여 판단해야 한다. 즉, 완전한 정확성을 가지고 해냈다고 말할 수 있을 때에야 정말 해낸 것이다. 그 밖의 모든 것은 두고 봐야 한다.

전자장치 발명가인 스탠포드 오브신스키(Stanford Ovshinsky)는 고속 오보닉 장치와 관련된 100개 이상의 특허를 보유하고 있는 사람으로, 자신이 발명한 센터드라이브(center-drive) 기계가 전 세계에서 사용되고 있었을 무렵 어느 인터뷰에서 다음과 같이 말했다.

> 그것은 내가 발명가라는 확신을 주었고, 내가 할 수 있는 것들이 사람들이 이전에 생각했던 어떤 것과도 완전히 다를 것이라는 자신감을 가져다주었습니다.
> 그것은 자기 확인이었고, 긍정적 강화였습니다. 일단 출발해서 달리고, 그런 식의 성공을 거두고 나면 우리는 이런 생각을 하게 됩니다. 좋아, 발명할 수 있어 … 이게 옳아 … 마음에 드는군 … 이거 정말 흥미진진해 … 그게 내가 하고 싶은 거야. 그래서 우리는 매진하게 되는 것이고, 그게 어떤 의미에서는 소명에 대한 응답이기도 한 것이죠.

동화 프로세스는 쌓아 가는 것이다. 이 축적 과정은 일정한 기간을 필요로 한다. 따라서 동화에서는 변화가 일시적이지 않고 점진적으로 발전해 나간다.

일본에서는 초밥 만드는 기술을 익히는 데 7년이 걸린다. 첼로를 마스터하는 데는 종종 20년이 넘게 걸리며, 장식장 제작 기술자가 되려면 보통 10년 이상이 걸린다.

창조 지향성에서 인생을 형성하는 방법을 마스터하는 것 역시 일시적 변화가 아니다. 창조 프로세스의 필수 부분인 동화가 일정 기간이 지나야 이루어지는 속성을 지녔기 때문이다.

좋은 뜻에서 '인간적 잠재력'을 개발하고 싶어 하는 사람들이 한순간에 탈바꿈하기를 원하는 경우가 더러 있다. 그래서 잠재력 개발 운동에서 쓰는 용어들 중에는 이런 희망에 영합하는 것들이 많다. 뭔가 잡아야 할 것이 있으며 그걸 잡으면 인생이 영원히 바뀌기라도 하는 것처럼 "가지라!"고 하는가 하면, 일단 바뀌면 현실의 참모습을 보여줄 것처럼 "맥락을 바꾸라"고도 한다. 또 한 번 경험하는 것만으로 우주에 대한 궁극적 이해를 가져다줄 것처럼 "깨어나라"고 외치기도 한다. 물론 이런 식의 순간적인 계시를 얻는 데도 몇 년씩 걸릴 수 있지만 이것은 동화의 기간과는 다르다. 이런 것들은 일단 경험하기만 하면 '해냈다'는 데 초점을 맞추고 있기 때문이다.

이런 이론들의 대표적인 개념 중에 '돌파'가 있다. 이 개념에 따르면 우선 돌파할 상상의 장벽을 만들어야 한다. 그다음엔 이 장벽에 가 부딪혀야 하고, 그다음엔 이 장벽의 '저항'을 눌러야 하며, 마침내 장벽 '반대편', 언제나 햇빛이 환하게 비치며, 구름 한 점 없는 맑은 하늘이 펼쳐져 있는 곳으로 가야 한다. 어떤 사람들은 자신의 인생이 돌파해야 할 장벽의 연속이라고 생각한다. 아마 경험상 하는 말일 테니 사실일 수 있을 것이다. 그러나 시도해 보지 않고, 그 시도에서 배워 응용하며 전체 프로세스를 동화하지 않는다면 자신의 무능이라는 가상의 벽에 머리를 부딪쳐 가며 인생을 허비하는 것 외에 무엇을 기대할 수 있을까?

'해냈다'는 개념은 은퇴에 관한 꿈의 버전이다. 많은 사람들에게 인생은 그저 생계를 위한 일을 할 필요가 없어질 때까지 어쩔 수 없이 영위해야 하는 불유쾌한 일과의 연속일 뿐이다. 그 뒤는 좀 쉬다가 죽는 것이다. 어쩌면 일을 그만두고 쉬다가 죽는 것 정도는 이룰 수 있는 일일 수 있다. 그러나 크리에이터들에게서는 은퇴를 찾아보기가 힘들다.

얼마 전 로잘린드와 나는 매력적인 인물 둘을 초대해 다과를 즐기며 대화를 나눈 적이 있다. 두 사람 모두 전문 크리에이터였다. 여성은 대단한 직조 전문가였으며, 남성 쪽은 세계적인 수준의 도예가였다. 대화는 자연스럽게 예술을 위주로 이어졌다. 그들에게 예술가의 은퇴 사례에 대해 알고 있거나 들어 본 적이 있느냐고 물어 보았다.

"전혀요." 그가 말했다.

"한 명도요." 그녀가 동의했다.

사실은 나도 본 적이 없었다. 우주의 어느 구석에 한 명쯤 있을 수도 있겠지만 그야말로 매우 드문 예외일 것이었다. 물론 신께서도 하루는 휴식하셨지만, 아무튼 너무나 드문 일이라 크리에이터가 은퇴했다고 하면 증거를 가져와야 믿을 정도다.

우리 사회의 기준에 비추어보면 얼마나 다른 삶인지! 은퇴는 수많은 사람들의 목표이다. 레저 차량 한 대를 사서 겨울에는 따뜻한 곳으로, 여름에는 시원한 곳으로 다니며 사는 것이 그들이 지닌 은퇴의 꿈이다. 그런데 그 일도 하루 이틀이나 재미있지, 그러고 나면 관광을 얼마나 더 할 수 있을까?

오래된 TV 프로그램 〈66번 국도〉에서는 두 젊은이가 모험과 경험을 통해 진실을 찾기 위해 미국 전역을 여행한다. 지나는 길에 맞이하게 되는 사건들에 몸을 던지고, 여행을 하지 않았으면 결코 알지 못했을 사람들을 알게 되고, 사랑하고 이별하고, 추억을 쌓는 모습이 얼마나 생생했던지 25년이 지난 후에 재방송될 때도 여전히 새롭고 고개가 끄덕여졌다. 당시 프로그램의 등장인물인 버즈와 토드조차 그저 다니는 것이 아니라 극 중에서 일을 하면서 여행을 했다는 점에 주목할 필요가 있다. 그뿐만 아니라 현실에서도 그들은 기술과 예술성에 완벽을 기하는 배우들이었고, 당시 텔레비전에서 일했던 가장 창조적인 스태프들이 이 프로그램을 위해 뛰었다.

창조와 다른 대부분의 영역들을 구별 짓는 본질적인 차이는 무엇일까? 왜 크리에이터가 몰래 숨어서 다시는 펜이나 붓을 들지 않는 사례를 보는 것은 그처럼 드물까?

크리에이터에게는 창조에 대한 깊은 갈망이 있기 때문이다. 이 갈망은 흔히 말하는 자아와는 다른 더 높은 의미의 목적성이다. 크리에이터에게는 언제나 다음 단계가 있고, 언제나 가야 할 새로운 곳이 있다. 그들은 결코 서두르는 법이 없고, 모든 것이 끝나는 순간을 그저 기다리지 않는다.

어쩌면 크리에이터들은 생명을 뿌리로 하여 뻗어 나온 '창조' 그 자체와 한 몸인 사람들이 아닌가 싶다. 그러니 창조할 것들이 너무 많은 세상에서 그들에게 목적의 종말이란 있을 수 없다.

가끔 인생이 감옥 같다고 생각하는 사람들과 이야기를 나누는 경우가 있다. 그들은 우리에게 갚아야 할 '무거운 업보'가 있으며, 가르침을 배워 스스로가 세상에 풀어놓은 크나큰 잘못들을 되돌릴 때에만 마침내 떠날 수 있다고 말한다. 결국 모든 것이 고통이요, 투쟁이라는 것이 아닌가. 이 슬픈 견해는 '영적'인 삶을 살아가는 사람들에게 너무 많이 스며들어 있다. '나갈 길'을 일러 주는 선생님들이 끊임없이 오고 또 간다. 열반이 곧 영적 은퇴인 것처럼 여겨진다.

나는 이 위대한 깨인 영혼들이 금세 가 버리지 말고 잠시 머물면서 작곡을 하거나 그림을 그리거나 시를 쓰는 것을 보고 싶다. 그랬다면, 그분들도 이곳을 좀 더 좋아했을지 모를 일이다.

로버트 프로스트와 조지아 오키프, 미켈란젤로, 볼테르, 괴테, 테니슨, 위고, 베르디, 톨스토이, 쇼, 하이든, 처칠, 피카소 등은 모두 80대 혹은 90대의 나이까지 살면서 그 연배에도 뮤즈를 친밀한 동반자로 삼았던 인물들이다. 이들은 출구가 아닌 입구를 찾아냈다. 그들이 찾아낸 입구는 항상 베풀며, 항상 신선하고, 항상 새로운, 인생의 신비로움이 깃든 세상으로 들어가는 문이었다.

낡은 관념인 "찾아라" 혹은 "가져라"는 끝났다. 이 관념의 종말을 고한 주인공은 바로 '찾던' 사람들이었다. 그들의 인생은 바라던 은퇴로 이어지지 않았다. 더 이상 바라는 것도, 배워야 할 것도, 분투할 것도 없는 고요한 은퇴는 없었다. 그들은 인생의 복잡함과 아이러니로부터 자신들을 구원해 줄 간단한 대답 하나조차 알아내지 못했다.

바로 창조의 전통은 '즉석 깨달음'이 아니라 '꾸준한 진보'의 전통이라는 것을. 인생의 구원을 찾는 것이 아니라 인생을 살아가는 것이며, 절망적인 가망 없음이 아니라 새로운 창조를 실현시키려는 목적으로 충만한 삶을 사는 것이라는 것을.

처음 '테크놀로지 포 크리에이팅®'의 커리큘럼을 만들었을 때는 즉각적인 깨달음을 촉진하는 워크숍들이 한창 인기를 끌 무렵이었다. 나는 묵묵히 주 1회 강의의 5주짜리 기본 강좌를 개설했다. 수업 중에는 창조 프로세스의 원리를 학습하고, 주중에는 이 원리들을 수행 및 실험해 볼 수 있게 강좌가 구성되었다. 사람들이 기꺼이 무언가를 하게 만드는 일에 전문가임을 자처했던 친구들 몇 명은 5주가 될 때까지 남아 있을 학생이 거의 없을 거라고 내게 말했다(그들은 본인들이 '테크놀로지 포 크리에이팅®' 강좌를 듣고, 수만 명이 강좌에 등록하는 것을 본 이후 생각을 바꾸었다).

나에게 그 5주는 훨씬 더 긴 창조 프로세스를 수행해 나가는 시작에 불과했다. 5주 동안 외국어 강좌를 듣는 것도 마찬가지다. 강좌가 끝났다고 하여 새 언어를 계속 연습하지 않으면 말하거나 읽거나 쓸 수 없게 된다. 어떤 새로운 기술이든 연습하여 삶 속으로 동화할 때만 능숙해질 수 있다.

창조 프로세스의 습득은 배우기가 가장 어려운 기술이 아니다. 첼로, 목공, 심지어 초밥 만드는 것보다 더 쉽다. 원래부터 창조란 것이 이런 복잡한 기술들보다 인간에게 더 자연스럽기 때문이다. 물론 시간과 경험이 필요한 것은 분명하다. 각각의 창조는 저마다 미래의 창조에 얹히며, 새로운 수준의 숙달은 필연적으로 다음 단계로 이어진다. 여기에는 하루아침에 스타덤에 오르거나 행운을 거머쥐는 대중적 개념에서의 '해냈다'는 결코 존재하지 않는다.

크리에이터들은 예외 없이 숙달의 수준을 점진적으로 높여 가는 데 매진한다. 베토벤은 아홉 곡의 위대한 교향곡을 작곡하면서 매번 발전의 새로운 단계를 다음 곡에 구현해 냈다. 매번 다음 곡은 이전 곡에 창조력을 더하여 탄생했다. 베토벤이 더 오래 살았으면 열 번째 교향곡을 썼을 것이고, 열한 번째도 썼을 것이다. 그리고 각각의 곡들에 예술성을 더 높여 담아 냈을 것이다. 돌파가 아니라 진화를 통해서.

자신의 인생을 돌아봐서 부, 명성, 은퇴, 혹은 죽음 등을 통해 곧바로 구원으로 나아갈 수 있는 열쇠를 소망하는지, 아니면 현실화할 수 있는 것을 위한 가용 자원으로서 시간을 바라보는지 생각해 보자. 크리에이터에게는 인생의 시간이 소중하다. 시간은 창조의 터이기도 하고 감상과 경험의 장이기도 하다. 그런 의미에서 시는 다른 예술의 형태에 비해서도 순간의 특별함을 잘 포착하는 장르가 아닌가 한다. 특히 흔히들 못 알아채고 눈에 띄지 않는 작은 순간들에 대해서는 더 그렇다. 고통과 갈등의 순간들조차 시에서는 진가를 알아주고 사랑해 준다(덕분에 나는 팝송 가사에서 다루지 않은 것들은 진실이 아닐 거라는 이론을 갖게 되었다).

인생에서 일어나는 개별 사건들은 창조 프로세스에서 모멘텀을 만들어 낼 수 있다.

발생으로서의 동화

동화는 그 자체로서 유기적 프로세스이기도 하지만 다른 유기적 프로세스를 발생시키려는 경향을 지니고 있다. 이 말은 '현재 자신이 있는 곳에서 있고 싶은 곳으로 이동해 가는 단계에 정해진 공식은 없다'는 것이다.

왜냐하면 이 프로세스들의 단계가 유기적으로 진전되며, 우리가 창조하는 것들은 적어도 우리 인생에서는 유일무이한 것들이기 때문이다. 그래서 자신이 이전에 한 번도 해 보지 않은 행동을 하고, 한 번도 생각하지 않았던 것들을 숙고하며, 한 번도 경험해 보지 못한 방식으로 움직이고 영감을 받는다는 것을 깨닫게 될 수 있다.

보스턴 심포니의 타악기 연주자인 프랭크 엡스타인(Frank Epstein)은

콜라주 뉴 뮤직 앙상블(Collage New Music Ensemble)의 창설자이기도 하다. 15년도 더 전에 시작된 이 그룹은 새로운 음악적 공연에 헌신하는 국가적으로 가장 중요한 앙상블(2인 이상의 노래 또는 연주-옮긴이) 중 하나다. 이 프로젝트를 시작하면서 엡스타인은 새로운 욕망과 경험, 방향을 갖게 되었다.

> 콜라주는 내가 20년 전부터 지니고 있던 소망에서 비롯된 비전이었다. 시작은 버크셔 뮤직센터(Berkshire Music Center: 보스턴 심포니 오케스트라 소유의 여름 별장)에서 감독인 건서 슐러(Gunther Schuller)의 지도 아래 인턴십을 하게 되면서부터였다. 나의 소망은 새로운 실내악 공연을 하는 것이었다. 그것은 그 전까지 하던 것과는 완전히 다른 새로운 방향이었다. 나는 새로운 기법과 음악 기술의 발전, 새로운 콘셉트의 음악 연주, 작곡가들과 함께 그들의 음악적 비전을 실현시킬 기회에 도전했다. 그리고 이에 걸맞은 새로운 음악적, 예술적 목표가 수립되었다. 콜라주가 채택하고 있던 형식이 발전의 수단이 되어 주었다. 창설 이래, 콜라주는 150건이 넘는 새 작품들을 의뢰 받아 공연했다. 이 새롭고 창조적인 자극들에서 미래의 클래식이 나오게 되는 것이리라. 바야흐로 우리는 역사를 만들고 있는 중일 수 있다.

동화와 반동-순응 지향성

만약 직접 프로세스를 종합적으로 통제해 가면서 지금 있는 곳에서부터 있고 싶은 곳으로 이동하려 한다면, 그건 진정한 동화를 저해하는 것이다. 프로세스를 통제하려는 시도는 인생에서 일어날 수 있는 일들의 가능성을 제한해 버리는 것이 되기 때문이다.

특히 반동-순응 지향성에 있을 때는 온갖 이유로 동화 프로세스를 억제하는 경향이 있다.

첫째, 이 지향성에서는 우리가 취하는 행동이 추가적인 행동으로 이어지지 않기 때문이다. 목표를 향해 밟아 가는 단계가, 배운 것들을 학습하고 동화하면서 생겨나는 모멘텀의 지원을 받지 못하고 제자리걸음을 하게 된다.

둘째, 매번의 새로운 단계에서 부딪힐 수 있는 잠재적 어려움이 앞선 단계와 같은 수준에 머물게 된다. 앞선 단계들이 학습과 경험, 능력을 향상시키는 역할을 하지 않기 때문이다. 심지어 새로운 단계를 시작할 때마다 아예 처음부터 다시 시작하는 것 같은 기분이 들 수도 있다. 즉, 모든 단계들이 지배력을 행사하는 환경에 떠밀려 진행되고, 환경에 좌지우지될 수 있다는 것이다.

셋째, 원하는 결과의 창조에 결정적 역할을 하는 많은 단계들이 사전에 형성된 과정들 때문에 이탈해 버리고는 아예 나타나지 않을 수도 있다.

우리 교육은 주로 식별과 비교를 바탕으로 하여 이루어진다. '이건 저것처럼 생겼고, 저건 이렇게 생겼다. 이것은 여기, 저것은 저기에 속해 있다.' 등등. 이것은 인생을 진단의 시선으로 보는 것이다. 이 접근법에서는 환경을 분석하여 자기가 알고 있는 환경과 비교한 후 적절한 반응을 시행하는데, 이런 식의 훈련은 독창적인 사고를 저해한다.

사람들은 더 큰 비교 근거를 확보하기 위해 점점 더 많이 배우려고 애쓰지만 그렇게 하여 모은 사실과 이론의 컬렉션은 창조에도 도움이 되지 않으며, 현실에서 일어날 수 있는 일들을 이해하는 데도 유용하지 않다. 그저 끝없이 정보를 모으다가 끝내 아무짝에도 쓸모없다는 것을 깨닫는 것으로 끝나기가 쉽다. 사람들이 인생에서 모멘텀을 창조하기가 쉽지 않은 이유 중의 하나가 바로 이것이다. 스탠퍼드대학교의 학생 한 명이 대단히 자랑스러운 표정으로 이런 말을 했다. "더 많이 배울수록 아는 것은 더 적어지더라고요."

"그만 배우세요." 내가 말했다. "그래서는 효과가 없어요."

그에게, 배운다는 것은 더 많은 사실과 이론들을 수집하는 것이었다. 그가 말한 '더 적게 아는 것'은 유용한 정보가 너무 많아서 평생을 배워도 모든 것을 비교하고 분류하는 일에 자국 하나 남기지 못할 것 같다는 깨달음을 비유한 것이었다. 그는 모멘텀을 창출하기는커녕 불리한 위치로 몰리는 중이었다.

창조 프로세스에는 단선적 관점에서는 예측할 수 없고, 예견할 수 없으며, 평범하지 않고 때로는 비논리적으로 보이는 많은 사건들이 포함되기 때문에 더 많은 이론과 사실로 무장해도 도움이 되지 않으며 심지어 방해가 되기도 한다. 그뿐만 아니라 창조 프로세스를 진행하다 보면 그 자리에 있을 까닭이 없어 보이는 단계들이 앞에 놓여 있기도 하다. 그러나 창조의 능력을 높이면 방법상의 효율성이 높아지며, 점차 이런 불규칙한 사건들도 예측 가능하고 신뢰할 만하며, 유용해지게 된다. 흔히 특이성을 중요하게 부각시키는 경우가 많지만, 그런 것은 중요치 않다. 중요한 것은 창조하고 싶어 하는 결과물을 더 쉽게 창조해 내는 것이다.

'테크놀로지 포 크리에이팅®'의 파일들을 열어 보면 순서 없이 불규칙하게 일어나는 사건들이 실제로는 창조 프로세스의 부분이었던 사례들이 수천 건 보관되어 있다. 이 중 많은 경우들이 계획이나 기대 없이 이루어진 것들이었지만 충분히 유용했고, 그 이유로 환영 받았다.

회사의 규모를 두 배로 늘리겠다는 비전을 세운 여행 중개인 한 명은 참석할 예정이 없었던 파티에 우연히 갔다가 자신의 프로젝트에 5만 달러를 기꺼이 투자하겠다는 '익명의 동업자'를 만났다.

형편이 넉넉지 못한 어느 젊은 편집자는 세계 여행을 하면서 최고급 호텔에 묵고 최고의 레스토랑에서 식사하는 자신의 모습을 마음에 품었는데, 어느 날 여행 관련 책을 내는 출판사에서 일자리를 제안 받았다. 여행 서적의 출간을 위해 세계를 여행하며 레스토랑과 호텔을 둘러보고 평가하는 것이 그녀가 할 일이었다.

시카고에서 활동하던 그래픽 디자이너 한 명은 뉴욕 방송국 프로그램의 텔레비전 그래픽 작업을 하는 것을 항상 바라고 있었다. 결국 그녀는 시카고에서 최고 텔레비전 이미지 디자이너 상을 받은 것을 계기로 뉴욕의 어느 프로듀서의 눈에 띄게 되었으며, 뉴욕으로 초대되어 꿈꾸던 대로 〈맥닐-레러 뉴스 아워(The MacNeil-Lehrer News Hour)〉의 그래픽 작업을 의뢰받을 수 있었다.

보스턴 인근 출신의 한 여성은 출장 음식 분야의 경력을 쌓고 싶어 했다. 그녀는 유명한 출장 음식 회사에서 설거지 담당으로 일하기 시작했다. 회사의 일손이 넉넉지 않았기 때문에 그녀는 다른 일도 함께 맡을 수 있게 훈련을 받았다. 그러나 그녀에게 허락되지 않는 한 가지 일은 요리였다. 그녀는 배우기 위해 취직을 했기 때문에 직접 운영하고 싶은 분야의 동종 업계에서 일할 수 있다는 것만으로도 감사해했다. 아주 중요한 결혼식 연회가 있던 어느 주말, 제2 주방장이 몸이 아팠다. 또다시 일손이 부족해지자 요리사들은 그녀에게 제2 주방장의 자리를 메워 달라고 요청했다. 평소에 요리법을 익혀 놓았던 그녀는 성공적으로 빈자리를 채울 수 있었다. 그녀가 TFC 과정을 통해 얻은 가치 중 하나는 성공뿐 아니라 실수에서 배우는 일의 중요성이었다. 그녀는 요리에서 배제되었다고 일을 그만두는 실수를 스스로 허용하지 않았으며, 결국 그 주말을 실질적인 경쟁력을 쌓는 기회로 삼을 수 있었다. 그로부터 열흘이 채 되지 않아 그녀는 일하던 회사에서 동업을 제안 받았다.

로스앤젤레스의 기타 연주자 한 명은 광고대행사에서 카피라이터로 일했다. 그는 광고 카피가 아니라 징글(jingle: CM송-옮긴이)을 쓰고 싶다고 마음을 정했다. 회사에서는 그의 카피는 마음에 들어 했지만 징글을 쓸 기회는 주지 않았다. 그는 새 직장을 찾지 못했지만 일단 회사를 떠나기로 결심했다. 그런데 바로 다음 날 그가 기타를 가르쳤던 학생의 남편에게서 전화가 걸려왔다. 학생과는 7개월 정도 연락이 끊긴 상태였다. 학생의 남편은 라디오 방송국에서 일하는 사람이었는데, 방송국의 광고주 한 곳을 위한 징글을 작곡해서 녹음하자는 계약을 제안했다. 그리하여 그가 쓴 징글은 지금까지도 전국에서 울려 퍼지고 있다. 이것은 그의 성공적인 징글 사업의 시작에 불과했다.

항공우주공학과 교수였던 어느 분은 매우 고루하고 강압적인 분위기의 연구 환경에서 일했다. 그는 자신이 가진 창조 에너지의 많은 부분을 동료들과 어울려 재치 있는 불평과 빈정대는 논평을 하는 것으로 소비했는데, TFC 과정에 참여하면서 자신이 재능을 낭비하고 있다는 결론을 내리게 되었다. 과정의 4주차에 그는 자신의 분야에서 중대한 돌파구를 만들게 되었다. 헬리콥터에 쓰이는 새로운 재료가 그것이었다. 그는 특허를 획득했으며, 연구에 대한 설명을 하기 위해 전 세계 투어에 나섰다. 귀국 후 그가 재직하던 대학에서는 새로운 학과와 예산, 원하는 연구를 자유롭게 할 수 있는 재량권을 제안했다.

동화를 활용할 때 우리가 밟아 가는 각각의 단계는 그다음 단계들에 대해 가르쳐 주는 역할을 한다. 또 창조 중에 투여하는 에너지는 재생되고 축적된다. 우리가 필요로 하는 자원들은 어떻게든 저절로 모인다. 동화의 유기적 프로세스는 평범하지 않은 '우연의 일치'를 내포하고 있어 오히려 우리가 원하는 곳으로 곧장 이끌어 줄지도 모른다.

모멘텀과 반동-순응 지향성

반동-순응 지향성에 있는 사람들에게는 성장과 발전에서 이해하고 활용하기가 가장 어렵고 포착하기 힘든 특성 중의 하나가 모멘텀이다. 이 지향성에서는 원하는 결과를 성취하기 위한 모멘텀을 구축하지 않는다. 충돌과 관련된 불편함을 회피하거나 경감하기 위해 고안된 행동을 하지만 에너지의 순간적인 폭발을 야기하는 충돌의 이동만 경험할 뿐이다.

나아가 그때 취한 각각의 조치는 다른 어떤 행동과도 관련되지 않은 채 오로지 눈앞의 특정한 충돌을 해소하기 위해서만 고안된 단일의 고립된 행동 – 무릎반사처럼 타성적인 – 으로 남는다. 모든 충돌에는 반동이 있다. 반동-순응 지향성에서는 각각의 행동, 즉 반동 상황이 고립된 사건이며, 달리 어떤 곳으로도 이어지지 않는다. 특히 충돌의 범위 너머로는 절대로 이어지지 않는다.

이에 반해 창조 지향성에서는 모멘텀을 자연스럽고 쉽게 구축할 수가 있다. 우리가 취하는 모든 행동이, 그때그때 성공하든 그렇지 않든 상관없이, 가는 경로에 추가적인 에너지를 보태며, 당장은 성공하지 않은 것들까지 모두 포함해서 하는 일마다 최종 성공의 방향으로 나아가는 추진력으로 작용한다. 또한 그렇게 하여 일정 기간이 지나면 원하는 결과를 창조하는 것이 점점 더 쉬워지게 된다.

강바닥은 물이 최소 저항의 경로를 따라 흐르도록 구조화되어 있다. 물이 많아지면 흐름에 모멘텀이 생기며, 그 구조를 통과해 이동하는 모든 물의 일반적인 힘이 증대된다.

모멘텀의 구축을 위한 레슨

성공한 기업가들은 모두 모멘텀을 구축하기 위한 학습을 했던 사람들이다.

이들이 이용한 한 가지 방법은 최종 목적을 향해 가는 길에 일련의 작은 성공들을 의도적으로 구조화함으로써 성공의 패턴을 만드는 것이다. 그러면 각각의 성공이 저마다 모멘텀을 추가하고, 쉽게 동화되며, 신뢰성과 숙달을 쌓아 나갈 수 있게 도와준다.

내가 아는 사람 중에 목수 일을 하면서 다른 일들도 두루 맡아 하는 사람이 있었는데, 도시에서 손꼽히는 종합 건설업자가 되고 싶어 했다. 일단 그는 다른 업자의 도급 일을 하면서 도시의 권역 내에 낡은 집 한 채를 샀다. 집은 낡았지만 위치는 젊은 중산층 사람들이 관심 있어 하는 지역이었다. 그는 저녁과 주말마다 집을 수리했다. 그가 집을 되판 금액은 낡은 집 두 채를 다시 사고 집수리를 함께 할 친구들에게 품삯을 주기에도 충분할 정도였다.

곧 그는 남의 일을 전혀 하지 않게 되었으며, 4년 후에는 스무 명의 직원을 고용하는 수준에 이르러 있었다. 그의 건설 사업은 성공적이었다. 그 후 그는 더 큰 규모의 부동산으로 눈을 돌려 오래된 아파트 건물들을 사서 수리하기 시작했다.

그는 자연스럽게 제2의 사업을 시작했다. 아파트 임대와 관리가 그것이었다. 그리고 머잖아 세 번째 주요 비즈니스, 즉 부동산 개발이 뒤를 이었다. 이번에는 임대 사업을 통해 쌓아 놓은 경험과 기술, 인맥을 활용할 수 있었기 때문에 그의 새 부동산 중개업은 기존의 부동산 중개업체들이 북적거리는 시장에서 2년도 안 되어 자립 가능한 성공을 거두었다. 그의 친구들은 온 도시의 건물들을 올라 다니는 그에게 '콘도 킹콩'이라는 애정 어린 별명을 붙여 주었다.

모멘텀이 쌓이자 성공적인 사업을 창출하는 그의 능력도 확장되었다. 첫 건물 프로젝트 이후로 4~5년이 지나자 성공을 일구는 그의 능력은 금융 자산, 은행과의 유대 관계, 인적 자원, 노하우, 자신을 도와줄 사람들의 수를 늘리는 인맥 관리까지 망라하게 되었다. 또한 모멘텀을 통해 그는 조직 관리를 맡길 만한 사람들을 끌어들일 수 있는 역량을 키웠다.

지금 그는 여러 개의 회사를 소유하고 있지만, 심지어 5년 전보다도 자신을 위한 시간을 더 많이 누린다. 그는 자신의 일, 회사 직원들 그리고 인생을 사랑한다. "돈이 중요한 게 아닙니다. 돈은 좋지만 편리하다는 걸 제외하고는 정말로 상관이 없어요. 중요한 것은 내가 이 세상에 아름다움을 운반한다는 거죠. 내 일은 사람들과 장소를 한데 모으고, 도시의 얼굴을 바꿔 가는 겁니다."

자신이 하는 행동을 동화시키면 새로운 행동을 향한 에너지가 쌓인다. 앞서의 사업가들이 해낸 것은 자신이 취한 행동 하나하나가 그 자신의 일부가 되게 하는 것이었다. 이 모든 조치들이 발전의 일부로 통합되고, 내딛는 걸음걸음이 목표를 향해 나아가는 발걸음이 되었던 것이다. 더욱 중요한 것은 이 조치들을 통해 미래의 목표 달성을 향한 모멘텀을 구축하는 방법을 배울 수 있었다는 점이다.

모멘텀은 행동의 결과가 성공이냐 실패이냐를 떠나 자신이 하는 행동을 의식 수준에서 배우는 것 이상의 의미를 지니고 있다. 성공한 도급업자의 경우에는 모멘텀이 사업가로서의 근육을 키우는 것을 의미했다. 마치 보디빌더들이 규칙적인 운동에서 나오는 힘과 지구력을 근육에 통합해 넣는 것과 똑같은 방법으로, 그는 자신이 벌인 사업들 각각에서 나온 추가적인 힘들을 그 자신에게로 통합할 수 있었던 것이다.

모멘텀을 이용하는 방법

이 사업가는 어떻게 하여 이런 결과를 성취할 수 있었을까?

첫째, 그는 문제 해결이 아니라 모멘텀을 구축했다. 그는 행동을 취해 나가면서, 일이 생길 때마다 그 일들을 좀 더 효과적으로 모멘텀을 구축하는 방법을 가르쳐 주는 학습의 경험으로 삼았다.

둘째, 그는 모멘텀을 구축하는 새로운 방법을 찾았다. 그것은 실험과 도전의 모색이었다. 처음에 부동산 업계에 진입할 당시 그는 자신의 능력을 초과하는 매물들을 팔아 보려고 했다. 이를테면 대규모 상업 지역을 중개해 보려 한 것인데, 섣부르고 시기상조였지만 그 시도는 성공 부족이라는 배움으로 흡수되었다. 그는 좀 더 간단한 접근법으로 관심을 돌렸다. 개인주택과 작은 규모의 아파트 건물, 콘도 등을 매매하고, 쉽게 성사될 수 있는 부동산 프로젝트를 골라 추진한 것이다. 그런 뒤에야 그는 정말로 관심이 끌리는, 자신의 역량으로 가능하면서도 여전히 도전이 될 것들을 찾기 시작했다. 그 도전들은 모멘텀의 구축에 도움이 되었다. 시간이 흐르면서 그는 확장을 계속해 나갔다.

셋째, 경험이 모멘텀의 구축에 도움이 된다는 것을 깨달았다. 그는 그동안 시도했던 모든 프로젝트에서 사업가가 된다는 것에 관해 많은 교훈을 얻었으며, 심지어 성공하지 못한 프로젝트에서도 새로운 기법을 배웠다. 또한 행정, 재정, 시기를 조정하는 법도 배웠다. 그의 배움은 자신에게 국한된 것이 아니었다. 그는 직원들도 배울 수 있게 도왔다. 초창기에는 배워야 할 것들을 학습하는 동안 사업을 중단하지 않게 위험 수준을 낮게 유지했으며, 결정을 내릴 때마다 결정하는 방법에 대해 추가로 배워 나갔다. 효과를 본 결정들은 성공적인 결정의 특성에 대한 가르침이 되었고, 효과가 없었던 결정들은 또 그것대로 무익한 결정의 특성에 대한 교훈을 주었다. 어느 한순간도 그가 자신의 전체 사업 영역에 관한 안목을 얻고 있지 않은 때는 없었다.

그런 식으로, 배운 것들을 자신의 내부로 통합시키면서, 그는 한 발 물러서서 사업의 더 넓은 영역을 더 커진 안목으로 조망할 수 있게 되었다. 그러자 자신의 분야에서 어떤 식으로 발전이 이루어질지를 예측하는 것이 가능해졌으며, 선견지명을 바탕으로 결정을 내리는 것 역시 가능해졌다. 점점 더, 최소 저항의 경로가 그를 더 큰 성공으로 이끌었고, 각각의 성공은 훨씬 더 큰 성공을 향한 모멘텀을 뒷받침하고 구축했다.

표준 공식의 위치

이 도급업자는 자신의 행동을 동화하면서 스스로에 관한 한 창조 프로세스의 전문가가 되었다. 사회적 통념이 도움이 안 된 것은 아니었지만 결코 거기에 갇히거나 그것 때문에 제한을 받지 않았다. 그가 한 것은 자신만의 대처 방식을 창안해 내며 나아가는 것, 원하는 것을 창조하는 자신만의 고유한 방법을 개발하는 것이었다. 만약 그가 성공적인 사업을 운영하는 방법으로 처방된 표준 공식에만 의존했다면 모멘텀을 구축하거나 그가 취했던 조치들을 동화하는 것은 아예 불가능했을 것이다. 그가 모멘텀을 구축하고 행동 조치들을 동화할 수 있었던 것은 오로지 그가 직접 그것들을 만들었기 때문이다.

전국 어디에도 이 도급업자가 알아야 할 모든 것들을 가르쳐 줄 수 있는 경영대학원은 없었다. 그가 알아야 할 것들 중에는 그에게만 해당되는 상황에 맞춰진 것들이 많았기 때문이다. 창조 프로세스는 창안에 관한 문제이지, 별 고민 없이 따르면 되는 관행에 관한 것이 아니다.

화가인 바실리 칸딘스키는 작곡가인 아르놀트 쇤베르크에게 쓴 편지에서 이런 말을 했다. '형식의 고착화를 지향하는 인간의 경향성은 충격이며 비극적이기까지 합니다. 어제 새로운 형식을 전시했다가 비난을 받았는데, 오늘은 똑같은 형식이 영원불변의 법칙이 되어 버리는 겁니다. 이건 인간이 대부분 외부에 의존한다는 것을 거듭 보여 주는 비극이에요.'

칸딘스키와 쇤베르크 같은 선구자들은 표현의 새로운 형식을 창안해 냈다. 그들이 그렇게 한 것은 형식 그 자체를 위해서거나 예술 사조 또는 예술 운동을 창조하기 위한 것이 아니었다. 그냥 자신들의 예술적 비전을 표현하고자 했던 것뿐이다.

쇤베르크가 칸딘스키에게 보낸 편지에는 이렇게 쓰여 있다. '나는 오래 전부터 우리 시대 – 어찌 되었건 위대한 – 가 하나가 아닌 수많은 가능성들을 낳을 거라고 느꼈어요.'

쇤베르크는 무조주의자(atonalist: 무조음악의 옹호자-옮긴이)를 자처하며 자신을 추종하겠다는 사람들에게 기함을 했다. '기차 찰 노릇입니다. 나는 어떤 사상도 지니지 않고서 곡을 지었어요. 그런 것이 나와 무슨 상관이 있겠습니까? 개인적으로 이 모든 운동들에 별 취미가 없었지만, 적어도 그 사람들이 오랫동안 나를 따라 할 일은 걱정하지 않아도 되겠어요. 너무 많은 사람들이 일으킨 운동은 그 어떤 것보다 빠르게 멈추니까요.'

창조 지향성에서 우리는 철저히 혼자다. 유용한 정보를 제공해 주는 책이나 강좌를 찾아냈다 해도 이 정보를 자신의 것으로 만들고 자신만의 특별한 상황에 적용하여 동화함으로써 모멘텀을 창출해야 할 필요는 여전히 자신에게 남는다.

창조 지향성에서는 밟아 나가는 단계들을 동화할 수 있을 때, 기본 구조가 스스로 재조직되고 최소 저항의 경로는 창조하고 싶은 것을 향해 곧장 나아간다. 또한 모멘텀이 증대되어 우리가 그 경로를 따라 점점 더 효과적으로 움직일 수 있게 도와준다.

구조적 긴장의 동화

어떤 기술을 배우든지 처음 시작할 때 해야 할 것은 배우고 있는 단계를 의식하는 일이다.

운전을 배우기 시작할 때는 어느 페달을 밟는지, 어느 만큼의 강도로 밟을지를 의식적으로 생각할 필요가 있다. 핸들을 돌리는 방법과 변속해야 할 때를 판단하는 법, 백미러의 이용법, 거리를 측정하는 방법, 후진시키는 법, 평행 주차하는 법 등등을 모두 의식적으로 생각해야 한다.

그러나 일단 이런 능력들을 동화하고 나면, 차를 부드럽고 안전하게 세우기 위해 브레이크 페달을 어느 정도의 압력으로 밟아야 하는지에 대해 더 이상은 의식적으로 고려할 필요가 없다. 차를 멈추거나 속도를 줄이고 싶을 때 자동적으로 필요한 움직임을 수행하게 될 테니 말이다.

특정한 결과를 창조하는 일에 구조적 긴장을 처음으로 사용할 때도 마찬가지다. 자신의 비전(창조하고 싶은 결과)과 지금의 현실(현재 처한 환경)

두 가지를 모두 의식적으로 염두에 두어야 한다.

의식적으로 비전에 집중하면서 지금의 현실을 관찰하는 일을 동시에 하다 보면 이 행동을 동화할 수 있게 되며, 결국 자동적인 습관처럼 몸에 배게 되기 때문이다. 그뿐만 아니라 구조적 긴장 자체를 근본 구조를 형성하는 주요한 힘으로 통합하는 것도 자연스럽게 이루어진다.

여러 해 전 로스앤젤레스로 이사했을 때, 처음 도착해서 그곳 사람들이 눈이 왔다고 하는 말을 듣고 깜짝 놀란 일이 있다. 로스앤젤레스에 눈이 온다는 소리를 들어 본 적이 한 번도 없었기 때문에 물어보았다. "언제 눈이 온다는 거죠?"

"차를 몰고 두 시간 정도 떨어진 산으로 가면 됩니다." 그들이 대답했다.

뉴잉글랜드에서 자란 나의 관념으로는 '눈을 본다'는 것이 그들과는 사뭇 달랐다. 내게 눈은 어디론가 가서 봐야 하는 것이 아니라 나를 찾아오는 대상이었다. 나는 눈과 함께 살았다.

처음 구조적 긴장을 가지고 일을 시작할 때는 그것을 '찾아가려고만 하는' 경향이 생길 것이다. 그것은 정상적인 삶의 방식에 속하지는 않는다. 그러나 점점 더 구조적 긴장과 함께 일을 해나가다 보면 그것이 삶 속으로 동화될 것이며, 어느덧 자신이 처한 현실의 일부가 된다는 것을 알게 될 것이다. 그 순간이 되면 무엇을 창조하고 싶은지, 자신에게 정말 중요한 것이 무엇인지를 하나도 놓치지 않고 자각하게 될 것이며, 지금의 현실에서 지배력을 지닌 환경들을 관찰하는 것도 자동적이라 할 만큼 자연스럽게 될 것이다.

동화 자체도 마찬가지로 자연스럽고 자동적으로 이루어질 것이다. 원하는 결과를 얻기 시작하면 그것으로 이미 구조적 긴장과 창조 지향성을 동화한 상태이므로 새롭거나 더 멀리까지 도달하는 결과들을 성취하기도 더 쉬워질 것이다. 구조적 긴장의 동화는 자신만의 창조 프로세스를 마스터할 수 있게 하는 통로이다.

16장

전략적 순간

정체기

창조 프로세스에서는 마치 가만히 서 있거나 심지어 뒷걸음질하는 것처럼 보이는 특정한 전략적 순간들이 있다. 진전 없음이 뚜렷하게 보이는 이 순간들은, 어떤 행동을 취하느냐에 따라 궁극적으로 성공 여부가 결정되기 때문에 전략적인 분기점이 된다.

애팔래치아 산길을 도보로 여행하는 초보 배낭 여행자가 산꼭대기에 서 있었다. 그곳에서 바로 옆 산의 봉우리는 겨우 반마일 정도의 거리로 느껴질 만큼 가까워 보였다. 그는 다음 산봉우리를 향해 출발했다. 그러나 골짜기는 생각했던 것보다 훨씬 깊었고 그는 여전히 골짜기 속에 있었다. 그때까지 걸은 거리만 해도 2마일이 넘었다. 골짜기에서 바라보니까 이제 두 번째 봉우리까지의 거리는 처음 봤을 때보다 훨씬 더 멀어져 있었다.

종종 욕망하는 결과와의 거리를 실제보다 더 가깝게 느낄 때가 있다. 반대로 골짜기 안에 있어서 출발지점에서보다 목적지가 더 멀리 있는 것처럼 여기는 경우도 있다. 그러나 초보 배낭 여행자의 경우 실제로는 더 가까워진 것이 맞다. 뒷걸음질 쳐서 두 번째 산봉우리에서 멀어진 것이 아니라 실제로는 다가가고 있었다는 것이다. 이와 똑같이 창조 프로세스에서도 시작할 때보다 결과에서 더 멀어진 것처럼 보이는 순간들이 있지만 사실은 가까워지고 있는 것이다.

배낭 여행자는 퀘스트의 전략적인 순간과 맞닥뜨린 것이었다. 배낭 여행자가 해볼 수 있었을 가정은 두 가지일 것이다. 하나는 산을 향해 난 길이라고 생각했던 것이 실제로는 산에서 멀어지는 길이라는 것. 또 하나는 두 번째 봉우리가 처음에 자신이 생각한 것보다 더 멀었을 수 있다는 것.

물론 그는 두 번째 가정이 참이며 첫 번째 것은 거짓이라는 사실을 파악할 수 있었지만, 창조 프로세스에 있는 상황이 언제나 배낭 여행자의 경우처럼 분명한 것은 아니다.

원하는 결과의 방향으로 움직여 가려 할 때는 그 길이 원래 생각했던 것보다 더 복잡하고 길다는 사실을 알게 되는 순간들이 있기 마련이다. 우리의 등산 사례와 창조 프로세스의 차이는 배낭 여행자의 경우 계속 걸어가다 보면 결국은 두 번째 산봉우리에 닿는다는 것을 알았다는 것이다. 반면에 창조 프로세스에서의 전략적 순간은 마음에 품고 있는 결과에 도달할 수 있을지 항상 분명하지는 않다.

시간 지연

처음으로 인생의 변화를 시도할 때는 변화가 시작되는 시점과 변화의 결과를 눈으로 보기 시작하는 시점 간에 지연이 발생하는 경우가 종종 있다.

자동차 공장에서 조립 공정의 직원 교육을 실시한다고 하면, 이로 인한 품질 개선이 실제 차량 제조에서 실현되기까지 시간 지연이 생길 것이다. 또한 품질의 제고와 시장에서 이를 인정받아 판매 증대로 이어지는 기간 사이에도 시간 지연이 또 한 차례 발생할 것이다.

이처럼 결과를 얻기 위해 취하는 행동에 뒤이어 결과가 곧장 따라오지 않는 경우가 꽤 있다. 따라서 효과적인 변화를 시작하는 것은 가능하지만 일정 기간 동안은 그 효과를 알 수 없다.

다이어트에 돌입하면 체중 감량을 기대하지만, 다이어트를 시작하기 직전에 음식을 잔뜩 먹으면 실제로는 첫 주에 오히려 체중이 늘 수 있다.

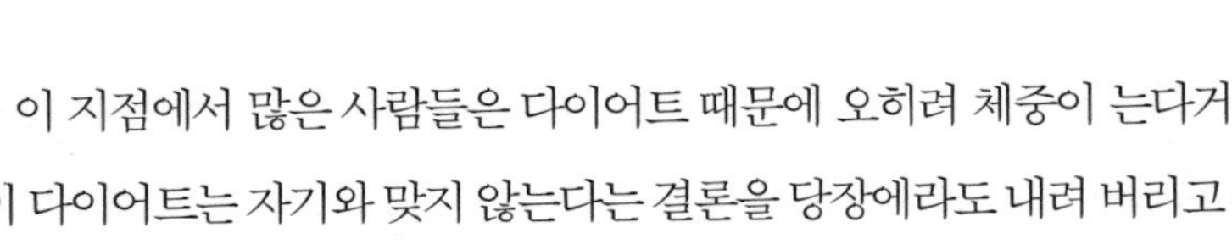

이 지점에서 많은 사람들은 다이어트 때문에 오히려 체중이 는다거나 이 다이어트는 자기와 맞지 않는다는 결론을 당장에라도 내려 버리고 싶은 유혹에 끌린다. 그러나 실제 상황은 다이어트의 결과가 나타날 순간

이 아직 멀었다는 것이다. 행동과 결과 사이의 시간 지연이 발생하기 때문이다.

창조 프로세스에서는 결과를 어떻게 규정하느냐가 매우 중요하다. 식사를 푸짐하게 한 결과로 나타난 체중 증가를 마치 다이어트를 시작한 결과인 것처럼 규정해 버리면 십중팔구는 다이어트를 중단하는 것으로 끝날 것이다.

시간 지연이 발생하면 사람들은 실제로는 효과가 있는 행동임에도 그냥 포기해 버린다. 그러나 그 행동들의 결과는 아직 나타날 기회를 잡지 못한 것일 뿐이다. 자신의 행동에 자신이 어떤 의미를 부여하는가가 모멘텀을 축적하기도, 위축시키기도 한다. 따라서 시간 지연이라는 요소를 충분히 고려하면 현재의 현실을 더 정확히 설명하는 데 도움이 된다. 최종적으로는 제대로 작용할 수 있을 행동의 효과를 어림짐작으로 평가해 버리면 그 행동을 중단하려는 경향이 생긴다는 것이다.

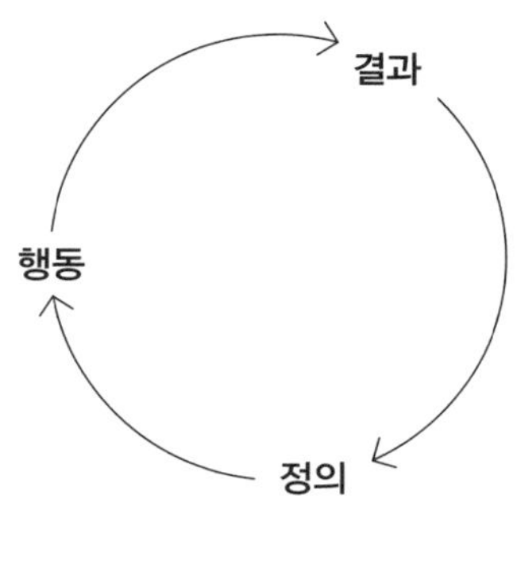

행동은 결과를 생산하며, 결과는 정의 또는 의미를 발생시킨다. 자신이 취한 행동과 관찰한 결과 사이의 관계를 어떻게 정의하느냐에 따라

차후의 행동이 달라진다. 또한 이 정의는 모멘텀에도 영향을 미친다.

창조 지향성에서는 선택한 결과의 완전한 성취를 향해 움직일 때 중도에 여러 번의 지연이 있을 수 있다. 어떤 사람들에게는 이것들이 엄청난 좌절과 두려움을 안겨주기도 한다. 그러나 결과를 향해 계속해서 나아가면 이 순간들이 창조 프로세스의 촉매가 될 중요한 기회를 제공하는 전략이 될 수 있다.

그렇게 시간이 흐르고 경험이 쌓이면 우리가 했던 유용한 행동들이 욕망하는 결과들을 산출하기 시작할 것이다. 혹여 그동안 그다지 유용하지 않은 행동을 취했더라도 그 경험을 바탕으로 더 나은 행동을 취할 방법을 배우게 될 것이고, 진로를 수정하는 방법도 배우게 될 것이다.

현재의 현실에 대한 분개

창조 프로세스에서 가장 어려운 레슨 중 하나는 현재의 현실을 있는 그대로 인식하는 법을 배우는 것이다. 현실은 우리가 그럴 거라고 생각하거나 그렇게 되기를 원하는 것과 다를 때가 많다.

현재의 환경이 기대했던 바와 다르다는 사실을 알게 됐다고 해서 계속해서 분개하는 사람은 현재의 현실이 지닌 힘을 구조적 긴장의 창조에 온전히 쓸 수 있는 능력을 스스로 저해하고 있는 것이다.

예를 들어 급류 타기 여행을 할 때도 마찬가지로 현실을 지금 존재하는 대로 인식할 수 있어야 한다. 급류에 도착해서 "저 물은 늘 잔잔했으니까 지금도 여전히 잔잔해야 해"라고 아무리 화를 내 봐도 세찬 물살과 바위에게 협상이 통할 리가 없다. 더 정확히 말하면 현실을 있는 그대로 즉시 인식하는 능력을 기르지 못한 사람들은 물에 빠지거나 바위에 매달리는 것이 고작일 것이다.

반면에 뗏목이 잔잔한 물에 도착했는데도 여전히 급류에서 하던 것처럼 노를 저으면 어마어마한 힘의 낭비일 뿐 아니라 또 한 번 물에 빠지거나 바위에 매달리고 마는 수가 있다.

현재의 현실이 기대했던 것과 다른 경우는 흔하다. 그 차이 때문에 계속해서 분노를 쌓아 가면 더 이상 현재의 현실과 온전히 접촉할 수가 없게 된다. 더구나 창조 프로세스에서의 중요한 능력 하나는 현실에서 변화가 일어날 때 그것을 알아차리는 능력이니 말이다.

원치 않는 상황

어느 기업의 임원이 자사 전자 제품의 해외 유통을 개선하기 위해 중요한 회의 일정을 잡았다. 그런데 유럽에 갑작스러운 눈보라가 몰아쳐 항공편이 축소되었고, 그 때문에 회의에 참석하기로 했던 유럽 5개 회사의 대표 중 두 명이 불참하게 되었다. 임원은 어쩔 수 없이 두 사람 없이 회의를 시작했지만, 두 명의 대표들이 참석하지 않은 사실에 대한 불평을 늘어놓느라 회의 시간을 다 썼다. 심지어 그는 그 자리에 있는 세 명의 대표들에게도 원망을 돌리는 듯했다. 즉, 그는 현재의 현실을 있는 그대로 온전히 받아들이기를 거부했다. 자신이 회의에 참석한 유럽 대표들 세 명과 회의 중이라는 현실 말이다.

현재의 현실에는 종종 원치 않거나 계획에 없던 상황들이 개입하기 때문에 현실을 있는 그대로 받아들이지 않고 회피하기가 쉽다. 이러한 수용 거절은 현재의 환경을 왜곡하고, 왜곡된 환경에서는 원하는 결과를 창조할 수 없게 되므로 결국 우리를 무력하게 만든다.

현재 현실의 분석

현실이 어떤 식으로 흘러서 지금에 이르렀는지를 지속적으로 분석하느라 현재의 현실을 정확히 인식하는 일을 회피하는 사람들이 있다. '어떻게 하여 지금에 이르렀는가?'라는 질문은 '지금 무엇이 진행되고 있는가?'라는 질문과 다르다. 많은 사람들이 이 두 질문을 혼동하며, 따라서 자신들이 어떻게 지금의 상황에 있게 된 건지를 이론화하고 스스로에게 설명하느라 시간을 허비한다.

중년 부부가 그랜드캐니언으로 차를 몰고 가고 있었다. 그날 아침 모텔에서 전해 듣기로, 협곡은 차로 4시간 거리라고 했다. 그런데 4시간이 지나도 그랜드캐니언은 보이지 않았고 그들은 길을 잃고 말았다. 어찌어찌하여 휴게소를 찾은 그들은 새로 길 안내를 받아 1시간 반을 더 달렸다. 그러나 이번에도 그들은 이미 갔던 길을 계속해 다시 돌거나 낯선 길로 접어들거나 하면서 엉뚱한 곳으로 가곤 했다. 고생 끝에 그랜드캐니언에 도착한 부부는 곧바로 30분 동안 내내 자신들이 '어떻게 하여 길을 잃게 됐었는지'부터 골똘히 분석했다.

반동-순응 지향성에서는 이런 식의 비생산적인 분석을 하면서 대개 자기가 '어떻게 하여 그곳에 있게 되었는지'를 알아내는 데 도움이 된다는 이유를 내세운다.

그러나 문제의 진실은 '우리는 정확히 우리가 있는 곳에 있다'는 것이다.

게다가 자신이 지금 있는 곳에 어떻게 도달하게 되었는지를 재탕하는 것은 역설적으로 자신이 있는 곳을 모호하게 만드는 기능을 한다. 이 부부가 나눈 대화는 길을 잃은 곳에서 그랜드 캐니언으로 이동하는 데 도움이 되지 않았기 때문에 의미가 없었다.

만약 자신이 인생에서 어떻게 하여 지금 있는 곳까지 왔는지를 혼자서 반복적으로 되짚어 보고 있다면, 현재의 현실에 대한 명확한 시각이 흐려졌다는 증거이다.

어느 젊은 여성이 자기가 자란 미국 중서부의 조그만 농촌을 떠나 대도시에서 직장을 얻었다. 처음 뉴욕에 입성했을 때 그녀는 빅애플(Big Apple: 뉴욕시의 별칭-옮긴이)에서 펼쳐질 새로운 생활에 들떠 있었다. 그러나 얼마 지나지 않아 그녀는 성장하면서 배웠던 것들의 많은 부분이 맨해튼에서는 그다지 소용없다는 것을 알게 되었다. 낯선 사람들을 반갑게 맞이하고, 어려움에 처한 사람들을 돕고, 친구들에게 돈이나 물건을 빌려주는 등 그녀가 고향에서 자주 했던 행동들이 문제가 되기 시작했다. 이내 그녀는 자기가 도시 생활의 현실에 대한 준비가 되어 있지 않다는 생각을 하게 되었다. 그녀는 자신의 양육 환경에 대해 분석해 보기 시작했다. 그리고는 자기가 만만하게 보이는 데 일조했다고 생각하여 부모와 친구들에게 분개하기 시작했다. 이제 뉴욕은 물론이고 온 세상이 적대적이며 위험하다는 느낌이 들기 시작했다. 스스로가 '낯선 곳에 있는 이방인' 같았다. 이후 몇 달 동안 계속해서, 그녀는 그 새로운 세계에 대처하기에 자신이 얼마나 부족한지를 분석하면서 보냈다. 그러나 그 많은 분석들 중 어느 것도 그 도시에서의 생활에 대처할 수 있는 능력을 개선하는 데 도움이 되지 않았다. 만약 그녀가 뉴욕이 고향과 전혀 다르며, 자신이 이곳에서 살아가는 방법을 모른다는 사실을 인정하고서 '현재의 현실을 인식'했더라면 억울해하고 분노하는 시간이 그리 길지는 않았을 것이다. 그녀는 고향에서 살아가는 방법을 알고 있다는 이유로 다른 어느 곳에 가서도 살아갈 방법을 알게 될 것이라고 지레 짐작했지만, 그것은 참이 아니었다. 그녀는 상황이 어떻게 하여 그렇게 된 것인지를 되짚어 보겠다는 식으로 반응할 것이 아니라 그냥 새로운 환경을 파악하면 됐다.

오래된 관계를 끝내려는 사람들 중에는 혼재된 감정 때문에 현실을 정확하게 관찰하는 것을 대단히 어려워하는 사람들이 많다. 서로를 비난하기도 하고, 복수할 방법을 찾기도 하며, 상대를 수준 낮은 인간이라고 생각하여 인격적으로 깎아내리기도 한다. 그러나 많은 경우 현실은 단순하다. '사귀는 두 사람 중 한쪽이 관계에서 벗어나고 싶어 한다'는 것. 사귈 때는 두 사람이 모두 '예스'를 했겠지만 관계가 끝날 때는 적어도 둘 중 한 명이 '노'를 말한 상태이다. 처음에는 버림받은 느낌, 부당함, 배신감, 상실감, 불공정함, 고통, 상처 입은 자아, 생활 방식의 강제적인 변화, 불확실한 미래 등의 온갖 감정이 현실을 바로 보기 어렵게 만든다. 그런 고통과 혼란의 와중에 객관적일 수 있으려면 엄청난 지혜가 필요하다. 그러나 이것이 현실을 배우고 그걸 스스로에게 가르치는 또 다른 기회의 모습이다. 현실을 정확히 말하는 것에 능숙해진 사람들은 다음 단계로 나아가 창조하고 싶은 것을 창조할 최고의 기회를 가지게 된다.

현실 인식은 더 직접적일수록, 더 빠를수록 좋다. 이것은 현재의 현실이 기대했던 것과 다른 것으로 드러났을 때 특히나 중요한 역할을 한다. 이 현실 인식 능력의 개발에는 어느 정도의 연습이 필요할 수 있다. 창조 프로세스에서는 현재의 현실에 변화가 생겼을 때 그것을 즉시 파악하는 데 능숙해져야 환경의 변화에 맞추어 자연스럽게 접근하는 방법 역시 더 잘 재구성할 수 있기 때문이다. 그렇게 되면 갑작스럽고 예기치 않은 변화가 닥쳐도 해로운 것으로 치부해 버리지 않고 창조 프로세스의 값지고 중요한 피드백으로 받아들일 수 있게 된다. 현재의 현실은 언제나 우리의 새로운 출발점이다.

성공적인 심리 치료의 사례들을 보아도 현재의 현실에 대한 더 큰 수용을 돕는 것을 기반으로 하는 경우가 많다. 정신 건강과 정서 안정은 일이 되어 가는 현재의 상태를 어떻게 인식하느냐에 직접적인 영향을 받는다. 이것은 자신에게 현실이 정말로 어떤지에 대해 편집에 의한 왜곡, 인과관계에 대한 설명 없이 진실을 그대로 말하는 것을 의미한다.

상태에 관한 진실

반동-순응 지향성에서는 불편한 상황을 만들지 않는 것을 대단히 가치 있게 여기기 때문에 많은 사람들이 서로, 혹은 자기 자신에게도 온전한 진실을 말하지 않곤 한다.

어린 시절부터 우리는 실제로 일어나고 있는 일을 그렇지 않은 것처럼 잘못 전달하는 음모에 한통속이 되어야 한다는 어마어마한 사회적 압력 속에서 자랐다.

우리는 서랍에 사탕이 가득 든 걸 알지만 입맛을 버리지 않게 하려고 아이에게 "이제 사탕 없어"라고 말한다. 또 아이에게 툭하면 왜곡된 진실을 말해준다. "거짓말하면 코가 길어져.", "샐리 고모는 뚱뚱한 게 아냐. 단지 몇 파운드가 늘어난 것뿐이란다.", "아빠랑 엄마는 싸우는 게 아니고 그냥 토론하는 거야."

사회적으로 용인되는 와전(訛傳)은 주로 사람들의 기분을 상하지 않게 하려고 고안된 것들이다. 웨이터가 우리 테이블로 와서 "저녁 식사는 어떠셨습니까?"라고 물을 때 우리는 웬만하면 "좋았어요"라고 대답한다. 하지만 사실 정말로 하고 싶은 말은 이런 것일 때도 있다. "끔찍했어요. 간은 구두 가죽인가 싶을 정도로 질겼죠. 그거 정말 송아지 간 맞기는 해요? 채소는 너무 익혔고, 감자는 기름지고, 디저트는 김빠진 맛이었어요. 거기다 서비스는 딱 음식만큼의 수준이었어요."

나는 언젠가 영국의 해변 마을에 있는 호텔에서 묵은 적이 있었다. 극도로 울퉁불퉁한 매트리스에서 불편하게 하룻밤을 보내고 난 아침, 여자주인이 다 괜찮았느냐고 물었다. 곧바로 퉁명스러운 답이 튀어나왔다. "글쎄요, 매트리스가 좀 울퉁불퉁하더군요."

"그럴 리가 없어요." 그녀도 다소 퉁명스럽게 맞받아쳤다. "작년에 산 새것인걸요!"

"그럼 지금이라도 환불해 오시는 게 나을 수도 있겠군요!" 그녀는 내 대답을 재미있다고 생각하지 않았다.

개중에는 이미 경험한 것을 경험하지 말았어야 한다고 주장하는 사람들이 있다. 그 매트리스가 1년도 안 된 거라면 나는 울퉁불퉁하다고 느끼면 안 됐고, 고기가 시장에서 방금 사온 신선한 상태였으면 저녁 식사가 그렇게 엉망이었으면 안 됐다. 자동차의 수리가 막 끝났으면 운전자의 귀에 계속해서 쿵쿵거리는 소리가 들리면 안 됐다.

진실을 가리려는 것은 사람들이 온전한 진실을 감당하지 못할 거라는 가정에서 비롯된다. 그러나 사실은 거의 모든 사람들 – 우리를 포함하여 – 은 일반적으로 인정받는 것보다 훨씬 더 강하고, 유연하며, 충분한 역량을 지니고 있다.

다만 습관적으로 현실을 왜곡하다 보니 진실이 더 위험해 보이는 것이다.

진실은 위험한 것이 아니다. 진실은 창조할 자유를 만들어 준다. 현실의 사실들을 인식해야 그것을 통해 상위 구조에서 구조적 긴장의 힘을 끌어와 정말 중요한 것을 창조하는 방향으로 나아갈 수 있다.

중심축 기법

환경이 원하는 방향으로 조성되지 않는 순간들이 사실상 창조 프로세스에서는 매우 강력하고 중심적인 역할을 하는 순간들이다. 현재의 환경이 원하는 것일 때도 마찬가지지만, 원하지 않는 환경에 있어도 그것 자체가 필요한 피드백의 기능을 하기 때문이며, 이 피드백을 통해 우리는 창조 중인 결과의 현재 상태를 알 수 있다.

게다가 상황이나 환경이 우리가 원하는 방식으로 돌아가지 않는 시간들은 전략적 순간으로서, 이 순간들 안에서 우리는 원하는 것(비전)과 지금 있는 곳(현재의 현실)을 모두 더 선명하게 재정립할 수 있으며, 구조적 긴장을 강화할 수 있다.

즉, 창조 프로세스의 중심축(Pivot) 기법은 원치 않는 환경을 촉매로 삼아 우리가 원하는 곳을 향해 밀고 나아갈 수 있게 돕는다.

이는 기법 자체는 매우 간단하지만 대단히 강력한 힘을 지녔다.

스텝 1. 지금 어디에 있는지를 묘사하라

다른 말로 하면 현재의 현실을 정확히 파악하라는 것이다. 그랜드캐니언으로 가는 길을 잃어버렸으면, 현재 처한 환경을 해석하거나 분석 또는 임의로 편집하지 말고 사실적으로 스스로에게 보고하라는 것. "길을 잃음. 어느 쪽이 그랜드캐니언 방향인지 모르겠음. 작은 마을로 접어드는 중."

스텝 2. 있고 싶은 곳을 묘사하라

창조하고 싶은 결과를 똑바로 말하는 것이다. "그랜드캐니언에 있고 싶다." 이때 가능하다고 생각하는 것과 원하는 것을 구별해야 원하는 것에 명확히 가 닿을 수 있다는 것을 명심해야 한다. 그 환경에서 가능하다고 여기는 것에 스스로를 제한하지 말아야 한다는 것이다.

스텝 3. 다시 한번 원하는 결과를 공식적으로 선택하라

"나는 ○○을 선택한다"는 문장에 원하는 결과를 넣어서("나는 그랜드캐니언에 가 있는 것을 선택한다.") 다짐하는 것이다.

스텝 4. 다음으로 넘어가라

일단 자신이 있는 곳(현재의 현실)과 어디에 있고 싶은지(비전)를 살피고 나서 창조하고자 하는 결과를 공식적으로 선택(구조적 긴장의 재구축)했으면 자신의 주의를 원치 않는 상황이 벌어진 것에 두지 말고 의식적으로 이동시킬 필요가 있다. 기어 전환 또는 화제를 바꾸는 것이다. 풍경을 감상하거나, 독서를 해도 좋고, 다른 이와 함께 있는 시간을 즐기는 것도 좋다. 아니면 길을 잃거나 오도 가도 못하는 상황이 되기 전에 하고 있던 일을 다시 손에 잡아 보는 것도 좋다.

위대한 수학자 쥘 앙리 푸앵카레는 어느 날 복잡한 방정식을 풀다가 막히자 낮잠을 잤는데, 깨어나니까 답이 보였다고 한다. 유명한 화학공학자 한 분은 연구실에서 발견했던 것을 설명해 줄 공식이 찾아지지 않자, 버스를 타고 시내를 한 바퀴 돌아다니다 와야겠다고 생각했다. 그가 버스에 발을 올린 순간 해법이 떠올랐다.

작가 존 하이드 프레스턴(John Hyde Preston)이 거장 거트루드 스타인에게 물었다.

만약에 말입니다. 당신이 글을 쓰려고 애쓰는데 정지된 느낌이 들면서 숨이 막히고 아무런 단어도 떠오르지 않는다면? 어쩌다 떠오른 말들은 전부 경직되어서 아무런 의미도 없다면요? 다시는 한 자도 더 쓸 수가 없겠다는 느낌이 들면 어떨겠습니까?

거트루드는 소리 내어 웃으며 답했다.

프레스턴, 뭘 다시 시작하는 방법은 그냥 다시 하는 거예요. 그게 유일한 방법이에요. 다시 하는 것 말이죠. 당신의 책을 당신의 감정이 가장 진실하게 움직일 때의 깊이로 느낀다면, 그 책이 당신의 감정보다 더 진실하거나 깊을 수는 없을 테지요. 그러나 당신은 자신의 감정에 대해 아무것도 몰라요. 당신은 자신의 감정이 고스란히 제자리에서 굳어져 있다고 생각해서 움직이게 하지를 않고 있으니까요. 그러니 무엇이 어떨지 어떻게 알겠어요? 그런 상황에서 정말 다행인 것은 당신이 지금 정말로 모르고 있다는 거예요. 그걸 다 알면 글 쓰는 일이 창작이 아니라 받아쓰기가 되겠죠.

중심축 기법의 적용

제품의 해외 유통을 걱정하던 임원은 눈보라 때문에 회의에 참석 예정이던 유통사 대표들 중 2명이 참석하지 못하게 된, 원치 않았던 상황에서 중심축 기법을 어떻게 사용해야 했을까?

그를 위해 스텝 1, 2, 3, 4를 밟아 나가 보기로 하자.

'스텝 1은 현재의 현실을 묘사하는 것'이다. 임원의 입장에서는 상황을 이렇게 묘사해야 했다. "우리 회사의 해외 유통에 핵심 역할을 할 5명의 유럽 대표가 참석하기로 한 회의에 3명만 참석했다."

이 정도면 현재의 현실에 대한 적절한 묘사라 할 수 있다. 구조적 긴장을 창조하려면 현재의 현실에 대해 사실만 명확히 표현하는 것이 필수이다. 이론이나 설명, 양해, 그 외 수사적인 표현들은 전혀 필요하지 않다. 특히 이 임원의 현실을 묘사하는 데 중요하지 않은 요소 중에는 두 명의 대표들이 참석하지 않은 이유를 설명하는 것도 포함된다.

그러나 아래에서 보게 되겠지만, 임원이 정말 원했던 결과를 놓고 보면 지금의 현실을 묘사한 이 그림은 상당히 부적절하다.

'스텝 2는 창조하고 싶은 결과를 묘사하는 것'이다. 임원은 자기가 원하는 결과를 '다섯 명의 대표가 모두 참석한 가운데 열린 만석 회의'라고 상정했을 것이다.

이것이 실제로 그가 원했던 것을 묘사한 것이 맞을까?

때때로 이 스텝은 조금 애매할 수 있기는 한데, 잘 생각해 보면 임원이 실제로는 자신이 창조하고자 한 결과를 묘사한 것이 아니라 애초에 원하는 것을 얻기 위해 고안해 낸 과정을 묘사했다는 것을 분명히 알 수 있을 것이다. 그게 아니라 오로지 전원이 참석한 회의를 여는 것만이 목적이었다면 그는 창조하고 싶은 최종 목적으로 이끌어 줄 효과적인 구조적 긴장을 수립할 수 없었을 것이다. 그가 정말 원하는 결과를 분명히 파악하여 정하지 못했기 때문이다.

그렇다면 그가 정말 원했던 것은 무엇일까?

아마 본인에게 물어보면 그가 실제로 원한 결과가 '자사 제품의 해외 유통에서 뛰어난 성과를 올리는 것'이라는 것을 어렵지 않게 알게 될 것이다. 해외 여러 회사의 대표들과 회의를 열기로 한 것은 이 결과를 성취하는 데 도움이 되도록 설계한 과정의 일부일 뿐이었다. 그가 정말로 원했던 결과는 처음에 생각했던 것과는 사뭇 달라졌다. 이제 자신이 원한 결과를 알게 되었으므로 그의 비전은 '해외 유통의 뛰어난 성과'로 표현될 수 있을 것이다.

그러나 창조하고 싶은 것의 비전이 명확해짐에 따라 현재의 현실에 대한 묘사에서도 관련된 부분의 수정이 필요해졌다. 해외 유통의 뛰어난 성과가 비전이라고 하면 '해외 유통에 관련된' 현재의 현실은 무엇일까? 이 지점에서 중심축 기법의 스텝 1의 수정이 필요해진다.

'스텝 1은 현재의 현실을 묘사하는 것'이다. 회의를 열 당시 임원에게 현재의 현실은 자사 제품의 해외 유통이 미흡하다는 것이었다. 화물이 지역 유통사에 도착하는 시점에 이미 배달 지연이 길어지고 있었고, 이 배달 지연 때문에 유럽의 지역 아웃렛들 다수가 고객을 만족시키기가 어려우리란 것을 절감하는 상황이었다. 미국에서 유럽으로 보낸 제품들은 적절한 시기에 선적된 것이 맞았다. 지연이 발생한 것은 화물이 유럽에 도착한 이후였다.

이것이 현재의 현실에 대한 보다 정확한 그림이었고, 이를 근거로 하면 임원의 비전이 선명해질 수 있다.

'스텝 2는 창조하고 싶은 결과를 묘사하는 것'이다. 중심축 기법의 스텝 2를 수행할 때, 이제 임원은 자신이 원하는 결과를 이렇게 묘사할 수 있을 것이다. '유럽의 아웃렛에서 주문일로부터 30일 이내에 제품을 받아볼 수 있게 하는 것을 포함한 해외 유통의 뛰어난 성과'.

이 지점에서 임원이 주의해야 할 것은 이 결과가 가능한지 그렇지 않은지의 여부를 고려하면 안 된다는 것이다. 사실은 이 지점에서 자신의 비전이 가능한지 아닌지를 간단히 알 수는 없다. 그가 알 수 있는 것은 오로지 (또한 알아야 할 것도) 이것이 그가 원한 결과라는 것뿐이다. 결과만 명확히 마음에 새기고 있으면 그 일이 일어났을 때 바로 알아볼 수 있을 것이기 때문이었다.

이것이 그가 원한 결과인지 확인할 수 있는 최종 테스트는 다음의 질문에 대한 그의 답에 달려 있다. "30일 내 배달 서비스를 보장하는 우수한 해외 유통이 가능하다면, 받아들이시겠습니까?" 그의 대답은 아마 "예스"일 것이다. 또한 이것이 그가 원하는 결과라면 그는 다음 스텝으로 넘어갈 준비가 된 것이다.

'스텝 3은 다시 한번 원하는 결과를 공식적으로 선택'하는 것이다. 임원의 경우 "나는 30일 배달 서비스와 더불어 우리 회사의 제품을 우수한 수준으로 해외로 유통시킬 것을 선택한다"는 말을 함으로써 공식적인 선택을 할 수 있을 것이다.

'스텝 4는 다음으로 넘어가는 것'이다. 임원의 경우 참석한 3인의 유럽 대표들과 함께하는 회의를 주재하는 것이 여기에 해당된다. 이런 식으로 진행해 가면 자신이 있는 곳(유통의 미흡함)과 있고 싶은 곳(유통의 뛰어난 성과) 사이에 구조적 긴장을 조성할 수 있다. 나아가 최소 저항의 경로가 '유통의 뛰어난 성과'로 이어지도록 유기적 프로세스를 시행하는 것도 가능하다.

이런 맥락에서, 참석한 3인과의 회의는 임원에게 온전히 새로운 의미로 다가갈 수 있다.

첫째, 회의가 원래 지닌 최고의 잠재력이 그가 창조하고자 하는 결과로 나아가는 프로세스의 단계로 기능하면서 무엇이든 실현시키려는 경향을 보일 것이라는 점이다.

둘째, 회의 자체는 '제품 유통의 뛰어난 성과'라고 하는 결과에 직접적인 기여를 할 수도 있고 그렇지 않을 수도 있지만, 이점은 정말 중요한 것이 아니라는 것이다. 왜냐하면 이제 결과의 달성에 필요하면 임원이 어떻게 해서든 프로세스들을 만들어 낼 것이기 때문이다. 그는 이것들을 유기적으로 해낼 수도 있을 것이며, 그럴 경우 가용한 프로세스들에는 기존에 흔히 쓰던 방법들은 물론 전에는 한 번도 생각해 본 적이 없는 새로운 방법들도 포함될 것이다.

그렇다면 우리 인생에는 이 중심축 기법들을 어떻게 적용해 볼 수 있을까? 지금 중요한 보고서를 작성하는 중인데, 프로젝트의 진행이 여의치 않다고 해 보자. 이때 중심축 기법을 이용하기 위해 가장 먼저 할 일은 현재의 현실을 정의하는 것이다[스텝 1].

"보고서가 주제를 벗어났다. 세 개의 섹션 중 두 개는 결론으로 이어지지만 세 번째 섹션이 주제와 어긋난다."

다음은 원하는 것에 집중할 시점이다[스텝 2].

"나는 이 보고서가 아이디어를 잘 표현하면서도, 명확하고 간결하며 이론의 여지없이 결정적이기를 바란다."

다음 단계는 이 결과를 공식적으로 선택하는 것이다[스텝 3].

"나는 이 보고서가 아이디어를 잘 표현하면서도, 명확하고 간결하며 이론의 여지없이 결정적인 것이 되도록 하는 선택을 한다."

[스텝 4]를 수행하기 위해서는 다른 무언가를 하거나 보고서 작성을 다시 시작하거나 하면서 다음으로 나아가야 한다. 다음으로 나아가는 것에는 이 중심축 기법을 시작하기 전에 열심히 하던 활동을 다시 시작하는 것도 포함되어 있다.

이렇게 다음으로 나아가면 앞서의 스텝 1, 2, 3에서 수립해 놓았던 구조적 긴장이 유기적으로 작용하여 결과의 창조를 도와줄 것이다.

또 다른 사례 하나를 보자.

스텝 1 : 우리가 설계하여 고객들에게 배송한 소프트웨어에 중대한 결함이 있는 것으로 드러났다. 유저가 파일을 저장하려 할 때 작동이 멈추는 경우가 잦다. 이미 몇 차례의 불만 접수와 반품이 있었다. 이 소프트웨어는 근본적으로 기술의 진정한 진보를 이룬 것임에도 불구하고 시장에서 나쁜 평판을 얻기 시작했다. 버그 자체는 7가지 포맷 중 하나에 불과하며 고치기가 어렵지 않다.

스텝 2 : 우리는 이 소프트웨어가 뛰어나게 잘 작동하여 우리 고객을 만족시킬 수 있기를 원한다. 또한 이 소프트웨어가 같은 종류 가운데 최고이며, 신뢰가 가고 사용이 편리한 소프트웨어라는 평판을 얻기를 원한다.

스텝 3 : 우리는 이 소프트웨어가 뛰어나게 잘 작동하여 우리 고객을 만족시키며, 같은 종류 가운에 가장 우수하고 신뢰가 가며 사용이 편리한 소프트웨어라는 평판을 얻을 수 있도록 하는 선택을 한다.

스텝 4 : 우리는 결함의 신속한 수정, 영업 부서에 결함이 있는 프로그램의 판매 중지 요청, 가능한 한 빨리 수정 버전을 배송하는 등 우리의 비전을 뒷받침하는 조치를 취함으로써 다음으로 나아갈 것이다.

이어서 또 다른 사례를 보자.

스텝 1 : 아이들은 내가 주고 싶어 하는 것보다 더 많은 관심을 요구한다. 몇 시간씩 그러고 있으면 아이들에게 부정적으로 반응하고 만다. 갇힌 기분이 든다. 몇 주일째 어른과는 제대로 된 대화를 해 보지 못했다. 나는 아이들을 사랑하지만 정작 아이들에게 사랑보다는 적대감을 드러내기 시작하고 있다.

스텝 2 : 나는 내 아이들과 좋은 관계를 가지고 싶다. 나는 아이들을 잘 보살피고 싶다. 또한 나는 내 시간을 가지고 싶다. 나는 다양한 형태의 경험들로 가득 찬 충만하고, 풍요로운 인생을 살아가고 싶다.

스텝 3 : 나는 내 아이들과 좋은 관계를 가지기로 선택한다. 나는 아이들을 잘 보살필 것을 선택한다. 나는 내 시간을 갖는 것을 선택한다. 나는 다양한 형태의 경험들로 가득 찬 충만하고, 풍요로운 인생을 살아가겠다는 선택을 한다.

스텝 4 : 독서, 낮 시간 돌봄 센터에 연락하기, 아이들과 놀아주기 혹은 친구에게 전화 걸기 등을 통해 다음으로 나아간다.

구조적 긴장의 숙련

중심축 기법의 스텝 4는 구조적 긴장을 해소하지 않은 채로 다음으로 나아간다. 이것은 구조적 긴장을 더 쉽게 동화할 수 있게 해 주기 때문에 대단히 바람직하다고 할 수 있다. 이 긴장은 특히 최소 저항의 경로가 결과를 향해 직접적으로 이어지는 자연스러운 프로세스를 생성하는 데 도움이 된다. 원래 구조적 경향은 우리가 알고 있는 것이든 모르는 것이든 모든 가용 자원들을 유기적으로 재구성하여, 앞서의 세 스텝들을 지나오면서 만든 긴장을 해소하는 방향으로 흐른다.

창조 기술의 가장 큰 비밀 중 하나는 구조적 긴장의 힘을 터득하는 것이다. 긴장을 조급하게 해소하려 들면 원하는 결과를 창조하는 능력을 약화시키게 되고 마는데, 대표적인 경우가 현실이 실제와 같지 않은 척하는 것이다. "소프트웨어에는 아무 문제가 없어. 유저들이 사용법을 모를 뿐이야." 혹은 비전이 실제와 같지 않은 척하기도 한다. "물론 그랜드캐니언에는 못 갔어. 그렇지만 굳이 커다랗고 오래된 구덩이를 보고 싶어 할 사람이 누가 있어!"

몇 년 전에 나무토막을 자르려고 작은 톱을 써 보려 한 적이 있다. 숙련된 목수였던 친구 하나가 놀러왔다가 톱을 가지고 씨름하고 있는 나를 보더니 웃으며 말했다. "도구가 원래 설계된 대로 일을 하게 해 줘야지." 그가 톱의 올바른 사용법을 보여 주고 나자 나는 그때까지 쏟아 부었던 노력의 일부만으로도 계획한 목공 일을 마무리할 수 있었다.

구조적 긴장에 대해서도 마찬가지다. 현재의 현실과 비전의 불일치로 인해 생성된 긴장을 직접 해소하겠다고 애쓰는 대신 구조적 긴장이 원래 설계된 대로 일을 하게 그냥 두라는 것이다. 크리에이터는 원치 않는 상황이 닥쳐도 긴장의 조성 방법을 배울 수 있고, 그 긴장이 유기적으로 해소될 때까지 유지하는 방법을 익힐 줄 안다.

창조 프로세스의 윤리

창조 지향성에 있을 때는 결코 스스로의 도덕적, 영적, 윤리적 기준을 위반하는 위치에 설 일이 없다. 이 지향성으로 전환하면서 창조하는 결과 중에 '자신의 내면에서 가장 높이 있는 것에 충실할 것'이 반드시 들어 있기 때문이다.

앞선 사례에서 임원은 자신이 원한 해외 유통의 뛰어난 성과를 위해 효과적인 절차를 마련했을 뿐 아니라 그 일을 할 때 스스로에게 충실하겠다는 틀을 벗어나지 않았을 것이다. 인간 정신의 가장 높은 곳에 있는 것에 부합하는 바른 방법이야말로 가장 효과적인 방법이기 때문에 그가 바른 결말을 위해 잘못된 수단을 정당화하는 위치에 설 일은 절대로 없으리라는 것이다. 바른 방법들은 구조에서 유기적으로 생성되며, 욕망하는 결과로 이어지는 최소 저항의 경로로 우리를 이끌어 준다.

사실 사람들이 도덕적, 윤리적 기준에 위배되는 프로세스를 이용하는 경우는 무기력하다는 느낌이 구조에 스며들어 있는 반동-순응 지향성에 있을 때뿐이다. "환경이 그렇게 하도록 만드니까"라며 스스로와 타협

함으로써 무기력에 대한 보상을 시도하는 것이다.

우리는 어떤 순간에도 최고의 선을 이끌어 낼 잠재력을 지니고 있다. 이 잠재력은 태도, 이를테면 긍정적인 사고 등의 문제가 아니며, 창조 행위로 소환할 수 있는 최고로 선한 것에 관련되어 있다.

그러므로 모든 순간들, 특히 어렵고, 골치 아프고, 문젯거리거나 절망적으로 느껴지는 순간들조차 인생에서 위대한 창조의 힘이 작용하는 때임을 잊지 말아야 한다. 이 '어렵고 문제 있는' 순간들이야말로 사실은 창조 프로세스를 완성하도록 도와줄 전략적 순간이다.

17 장

완성

창조 사이클의 세 번째 단계

완성은 창조 사이클의 세 번째이자 마지막 단계로서 창조하고 싶은 결과의 온전하고 전면적인 성취이다. 이 단계가 끝나면 비전을 성공적으로 창조한 것이다.

수감자 신드롬

수감자들은 종종 석방을 얼마 남겨 두지 않은 시점부터 불면, 불안, 식욕

저하를 비롯하여 온갖 불쾌한 감정들을 겪게 된다. 이 경험들이 석방을 고대하며 몇 년을 보낸 끝에 온다는 것은 꽤나 역설적이다.

비단 수감자들이 아니어도 많은 사람들이 그런 식의 예견된 불안을 미묘하게 경험한다. 예를 들어 좋은 관계를 맺고 싶어 하는 사람들에게서 구조적 충돌이 일어나면, 이미 살펴본 것처럼 그들이 욕망하는 방향으로 더 가까이 갈수록 반대 방향으로 당기는 힘도 더 강해지기 때문이다. 그럴 때 대개 최소 저항의 경로는 원하는 관계에서 멀어지도록 형성되며, 구조는 진동으로 이어지고, 지배적 경향성은 욕망하는 결과와 어긋나는 방향으로 밀어간다.

완성의 경험

사람들이 원하는 것을 가지게 됐거나 결과의 완성을 눈앞에 두었을 때 겪게 되는 두 가지의 일반적인 경험이 있다.

그 한 가지는 실현과 만족이다.

소설가 버지니아 울프는 책 한 권을 완성했을 때의 경험을 이렇게 일기에 썼다.

이제 남은 몇 분 동안 감사하게도, 《파도》의 마무리 순간을 기록해야 한다. 15분 전, 나는 '오 죽음이여'를 적어 넣었다. 오로지 내 목소리만을 좇아 달리는 것처럼 너무나 맹렬한 몰입의 순간들로 마지막 10페이지를 후들거리며 채워 내려온 뒤였다. 아무튼 끝냈다. 나는 15분 동안 영광이 차오르는 가운데 고요함을 느끼며 앉아 있었다. 눈물이 좀 났다. 승리와 구원의 감각이란 얼마나 육체적인 것인지! 좋건 나쁘건 끝이 났다. 그리고 마지막 부분에서 분명히 느꼈던 것처럼, 그냥 끝마친 것이 아니라 잘 마무리했고, 완성했다. 물론 얼마나 성급하게, 단편적으로 마무리한 것인지는 알고 있다.

다른 한 가지는 우울과 상실감이다. 완성 후에 찾아오는 이러한 우울은 여성이 출산 과정이 끝난 후에 가끔 겪는 '산후 우울증'에 비견되곤 한다. 버지니아 울프 역시 완성과 관련하여 패닉과 절망의 순간을 겪은 후에야 창조의 만족감을 느끼곤 했다. 그녀의 일기에 또 다른 소설의 완성에 관련된 묘사가 있다.

지난 밤 6시 30분쯤 《세월》의 마지막 부분을 끝까지 읽었을 때만큼 완전히 비참했던 적은 거의 없었다. 그처럼이나 빈약한 헛소리라니. 어찌나 늘그막에 주고받는 한담거리처럼 보이는지. 나의 노쇠함을 있는 대로 드러내 놓고는 또 얼마나 길기는 긴지. 내가 할 수 있는 건 그걸 탁자에 털썩 내려놓고는 불타는 얼굴로 위층의 레너드(그녀의 남편)에게 달려가는 것밖에 없었다. 그가 말했다. "이건 늘 일어나는 일이야." 그러나 나는 그렇지 않다는 것을, 이번만큼 지독히 나쁜 적은 한 번도 없었다는 것을 느낄 수 있었다. 이 글은 다른 책을 읽었을 때도 내가 같은 상태여야 한다는 의미로 적어 두는 것이다. 그런데, 오늘 아침엔 책 속에 잠깐 들어갔다 나오니, 반대로 그것이 꽉 차 있으며 분주하게 살아 움직이는 책으로 보인다.

많은 사람들이 불편한 감정과 완성을 한데 묶어 이 감정을 회피하는 경향이 있어 왔으며, 아예 성공적인 완성 자체를 회피하려는 경향을 보이는 이들도 있다. 그래서 더욱, 완성에도 숙련이 필요한 것이다.

창조 사이클에서 완성은 특유하고 독립적인 단계이며, 숙련에 필요한 요건들도 독자적이다.

받아들이는 능력

창조에 깃든 중요한 능력 중에는 우리가 수고한 열매를 충분히 거둬들일 수 있게 하는 능력이 있다.

몇 년 전, 내가 온전히 받아들이는 능력이 미개발되어 있다는 것을 인식하게 되는 계기가 있었다. 당시는 수년에 걸쳐 작업한 것들의 결과를 성취하기 시작한 무렵이었다. 관심을 두고 살피는 사람들과의 유대 관계도 대단히 만족스러웠고, '테크놀로지 포 크리에이팅®' 과정도 점점 더 성공하고 있었다. DMA 조직도 번창하기 시작했고, 성장과 발전의 접근법도 많은 사람들에게 직접적으로 도움을 주고 있었다. 게다가 나는 십대 때부터 살고 싶다고 꿈꾸었던 동네에서 살고 있었다. 그런데 이런 창조물들이 실현된 모습에 기쁜 한편 어딘가 낯선 느낌을 지울 수가 없었다. 심지어 더 많은 결과물을 성취해 낼수록 이방인의 느낌도 강해졌다.

도대체 무슨 까닭인지를 찬찬히 살펴보았는데, 결과는 대단히 놀라웠다. 내가 '받아들이는 법'을 그때까지도 배우지 않았던 것이다. 어찌된 셈인지 나는 창조를 위해 그처럼 여러 해 동안 열심히 일하고도 결과를 가질 수 있게 스스로에게 완전한 허락을 해 주지 않고 있었다.

일단 결과의 수용이 미흡하다는 사실을 깨닫고 나서는 받아들이는 법, 그리고 '온전히' 받아들이는 법을 배우기로 빠르게 결정했다. 받아들이는 것이 창조 프로세스의 핵심적인 부분에 해당한다는 것을 분명히 알 수 있었기 때문이다.

받아들이는 것은 대단히 단순한 프로세스이다. 택배 회사인 UPS에서 소포 배달이 왔다고 할 때 택배 기사에게 받겠다고 승낙하면 소포를 가지는 것이고, 승낙하지 않으면 소포는 없다.

나와 함께 일하는 많은 사람들은 봉사에 대한 자연스러운 욕구를 가진 사람들이다. 어느 의미로 그들은 주는 일의 전문가들이라 할 수 있는데, 문제는 받는 것에는 서툰 경우가 많다는 것이다.

다른 사람들을 지원하느라 인생의 많은 시간을 보내는 사람들은 받아들이는 능력을 개발하지 못하기가 쉽다. 자신이 그런 사람 중의 한 명이라면, 받는 일에 서툰 것이 다른 사람을 이롭게 하는 부분이 전혀 없다는 점을 기억해 둘 필요가 있다. 여러분이 잘 못 받는다고 해서 그것이 다른 누구를 향한 더 나은 봉사로 돌려지지 않기 때문이다. 오히려 여러분이 봉사하는 그 사람들에게 여러분이 제공하는 봉사를 받아들이지 않는 방법을 가르치는 결과가 될 뿐이다.

역연금술

옛날 연금술사들은 납을 금으로 바꾸는 방법을 찾으려 했다. 그런데 정작 금을 납으로 바꾸는 역연금술에 재능을 가진 사람들만 수두룩하다. 그들은 멋진 관계를 어렵게 바꾸고, 즐거운 만찬을 냉전으로 바꾸며, 성공을 실패로 바꾼다. 또 어떤 이들은 "예"라는 대답을 할 줄 모른다.

그러나 일단 구조적 긴장의 시니어 포스, 즉 우위적 힘이 구조적 충돌을 대체하는 창조 지향성으로 전환을 하고 난 뒤에는, 창조된 것들을 받아들이는 일이 자연스럽고 친숙해진다. 처음에는 원하는 것을 갖는 경험이 유별나고 생소할 수도 있을 테지만, 점차 원하는 것을 가지며 사는 일이 비교적 쉽게 받아들여질 것이다.

사람들은 가장 끔찍한 환경, 이를테면 전쟁, 분쟁, 고난, 추위, 기아, 역병 등에 대해서도 참고 견디는 힘을 기를 수가 있다. 그러니 원하는 것을 가지는 일도 충분히 받아들일 수 있다. 모르면 방법을 배우면 된다.

완성과 승인

유대교와 기독교의 전통에 따르면 창세기의 첫 장에 표현되어 있는 것처럼 인간은 신의 형(形)과 상(象)으로 창조되었다. 성서에 나타난 신에 관한 첫 묘사가 바로 창조자로서의 묘사이며, 창조자이신 신에 의해 당신의 형상으로 창조된 인간 역시 창조하는 존재로 빚어졌다고 할 수 있다.

창세기는 우리가 크리에이터라는 것을 일러줄 뿐 아니라 창조의 과정을 들려줌으로써 창조 사이클의 보편적 구조에 대해 밝히고 있기도 하다.

창세기 첫 장에 나타난 창조의 날들은 제각각 발아, 동화, 완성의 단계를 보여준다.

발아는 신의 연속적인 선택으로 시작된다. "빛이 있으라," "천하의 물이 한 곳으로 모이고, 뭍이 드러나라" 등등.

동화는 성서에 묘사된 것처럼 우주의 부분들이 스스로 형성되어 완전한 발현을 이루는 것으로 일어난다.

또한 완성은 신이 창조하신 결과에 대해, 예를 들어 "그 빛을 하나님이 보시기에 좋았더라" 하고 좋음을 선언하는 순간에 일어난다. "하나님이 보시기에 좋았더라"라는 선언의 반복은 승인의 행동인 셈이다.

창조의 날들에는 저마다 승인이 있었다. 창조 프로세스에서는 목표를 향해 걸어온 단계들을 승인하는 것이 중요한 완성의 행동이다. "하나님이 일곱째 날에 안식하시니라"라는 것은 창조 프로세스가 완결되었다는 승인이었다.

창조한 것들을 승인하는 것

창조한 결과를 승인하는 것은 결과들을 삶 속으로 받아들이는 것과는 다르다.

받는 것은 들여오는 행동이다. 자신이 창조한 것을 삶 속으로 받아들이는 것이다.

이에 비해 승인은 내보내는 행동이다. 결과에 관해 판단을 하는 것이다. 즉, 결과가 완성되었다는 판단이다. 화가가 그림에 서명을 할 때 그림을 인정하고 완성되었음을 판단하는 것과 마찬가지다. 화가의 판단은 이런 것이다. '이 그림은 이 그림에 대한 나의 비전과 일치한다.'

구조적 긴장의 측면에서 보면 결과들을 온전한 창조 또는 부분적인 창조물로서 승인하는 것은 현재의 현실에서 중요한 부분, 즉 창조의 현재 상태가 창조의 비전을 향하여 변화하고 움직인다는 사실을 인식한다는 것이다.

나아가 창조한 결과를 승인하는 것은 자신이 완성의 단계에 있다는 사실을 확고히 하고 강화하는 것이기도 하다.

반동-순응 지향성에 있을 때는 승인의 단계를 등한시하는 경우가 종종 있다. 욕망하는 결과를 성취했다는 인식이 별 의미가 없기 때문이다. 눈앞의 결과가 자신의 창조 프로세스에 의한 것이라기보다는 환경의 은혜로움(행운)에서 더 크게 기인한 것이라고 생각해서이다. 그러니 운 좋은 환경 때문에 창조된 것에 자신의 이름을 써 넣기란 쉽지 않다.

창조 중일 때, 결과가 완성되었다고 선언할 수 있는 유일한 사람은 크리에이터 본인이다. 본인만이 현실이 비전을 만족시키는지 그렇지 않은지 판단할 수 있기 때문이다.

옛날의 흑백영화를 전자 채색하여 컬러로 재생시키는 것에 관한 논란을 예로 들어 보자. 컬러는 영화의 우주를 변화시킨다. 영화의 전자 채색을 금지하는 법안을 상정 중인 의회에서는 영화계의 거센 반응을 거의 이해하지 못한다. 누군가가 창조한 것을 누가 소유하느냐 하는 문제가 중요한 이슈로 떠올랐다. 누군가가 '작품의 비전'을 만족시키는 작품을 창조했는데, 그 창조자 외의 사람이 그걸 변화시킬 권리를 가질 수 있을까 하는 것이다.

사실을 말하면, 판단이 창조 프로세스에서 워낙 중요한 부분이라서 창조가 완결됐다는 판단을 할 수 있는 사람은 크리에이터 본인밖에 없다.

그림을 그릴 때, 그림이 완성되었다고 할 수 있는 시점은 어디일까? 이것이 중요한 질문인 이유는 세부 손질을 추가하거나 다른 여러 방식으로 그림을 바꾸는 것은 언제나 가능하기 때문이다. 따라서 그림을 그리는 사람이 자신의 비전을 만족시킨다는 인식을 하게 되는 지점이 완성되었다는 판단을 내릴 수 있는 시점이 된다. 달리 말하면 현재의 현실이 결과의 비전과 일치하는 지점이라는 것이다.

마찬가지로 보고서를 쓴다고 하면, 그 보고서가 완성되는 시점은 어디일까? 보고서에 세부 사항을 첨가하거나 다른 방식으로 편집하는 것은 얼마든지 가능하기 때문에, 이 역시 작성자가 마무리됐음이라고 판단하는 시점에 달려 있다. 또한 작성자의 이러한 판단 역시 보고서가 그의 비전을 만족시킨다는 것을 인식함으로써 이루어진다.

창조 지향성에서는 이런 종류의 판단이 필수적이다.

최근의 경향을 보면 '판단하는' 사람이 되지 않도록 조심해야 한다는 풍조가 있다. 그러나 자신이 창조하는 결과의 상태에 관해 판단하는 것은 창조에서 빼놓을 수 없는 부분이다.

찰스 크라우트해머(Charles Krauthammer: 1950~2018. 미국의 정치 칼럼니스트-옮긴이)가 《타임》 지에 기고한 예리한 에세이에는 그가 관찰한 것들이 이렇게 소개되어 있다.

> 어쩌면 도덕적 혼란의 가장 깊은 원인은 언어의 상태에 있을지 모른다. 도덕적 구분을 탈색해 버리자, 언어 자체가 중립적이며 가치가 배제된 채 '비(非)판단적'인 것으로 되어 버렸기 때문일 수 있다는 것이다. 그렇게 되면 도덕적 담론은 어려워지고, 도덕적으로 구분하는 것이 불가능해지며, 도덕에 관한 토론도 불가능해진다……. 도덕적 구분을 흐리는 사안들은 아무리 좋은 명분을 가졌더라도 습관이 될 수가 있다. 이미 도덕적 구분에 대한 현대 사회의 수용력이 쇠퇴하는 상황에서 그런 습관까지 받아들일 여유는 없다. 몇몇 진지한 사상들은 너무나 많은 명분들에 끌려 다니며 마구잡이로 이용된 바람에 힘을 완전히 잃어버린 상태이다. 예를 들어 대량 학살이란 말은 베트남에서부터 포르노그래피, 이어 제3세계의 산아제한에 이르기까지 거의 모든 종류의 부당함을 묘사하는 데 쓰여 왔다. 새로운 단어인 홀로코스트를 대타로 들여왔지만, 이것이 지극히 사소한 용어가 되기까지는 그리 오래 걸리지 않을 것이다. 지난달에만 해도 PBS(미국공영방송망: the Public Broadcasting Service-옮긴이)의 어느 금융 평론가가 주식시장의 하락을 언급하면서 1981년의 상황을 홀로코스트에 비유했는데, 사회자는 눈도 깜박하지 않았다.

반동-순응 지향성에서는 구분과 판단을 회피하는 유행이 충돌의 경험을 최소화하는 데 이용된다. 그러나 창조 지향성에서는 판단을 내리는 것은 필수이며, 의미 있는 구분을 하는 것 역시 창조 프로세스의 전제 조건 중 하나다.

판단에 대한 판단

때때로 조지 오웰이 정말 핵심을 짚어냈다는 생각을 한다. 우리 사회에 진짜 빅브라더(Big Brother: 사회를 통제하는 권력-옮긴이)나 사상경찰이 있는 것은 아니고, 모든 대화를 감시하는 양방향 텔레비전 같은 것은 더더욱 없지만 우리에게는 뉴스피크(Newspeak: 소설《1984》에서 체제 감시와 세뇌를 위해 규정된 언어로서, '신어' 내지 '새말'로 번역됨-옮긴이)가 있다. 오웰이 제시한 불길한 전망 속에서 뉴스피크는 매우 강력한 사상의 통제 방식이었다. 말에는 구분을 짓는 힘이 있다. 구분이 사라지면 그에 관한 생각도 사라진다. 아래는 소설《1984》의 부록으로 오웰이 쓴 에세이의 한 부분이다.

> 신어의 고안 목적은 영사(Ingsoc: English Socialism 소설 속의 영국사회주의. 책속에서 영사로 줄여 부름-옮긴이)의 신봉자들에게 세계관과 정신 습관에 대한 표현 수단을 제공할 뿐 아니라 영사 이외의 모든 사상을 불능으로 만드는 데 있었다. 적어도 사상이 언어에 의존하는 한, 신어가 일단 전면적으로 채택되고 구어가 잊히게 되면 이단적 사상, 즉 영사의 원칙에 위배되는 사상은 말 그대로 생각조차 나지 않게 하겠다는 의도였다. 신어의 어휘는 당원이 표현하고자 하는 모든 의미를 정확하게, 때로는 아주 미묘하게 표현할 수 있도록 구성되었으며, 그 외에 다른 의미들 모두와 간접적인 방법으로 의미가 전달될 가능성은 아예 배제해 버렸다. 이 작업은 부분적으로 새로운 어휘의 창조를 통해 이루어지기도 했지만, 바람직하지 못한 단어를 제거해 버

리고 정통적이지 않은 의미를 지닌 단어를 들어내 버림으로써 가능한 한 일체의 2차적 의미를 배제하는 것이 주된 방법이었다.

오웰이 1948년에 쓴 이 소설에서 억압 받는 대중들에게 자행된 조작 중 하나는 구분을 모호하게 하는 새로운 단어를 발명하고, 구분을 형성하는 특정 단어들을 불법화하는 것이었다.

지금이 바로 구분을 모호하게 하는 새로운 단어들이 있는 그 시대이다. 명확한 구분을 결정짓는 많은 단어들이 사실상 불법으로 내몰려 있는 시대로 오신 것을 환영! 이 트렌드는 알아듣지도 못할 기술 용어와 사무 용어, 심리학 용어를 흉내 내는 말들, 사회에 관한 랩 등에서 증명해 보여 주듯, 사회 전반에서 일어나고 있다.

에드윈 뉴먼(Edwin Newman)은 저서 《엄밀히 말하면(Strictly Speaking)》과 《공손한 말투(A Civil Tongue)》에서 이러한 트렌드가 이끄는 어리석은 세태에 대해 다음과 같이 지적한다.

어느 기업이 주주들에게 낸 보고서에는 자사의 신제품에 대해 이렇게 적혀 있었다.

'외관 강화와 악천후에 대한 내성을 개선하는 개량된 긴 경간 및 건축 패널의 배열 형태를 포함한다.'

시의 공무원들이 급료를 인출한 후 강도를 당하는 사건이 일어나자 이에 대한 주의 사항들을 늘어놓던 한 관료가 내린 결론은 이랬다.

'이 주의 사항들은 절도의 의도를 지닌 잠재적 개개인들을 단념시키는 데 꽤 성공적인 것으로 보입니다.'

그러나 이 트렌드에서 어리석어 보이는 것에 관한 한 '뉴에이지 사상'을 따라갈 수는 없다. 적어도 일부 관료들이 단어와 문장을 만들어 내어 단순한 일들을 복잡하게 만들려고 하는 것은 이해 가능한 영역에 있다. 그렇게 해서라도 자신들이 필요한 사람으로 보이게 하거나 중요하지 않으면서 중요한 사람으로 보이게 하려는 것이라면 말이다.

그러나 우리가 뉴에이지에서 자주 발견하는 것은 무신경함을 위한 무신경함이다. 명사가 난잡하게 동사로 바뀌고('언어'가 '언어함'이 된다), 행동을 규정하는 진짜 동사는 제거된다. 수동태가 새로이 부상하는데('화가 난다'가 '화가 가져지다'로 바뀐다), 이것은 사람들이 행동을 하는 것이 아니라 행동되는 것으로 규정하겠다는 것이다.

때때로 이들 중 많은 수가 '경험의 채널'이 되겠다고 나선다(얼핏 중요한 소리처럼 들리기는 한다). 그 경험이 영적인 것이든, 정서적, 심리적, 혹은 초자연적인 것이든 채널러(channeler: 주로 외계나 영적 존재들의 메시지를 수신하는 사람들-옮긴이)들은 개개인의 성격이나 의견을 거르지 않고 '자신들을 통해 들어오는' 것을 중계하는 수동적인 수신국의 역할을 한다.

뉴에이지의 신어에 의해 매장당한 단어들 중 하나가 능동적 의미의 '판단'이다. 이 단어는 무슨 수를 써서라도 판단을 피하겠다는 데만 쓰이도록 뉴에이지 식으로 수정되었다. 사람들이 사과하는 어조로 "판단해 버렸어"라고 말하는 것은 드문 일이 아니다. 이 말을 번역하면 이런 뜻이다. '뭔가에 의문을 가진 한 개인이 의견을 냈다. 그 의견은 무언가 또는 다른 누군가에 대해 비판적이다. 비판적인 의견을 가지는 것은 잘못된 것이므로 이 사람은 무지막지한 행동을 한 것에 대해 자기비판을 하고 있다.' 따라서 "내가 판단하기에는"("비판적인 판단을 했어"와 비교하여)이라는 말을 하는 것은 실제로는 그 사람의 잘못이 아니라는 말을 하는 것에 지나지 않는다. 상대가 정말 바라는 것에는 관심이 없고 그저 자기에게는 아무런 판단이 없다거나 비판적인 의견 따위는 없다는 입장을 표현할 뿐이다.

이것은 50년대 말, 60년대 초에 사이비 지식인 사건이라는 이름으로 들어 본 적 있는 유사한 고발 사건을 연상시킨다. "저것은 가치판단입니다!"라는 외침이 사건의 핵심인데, 기막히게도 가치판단은 당시에는 해서는 안 될 일이었던 것이다. 가치판단을 했다는 이유로 유죄를 선고 받은 사람들의 죄목은 '지적(知的) 과오'였다.

이런 모토를 지지하는 사람들은 유머 감각을 가질 수도 없거니와 풍자 감각은 아예 없을 수밖에 없다. 가치판단이 죄라고 하는 것 역시 가치를 판단하는 것 아닌가? 의견을 가지는 것, 특히 그 의견이 비판적일 때는 의견을 가지는 것 자체가 잘못이라는 생각 역시 판단이 아니라는 것인가? 진실은 또 어떤가? 의견을 가지면 의견이 생긴 것이다. 아무리 모호하게 에둘러도 이 단순한 사실은 바뀌지 않는다. 사람들은 원하든 원치 않든 의견이라는 걸 갖기 마련이라는 것이다.

게다가 뉴에이지의 신어에서는 의미를 마구잡이로 섞어 버리는 일도 비일비재하다. 예를 들어 판단과 예단 사이에는 엄청난 차이가 있음에도, 많은 사람들이 이 단어들을 바꿔 쓰곤 한다. 그러나 분명히 구분 지어야 한다. 판단하는 것은 현실을 관찰한 '후에' 의견을 형성하는 것이고,

예단은 현실을 관찰하기 '전에' 의견을 정하는 것이다.

예단은 진정한 판단을 어렵게 만드는 일종의 편견이다. 비판적인 판단이 장려되지 않는 시대에는 비판적 판단이 세심하게 다듬어지지 않는다. 그래서 자신의 의견을 정하는 것에 숙달되지 않은 사람들은 신중한 생각 대신에 모호한 인상만을 드러내기도 하여, 의견을 정하는 데 도움이 될 구분 짓기를 더 애매하게 만들어 버리기도 한다.

대실 해밋의《몰타의 매》에는 적대적 인물인 캐스퍼 거트먼(영화에서는 시드니 그린스트리트가 연기함)이 주인공인 샘 스페이드(영화에서는 험프리 보가트가 연기함)에게 말수가 적은 사람이냐고 묻는 장면이 나온다. 스페이드는 고개를 가로젓는다. "난 말하는 거 좋아해." 이 말에 거트먼은 좋아라 한다. 그러면서 이렇게 말한다. "난 입 꾹 다물고 있는 사람을 안 믿어. 그런 사람일수록 말할 때를 잘못 고르고 틀린 말을 하거든. 말이란 건 계속 해 버릇하지 않으면 분별 있게 할 수가 없는 거라고."

비판적 판단도 마찬가지다. 판단을 잘하려면 연습이 필요하다. 판단해 보라고 격려할 일이지 위축시켜서는 안 된다. 그간 우리 아이들에게 비판적 판단을 얼마나 안 가르쳤던지, 마약, 섹스, 인생의 방향, 가치, 삶의 목적 등의 여러 면에서 그들이 그렇게 형편없는 판단을 하는 것을 봐도 놀랍지가 않다.

예술에서는 비판적 판단이 필수 전제 조건이다. 비주얼 아트이건, 음악, 영화, 무용 또는 조각이건 반드시 비판적인 판단을 하는 학습을 해야 한다. 코를 어느 정도의 크기로 그릴 건지, 화음을 얼마나 크게 울리도록 할 건지, 공중으로 얼마나 높이 도약할 건지 등등.

창조를 할 때도 창조 프로세스의 현재 상태에 관한 판단이 필요하다.

창조하고 있는 것의 결과에 얼마나 근접했는가? 취하고 있는 행동이 효과가 있는가 혹은 없는가? 창조의 현재 상태가 좋은가 혹은 나쁜가?

구분을 짓지 않으면 자신이 인생의 어느 지점에 서 있는지, 자신에게 무엇이 중요한지, 무엇을 위해 사는지를 알기가 어렵다. 구분 짓기를 회피하면 모든 것이 독단의 빛을 띠게 된다. 모든 것이 똑같은 가치를 지니면 그 무엇도 중요하지 않게 된다.

전 세계 미술대학의 드로잉 수업에서 가장 중요한 기본 레슨에는 반드시 가치에 대한 학습이 들어 있다. 미술대 학생은 드로잉을 할 때 일부 대상물들을 주변에 비해 더 어둡게 표현하기 마련이다. 상대적인 어둠과 밝음의 차이는 그려지는 대상물의 공간을 규정하며, 평면 위에 입체적인 인상을 창출한다. 이때 빛에 대한 어둠의 관계를 명암(value)이라고 한다.

이것이 우리 인생에도 똑같이 적용된다. 우리는 인생에서 어느 가치를 더 부각시킬지, 혹은 덜 부각시킬지 결정한다. 또한 우선순위를 정하며, 삶의 에너지를 어느 방향으로 어떻게 쓸지, 혹은 쓰지 않을지를 결정한다.

그러나 비판적 판단을 회피하는 방침을 받아들인 사람들은 자신이 원하는 것을 특정한 방향으로 나아가게 하기가 어렵다는 것을 알게 되기가 쉽다. 이것은 그들이 삶에서 원하는 것에 대해 마음을 깊게 쓰지 않는다는 게 아니다. 다만 원하는 것을 창조하는 일에 엄청난 난관을 겪을 것이라는 말이다.

몇 년 전에 한 친구에게 예술가들의 인터뷰가 담긴 내 책 몇 권을 준 적이 있었다. 친구는 책을 읽더니 예술가들이 자기 의견을 너무 강하게 내세우는 것에 대단히 놀라워했다. 그는 학계 출신이었는데, 그가 몸담은 곳에서는 누구도 강한 의견을 내세우는 법이 없었고, 그렇지 않더라도 최소한 의견을 강하게 표현하는 일만은 절대로 하지 않았다. 그가 박사 학위를 딸 수 있었던 것은, 부분적으로는 이슈가 불거질 때 어느 한 쪽으로 확연히 기우는 의견을 절대로 내세우지 않는 방법을 배운 덕분이었다. 그런데 책속의 예술가들은 서로 다른 시대적 배경을 가졌으면서도 한결같이 생각을 자유롭게 표현하고, 그러는 것에 일말의 머뭇거림도 없었다. 이 차이는 단지 직업이 달라서인 걸까?

그것은 예술가들이 예술적 표현의 극치로 나아가기 위해서는 물러설 여지를 남겨둘 수가 없기 때문이다. 예술의 전통에서는 판단을 내릴 필요가 있을 뿐 아니라 솔직하게 표현해야 하기 때문이다. 예술가들은 자신들의 비전 그리고 현실에 대한 시각에서 타협하지 않아야 한다. 그렇게 하지 않고서는 진정한 예술을 창조할 수가 없다.

비판적 판단을 하는 연습을 하고, 능숙해지면 수많은 관점들을 더 열린 태도로 바라볼 수 있게 된다. 사실, 자신의 의견을 확고한 토대 위에 세우고자 할 때는 하나의 이슈에 대한 다른 사람들의 생각을 아는 것이 유용하다. 개중에는 다른 관점에 열린 태도로 임한다는 것의 의도를 잘못 받아들여 판단 자체를 거부하려 하는 사람들이 있는데, 많은 경우 이 사람들이 판단을 안 하는 것은 열린 태도에서라기보다 다른 이들에게 엄격한 판단 반대주의의 신조를 강요하는 것일 수 있다.

승인을 찾아서

반동–순응 지향성에 있는 많은 사람들은 자신들이 하는 일에 대해 '승인' 또는 칭찬을 얻으려 한다. 자신과 자신이 하는 일에 관해 확인을 받아야 기분이 좋아지는 것이다. 그들은 자신이 이룬 성공조차 타인의 인정을 받을 때에서야 인식하곤 한다. 이것은 지금껏 우리가 논의해 온 승인과는 매우 다르다. 베토벤은 이렇게 말했다.

> 세상은 왕이다. 그리고 마치 왕이 그러듯, 호의에 대한 보답으로 아첨을 바란다. 그러나 진정한 예술은 이기적이며 비뚤어져 있으므로, 아첨의 틀에 맞추지 않을 것이다.

그러나 창조 지향성에서 중요한 것은 우리가 어떻게 하고 있느냐가 아니라 우리의 비전 – 창조하고 싶은 것 – 이 최종 완성에 얼마나 가까운가 하는 것이다.

천 명의 사람들이 우리가 창조한 결과를 칭찬한다 해도, 우리의 비전을 만족시키지 않으면 완성한 것으로 승인할 준비가 되어 있지 않은 것이다. 반대로 천 명의 사람들이 우리가 창조한 결과를 비난한다 해도, 우리가 보기에 비전을 만족시키는 것일 때는 승인을 외칠 만반의 준비가 된 것이다. "마무리됨. 완성!"

우리의 창조가 완성되었다는 것을 인식하고 확인할 수 있는 권한을 지닌 사람은 오직 우리뿐이다.

완성의 에너지

우리가 창조에 대해 이러한 승인을 부여하면 완성의 매우 특별한 에너지가 뿜어 나오게 된다.

이 에너지의 한 가지 기능은 우리를 새로운 창조 사이클의 발아 쪽으로 떠밀어 준다는 것이다. 즉, 창조 행동을 완성할 때마다 우리의 초점은 생명력에 맞춰지게 되며, 생명은 또 다른 생명으로 이어지기 때문에 이 에너지가 새로운 창조를 통해 표현의 확대와 확장을 추구하게 된다. 다시 말해 완성의 단계에서 이미 우리의 영혼은 또 다른 창조 행동을 할 준비가 되어 있는 것이다.

화가인 로리 자곤(Laurie Zagon)은 자신의 완성의 단계를 이런 식으로 묘사했다.

> 비전이 모습을 드러내면서부터 흥분이 고조된다. 이 지점에서는 붓놀림의 속도가 높아지고, 확신의 느낌이 밀려온다. "이제 됐어!"라는 말도 튀어나온다. 거기서부터는 완성하기가 쉽다. 소소한 수정은 있을 수 있지만 전체적인 것에서는 '끝났다'는 것을 직감적으로 알게 된다.
>
> 예전에는 작품 하나가 끝나면 앉아서 그걸 바라보곤 했으며, 새 작품을 시작하기까지 시간이 걸렸다. 그런데 최근 몇 년 동안 나는 그 어느 때보다 많은 그림을 그리고 있다. 이제는 완성의 순간에 곧바로 다음번의 빈 캔버스를 들어 몇 번 붓질을 쓱쓱 하면서 계속해서 모멘텀을 요리해 나가기 때문이다. 지난 몇 년 동안 이런 방식으로 작업한 결과 생산성이 배가 되었다.

이처럼 우리 인생은 다른 창조 행동으로 이어지는 창조 행동의 연속일 수 있다.

우리의 타고난 본능

여러 도시를 걸어 다녀 보면 범죄율이나 정치적 부패가 어느 정도이든 상관없이, 인구과잉이나 환경문제가 있든 없든, 인간의 에너지가 다른 모든 목표를 제치고 문명의 건설을 향해 대거 집중되고 있다는 사실에 충격을 받곤 한다. 그러나 이러한 창조 행동과 창조에 관련된 사건들 대부분은 뉴스거리가 되지 못한다. 왜 그럴까? 말 그대로 뉴스가 아니기 때문이다. 쓰레기를 제대로 주워서 버리는 것은 뉴스가 아니며, 전기로 세상이 돌아가는 것도 뉴스가 아니며, 예정된 시간에 뉴스를 방송하는 것 역시 뉴스가 아닌 것이다. 우리가 TV 뉴스를 시청하면 현실에 대한 왜곡된 시각을 얻을 우려가 있는 이유는, 뉴스가 대부분 이러한 창조에 대한 것들을 제외한 반동과 순응, 상황에 대한 보도들로 채워져 있기 때문이다. 더욱이 이것들이 뉴스 진행자의 목적에 맞으려면 더 극적일수록 좋다.

우리는 창조적인 존재들이다. 우리의 타고난 본능과 욕망, 경향성이 창조를 향한다. 동양과 서양의 문명 모두를 포함하여 인간이라는 종으로서 우리의 일반적인 염원은 지극히 자연스럽게 우리가 진정으로 원하는 건설, 창조, 건축, 발명, 형성, 개선, 구조화, 성형을 향해 나아간다. 세상에 영향을 미치는 우리의 힘은 이제 지구 역사상 가장 큰 지점에 있다. 이 힘은 두 가지 방법 중 하나로 사용될 수 있다. 케네디(John F. Kennedy)가 취임 연설에서 한 말은 이에 관한 예언과도 같았다.

> 시대는 이제 크게 달라졌습니다. 인간은 유한한 생명을 지녔지만, 인간이라면 누구나 가지는 모든 형태의 고통, 생명을 없애 버릴 수 있는 힘 역시 수중에 가지고 있기 때문입니다.

이 힘은 누가 우리에게 줄 수 있는 것도 아니고, 빼앗을 수도 없다. 그러나 우리 자신은 그걸 빼앗을 수 있다.

인간의 운명과 목적

개별적 인간으로서, 자신만이 이 창조의 힘을 어떻게 사용할-혹은 사용에 실패할-것인지에 대한 최종 권한을 가질 수 있다. 그러므로 각자의 운명은 각자의 손에 달린 셈이다.

환경이 너무 힘들다고 아무리 주장해도, 더 힘든 환경에서 자신에게 정말 중요한 것에 부합하는 인생을 창조해 낸 사람들이 있는 것은 이런 이유다.

크리스티 브라운(Christy Brown)은 발가락 몇 개와 입만 움직일 수 있는 사지마비 환자였지만 훌륭한 화가이자 위대한 작가가 되었다. 가장 위대한 작곡가라고 할 베토벤은 귀가 먹은 후에도 작곡을 했고, 레오나

르도 다빈치는 평생을 난독증으로 고생했다. 20세기 최고의 이론물리학자 중 한 명인 스티븐 호킹(1942~2018)은 오랫동안 루게릭병을 앓았다. 그는 몸무게가 100파운드(약 45킬로그램-옮긴이)도 안 되며, 거의 움직이지 못하고, 성대 기능도 상실한 상태지만, 해당 분야의 가장 중요한 업적을 수행해 냈다. 금세기 초에는 〈성모(La Vierge)〉를 그리는 것으로 유명한 오른손잡이 화가 다니엘 우라비에타(Daniel Urrabieta)가 심각한 뇌졸중을 앓게 되면서 왼손으로 그림을 그리기 시작했는데, 왼손으로도 프랑스 주요 정기간행물들의 유명 삽화가로 등극할 정도의 수준 높은 실력을 성취했다.

즉, 우리는 결코 환경의 피해자가 아니다. 환경은 단순히 창조 프로세스의 원료 중 한 부분일 뿐이다.

창조를 배우는 것은 자연스러운 일이다. 그러나 그간 삶의 방식으로서의 창조를 너무 소홀히 다루어 왔기 때문에 우리 사회의 소수만 창조에 숙달되어 온 것이 사실이다. 심지어 어린아이들조차 창조를 할 수 있는 본능과 능력을 지니고 있지만 이 본능들이 장려되거나 개발되지 않았던 것이다.

가변 염료 레이저의 발명가 메리 스파에스는 창조 프로세스의 초창기가 어땠는가 하는 질문을 받았을 때, 이렇게 대답했다.

> 사람들은 늘 발명을 하고 있어요. 어렸을 때 나는 시리얼 상자를 다시 자르곤 했어요. 시리얼을 사오면 매번 상자를 조심스럽게 칼로 잘라서 연 다음 작은 홈과 구멍, 끼워 넣을 자리를 만들어서 날개를 도로 접어 넣을 수 있게 했죠. 지금은 모든 시리얼 상자가 정확히 그렇게 만들어져 있잖아요. 여덟

살 때 조금만 더 똑똑했으면 그 아이디어를 시리얼 회사들에 팔 수 있었을 텐데 말입니다.

창조 본능은 사라지지 않는다. 지금도 창조 본능은 표현될 방안을 찾고 있다. 창조한다는 것은 가장 자연스런 존재의 상태에 자신을 맞추는 것이다. 그러면 인생의 많은 어려움들은 사라지거나 더 이상은 중요한 문제가 아니게 된다. 자기 자신과의 이러한 동조는 '문제를 해결'하려는 시도가 아니라 자신에게 가장 중요한 것을 창조하는 데서 비롯되는 것이다.

창조 지향성에서는 우리 존재의 육체적, 정신적, 정서적, 영적 차원들이 스스로 동조하여 조화롭게 작동한다. 이것이 우리 한 사람 한 사람의 인생의 최소 저항의 경로를, 이 행성에서 가장 깊고도 의미 있는 인생의 목적을 이룰 수 있는 방향으로 이끌어갈 것이다.

| 3부 |

초월

18 장

미래의 신호, 시대의 신호

근래에 많은 사람들은 세계가 재앙의 벼랑에 있다고 생각한다. 핵무기가 점점 더 많은 국가들로 확산되고 있고, 생태계의 불안정성이 지구의 균형을 변화시키고 있으며, 극단주의와 전염병의 창궐, 세계경제의 불확실성 등을 감안하면 사람들의 우려는 결코 지나치지 않아 보인다.

그러나 어쩐지 나는 우리의 미래가 두렵지 않다. 내가 너무 순진하거나 혹은 나름대로 일정 수준의 지혜를 얻어서 그런 것이거나, 혹은 둘 다일 수도 있겠다. 어느 쪽이든 나는 우리가 지구 자멸의 직전에 있다는 생각에 동의하지 않는다,

우리는 이미 이런 상황들을 다 겪어온 게 아니었던가? 암흑기, 흑사병, 폭정, 억압, 노예제도, 착취, 대량 학살, 불평등, 전쟁, 학대 등등.

그 시절과 지금이 다른 것은, 지금은 우리가 정말로 지구를 파괴해 버릴 수 있게 되었다는 것이다. 버튼 하나 잘못 누르면 세상을 못 쓰게 만들

어 버릴 수가 있다는 것. 정말 그럴 수도 있다는 것이다. 그러나 나는 그렇게 될 거라고 생각하지 않는다.

세상의 종말에 대해 가장 걱정하는 사람들에 관한 아이러니 중 하나는 세상을 바로 이 지경까지 끌고 온 것과 똑같은 유형의 반동-순응적 사고방식을 여전히 이용하고 있다는 것이다. 정말로 손가락 하나를 잘못 놀려서 파멸을 초래할 수 있다면, 누가 어떤 행동을 하나 하는 걸로 궁극적인 안전이 보장될 수도 있다는 것인가? 아마 그건 통계적 확률의 문제일 것이다. 위험의 가능성이 낮을수록 덜 위험하다는 정도의. 이것은 말이 된다. 그러나 우리가 어떻게 여기까지 왔나 생각해 보자. 어떤 사고방식, 어떤 지향성이 역사의 이 지점으로 이어졌을까? 지금까지와 똑같은 종류의 지향성이 늘어나면 잠재적 위험을 줄여줄 수 있을까? 폭탄이 얼마나 많든, 열대우림이 얼마나 파괴되든 상관없이?

두 갈래의 흐름

역사에는 두 갈래로 뻗어나간 흐름이 있다. 하나는 반동-순응 세상의 이야기이다. 여기서는 사람들의 삶과 문명을 형성해 온 사건들이 모두 환경에서 비롯되었다고 본다. 다른 하나의 이야기는 건설자와 탐험가, 창조자의 세상에 관한 것이다. 여기서는 시대를 형성한 사건들이 인간성의 다른 측면, 즉 건설하고자 하며, 창조하고자 하며, 흐름을 따라가는 길에 나타나는 다음 언덕 주변을 알고자 하는 것과 같은 탐구욕을 바탕으로 하고 있다. 이 세상을 이끄는 중요한 힘은 늘 이 본능이었다.

이 두 물줄기는 어느 정도 서로 독립적으로 흘러 왔지만 그게 다는 아니어서, 때로는 부딪히기도 하고, 때로는 협력하기도 했다. 또 전쟁 시기에는 두 가지가 다 나타나는 때도 있었다.

이 두 흐름은 서로 다른 방식으로 둘 다 지배적이었다. 비록 커다란 전쟁들, 정치적 변화, 음모, 경제 조작, 권력 남용이 이어졌지만, 건설과 창조는 언제나 문명 발전의 지배적인 힘이었다.

그러나 어쩌면, 우리가 이룩해 온 모든 것에도 불구하고 우리는 여전히 암흑시대에 있는 것일지도 모른다. 대다수의 사람들은 여전히 반동하거나 순응하도록 길러진다. 여전히, 정치와 교육의 목표에서 많은 부분이 강력한 환경에 대한 반동 또는 순응에 맞춰져 있다.

사실 암흑시대의 사람들은 자신들이 암흑시대에 있었다는 것을 알지 못했다. 그들은 "이게 암흑시대야. 다음으로는 중세가 올 거고, 그다음은 르네상스, 그다음은 계몽시대, 그리고 낭만주의, 산업 시대, 그 뒤로 원자력 시대, 원자핵 시대, 그다음 컴퓨터 시대가 올 거야"라고 말하지 않았을 것이다. 대신에 서로 이런 말을 주고받았을 것이다. "이게 현대야. 이게 하이테크라고!"

여전히 세상이, 충돌 조종, 의지력 조종, 또는 충돌의 허용 가능한 영역 내에 머물기 등의 전략에 따른 행동들을 얼마나 많이 만드는지를 생각해 보면, 세상이 진보한다는 전제 자체에 의문을 제기하고 싶을 정도다. 지금 사람들이 하는 가장 심오한 결정들이 6세기 전이나 심지어 12세기 전에 사람들이 했던 결정과 비교해서 조금이라도 달라졌을까? 기술의 극적인 발전에도 불구하고 인간이라는 존재로서 우리는 정말로 진보했을까?

한 가지 변화

한 가지 변화는 권력과 개인의 관계이다. 권력의 지방분권을 향한 흐름이 가속화하고 있다. 점점 더 많은 개인들이 점점 더 많은 가용 자원을 가지게 되었다. 지금은 위대한 지도자의 시대가 아니다. 또한 60년대에 많은 사람들이 꿈꾸었던 집단의 시대도 아니다. 물병자리 시대(Age of Aquarius: 점성술에서 1960년대에 시작해서 2000년간 이어질 것으로 믿어지는 황금시대-옮긴이)가 되면 개인이라는 구별이 사라지고 지구촌 단위의 집단의식이 출현할 것이라는 주장도 있었다. 그러나 역사의 진동과 함께 추가 흔들리면서 60년대와 70년대 초반의 이상주의적인 집단적 가치는 밀려나고 70년대 후반과 80년대 초반의 개인적이며 자기중심적인 가치가 그 자리를 차지했다. 히피들은 여피족이 되었다. 60년대의 좌파 성향, 정치적 의식을 가진 운동가들은 보수적인 공화당 자녀 세대의 부모가 되었다. 민주주의에 대한 탐구는 당리당략의 이합집산 속에서 사라져 버린 것일까?

그렇지는 않다. 민주주의는 정치체제가 아니라 이상이다. 민주주의의 이상이란 간단히 말해서 개인의 자유이다. 일단 이 이상이 널리 퍼지면, 정부의 시스템은 그 목적을 향한 사회를 조직하기 위해 설계되고 실행될 수 있다. 그리하여 자유로워진 개인들은 공공선을 위해, 공동의 목적을 확대하기 위해, 그리고 공공의 소망을 보호, 개발, 확장하기 위해 다른 개인들과의 연대를 선택할 수 있다. 또한 이 자유에서 질서에 대한 자연스러운 욕구도 나온다.

자유의 이상은 정부와 정치의 분야로 여겨져 왔다. 그러나 이것은 체제, 즉 시스템에 우선 초점을 맞추는 생각이다. 이 지향성에서라면 자유는 시스템에서 비롯되어야 한다. 그러나 이제는 자유의 이상을 지지하기 위해 시스템을 만들 것이 아니라 자유의 이상을 만들어 내야 할 때다. 이것은 시스템을 켜켜이 쌓는 것으로는 절대로 기대할 수 없는 일이다.

시스템(정부, 기업, 사회)은 목적 즉, 결과에 봉사하는 기능을 상실하면 오로지 자기 잇속만 차린다. 우리는 법을 만드는 것이 직업인 국회의원을 선출한다. 매년 점점 더 많은 법이 만들어진다. 대부분의 구법들 역시 여전히 남아 있다. 덕분에 법조계의 '테크노크라트(technocrats)'라 할, 그러나 정의의 수호자는 아닌 변호사들이 더 많이 필요해졌다. 자유, 정의, 공정, 공익, 연민 같은 이상들이 관료의 행정 대상으로만 여겨지면 이것들에 내재된 핵심은 사라진 것이다. 시스템은 자동 실행되고, 무감각함이 자리 잡은 채 더 심한 무감각을 조장한다. 권력의 중심 자리는 베트남과 워터게이트, 정치 선전 때문에 신뢰를 대폭 상실했다. 이 변화는 극적이었다. 우리는 더 이상 정부가 뉴딜(new deal: 루스벨트 대통령의 정책명과 같다. 정부 주도 변혁이라는 의미-옮긴이)하기를 바라지 않으며, 뉴프런티어(new frontiers: 신개척자 정신을 바탕으로 한 케네디의 정책명과 같다-옮긴이)를 탐험하거나, 위대한 사회(great societies: 존슨 대통령의 정책명과 같다-옮긴이)를 건설하기를 바라지 않는다. 대부분의 사람들은 더 이상 정부나 정치인들에게서 감동적인 리더십을 기대하지 않는다.

아주 드물게, 정치인들이 풀뿌리 민주주의에서 나오는 진정한 리더십을 겨우 따라잡는 일이 있기는 하지만 그뿐으로, 정치는 한참 뒤쳐져 버렸다. 이것이 정치와 행정에서 대단히 뛰어난 인물이 그토록이나 적은 한 가지 이유다. 정치는 단순히 행동하는 것으로는 안 되는 분야라는 것이다.

이것이 권력이 흩어지게 된 이유 중 하나다. 분산된 권력은 중앙집권에 익숙해 있던 사람들에게는 혼란을 야기할 수 있지만, 그 자녀들에게는 아니었다.

이들의 관심은 그래서, 이제는 개인의 자유가 획득되느냐는 것이다. 개인이 구조적 충돌에 놓이면 그들의 행동은 구조의 경향성에 지배된다. 그러면 정치적인 측면에서의 기회가 어떻든지 상관없이 사람들은 정말 자유로워질 수 있을까?

만약 개인들이 구조를 변화시킬 능력을 가지고 있으며, 이 변화가 그들 자신의 손에서 이루어진다면 답은 예스이다. 반면에 사람들이 그저 구조나 조건, 심리학의 기계론적 산물이라면 그들은 자유로워질 수 없다. 물론 소수의 사람들 사이에서 이 의견이 받아들여지고 있기는 하지만 그 사람들은 선택과 판단, 결과의 차이를 알면서도 예정론(predeterminism: 우리가 선택을 통제하지 못한다는 가설. 모든 것이 사전에 계획되어 있다고 보는 시각-옮긴이)까지 이해하는 예술가들이 아니다.

개인의 자유는 시스템에 의해 뒷받침될 수 있지만 시스템에 의해 만들어지지는 않는다. 로버트 프로스트가 쓴 시가 있다.

> 예술가들이 그처럼 대중의 자유에 관심이 없는 것은
> 대중이 필요하다고 느끼게 된 자유란 것이
> 누구도 줄 수 없고, 그들이 획득하기도 어려운
> 그런 종류이기 때문이다.

그들 자신이 재료가 되어야 얻는 자유 말이다.

선택의 자유라는 관념은 창조 프로세스의 토대이며 강력한 민주화의 힘이다. 특히 민주주의가 단순한 정치의 문제 이상으로 여겨지는 곳에서는 그 힘이 더 커진다. 사실 민주주의의 새로운 힘은, 여전히 우리의 정치 시스템에 심대한 영향을 미칠 수는 있지만, 지금, 태생적으로 그랬던 것처럼 정치에서 독립적인 현장에 존재하고 있다.

바로, 진정한 혁명이 일어난 것이다.

진정한 혁명

마침내 혁명이 시작되었고, 더 많은 권력이 '국민'의 손에 쥐어졌다.

그러나 이 혁명은 정치꾼들에게는 별 관심을 끌지 못한다. 아마도 그들 중 누구도 진정한 혁명에 대하여 들은 바가 없기 때문일 것이다. 그들은 여전히 정부 시스템의 변화 내지 정치 성향의 변화가 세상을 움직이고 권력 구조의 기반을 흔들 수 있을 것이라고 여기고 있다. 그러나 그들은 착각한 것이며, 그 때문에 이 변화를 놓쳐 버렸다.

이 혁명은 조용히, 대낮에 왔으며, 작은 씨앗에서부터 성장해 대규모의 문화적 힘이 되었다. 그것은 사람들의 생각과 일, 놀이, 관계의 방식을 바꾸어 놓았다. 과거 그 어느 때보다도 더 많은 사람들에게 가용 자원이 돌아가게 했으며, 권력을 분산시켰다. 이미 많은 사람들의 삶의 방식이 되어 있는 그것은 그대로 다음 세대들의 삶의 방식이 될 것이다.

이 혁명은 바로 개인용 컴퓨터로부터 비롯된다.

개인용 컴퓨터라고? 민주주의의 힘이?

헨리 포드는 세기의 초반에 이미 이 혁명을 예시해 보여 주었다. 우리들 대부분은 포드 이전의 세상이 어떠했는지를 거의 상상하지 못한다. 포드는 대중이 개인 교통수단을 사용할 수 있게 했다. 그 전에는 오로지 부유한 사람들만 자동차를 소유할 수 있었는데, 포드가 미국에서부터 시작해 전 세계에서 그걸 바꿔 버렸다. 사람들은 어느 날 갑자기 그때까지 살아온 세상보다 훨씬 넓어진 세상에 접근할 수 있게 되었다. 살고 있는 도시 바깥으로 나갈 수 있게 되었고, 멀리 떨어진 곳에 찾아갈 수도 있게 되었다. 활동 반경이 넓어지고 이동에 관한 수많은 제한들에서 자유로워진 것이다.

현대적 혁명의 개척자 중에는 매킨토시 컴퓨터를 개발한 스티븐 잡스와 그의 젊은 동료들이 있다. 그들이 발명한 컴퓨터는 대중이 쉽게 접근할 수 있는 컴퓨터였는데, 그 전까지 대중은 잘못 청구된 전화요금을 바로잡는 달갑지 못한 일을 제외하면 컴퓨터에 접근할 일이 전혀 없었다. 그럴 정도로 컴퓨터는 기술 진보에 관한 온갖 경멸, 즉 '사람들을 통제하고 익명화된 숫자로 만들어 버리는 기계의 힘을 통해 증폭된 관료적 사고방식'을 대표하는 기기였다.

그런데 매킨토시는 그저 '사용자 친화적'인 것을 넘어, 강력한 창조 도구로 탄생했다. 시각적 소통을 할 수 있게 했고, 쉽사리 다른 차원에서 생각할 수 있게 이끌었으며, 다양한 유형의 정보를 동시에 보유할 수 있게 했다. 또한 각 부분들을 전체와 연계하여 관계를 파악할 수 있게 도와주었다. 이 모두가 IBM식 컴퓨터와는 선명한 대조를 이루는 특징들이었다. IBM식 컴퓨터는 훌륭한 비즈니스용 기계지만 다루는 범위가 직선적이었다. IBM이 반복적인 작업을 엄청나게 효율적으로 처리할 수 있는 뛰어난 전산기계라면 매킨토시는 창조 프로세스 동안 사람들이 생각하는 방식을 증폭하고 확장하는 역할을 하는 기계였다.

매킨토시라는 하드웨어가 만들어지자 대부분의 사람들이 그간 접했던 어떤 소프트웨어와도 근본적으로 다른 소프트웨어들이 탄생했다. 이 소프트웨어 프로그램들로 사용자가 할 수 있는 것들은 애니메이션, 제도, 일러스트레이션, 음악, 집필, 양식들, 보고서, 모의 비행, 시간 관리, 프로젝트 관리, 컴퓨터아트, 비디오게임 등등으로 무한 확장되었다.

내가 '맥'을 만난 것은 오래 전 애틀랜타에서 개최한 워크숍 때였다. 행사장인 호텔의 내 방으로 어느 친절한 분이 맥과 음악 프로그램을 가져온 것이었다. 그때까지 나는 컴퓨터를 접한 적이 한 번도 없었다. 그는 기본적인 것들 몇 가지를 보여 주고는 그 뒤부터는 알아서 해 보라고 했다. 처음에는 겁부터 났다. 그러나 곧 그 컴퓨터가 두려움을 감지한 것처럼 나를 안심시켜 주었다. 맥은 무경험자를 대하는 법을 다 안다는 듯 나를 이끌었다. 15분쯤 후에 나는 이 작은 친구를 주제로 한 4부작의 대위법 작곡을 하고 있었다. 그러자 모두들 짐작하시는 대로 맥이 내가 쓴 곡을 그대로 연주해 주었다.

나는 여행에서 돌아오자마자 나가서 나의 첫 매킨토시를 샀다. 그 일을 시작으로, 나중에 우리 집에는 완벽한 전자음악 MIDI(musical instrument digital interface) 스튜디오가 차려졌다. 몇 년 전까지만 해도 사람들은 전자음악이 너무 삑삑거려서 한계가 있다고 생각했고, 그 말이 맞았다. 그러나 신기술은 그마저도 바꾸어 놓았다. 오늘날 대부분의 영화음악은 컴퓨터와 전자악기로 만들어지며, 〈마이애미 바이스〉의 오리지널 사운드트랙에서 증명해 보였듯이 충분히 소울이 넘치고 펑키하다.

DMA에는 두 종류의 컴퓨터가 있다. IBM 타입은 비즈니스용(회계, 메일링 리스트 등등)으로 쓰는 것이며, 매킨토시는 창작용(글쓰기, 아트 워크, 수업 개발, 일러스트레이션, 비디오 이미지 작업, 편집 및 데스크톱 출판 등)으로 쓴다. 과거 타이프라이터와 복사기에 의존했던 크고 작은 보통의 회사들이 그랬듯이 이제 우리 조직도 컴퓨터를 주로 쓴다. 말하자면 점점 더 많은 사람들이 신기술의 결과로 주어지는 풍부한 가용 자원들을 누리고 있다는 것이다.

컴퓨터는 민주화를 이끄는 힘으로서 중요한 역할을 한다. 최근에 로스앤젤레스에서 보스턴까지 비행기를 타고 갈 일이 있었는데, 옆자리에 패턴 인식의 개척자 중 한 명인 남자가 앉았다. 패턴 인식은 오늘날 가장 진보된 컴퓨터 시스템에 많이 이용되며, 인공지능에 관한 수많은 연구의 토대이기도 하다. 우리는 서양과 동양의 컴퓨터 기술 발전에 대해 토론했다. 그러다가 얼마 전에 컴퓨터로 소련의 멋진 텔레비전 프로그램을 본 기억이 나서 그 이야기를 했다. 그곳에서는, 심지어 학생들에 대해서까지 개인용 컴퓨터를 사용하는 것을 대놓고 꺼리는 바람에 결과적으로 많은 소련 사람들이 컴퓨터 문맹이 되어 버렸다는 이야기였다. 나는 동료 승객에게 물었다. "왜 소련은 이 중요한 영역에서 뒤쳐지는 걸 감수할까요?"

"그들도 컴퓨터의 힘을 압니다. 다만 대중이 그 힘을 사용할 수 있게 해줄 준비가 안 되어 있는 거겠죠. 이 힘이 어느 정도의 자유를 창출할 텐

데, 그것이 자신들의 체제를 핵심에서부터 위협할 수도 있어서요."

열네 살인 나의 아들 아이반은 최근 자신의 컴퓨터에 모뎀을 연결하고, 전국 각지의 사람들과 이야기할 수 있게 되었다. 갑자기 그 아이의 방은 전국 커뮤니케이션을 위한 네트워크로 변했다. 아이는 게임을 하고, 대화를 하고, 농담을 주고받고, 15살짜리 소녀들과 시시덕거리고, 펜팔을 만나고, 전 미국의 온갖 사람들과 교류한다. 안락하고 익숙한 침실에서부터 세상으로 문이 열리면서 아이의 세계관이 성장하는 것이다.

이게 다 무슨 의미일까? 세상이 변하고 있다는 것이다. 한때 힘을 빼앗겼다고 여겨졌던 기술이 또 다른 얼굴을 보여 주고 있다. 열망에서부터 창조에 이르는 개척의 여정을 우리와 함께하는 눈부시고, 에너지 넘치며, 유능한 동맹자의 얼굴 말이다. 지금까지 우리가 보아 온 것은 우리 아이들이 특권처럼 누리게 될 창조성의 새로운 원천을 슬쩍 본 것에 불과하다.

개인용 컴퓨터 확산 추세의 이점 중 하나는 더 적은 것으로 더 많은 것을 할 수 있다는 것이다. 이것이야말로 최고의 경제성이다. 컴퓨터의 가격은 점점 떨어지고 메모리와 컴퓨팅 파워는 점점 확대된다. 복잡한 작업을 더 잘할 수 있으면서, 다른 컴퓨터와의 연결성도 늘어난다. 소프트웨어도 다른 컴퓨터들과 연결할 수 있게 개발된다. 소프트웨어 역시 차세대 프로그램들의 등장으로 국경을 멀리까지 밀어내면서 혁명과 진화의 과정을 밟아 나가고 있다.

기술 시대와 산업 시대의 중요한 차이 중 하나는 권력의 위치이다. 산업 시대에는 권력이 소수의 손에 쥐어져 있었다. 그 외 많은 사람들은 산업에 맞추어 인생을 조정해야 했다. 무엇보다 직장 근처에서 살아야 했다. 지역 경제는 일자리를 기반으로 양분을 공급받았으며, 노동자들, 경영자들, 지역의 가게 점주들, 행정 서비스, 전국적 및 세계 경제의 동향들 사이에서 복잡하게 얽힌 관계들이 형성되었다.

새로운 기술 시대에는 권력이 점점 더 많은 사람들에게 분산된다. 이것은 더 많은 기회로 연결된다. 어디서 일할지, 어디서 살지, 어떻게 자녀를 교육할지, 어떻게 동네를 조직할지 등등의.

내가 너무 열정적으로 찬양하는 것 같기는 하지만, 그렇다고 해서 내가 컴퓨터를 시대의 구원자쯤으로 여긴다는 것은 아니다. 컴퓨터는 인류를 위협할 막다른 골목이 될 수도 있고, 최후까지 가면 별 의미 없는 것이 될 수도 있다. 즉, 컴퓨터가 문명을 발전시킬 유일한 힘은 아니며 작용하는 다른 힘들이 당연히 있다.

유산

내가 십 대 후반이었을 때 존 케네디가 미국의 대통령이 되었다. 1960년에서 1963년 사이에 미국에 실제로 어떤 일이 있었는지는 사람들의 뇌리에서 쉽게 잊힌다. 케네디가 남긴 진정한 유산은 대부분의 역사가, 저널리스트, 전기 작가들의 엄청난 오해 때문에 왜곡되어 왔으며, 수많은 일들로 인해 기억이 무뎌지고 간과되었다. 그들은 그 시대의 사건에만 초점을 맞추어 좁은 틀 안에서만 정치적 성과를 평가하려 든다. 그들은 케네디의 진정한 유산이 정신, 그것도 인간성의 가장 높은 곳에 도달하는 정신이었다는 것을 이해하지 못한다. 이 정신은 사건과 성취로만 이해되는 것이 아니다.

케네디는 세상을 향해 이렇게 말했다.

> 우리는 모두 이상주의자입니다. 우리는 모두 선지자들입니다. 이상과 비전을 과거에 남겨 두고 왔으며 목적과 결정을 적에게 넘겨주었다는, 대서양 세대(Atlantic generation)에 관한 이야기는 하지 맙시다. 지금 우리는 미래를 모른 척하기에는 너무 멀리 왔고, 너무 많은 희생을 치렀습니다. 그리고 우리는 괴테가 말한 '최고의 지혜, 인류가 지금껏 알아온 최선의 지혜'란 '자유와 실존은 매일 새롭게 싸워야만 얻을 수 있다는 것'을 깨닫는 것임을 언제까지나 기억해야 하겠습니다.

케네디가 세상의 희망을 표현할 때 젊은 미국인들은 귀를 기울였다. 그는 미국의 정신에 깊이 뿌리 내린 이타주의, 또한 건설과 탐구, 창조의 힘을 통해 역사상 가장 강력한 국가를 이루는 상상을 사람들의 머릿속에 떠올릴 수 있게 했다. 나는 케네디가 평화봉사단(Peace Corps: 1961년에 창설된 미국 젊은이들의 개발도상국 지원 단체-옮긴이)을 창설한 직후 학교에 갔던 날을 기억한다. 반에서 몸집만 큰 어릿광대 노릇을 하는 것으로 유명했던 친구들 중 한 명이 완전히 달라져 있었다. "무슨 일이야?"라고 우리가 묻자 그가 조용히 대답했다. "평화봉사단에 가입했어."

첫 번째로 케네디의 몸이 살해되고, 뒤이어 그의 정신이 저격당한 후 사람들은 실망과 슬픔 속에서 결백, 희망의 상실을 다스릴 방법을 찾으려 애썼다. 그러나 여전히 우리 존재의 어딘가에, 우리 안의 가장 높은 곳에 위치한 어딘가에 우리가 잊지 않은 단순한 진실 하나가 남아 있다. 우리의 운명은 우리 손에 있다는 것, 우리가 문명의 가장 높은 성취를 원한다는 것, 우리가 지구와 우리 아이들의 미래를 걱정한다는 것이다. 이제 이러한 이상을 포부로 삼은 사람들이 권력의 위치로 나아가고 있다. 이 이상들이 새로운 표현, 목적, 행동을 찾아낼 것이다.

케네디 시대의 정치는 끝났다. 통증이 점점 희미해지고 있다. 새로운 세대들은 아무리 짧게라 해도 운명의 문 앞에서 응전의 태세를 갖춰 본 경험이 전혀 없는 이들이다. 이타주의의 대중적 표현은 이제 인기가 없다. 그 누구도 이전 세대가 케네디를 잃고 겪었던 것과 같은 고통을 '감당'하거나 느끼고 싶어 하지 않는다. 그러나 케네디 시대의 진정한 유산은 여전히 심대한 힘을 품은 채 휴면 중인 불꽃으로 남아 있다.

케네디는 탐험가, 건설자 그리고 창조자의 역사에서 지도자였다. 따라서 그의 유산은 정치적이지 않으며, 방향 지향적이다. 심지어 그의 사후에 역사가 반동-순응적인 흐름의 개입을 겪었을 때도, 새로운 문명의 창조 사업에 세계가 함께 참여하자는 그의 비전의 힘을 패배시키지는 못했다. 아래 케네디의 말은 창조 지향성을 더없이 확실하게 제시해 보여준다.

권력이 오만을 향해 가면 시(詩)가 그에게 한계를 일깨워 줍니다. 권력이 인간의 관심과 보살핌의 범위를 축소시키려 들 때도 시가 그에게 그간에 쌓아온 경험의 풍부함과 다양성을 되새겨 줍니다. 권력이 부패하면 시가 정화시킵니다. 왜냐하면 예술이 인간의 기본적인 진실을 확립시켜 줄 때 이것을 근거로 판단이 이루어지기 때문입니다. 예술가들은 현실의 개인적 비전에 충실한 사람들이며, 이들이 무법적인 사회와 공격적인 국가에 대항해 개인의 마음과 감수성을 지키는 최후의 승자가 됩니다.

정부가 창조 지향성에 동참한 시기는 짧았고, 지나가 버렸다. 그러나 그 효과마저 사라진 것은 아니다.

크리에이터의 문명

컴퓨터가 민주화의 힘인 것처럼 창조 프로세스의 기술도 마찬가지다. 컴퓨터와 비슷한 방식으로 창조 프로세스 역시 새로운 세상을 건설하는 데 막대한 영향을 미친다. 지난 수 세기 동안 창조하는 방법을 아는 사람의 인구 비율은 미미했다. 또한 창조 프로세스를 마스터한 사람들은 창조를 인생 전반이 아니라 자신들이 매진하는 중점 분야에만 적용했다. 주로 음악, 미술, 저작, 무용, 과학, 발명, 건축 등등이었다.

사실 세상이 창조 프로세스에 얼마나 미숙한지를 생각하면 이 정도의 성취를 이루어 낸 것도 놀라울 정도다.

500년 전만 해도 지구 사람들의 대부분이 문맹이었다. 지금은 웬만한 사람들이 읽고 쓸 줄 안다. 언젠가는 창조 프로세스에 능숙한 것 역시 똑같이 당연히 취급될 것이다. 취직 면접 자리에서 "창조하는 방법을 아십니까?"라고 물어보지 않을 것이라는 뜻이다. 창조가 글을 아는 것 또는 컴퓨터를 사용하는 것처럼 당연한 일이 될 테니 말이다.

점점 더 많은 사람들이 창조 프로세스를 다룰 수 있게 되면 믿을 수 없을 만큼 문명화의 힘이 커진다. 학생들이 원하는 것을 창조할 수 있는 방법을 배우는 것이 정상적인 교육 과정에 편입되면 어떤 세상이 올까? 이 힘은 폭탄보다도, 그 어떤 정치 운동보다 강력할 수 있다.

21세기가 시작되면서, 지구상 모든 개인들에게 영향을 미칠 거대한 변화가 우리 문명의 본질에서부터 일어나고 있다. 물론 세기의 전환기에 새로운 가능성이 대두되고, 새로운 방법이 관행이 되며, 새로운 삶의 철학이 대중으로 파고들며, 새로운 리더십의 자질이 새 세상의 탄생을 북돋는 것은 낯선 일이 아니다.

크로커스(crocus: 이른 봄에 피는 꽃식물-옮긴이)가 새봄에 딱딱해진 대지를 뚫고 죽은 나뭇잎이 겹겹이 쌓인 층을 뚫고 위로 솟아오른 것 같은 변화의 신호들이 21세기의 시작에서도 이미 발견되었다. 처음에는 적대적이며 공존 불가능해 보이는 환경에 비해 이 성장이 작고 보잘것없어 보일 수 있다. 그러나 몇 주가 지나면 반드시, 자연 전체가 크로커스를 선지자로 하여 성장과 변화, 새로운 생명의 경이로움에 귀의한 것처럼 보이게 될 날이 온다.

마찬가지로, 우리 시대를 관찰하면 진실로 가장 높은 곳의 인간 정신을 지지하는 완전히 새로운 발전이 움트고 있음을 알 수 있다. 처음에는 딱딱하고, 혹독하며, 별 다를 것 없어서 이전의 세상에 고착된 시선으로는 보잘것없어 보일 수 있다. 그러나 결국은 굳은 땅이 이 새로운 발전에 내재된 힘과 생명을 부여하는 힘에 점차 굴복하는 것이 눈에 보일 것이다. 그것이 바로 미래의 신호이면서 시대의 신호이다.

19장

초월의 힘

결정 요인

많은 사람들이 자기가 과거에 묶여 있다는 느낌을 가진다. 유년기의 초기 단계에 겪었던 사건들로 인해 자신이 불행하다고 생각하는 것이다.

어떤 사람들은 출생의 경험이 너무 충격적이어서 인생의 방향이 그것으로 완전히 결정되어 버렸다고 생각한다. 그들에게는 가장 큰 문제가 태어났다는 사실 자체이다.

또 어떤 사람들은 자기가 환경조건 또는 부모의 양육 태도의 희생자라고 믿는다. 그들은 이것이 지금의 삶을 좌우하는 지배적인 결정 요인이라고 생각한다.

그런가 하면 자기 자신이 유전자의 확장판이며, 삶의 경험을 결정하는 주된 요인이 유전자 코드라고 믿는 사람들도 있다.

또 다른 이들은 자신들의 삶을 결정하는 요인을 점성술이나 숫자점에 맡겨 버린다.

또한 인생의 결정 요인을 사회적, 민족적 또는 인종적 배경의 결과로 보는 사람들도 있다.

일부에서는 운명을 거의 다 결정해 버리는 것이 성별이라고 말하기도 한다. 주로 반동-순응 지향성의 가정에 기초하여 이루어진 다양한 이론들에 따르면 우리 인생의 대부분은 이미 패턴으로 고정되어 있어서, 만에 하나 조금의 변화가 가능하다고 해도 우리 내부에 깃든, 미리 결정된 본성을 어떻게 해서든 다스릴 수 있어야 한다고 말한다.

그러나 이론은 달라도 이들이 제시하는 방법은 결정 요인을 이해하기, 압도하기, 부정하기, 조종하기, 겪어내기, 수용하기, 억누르기, 복종하기, 대화해 보기, 무마하기, 자신과 통합하기 등으로 늘 비슷하다.

심지어 반동-순응 지향성에 있는 사람들은 '결정 요인'이 자신들의 직접 제어를 넘어서는 환경에 인과관계를 부여해 주기 때문에 이 관념을 매력적으로 여기는 경향을 보이기도 한다.

그래서 창조 지향성으로 옮기는 사람들이 먼저 하는 것이 인과관계를 터득하는 경로를 따라 움직이는 일이다. 그런 식으로 본인 스스로가 자기 삶에서 지배적인 인과적 힘이 되는 것은 자연스럽고 바람직한 상황이다.

이 전환은 우위적인 힘을 환기함으로써 이루어지는데, 근본적 선택, 일차 선택, 부차적 선택, 구조적 긴장, 자신의 진정한 가치에 대한 열망, 자신에게 충실함 등이 바로 우위적 힘이다.

이 힘들은 늘 상대적으로 약한 힘, 즉 의지력 조종, 충돌 조종, 구조적 충돌 등에 대해 우선권을 갖는다.

이 외에도 창조 지향성에는 인과관계를 마스터하는 것보다도 더 우위에 있는 또 다른 힘이 내재되어 있는데, 이 우위적 힘을 나는 초월이라고 부른다.

초월

초월은 새롭게 태어나고, 새로운 출발을 하고, 새로운 사람으로 거듭나며, 백지 상태에서 다시 시작하며, 신의 은총을 받아 두 번째 기회를 가질 수 있는 힘이다.

초월은 우리의 지난 시간이 승리로 넘치든 패배로 가득 차든 과거를 언급하지 않는다. 초월 상태에 들어가면 과거의 승리나 패배에 대한 부담 없이 새로운 삶을 창조할 수 있다.

그러나 초월이 과거의 종말에만 치중하는 것은 아니다. 초월은 과거가 끝났다는 정확한 깨달음에서 머물지 않고 우리 자신의 모든 차원을 재편성한다는 의미이기도 하다. 그것도 우리 자신이 가진 자원을 가지고서 말이다.

찰스 디킨스의 《크리스마스 캐럴》에 나오는 인물 스크루지의 이야기는 초월의 힘을 보여 주는 전형적인 예이다. 스크루지는 크리스마스 유령의 안내에 따라 자신의 과거와 현재 그리고 개연성이 짙은 미래까지 살펴본 뒤 인생의 두 번째 기회를 얻게 된다. 크리스마스 날 아침에 잠에서 깬 스크루지에게는 아직 살아 있다는 사실이 바로 인생을 새롭게 살아갈 가능성을 제공하는 선물이었다. 그 직전까지만 해도 그가 새로운 기회를 얻게 될 가능성은 희박하거나 아예 불가능해 보였다.

이야기 속의 또 다른 주요 인물인 타이니 팀(Tiny Tim)은 다리를 절고, 병이 들었지만 드물게 현명한 아이로서, 타고난 인간적 선함을 상징한다. 스크루지는 유령들과 함께 다니는 동안 타이니 팀에게 애틋한 감정을 품게 된다. 스크루지가 크리스마스 선물의 유령에게 타이니 팀이 살 수 있을지 묻자, 유령은 이렇게 대답한다. “이 환영이 바뀌지 않고 그대로라면, 난로 옆에는 빈 의자가 있을 것이고, 주인 잃은 목발만 잘 보존된 채로 남게 되겠지.”

그러나 결과적으로는 스크루지가 타이니 팀에게 손을 내밀고, 타이니 팀이 스크루지를 향해 손을 내민 것이 스크루지의 초월에 촉매제가 되었다. 또한 스크루지의 초월 덕분에 타이니 팀이 스크루지의 목숨을 구한 것과 똑같이 스크루지도 타이니 팀의 목숨을 구할 수가 있었다. 스크루지는 타이니 팀으로 상징되는 인간의 근본적인 선함에 대한 본연의 사랑과 연결됨으로써 스스로를 구원한 것이다.

인간은 자신의 타고난 선함과 새롭게 연결되면 내면의 가장 높은 곳에 새로운 인생을 부여해 줄 수 있다.

그 크리스마스 날 아침에 잠에서 깨어난 순간부터 스크루지는 정말 달라졌다. 그 변화는 단지 행위의 표면적인 변화가 아니었다. 인생의 방향성의 변화였다. 스크루지는 매 순간의 소중함과 매 순간 가장 큰 선함을 열망하는 자신의 능력을 깨달았다.

스크루지가 단순히 ‘신비적인 체험’만을 한 것이었다면 방향성의 근본적인 변화를 경험하지는 못했을 것이다. 신비 체험은 행위의 일시적 변화를 일으킬 수는 있지만 시간이 지나면 효과가 없어지므로, 그는 십중팔구 예전의 구두쇠 생활로 되돌아갔을 것이다.

그러나 스크루지의 변화는 방향성의 변화였고, 그는 마치 새로 태어난 것처럼 근본적으로 새로운 인물이 되었다. 그 시점부터 과거는 상관이 없어졌고, 그의 변화의 본질은 남은 생의 매일 매일을 채워 나갔다.

방향성의 변화가, 심지어 바람직한 변화일 때조차도 모두 초월의 힘을 지니고 있는 것은 아니다. 방향성의 변화를 획득하고도 여전히 직선적인 인과적인 시스템에 머무는 경우가 있기 때문이다. 초월은 이런 시스템의 밖에서 작용한다. 초월은 과거의 인과적 행동이 작용하고 있는 영역의 바깥에서 처음부터 다시 시작할 수 있는 힘을 북돋아 준다. 초월은 존재의 가장 새로운 상태이므로, 일단 초월에 들어가면 새로운 매 순간이 생생한 가능성, 이전에는 가능할 것이라고 한 번도 생각해 본 적이 없는 가능성으로 살아 숨 쉰다.

초월과 창조 행동

우리는 창조 행동을 통해 자신을 뛰어넘고, 자신의 정체성을 뛰어넘고, 삶을 뛰어넘어 어딘가에 도달한다. 여기에는 두 가지의 법칙이 작용한다. 바로 '인과'의 법칙과 '초월'의 법칙이다.

첫째는, 창조할 때 우리가 효과를 높이기 위한 원인, 즉 명분을 앞세우는 능력을 증대시킨다는 것이다[인과를 카르마(karma: 자신이 짓는 업보를 가리키는 불교, 힌두교 용어-옮긴이)의 법칙이라고 부르기도 한다]. 그러나 이 법칙은 창조 프로세스의 우위적 힘이 아니다.

둘째는, 창조할 때 우리가 시공간의 연속체를 넘고, 인과의 속성을 넘어 초월의 법칙을 경험한다는 것이다. 이 영역에 들어서면 과거의 인과적 요소가 작용을 멈춘다. 이 상태에서 새로운 캔버스를 앞에 두거나 다른 어떤 창조 행동이든 시작하기만 하면 그 순간 과거는 말 그대로 끝난다. 빈 악보 용지나 자르기 전의 대리석 조각 앞에서 서면 그 새로운 순간이 이전에 상상했던 모든 것을 뛰어넘는 새로운 가능성을 거두어들인다는 것이다.

크리에이터에게는 과거의 인과가 더 이상 지배력을 발휘하지 못한다. 초월 상태에 있는 사람에게는 어떤 일이든 일어날 수 있기 때문이다. 그러므로 이전에 했던 행동 때문에 발목이 잡힐 필요가 없으며, 원치 않는 상황에서 놓여나야 한다는 식의 강박을 느낄 필요도 없다.

물론 창조 지향성에서 과거 역시 제 기능을 가지고 있다. 초월 기간에 이루어지는 일 중 새로운 인과의 창조가 있기 때문에 인과는 창조 프로세스의 중요한 측면인데, 과거를 통해 인과를 터득하는 방법을 배울 수가 있기 때문이다. 따라서 학교에서 혹은 다른 학습 상황에서 보낸 세월이 비전을 구상하거나 결과를 창조하는 일에 걸림돌이 될 일은 없다. 과거는 오로지 우리를 돕는 역할에 머물 뿐이다.

창조 지향성에서는 인과의 법칙에 숙달되면 초월의 경험으로 나아가기가 쉬워진다. 인과의 법칙이 초월적 경험을 현실로 소환할 수 있도록 적절히 준비시켜 주기 때문이다.

즉, 우리는 창조 행동을 통해 '생명력'의 작용을 현실화한다는 것이다.

초월에 대해 말한다고 하면서 "나는 채널에 지나지 않는다"느니 "나는 신이 당신의 의지를 행하는 도구일 뿐"이라느니 하는 신비주의적 발언은 크리에이터로서의 자신을 통해 집중이 이루어진 특별한 순간에 대한 오해에서 비롯된다. 창조 프로세스에서 인간의 행동을 별것 아닌 것으로 치부하는 관념들은 인간 정신이 지닌 힘과 아름다움 그리고 특유의 소중함을 왜곡하는 것이다.

실제로 인간의 선택과 행동이 없었다면, 수많은 훌륭한 결과물들이 세상의 빛을 보지 못했을 것이다. 베토벤이 교향곡을 작곡할 때, 물론 높은 차원의 영감이 영향을 미치기도 했겠지만 이 음악을 작곡한 것은 결국 베토벤이었다. 그것은 베토벤의 창작이었으며, 베토벤이 쓰기 전까지 존재하지 않았을 음악이었다.

우리가 지구에 존재함으로 인해 그렇지 않았다면 불가능했을 창조가 우리에 의해 가능해진다는 것이다. 창조물들은 우리의 콘셉트, 우리의 배움, 우리의 시행착오, 우리가 지나온 역사, 우리가 품을 수 있는 열망에서 비롯되어 존재하게 된다.

나는 창조 행동보다 더 거룩한 것은 생각할 수가 없다. 창조 프로세스는 우리가 존재하는 무수한 차원들을 하나의 확장된 순간으로 수렴시킨다.

돌아온 탕아

초월의 원리를 절묘하게 그려낸 또 다른 이야기는 돌아온 탕아의 우화이다.

이야기 속의 아버지에게는 두 아들이 있었다. 한 아들은 집을 떠나 타락했고, 다른 아들은 '착한 소년'으로서 집에 머물며 아버지를 도왔다.

어느 날, 방탕한 아들은 집 생각을 하게 되었다. 그는 자신에게 어떤 일이 일어날지 혹은 자기가 어떻게 받아들여질지에 대해 아무런 기대도 없이 무조건 아버지에게 돌아가기로 결심했다.

그가 집에 도착하자, 아버지는 죽었을 거라고 생각했던 아들이 살아서 돌아온 것에 뛸 듯이 기뻐하며, 큰 잔치를 열어 아들의 귀환을 축하했다. 돌아온 탕아는 온전한 아들로서의 모든 권리를 아버지에게 부여받았을 뿐 아니라 마치 아예 집을 떠난 적이 없었던 것처럼 전폭적인 아버지의 사랑을 누릴 수 있었다.

내내 집에 남아 '착하게' 굴었던 아들은 아버지가 탕아를 받아들이고 크게 기뻐하는 것에 분개했다. '착한' 아들이 아버지에게 따지고 들자, 아버지는 자신의 행동에 대해 설명해 주려고 애썼다. "알지 않느냐. 난 그 아이가 죽은 줄 알았단다. ……그런데 살아 있지 뭐냐. 죽은 줄 알았는데 살아 있다고."

아버지와 두 아들은 서로 별개로서 뚜렷이 구분되는 우리 자신의 세 가지 측면을 나타낸다. 아버지는 삶의 원천을 나타내며, 착한 아들은 그 원천에 맞춰져 있는 우리의 일부, 그리고 돌아온 탕아는 원천과 어긋나 있는 우리의 또 다른 일부이다. 탕아의 부분은 자신에게 충실하며 자신의 내면에서 가장 높이 위치한 것의 충실한 본성에서 탈선해 버린 부분이다.

돌아온 탕아가 그랬듯이, 우리 내부의 방탕하며, 반동적이고, 모반적인 부분 역시 원천을 기억하고 회귀하고 싶어 하는 지점이 분명히 있다.

게다가 이야기에서처럼 우리의 원천도 우리의 모든 것과 재결합하기를 바라면서 우리에게 손을 내민다. 아버지가 탕아를 받아들이기 위해 두 팔을 벌린 것과 마찬가지다.

그러나 '착한' 부분, 즉 우리에게 충실하고, 옳은 일을 행하면서 원천에 적절히 응답하기 위해 수년 동안 노력한 부분은 흩어졌던 모든 부분이 고스란히 다시 합쳐지는 것을 거부한다.

즉, '우리의 온전한 통합을 거부하는 것은 우리 내면의 방탕한 측면이 아니라 순응적이었고, 좋은 사람이 되려고 노력했던 부분이다.'

대부분의 사람들은 자신들의 방탕한 측면, 즉 무분별함, 결점, 타협, 거짓, 부정직성, 기회주의적 행위, 이기심, 증오, 선입견, 질투, 옹졸함, 탐욕, 자기본위, 나태, 파괴성, 부정적 성향, 모반 성향 등이 자신의 내면에서 가장 높이 위치한 것, 즉 원천과의 합일을 방해하는 요소라고 여긴다.

그러나 사실은 그 반대이다. 오히려 내면의 방탕한 부분은 순간적으로 촉발되는 본성적 경향에 따라 원천인 '집'으로 돌아가 합쳐지기를 바란다.

자신을 용서하지 못하게 막는 것은 방탕한 측면이 아니며, 자기 자신과 하나가 되고자 하는 내면의 강한 바람을 거부하는 것은 '착하고' 순응적인 부분인 것이다.

방탕한 아들은 돌아갈 집이 있다는 것을 기억해 내자 어떤 기대도 없이 무조건 그렇게 했다.

우리도 온전한 존재에 대한 깊은 갈망을 깨닫게 되면 요구나 기대치, 조건의 설정 같은 것이 전혀 없이 '전체'로 돌아간다. 마찬가지로, 아버지가 탕아의 귀환을 크게 환영한 것처럼 우리의 원천 역시 조건 없이, 진실성을 시험하거나 회개, 해명, 보답을 기대하지 않고 우리를 환영해 준다.

아버지(원천)의 무조건적인 사랑과 우리의 귀환을 바라는 그의 크나큰 열망이 바로 초월을 가능하게 하는 바로 그 힘이다. "난 그 아이가 죽은 줄 알았단다. ……그런데 살아 있지 뭐냐."

일방통행식 거래

탕아의 귀환을 완전하고도 흠결 없이 마무리하기 위해서는 두 아들의 화해가 필요하다. 그러나 이 이야기에는 꼬인 부분이 있다. 이야기의 초반에는 아버지와 집에 남은 아들이 나란한 동조를 이루었고, 방탕한 아들이 엇나갔는데, 탕아가 집으로 돌아오자 이번에는 탕아가 아버지와 동조하고 착한 아들이 나란한 선에서 벗어난 것이다. 어떻게 이런 변화가 일어났을까?

착한 아들은 아버지와 이른바 '일방통행식 거래'를 하고 있었다. 전형적인 반동-순응의 방식에 따라 그는 자기가 '옳은 일'을 하고 '올바른 기준'을 지키며, '올바른 수칙'을 따르면 아버지에게 합당한 보상을 받으리라고 생각했다. 그는 '바른 경로'를 따르지 않은 형제가 환영과 영광, 축하를 받는 것을 보고 충격을 받았다.

많은 사람들이 이와 비슷한 일방통행식 거래를 한다. 대개 이 일방적인 거래에서 한쪽 당사자는 자신이 특정한 관행을 따르면, 다른 사람들이(혹은 온 우주가) 어떤 식으로든 보답해야 한다고 생각한다.

일방통행식 거래에서 상대방은 그 거래에 결코 진심으로는 동의하지 않으며, 종종 아예 거래 자체를 모르기도 한다.

일방통행식 거래의 대표적인 사례는 관계를 맺기 시작한 사람들에게서 찾아볼 수 있다. 어느 한 사람이 일방적으로 다른 사람과는 데이트하지 않겠다고 결심하면서 상대방에게도 같은 태도를 취할 것을 암묵적으로 요구한다. 이때 상대방이 끝내 동의하지 않으면 곧 일방통행식 거래가 되는 것이다.

우주와 일방통행식 거래를 함으로써 '선한' 인생을 살아보려고 하는 사람들이 있다. 그들이 '선한' 사람이 되기로 결심하면 우주는 반드시 보답해 줘야 하며, 그들에게도 똑같이 선하게 대해야 한다. 문제는, 우주는 그 사람들하고 아무런 거래도 하지 않았다는 것이다.

방탕한 아들의 우화에서 착한 아들의 행동은 아버지의 보상을 기대하고 맺은 일방통행식 거래의 일부였다. 그러나 아버지는 그 아들과 아무런 거래도 하지 않았다.

착한 아들이 바른 행동을 한 이유가 아버지의 보상을 기대해서가 아니라 자신이 원해서였다면 그의 행동은 그 자체로서 보상을 받았을 것이다. 그러나 이 이야기가 더 깊이 함축하고 있는 것은 착한 아들의 숨겨진 동기이다. 전형적인 반동-순응의 방식에서 착한 아들이 한 행동은 그렇게 해야 한다고 생각해서 한 행동이다. 즉, 자신이 정말 원하는 것이 아니다.

우리가 스스로와 일방통행식 거래를 했다면 그 부분은 착한 아들과 같다. 과거에 자신에게 충실하지 않았다는 이유로 스스로를 용서하기가 어렵다고 생각한다면 그건 어느 정도는 바로 이러한 일방통행식 거래 때문일지도 모른다.

완벽해지기

많은 사람들이 자기 자신에게나 타인에게 완벽할 것을 요구한다. 그러나 우리가 존재하는 현실이 완벽하지 않으므로, 현실적으로 찾을 수 있는 유일한 완벽이 그 불완전함 속에 있다는 것이 아이러니이다.

빅터 프랭클은《죽음의 수용소에서》에서 성자 같은 사람들이 완벽해지려고 노력했기 때문에 정작 성자가 되지 못했다고 지적한다.

내가 워크숍에서 만나는 많은 사람들도 완벽해야 한다는 관념에서부터 시작한다. 뒤이어 그들은 불완전하다는 이유로 스스로를 비난하고, 자신들이 저지르는 많은 '잘못'을 들어 스스로 용서하지 않으려 한다.

그러나 우리 자신을 제외하고 우리를 용서할 수 있는 사람은 없다. 완벽을 추구하며, 지금껏 우리 자신을 용서하는 걸 어렵게 만든 우리의 '착한' 부분에 대한 용서를 포함해서, 우리만이 우리를 용서할 수 있다.

바라는 것, 요구, 이면의 동기 또는 일방통행식 거래 같은 것들을 일절 지니지 않고 자기 자신에게로 돌아오면 된다. 그러면 인생의 기저에 있는 구조에서 근본적인 변화가 일어나고, 최소 저항의 경로가 인생의 총체적인 통합이 일어날 수밖에 없는 초월의 상태로 우리를 이끌어 간다.

반동-순응 지향성에서는 반응의 목표가 도달 불가능한 완벽함일지 몰라도 창조 지향성에서의 자연스러운 경향성은 초월이다.

원천의 힘, 원초적 자아의 힘

초월이 인과의 힘을 대체할 수 있는 것은 구조적 힘들이 작용할 때 초월이 우위적 힘의 위치에 있으며, 다른 상위의 힘들처럼 하급 힘들에 대해 우선권을 지니고 있기 때문이다.

생명의 원천 그 자체보다 더 강력한 것은 없다.

생명의 원천은 우리를 통해 표현되려 노력한다. 이것은 아버지가 방탕한 아들과 착한 아들 둘 다를 품어 안는 무조건적인 사랑의 위대한 힘과 비슷하다. 이 힘의 자연스러운 경향성은 최대한 표현되는 것에 있으며, 따라서 이야기 속 아버지가 보여 주는 열망은 이 최대한 표현되는 것에 대한 무조건적인 사랑에의 열망이다. 또한 이 사랑은 무조건적이므로 아무런 보답을 요구하지 않는다.

방탕한 아들이 귀환을 갈망하는 것과 동시에 우리의 원초적 자아 역시 원천과 다시 합일되기를 갈망한다. 여기서 내가 사용하고 있는 '원초적' 이라는 말은 일부 심리학 체계에서 문제의 원인으로 지목하는 애정에 굶주린, 이기적인, 고통받는, 분노한, 성적인, 유아적인 등등의 특성을 가리키는 것이 아니다. 그보다는 오히려 유대교 신비주의자들이 사용하는 것처럼 '선에 대한 원초적 의지'의 의미에 가깝다. 이런 맥락에서 '원초적'이라는 것은 생명의 원천과 다시 합일하고자 하는 인간 본성의 가장 깊은 갈망이라고 표현할 수 있을 것이다.

이 갈망은 심리적 기질이나 의식적인 사고, 직관적 인식보다도 더 깊은 수준에 존재하며, 심지어 인생에 작용하는 지배적인 구조보다도 더 깊은 곳에 있기 때문에 영혼의 충동으로도 불린다. 성 아우구스티누스는 이 갈망에 대한 관찰을 이렇게 묘사했다. '저희 마음이 당신 안에서 쉬기까지는 저희에게 안식은 없나이다.'

초월 구조

원천과 원초적 자아, 이 두 힘이 서로 끌어당기는 관계는 본질적으로 구조적이며, 구조의 특성은 두 힘이 다시 합쳐질 수 있도록 이끄는 최소 저항의 경로를 생성한다.

이때 이 두 힘 중 어느 것도 시간에 의존하지 않기 때문에 둘의 통합은, 심지어 논리적으로 모순적으로 보일 수 있는 순간까지 포함하여, 언제든지 일어날 수 있다.

이에 반해 인과적 구조에서는 사건들이 다른 사건들과의 관계에 따라 순차적으로 일어나며, 새로운 행동으로 이끌어 낼 수 있는 다음 조치가 인과관계에 따른 순서상 취해야 할 다음 행동으로만 국한되는 것처럼 보인다. 그러므로 인과의 사슬에 이미 존재하고 있는 것들과 상관없는 변화가 일어나는 것은 불가능해 보인다.

그럼에도 불구하고 우리는 기적적으로, 또한 통상적 인과관계와는 별개로, 우리의 과거와 현재의 다른 모든 측면뿐 아니라 우리를 둘러싼 환경과 우리의 지나온 역사, 우리 인생에서 작용해온 지배적인 구조들을 초월할 수 있다. 탕아처럼 스스로 집으로 돌아올 수 있다는 것이다.

문명의 초월

초월은 개인에게 적용되는 원리이기도 하지만 문명 전체에서 일어날 수도 있다.

역사를 인과론적 관점에서 보면, 지금 우리 문명은 파괴와 붕괴, 해체가 내다보이는 문턱에 서 있다고 해도 무방할 것이다. 그러나 지구상의 개개인들에게는 자신의 가장 높은 부분과 다시 합쳐지고 싶어 하는 깊은 갈망이 있다. 따라서 문명을 구성하는 개개인이 반동-순응 지향성에서, 초월이 표준이 되는 창조 지향성으로 옮겨갈수록 지구 전체의 초월이 점점 더 가능해진다.

지구의 역사는 대체로 반동-순응적인 사람들에 의해 특징지어져 왔다. 그들은 구조적 충돌의 틀 안에서 행동하고, 환경에서 시작해 환경으로 끝나는 최소 저항의 경로로 이끌리며, 대부분의 시간을 환경에 내몰리면서 정말 원하는 것을 창조할 진짜 비전을 가져본 적이 거의 없는 사람들이었다.

그러나 우리 역사의 이 순간, 새 시대의 새로운 문이 열리고 있다. 비전이 동기를 부여하고, 열망에서 힘을 얻으며, 지금의 현실에 뿌리를 내리고, 창조적 행동 하나하나에 의해 벼려져 마침내 문명 전체의 초월을 이끌어 내는 그런 시대 말이다.

새 시대에는 누구든 자신만의 창조 프로세스를 마스터하는 방법을 배워 자신의 인생에서 자신이 지배적인 창조적 힘이 될 수 있는 잠재력을 지닐 수가 있다.

조직에서는 사람들이 창조를 익혀 자신들이 가장 깊이 원하고 사랑하는 것에 봉사할 수 있도록 창조를 자유자재로 구사하게 될 것이며, 크리에이터라는 새로운 종류의 리더들이 나타나기 시작할 것이다. 크리에이터 리더는 개인과 인간 전체의 노력을 연결시킴으로써 이전의 어떤 문명과도 다른 문명을 건설할 것이다.

역사가인 시어도어 화이트(Theodore White)는 역사를 형성하는 가장 강력한 힘이 무엇이냐는 질문에 이렇게 대답했다. "생각이죠."

지금 우리 주변에서 감지되는 생각, 숙성된 통찰, 우리 시대의 가장 강력한 기폭제 역할을 하게 될 원리는 '우리 각자가 자신의 삶에서 지배적인 창조력이 될 수 있다'는 것이다.

일단 이 원리를 스스로 알아 버리게 되면, 돌아갈 길은 없다. 인생이 영원히 바뀌게 될 것이기 때문이다.

감사의 글

많은 사람들이 이 책의 발전에 크게 기여해 주셨다. 무엇보다 편집자 벳시 라포포트(Betsy Rapoport)는 이번 신판을 만드는 데 핵심 역할을 해 주었고, 조엘 델부르고(Joelle Delbourgo)는 이 프로젝트에 대한 비전과 지원을 아끼지 않았으며, 친구이자 에이전트인 자크 드 스펠베르치(Jacques de Spoelberch)는 지치지 않는 열정을 보여준 이 책의 챔피언이다. 루이스 새버리(Louis Savary)는《최소 저항의 법칙》의 초판 편집자로서 이번 신판에도 멋진 비전을 제시해 크게 기여해 주었고, 마크 펜저(Mark Penzer)는 편집에서 도움을 주었다.

나의 조수 트리샤 폴솜(Tricia Folsom)은 이 프로젝트의 지원을 담당하여 자료와 사람들을 모아 주었고, 셰릴 실베스터(Cheryl Sylvester)는 그래픽을 맡아 주었다. 이 또한 감사드린다. 나의 사랑스러운 숙녀, 로절린드 해너먼(Rosalind Hanneman)은 원고를 읽고, 조언해 주고, 가사 일을 맡아주면서 늘 그 자리에서 나를 지지해 주었으며, 내 아들 아이반(Ivan)은 반가운 커피 한 잔으로 종종 나를 놀라게 했다. 그 아이가 프로젝트에 보여준 진정한 열정, 언제나 순식간에 주변을 매료시키는 위트에도 고마움을 전한다.

여러 해 동안 시스템과 구조의 본질에 관해 함께 의논하고 토론해 준 피터 센게(Peter Senge), 오랫동안 통찰과 지원을 아끼지 않은 찰리 키퍼(Charlie Kiefer), 살아오는 동안 나의 음악 및 예술 교사였던 모든 분들, 나와 함께 작업했던 모든 음악가, 작곡가, 예술가들에게도 감사드린다.

덧붙여, DMA의 경영진인 로버트 헤니그(Robert Hanig), 그레이시엘라 커민스(Graciela Cummins), 에드 페이스-쇼트(Ed Pace-Schott), 그렉 머피(Greg Murphy) 그리고 그 외의 DMA 직원들, DMA 현지 코디네이터들, 전 세계의 테크놀로지 포 크리에이팅® 지도자들 모두가 나의 영감, 깊은 우정, 사랑의 지속적인 원천이라는 말씀을 드린다.

최소 저항의 법칙

초판 1쇄 인쇄 2022년 3월 25일
초판 1쇄 발행 2022년 4월 5일

지은이 | 로버트 프리츠
옮긴이 | 박은영

펴낸이 | 정상우
편집주간 | 주정림
디자인 | 석운디자인
펴낸곳 | (주)라이팅하우스
출판신고 | 제2014-000184호(2012년 5월 23일)
주소 | 서울시 마포구 잔다리로 109 이지스빌딩 302호
주문전화 | 070-7542-8070 팩스 | 0505-116-8965
이메일 | book@writinghouse.co.kr
홈페이지 | www.writinghouse.co.kr

ISBN 978-89-98075-96-5 (03190)